2020年度法治建设与法学理论研究
部级科研项目（项目编号：20SFB4043）

监狱执法证据保全

徐为霞　孙延庆　李海萍　著

JIAN YU ZHI FA
ZHENG JU BAO QUAN

法律出版社 LAW PRESS · CHINA
北京

图书在版编目(CIP)数据

监狱执法证据保全 / 徐为霞，孙延庆，李海萍著
. -- 北京：法律出版社，2023(2024.5 重印)
ISBN 978-7-5197-7331-1

Ⅰ. ①监… Ⅱ. ①徐… ②孙… ③李… Ⅲ. ①监狱-行政执法-证据-研究-中国 Ⅳ. ①D926.74

中国版本图书馆 CIP 数据核字(2022)第 224321 号

监狱执法证据保全
JIANYU ZHIFA ZHENGJU BAOQUAN

徐为霞 孙延庆 李海萍 著

责任编辑 李 群 陈 熙
装帧设计 贾丹丹

出版发行 法律出版社
编辑统筹 法规出版分社
责任校对 张红蕊
责任印制 耿润瑜
经　　销 新华书店

开本 710 毫米×1000 毫米 1/16
印张 21.75 **字数** 410 千
版本 2023 年 4 月第 1 版
印次 2024 年 5 月第 2 次印刷
印刷 固安华明印业有限公司

地址:北京市丰台区莲花池西里 7 号(100073)
网址:www.lawpress.com.cn
投稿邮箱:info@lawpress.com.cn
举报盗版邮箱:jbwq@lawpress.com.cn

销售电话:010-83938349
客服电话:010-83938350
咨询电话:010-63939796

书号:ISBN 978-7-5197-7331-1
定价:58.00 元

序

法治是现代监狱的基本特征，执法工作是考量监狱工作的重要风向标和裁量器。证据是还原事实真相的真理之剑。监狱要想在这个信息爆炸、舆论尖锐、热衷维权、纠纷井喷的时代浪尖上站稳脚跟，就必须走“规范保全证据，发挥证据效力”之路，就必须握紧证据这把利剑。监狱执法证据是证明监狱刑罚执行和改造罪犯真实情况的关键材料，它是监狱执法管理工作经得起司法审查、行政复议和社会检验的保证。

随着2004年全国监狱积极推进狱务公开，开始出现罪犯及家属要求监狱拿出证据证明其执法监管的公正合法，否则就无理纠缠、索要赔偿。自2013年起，全国监狱系统开始探索并加强监狱执法证据保全工作，试图依靠完备的证据来定分止争。2016年，司法部指挥中心已与各省监狱管理局、监狱互联互通，随时调动、监控、指挥，90%以上的监狱建立了视频监控系统。2019年年底，全国有638所监狱建成信息化办案平台，有601所监狱建成狱内法庭，有422所监狱能进行远程视频开庭。随后，各地监狱纷纷开展探索建立执法证据保全中心，监狱执法证据保全开始扮演着监狱执法安全“生命线”的角色。

《监狱执法证据保全》一书是2020年度法治建设与法学理论研究部级科研项目（项目编号：20SFB4043）的研究成果。本书首先从监狱执法证据保全的类别入手，通过问卷、访谈、实地调研等多种形式厘清监狱执法证据保全的现状、问题，并有针对性地提出有效对策。其次通过监狱执法证据保全的流程、各类证据的保全方法、监狱各类事件证据保全的内容要求和狱内案件证据保全标准四大模块，对监狱执法证据保全问题进行多角度解剖式阐释。最后对监狱执法证据保全中心、监狱执法证据保全平台、监狱视频监控系统和监狱执法记录仪等证据保全支持体系进行理性分析和建构。

《监狱执法证据保全》各章撰稿人为（以撰写章节先后为序）：

徐为霞　（中央司法警官学院）：第一章、第六章
李海萍　（云南省司法警官职业学院）：第二章、第三章、第五章
孙延庆　（中央司法警官学院）：第四章

课题研究成果受实际调研范围和研究资料的占有量影响，加之课题组成员理解和认识能力的局限，书中存在的问题和不足在所难免，恳请同行给予指正！

徐为霞
2022 年 9 月 12 日

目　录

第一章

导　　论

随着2004年全国监狱积极推进狱务公开，罪犯及家属开始要求监狱方拿出证据证明其执法监管的公正合法，否则就会与其纠缠、索要赔偿。自2013年起，全国监狱系统开始探索并加强监狱执法证据保全工作，试图依靠完备的证据来定分止争。经过近10年的摸索、尝试和改进，对于目前监狱执法证据保全工作开展的情况，课题组试图通过查阅文献、实地调研、电话访谈、问卷分析等方法看清楚。

第一节　监狱执法证据保全概述

边沁说："证据领域不过是知识领域。"① 张保生在《证据科学论纲》一书中，用三个概括性的假设说明证据与知识的关系，充分地说明了证据的重要性。这三个假设分别是：（1）我们关于人和事的知识，都是建立在证据基础上的，证据是获得知识的必要条件，没有证据来源的知识是不存在的；（2）证据和知识是相互证成的；（3）通过证据推理所获得的真理性的知识，具有相对性和盖然性。② 笔者认同"证据是证明案件事实的根据"③ 之说法，一份具有证明力的证据需同时具备真实性、关联性和合法性。在这里，笔者想用一个小故事更为通

① 张保生等：《证据科学论纲》，经济科学出版社2019年版，第1页。

② 参见张保生等：《证据科学论纲》，经济科学出版社2019年版，第6－7页。

③ 康志文：《我国监狱执法证据收集保全问题研究》，华中师范大学2019年硕士学位论文，第3页。

俗地说明证据的重要性。胡适曾问学生：你们能做一个不受外界诱惑的人吗？如果你们不敢十分自信地认为，仅凭借自己的努力可以成为一个不受外界诱惑的人的话，我这里有一件小法宝可以助你们一臂之力。这件小法宝叫作："拿证据来!"这里还有一只小锦囊，装着这件小法宝的用法："没有证据，只可悬而不断；证据不够，只可假设，不可武断；必须等到证实之后，方才可以算作定论。"①

一、监狱执法证据

（一）监狱执法证据的含义和属性

证据，顾名思义，是指证明的根据。当证据作为法律术语，对其概念的界定、含义的理解存在多种观点。其中最具代表性的是"事实说"和"材料说"。"事实说"认为证据是能够证明案件真实情况的一切事实。1979年《刑事诉讼法》对证据的定义采用了"事实说"。"材料说"则认为证据是能证明案件事实的材料。自2012年起，《刑事诉讼法》对证据的定义采用了"材料说"。证据必须经过查证属实才能作为认定事实的依据，证据不等于事实。因此，"材料说"更为科学合理。据此，监狱执法证据是指能证明监狱执法事实的材料。郑文谦在《监狱执法证据保全体系初探》一文中认为，监狱执法证据是指监狱在执法过程中所收集的，可以用来证明监狱执法真实情况的材料②。本书认为，监狱执法证据是指监狱及其警察在执法过程中，依法收集、审查、保管和使用的能证明监狱执法事实或真实情况的材料。

证据的属性是指证据成为认定事实根据的条件，即证据的真实性、关联性和合法性。一份材料只有同时具备真实性、关联性和合法性才能作为认定监狱执法事实的根据。真实性是指监狱执法证据是伴随着监狱执法活动的发生、发展过程遗留下来的，是客观存在的，而不是主观臆想或虚假的。证据必须查证属实才能作为定案的根据，不真实的材料不能作为认定监狱执法事实的根据。关联性是指监狱执法证据必须与监狱执法事实具有某种客观的联系。与监狱执法事实无实质关联的材料不能作为认定监狱执法事实的根据。例如，罪犯入狱前所担任的职务，与"罪犯确有悔改表现"不具有关联性，因而不能作为罪犯符合减刑条件的证据。合法性是指监狱执法证据的证据形式、取证主体、程序和方法必须合法或不违反法律的相关规定。例如，狱内刑事案件证据的形式必须符合《刑事诉

① 胡适：《给北大哲学系毕业生纪念赠言》，载《胡适全集》（第20卷），安徽教育出版社2003年版，第162－163页。另参见胡适：《介绍我自己的思想》，载胡适：《四十自述》，北京联合出版社2014年版，第166页。

② 参见郑文谦：《监狱执法证据保全体系初探》，载《中国监狱学刊》2016年第3期。

讼法》的相关规定；不得以暴力、威胁、引诱的方式获取证据等。

（二）监狱执法证据的分类

1. 以监狱执法的内容为标准的分类

监狱执法是监狱人民警察以正确执行刑罚、惩罚和改造罪犯及预防和减少犯罪为目的所进行的依法管理监狱、执行刑罚和对罪犯进行教育改造等与之相关的一系列活动。① 监狱执法包括刑罚执行、狱政管理、狱内侦查、突发或紧急事件处置等诸多内容。相应地，监狱执法证据可分为刑罚执行证据、狱政管理证据、狱内刑事案件证据、突发或紧急事件证据等。

（1）刑罚执行证据。根据《监狱法》第3章的规定，刑罚执行证据包括收监证据；处理罪犯申诉、控告、检举的证据；暂予监外执行的证据；减刑、假释证据；释放证据等。

（2）狱政管理证据。狱政管理是指监狱对狱内罪犯进行改造及管理的活动。相关证据主要包括：教育改造证据、劳动改造证据、“三大现场”管理证据、计分考核证据、罪犯违规违纪证据、行政奖惩证据、通信会见证据、生活卫生证据等。由于狱政管理活动内容交错复杂，狱政管理证据也具有重复交叉的特点。例如，计分考核证据、罪犯违规违纪证据也是行政奖惩的实体事实证据。

（3）狱内刑事案件证据。狱内刑事案件证据属于刑事诉讼证据，包括影响犯罪罪犯刑事责任的实体事实证据和程序事实证据。例如，犯罪时间、地点、方法、工具、结果等实体事实证据以及回避、管辖等程序事实证据。

（4）突发或紧急事件证据。突发或紧急事件主要包括罪犯自杀、脱逃、行凶、意外伤亡、安全事故、灾情、疫情等突然发生，需要紧急处理的事件。相关证据包括突发或紧急事件发生的时间、地点、起因、经过、结果等实体事实证据以及监狱处置的程序、方法、效果等程序事实证据。

2. 以证据所关涉权益的大小或重要性为标准的分类

以证据所关涉权益的大小或重要性为标准，监狱执法证据可分为重大权益证据和一般权益证据。重大权益证据主要包括刑罚执行变更证据，狱内刑事案件证据，罪犯重大疾病、伤残和死亡证据，行政奖惩证据等。一般权益证据是除重大权益证据外，能证明监狱对罪犯监管改造事实的其他证据。例如，现场管理证据、会见通信证据等。

3. 以证据的载体或保存方式为标准的分类

以证据的载体或保存方式为标准，证据可分为电子证据和非电子证据。电子

① 参见刘大勇：《监狱人民警察执法权概念界定与性质研究》，载《黑龙江省政法管理干部学院学报》2015年第4期。

证据是指以电子数据作为证据载体或将实物、文字材料的照片、扫描件、电子版输入计算机进行储存和保管以形成的证据形式。在全国700所左右的监狱中，目前通过智慧监狱验收的已经有200多所。在智慧监狱建设积极推进的大背景下，监狱执法证据保全的数字化趋势凸显，各种文字类证据和物品物质类证据都经过拍照、扫描等方法转化成电子数据予以保全。非电子证据就是不以电子数据为载体或储存和保管方式的证据。例如，各种物品、文字材料等。

此外，以证据的形成机理、赖以发挥证明作用的基础、外在表现形式等标准，监狱执法证据可分为物证、书证、陈述类证据、笔录类证据、鉴定类证据、视听资料、电子数据。

（三）监狱执法证据体系

监狱执法证据保全工作应分库进行，具体分为两大类五大库。两大类为实物类和电子类；五大库为贵重物品库、实物证据库、健康档案库、案件资料库、刑罚信息库。① 笔者赞同将整个监狱执法证据体系分为两大类，即电子类和非电子类。

1. 电子类执法证据

监狱电子类执法证据保全的对象可以细分为三大类（如图1－1－1所示）：

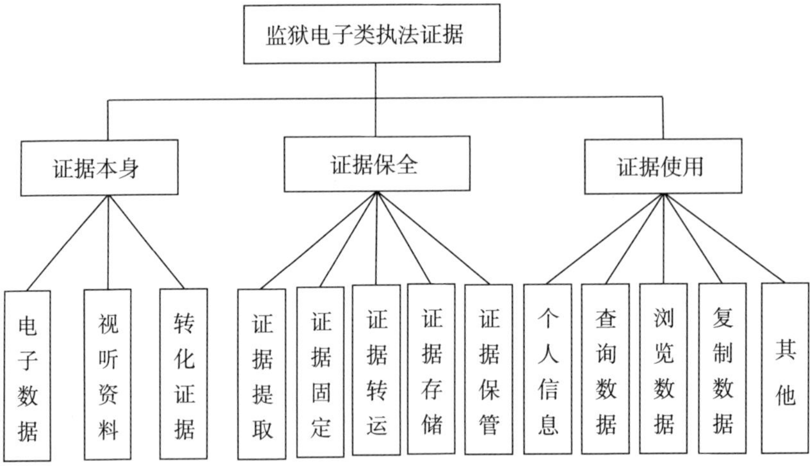

图1－1－1　监狱电子类执法证据保全分类

（1）电子类证据本身，包括法定证据类型中的电子数据、视听资料和纸质

① 参见万益文：《对监狱执法证据保全工作的几点认识》，载《犯罪与改造研究》2014年第2期。

证据数字化后成品所记录的内容数据资料。这部分数据是电子类证据的主干部分，最具证明价值。该类执法证据一般由监狱执法办案人员在日常工作中依法依规进行收集。

（2）记载证据保全过程的数据资料，包括取证主体、取证设备、取证方法、取证流程、取证成效，证据固定、运送流转、分类存储、日常监管等方面的数字资料。该类数据主要用以说明取证活动本身的合法性，证据资料本身的真实性、可靠性，证据资料的安全性和可用性等。

（3）证据使用过程产生的数据，包括使用者的个人信息、查询、浏览、复制等方面形成的数据。

对于涉密数据的要求：[①] 归档的涉密光盘选用 CD－R 一次性光盘，并在光盘上规范标注“密级★保密期限”，注明数据内容；存放在计算机硬盘上的备份涉密数据要做单机管理，不连接网络；禁止在涉密的计算机上接入非涉密或超越密级的 USB 设备。

2. 非电子类执法证据

监狱非电子类执法证据保全对象亦可以细分为三大类：

（1）文件证据。文件证据是以文字、符号、图案呈现监狱执法事实的材料。按照功用又可以分为身心健康类证据、案（事）件证据和刑罚类证据三种。其中，身心健康类证据由体检类、伤残类、疾病类和医疗类四个部分组成；案（事）件证据分为狱内犯罪、余漏罪、违规违纪、意外事件、急病救治、因病死亡等；刑罚类证据包括减刑、假释、暂予监外执行、撤销减刑、加刑等。

（2）实物证据。实物证据包括书证、物品和痕迹。

（3）特管物。监狱执法证据保全中心的特管物包括贵重物品和涉密材料两大类。此处的贵重物品主要是指罪犯私有由监狱代为保管在适当的时机转交罪犯家属或在刑满释放时返还罪犯本人的有价物。涉密材料包括保密材料、监狱执法工作中涉密事项材料和涉密材料清单、台账等。对于涉密材料要严格按照保密法和相关保密规定要求进行保全。对于机密、秘密级涉密材料需存放在密码文件柜中，绝密级涉密材料应放在密码保险柜中。

二、监狱执法证据保全界定

对于监狱执法证据保全的界定学界有三种观点：一是措施说。例如，有学者认为，监狱执法证据保全，是指监狱机关在自收押罪犯到释放的整个执法过程中，采用一定的形式依法收存、固定和保存相关的证据材料，以供司法人员或律

① 参见任黎：《浅析涉密档案的管理》，载《办公室业务》2019 年第 20 期。

师认定案件事实时使用的一项措施。[①] 笔者认为，该定义将监狱执法证据保全定性为措施不妥，措施是工作中可以选用的手段方法，而证据保全是必做内容，不能选择不做。二是活动说。有学者认为，监狱执法证据保全工作是指监狱在执行法律过程中，依照法定职责，对罪犯服刑前即生成的，以及服刑期间新生成的，且可能灭失或今后易被混淆、难以取得的证据，根据法律规定的内容与程序予以搜集、固定、保管、使用的一项专门性活动。[②] 该定义从整体来看，较为专业、严谨，符合监狱执法证据保全实际，但落脚在“活动”一词似有不妥。三是工作说。实务部门有人认为，监狱执法证据保全是“指监狱在执法过程中，依照法定职责对涉及罪犯改造情况，且可能灭失或今后难以取得的证据，予以调查、搜集、固定、保存的一项专门性工作”[③]。

笔者赞同将监狱执法证据保全的性质界定为“工作”，继而吸收各学者总结定义中的合理成分给出本书的定义。监狱执法证据保全是指监狱人民警察在执法、执勤过程中，依照法定职责，对罪犯服刑前即生成的和服刑期间新生成的，且可能灭失或今后易被混淆、难以取得的各类证明事实的材料予以搜集、固定、保管、使用的一项专门性工作。监狱通过建立严密的执法证据保全体系确保证据内容不缺失、证据价值不损失、技术环境不丢失、保密信息不泄露。

（一）监狱执法证据保全的主体

监狱执法证据保全的主体是监狱，具体执行保全者是监狱民警。监狱民警要强化证据意识、规范意识和标准意识。在这三个意识的指引下，依法、依规、依标做好监狱执法证据保全工作。在保全证据的同时，要保护好自身的安全，即要遵循“双向保护理论”；在寻找证据材料时，要依照物质转移理论做到事半功倍；在应用证据查案时要按照四方关联理论进行分析，充分发挥证据证明作用。

（二）监狱执法证据保全的类型

1. 日常保全

日常保全，即在日常管理工作中，由一线民警按照工作要求予以保全。例如，罪犯违纪现场一线民警需第一时间打开执法记录仪记录民警处置和违纪罪犯的反应情况；又如，对于劳动过程中意外受轻微伤的情况，要求当事人和在场人员写情况说明；再如，对于需年末统一上交的罪犯档案材料的日常保管等。

---

① 参见周小凤、吴楚彬、李敏：《智慧监狱背景下监狱执法证据保全的实践与探索》，载《法制与社会》2019 年第 24 期。

② 参见斯方南、章明：《论监狱执法证据保全》，载《浙江监狱》2017 年第 3 期。

③ 胡冬富：《“三期三步”证据保全工作法的探索》，载《浙江监狱》2015 年第 7 期；李振洲：《刍议监狱执法证据保全》，载《江苏警视》2017 年第 6 期。

2. 办案保全

此处的“案”包括狱内犯罪案件和罪犯违规违纪案件两类。办案保全其主导者是监狱的侦查部门，由监狱侦查部门的专业人员负责发现、显现、固定、提取、运送、保管和使用证据。实践中，罪犯违规违纪案件是在侦查科的主导下，抽调或指定一线民警进行罪犯违规违纪行为证据、监狱民警执法应对证据和对罪犯惩戒类证据的保全。

3. 公证保全

监狱是一个小社会，在这个人员相对密集的“单性”环境中，警察和罪犯间、罪犯相互间的肢体冲突难以杜绝，罪犯老龄化问题带来的疾病种类和在监狱中老死的情况增加，加之各种意外事件造成在押罪犯的伤残和死亡问题等都可能需要监狱和罪犯或其家属在协商一致的情况下，达成谅解。为了防止事后出现罪犯或家属事后歪曲事实、诬告监狱、过度维权，监狱方可以选择由公证机关或法院对相关证据予以事先保全。

（三）监狱执法证据保全的方式

监狱执法证据在第一层级检索依据上，可以分为依人保全和按事保全两大类。

1. 依人保全

“依人保全”就是采用以人建档、一人一档的方式进行保全，内容涵盖从罪犯入监收押到罪犯刑满释放的整个过程中需要保全的监狱执法证据，是全程、全方位记录执法管理各环节出现的重大变故、重大失误和重要事项。该方式能准确反映监狱执法管理的真实状态，确保监狱执法证据保全工作的系统性。监狱对危安犯、邪教犯、涉黑涉恶主犯、在国内造成较大影响案件的罪犯、司法部指定异地关押的罪犯与外籍犯等重要案犯，① 要以人建档做好对他们改造过程中的主要证据保全。

2. 按事保全

“按事保全”就是采取按事建档、一事一档的方式进行保全，内容包括对罪犯监内惩戒、人身伤害、狱内案件等重要事项。该方式有利于确保重大事项证据保全的全面性和系统性。监狱对狱内犯罪案件、罪犯非正常死亡事件、罪犯自伤自残事件、罪犯违规违纪事件、罪犯意外受伤事件等事实及相关证据，要按事、按类别、按标准进行证据的系统保全。

依靠现代科技助力执法证据保全工作是监狱的必然选择。监狱要充分发挥大数据、物联网、区块链＋、人工智能等技术的作用，通过“建立罪犯证据电子

① 参见朱绍龙：《关于加强监狱执法证据保全管理的思考》，载《江苏警视》2016 年第 3 期。

目录，对所有纸质和实物证据均实行条形码管理”①，通过智能抓取、数据关联、数据分析等方法的运用确保监狱执法证据作用充分发挥。

三、监狱执法证据保全的意义

证据是还原事实真相的真理之剑。要在这个矛盾突出、纠纷井喷、舆论尖锐、信息爆炸的时代浪尖上站稳脚跟，就必须走“规范保全证据，发挥证据效力”之路，就必须握紧证据这把利剑。

（一）实现依法治监的必然要求

法治是现代监狱的基本特征，执法工作是考量监狱工作的重要风向标和裁量器。监狱执法证据是证明监狱刑罚执行和改造罪犯真实情况的一切材料，是监狱执法管理工作经得起司法审查、行政复议和社会检验的保证。监狱需要不断强化法治思维，增强法治意识，转变行刑观念，规范监狱警察执法行为，提高执法能力，严格依法办事、依程序办事，善于收集证据、固定证据、保全证据、运用证据，用规范严谨的执法行为和“看得见、摸得着”的执法证据让社会和罪犯体会与感受到看得见的公平正义，维护法治的权威，提高行刑效能。加强执法证据保全工作有助于促进监狱执法工作标准的提升，从而提高监狱执法工作水平，推进监狱工作法治化进程。

（二）树立执法权威的有效路径

1. 执法证据是应对罪犯过度维权的法宝

保护罪犯应当享有的权利是依法治监的应有之义。但部分罪犯受认知能力、控制能力和主观恶意等影响，在维护自身权利过程中危害甚至严重破坏了监管秩序。罪犯过度维权包括以下三种情况：（1）认知偏差导致过度维权。部分罪犯认为凡是法律没有明确剥夺的权利他（她）都应该且必须享受到。如果没有享受到，就是监狱的错或是某位民警故意为之，有的罪犯甚至将监狱民警的严格依法管理视为对其权利的侵犯。②（2）以维权名义行抗改之事。有的罪犯认为减刑、假释、保外就医、工种调换、监舍调换都是自己的权利，向监狱民警提出要求未能“如期满足”，便开始以绝食、自伤自残甚至自杀等方式相威胁，给“跟自己过不去的”监狱民警出难题。（3）以维权的幌子掩盖其犯罪的目的。有的罪犯在“维权”的过程中用言语恐吓监狱民警，扬言要投举报信或者在上级领导检查时告状，甚至暴力袭警。在监狱执法实践中，面对罪犯过度维权、无理纠

---

① 朱绍龙：《关于加强监狱执法证据保全管理的思考》，载《江苏警视》2016 年第 3 期。

② 叶美德：《嬗变与调适：监狱执法环境与执法维度》，载《河南司法警官职业学院学报》2011 年第 4 期。

缠监狱民警时，如果开展说服教育难以化解险情就容易造成暴力执法或妥协执法两种极端危险的困局。唯有正确利用监狱执法证据才是破解此类困局的良方，利用证据开展说服教育纠正其错误认知，放弃幻想；利用证据消除罪犯亲属疑虑并助力民警开导教育罪犯，消除罪犯对警察的怨气，化解罪犯家属对监狱管理的疑虑；利用证据证实罪犯故意破坏监管秩序和袭警犯罪的行为，及时给予涉事罪犯对应的惩处，并警示教育他犯。

2. 执法证据是破解监狱工作难题的有效路径

实践中，罪犯刑满释放难、死亡处理难、犯罪起诉难已成为困扰监狱民警工作的突出难题。以刑满释放为例，基层监狱民警遇到过诸多棘手问题，如刑释人员以种种理由不离开监狱，特别是遇到罪犯释放当日因病危正在抢救、精神病正在发作或仍在医院住院治疗期间等特殊情况时，更容易引发危机。① 现行法律法规、政策制度的规定不详细，导致监狱民警工作难以顺利开展。监狱民警工作面临的难题，究其现实原因有两个方面：一方面，来自社会公众、检察机关、网络媒体等的外部监督日趋严苛；另一方面，罪犯及家属过度维权、无理缠诉、闹访、借助媒体炒作等问题处置难度系数高。面对今日严峻的执法环境，监狱民警必须苦练内功，扎扎实实做好监狱执法证据保全工作。做好这项工作，既能维护监狱执法权威和良好形象，让监狱民警具备“千磨万击还坚劲，任尔东西南北风”的底气和自信去回应各种质疑，又能达成消除社会对监狱执法的质疑，有效化解监狱执法工作遇到的矛盾，提升监狱执法公信力，维护监狱的执法权威和形象之目标。

案例辅读

罪犯蒋某某，因强奸罪被判处有期徒刑8年，1996年11月8日送押，1997年6月21日从劳动现场脱逃。2016年3月8日，在清理网逃专项行动期间，蒋某某被监狱捕回后以脱逃罪移送检察机关审查起诉。2016年7月8日，城郊检察院以“触犯《刑法》第161条规定，构成脱逃罪。但犯罪已过追诉时限，应当不追究刑事责任。依据《刑事诉讼法》第15条、第173条规定”为理由，决定不予起诉。同时向监狱出具不起诉理由说明书：监狱在追诉时效期内，并未对蒋某某采取强制措施，对蒋某某实施抓捕的证据也仅有追捕产生的财务报销凭证，不具有强制措施的法律效力。② 蒋某某的脱逃罪成立，但没有被依法加刑，核心

① 参见徐小民：《罪犯释放特殊情形危机的应对》，载俞振华主编：《监狱危机管理研究》，浙江人民出版社2010年版，第388－392页。

② 郭琦琳、张志胜：《规范执法程序 强化证据保全——吉林省监狱执法证据保全工作探索与实践》，载《刑罚执行》2017年第3期。

原因就是证据不足，尤其是蒋某某脱逃案件的立案手续不全。

该案件的教训告诉我们，在监狱办理刑事案件过程中，掌握办案主动权的关键是严格依法依规保全各类证据。

（三）防控执法风险的必然选择

“监狱押犯人数众多，体质各异，意外难免，纠纷难避。”① 随着法治化进程推进，民众的维权意识不断觉醒，但起初鱼龙混杂，大有浑水摸鱼之人。在罪犯和家属向监狱索赔的事件中，频频出现对方“无中生有”“夸大事实”类的指责，分明是罪犯入监前就有残疾，出狱后却咬定是在监狱服刑期间造成的；明明是自己不慎摔伤或者意外伤害，却诬陷是监狱民警打伤的；事实是自己不配合治疗留下后遗症，却冤枉是监狱不给治疗导致的，等等。监狱由于前期执法证据保全意识不强，对当时的案件有的未及时固定相关证据，有的因证据固定不规范而导致证据不足，有的因证据保全不当而遗失，导致监狱民警在事件理论中常常处于“事出有因，查无实据”的尴尬境地，② 面对不法分子的“天价”赔偿，吃了不少“哑巴亏”。近10年间，某监狱罪犯服刑期间疾病死亡共计47人，其中31人死于保外就医期间，4人死于保外就医手续办理过程，5人因心肌梗死猝死在地方医院，5人因家属和所在社区拒绝接收病亡在地方医院。除了31名保外就医的罪犯外，其余16人中，14人的家属通过闹监上访等手段获得0.5万~25万元不等的赔偿，另外2人的家属意图通过刑事诉讼等手段要求巨额赔偿，部分监狱民警因此陷入追责机制的拷问。③ 监狱急需以规范监狱执法证据保全为主心骨，构建一套行之有效的“索情锁证”工作制度，通过让监狱民警“平时多流辛苦的汗水”的路径，达成“关键时刻少流委屈的泪水”之目标。

案例辅读

罪犯张某，因故意杀人罪被判处死缓，2016年7月27日因脑干出血，呼吸循环系统功能衰竭死亡，余刑8年6个月。家属以“治疗不及时导致死亡”为由向监狱申请国家赔偿。某省高级人民法院根据监狱提供罪犯本人签字的服药记录本、药品发放登记本及监狱临时医嘱记录等重要证据，驳回家属巨额赔偿的无理诉求。而监狱提供的“住院同犯证人证言、服药及药品发放时罪犯证人证言、

① 史浩翔：《证据固定漫谈》，载《浙江监狱》2013年第11期。

② 参见史浩翔：《证据固定漫谈》，载《浙江监狱》2013年第11期。

③ 相关数据来源于X监狱2019年制作的内部资料：《关于X监狱十年来发生罪犯死亡的相关情况统计表》。转引自康志文：《我国监狱执法证据收集保全问题研究》，华中师范大学2019年硕士学位论文，第19-20页。

监狱单方委托鉴定机构的司法鉴定意见”，法院均未予采纳。①

该案件中，法院既没有采纳事后调查中获取的服刑人员的证人证言，也没有采纳监狱单方委托形成的司法鉴定意见，而是依据事件发生时的管理台账类证据和医疗证据予以判决。这说明监狱不仅要保全证据，还要重视证据的客观性和证明力。该案中，如果监狱不能出具记录罪犯服药的台账、罪犯本人签名和医院临时医嘱等证据，那么法院不但要判处监狱负担国家赔偿，还可能追究涉事监狱民警的责任。该案例充分显示了日常证据保全在防控监狱和警察执法风险方面的重要功效。

（四）保障罪犯权益的有力举措

保护罪犯的合法权利，是监狱民警履行刑罚职能的一项重要内容，是改造罪犯的基本前提，也是社会主义法治精神的充分体现。② 注重执法过程中的证据保全工作，有利于促进监狱民警牢固树立“公正执法、文明执法、规范执法”的意识，在监狱管理中有所遵循、有所约束，减少执法工作中的随意性，在事前采取有效措施防范出现侵犯罪犯人身、财产等权利的现象，切实保护罪犯合法权益。同时，监狱执法证据保全中心要求全方位、全过程地保全证据，解决了罪犯因其被剥夺人身自由无法收集保全证据导致维护自身合法权益能力相对不足的问题。

案例辅读

罪犯鲁某某，因盗窃罪被判处有期徒刑4年4个月，2018年12月27日刑满释放。刑释回原籍后，村干部表示可以争取为其办理特困补助、低保等，但必须提供病历等疾病证明材料。为此，鲁某某于2019年1月2日电话联系某监狱原服刑分监区民警索要服刑期间的病历资料。监狱相关部门通过与村支书核实情况后，函告当地司法行政部门，并通过快件将其服刑期间疾病诊疗情况说明及出院小结寄去。事后，鲁某某向某监狱寄送感谢信表达了感激之情。③

由此案可以看出，监狱执法证据不仅有助于在监狱中保障罪犯权利，还可以在罪犯刑满释放后帮助罪犯获得相应的社会救助和保障，对于增强监狱在社会民

---

① 郭琦琳、张志胜：《规范执法程序　强化证据保全——吉林省监狱执法证据保全工作探索与实践》，载《刑罚执行》2017年第3期。

② 参见朱绍龙：《关于加强监狱执法证据保全管理的思考》，载《江苏警视》2016年第3期。

③ 来源于内部资料：X狱〔2019〕79号文《关于X监狱一名刑释人员索要病历资料事件的通报》。转引自康志文：《我国监狱执法证据收集保全问题研究》，华中师范大学2019年硕士学位论文，第9页。

众心中公信力，维护监狱形象都有重要意义。

四、监狱执法证据保全的关键

监狱执法证据保全工作，需要思路清晰、方案科学、重点明确。

(一) 紧抓监狱执法证据保全的重点内容

监狱没必要，也没有能力把每一执法细节的证据都保全下来。考虑成本和效能，证据保全工作需明确重点。监狱执法证据保全应针对易出问题的人员和环节进行全面而系统的记录。

1. 把握好三个重点环节

一是出入监环节，每名罪犯入监后需写个人病史说明，记录入监前曾患病症、服用药物、当前情况等，配套入监体检书。为了高效保全入监环节的相关证据，有学者提出将罪犯社会关系登记表、罪犯入监登记表、入监集训审查鉴定表、罪犯危险评估表、罪犯入监评估鉴定表等五个表格内容整合，删除重复信息，合并为罪犯入监档案。[①] 出监时，罪犯要书写个人物品带走证明。

二是疾病诊治环节。监狱日常重视对罪犯违规证据的保全，忽视了医疗证据的保全。[②] 罪犯医疗证据恰恰是破解家属对罪犯死因疑虑的良方，是监狱在少数缠诉事件中制胜的法宝。监狱医院要建立罪犯病历，记录罪犯服刑期间体检情况和每次就诊时间、病情、处方、治疗效果等，罪犯、诊治医生和带领警察分别签字，存入其健康档案；病情严重需出监就诊的，医院病历、检测报告，甚至至CT、X光片等都要妥善保存。[③]

案例辅读

罪犯袁某某，因贪污罪被判处有期徒刑11年，2017年2月16日因腹部疼痛，送监狱治疗，后又转至省医院住院治疗。同年2月22日因感染性休克死亡。其家属认为监狱延误治疗，导致袁某某病情恶化而死，拒绝火化，纠集20余人到监狱、省局闹访，并提出多条无理诉求。当监狱向其家属出示了袁某某生前医疗病历、就诊记录、历次会见及通话录音、住院期间及死亡前监控录像、知情人

---

① 郭琦琳、张志胜：《规范执法程序　强化证据保全——吉林省监狱执法证据保全工作探索与实践》，载《刑罚执行》2017年第3期。

② 参见朱扣春、殷灿辉：《监狱服刑人员医疗证据保全探析》，载《犯罪与改造研究》2014年第2期。

③ 参见李春锋：《新形势下如何做好监狱执法证据留存工作》，载《现代监狱》2017年第6期。

员证言等证据后，家属息访。[①]

袁某某案件充分说明了医疗证据保全的重要性。

三是其他重要事件，如狱内犯罪案件、罪犯死亡、自伤自残、违规违纪、意外伤害、疾病伤残、调遣罪犯等证据，在实践中，需监狱民警打开执法记录仪记录关键环节、现场处置、证据搜集等内容。

2. 关注三类重点人员

一是对重控罪犯证据保全突出包夹情况。对暴力行凶、自伤自残、预谋自杀的罪犯，对患有躁狂、抑郁、智障等精神疾病的罪犯，对不服管教、涉黑涉恶、涉诉涉访的罪犯，监狱民警重点落实包夹措施，并做好包夹记录。对重控罪犯所在监舍监控视频要定期备份，对与重点罪犯个别谈话、亲属会见、公安提审和体检、就诊、医疗等过程，及使用保护性措施、约束性措施等环节，据情录音录像。

二是对重点病犯的证据保全要考虑到位。有学者提出对“危险性相对较高的慢性病号，对其发病史、病情进展、诊疗过程都要系统记录”[②]。“系统记录”一词实际执行时的尺度差异较大，监狱民警难以操作。例如，上海监狱执法证据保全制度规定：涉及执法证据保全的视听资料需要刻盘并保存于罪犯副档。如果发生罪犯死亡事件，需保全罪犯死亡前15日的全部视频。[③] 但随着高清监控摄像头的普及，若将某个罪犯15日的全部视频刻录成光盘，需刻录几百张，难以装入罪犯副档。监狱要根据技术的变化修改相应的制度规定。笔者建议对重点病犯需保全的证据要开列详细清单，清单的内容确定要充分考虑必要性和可操作性。

三是对保外就医罪犯证据保全要重视衔接。罪犯离监前要求罪犯写出保外就医保证书，保证其在保外就医期间严格遵守法律和相关制度；接领亲属写出接领证明和保外就医担保书，并对接领环节录音录像。

（二）确保证据审核和证据使用的反馈顺畅

1. 建立证据审核反馈机制

监狱执法证据要经历三关审核，关关都过才能入库。

第一关是监区证据保全员审核关。保全员按照证据标准，注重对单一证据的真实性、合法性和关联性进行审核。对于审核中发现有遗漏、有瑕疵的需指导监狱一线民警在3日内完成补充或补正。

第二关是科室负责人审核关。各业务科室按照事件的完整性来审查证据，一

---

① 郭琦琳、张志胜：《规范执法程序　强化证据保全——吉林省监狱执法证据保全工作探索与实践》，载《刑罚执行》2017年第3期。

② 李春锋：《新形势下如何做好监狱执法证据留存工作》，载《现代监狱》2017年第6期。

③ 参见上海市南汇监狱课题组：《论监狱执法证据保全》，载《中国监狱学刊》2019年第4期。

个完善的事件类证据既要重视罪犯的行为证据搜集，又要重视监狱民警当时执法证据的搜集，必要时还要对第三方证据①进行搜集。各业务科室应当对执法证据是否形成完整的证据链进行推演，判定各证据证明的事实是否形成闭环，能否达到排他的证明效果。通过审核将发现的问题第一时间以清单形式通知监区，并要求监区在7日内对证据的缺失和瑕疵部分完成补充和补正。此外，各业务科室还要对执法事件及处置情况进行评价，对存在执法瑕疵的事件进行总结，并制定整改对策检查落实情况。

第三关是证据保全中心的审核关。监狱执法证据保全中心主要从要素的完整性、文件格式和归类要求几个方面审查。发现问题第一时间通知对应科室，并要求其在3日内完成补正。

为了提升证据保全质量而设置的三关审核是证据保全工作形成高效工作体系的保证。将证据审核中发现的问题及时反馈给各级证据保全人员，既是工作要求，也是实战能力提升的捷径。每一关的负责同志都应按规定做好、做实反馈工作，用这种互动方式练强监狱各层级的证据保全本领。

2. 完善证据使用反馈机制

监狱执法证据保全的最终目的是在使用环节使证据作用得以充分发挥。监狱执法证据的使用，包括检索、查阅、借阅、复制等内容。各业务科室或监狱民警在工作中需要使用证据时，应当按照执法证据保全的制度规定，办理相应的审批和登记手续。证据使用中要严格按照规范要求，保持证据整洁完好，用毕及时归档或按规定处理。证据保全中心是一个证据保管部门，更是一个为证据用户服务的部门，为了提升用户使用效果需要收集用户使用反馈意见。使用效果反馈意见应包括用户使用的便捷度、使用的效率、使用效果和意见建议等内容，以便于执法证据保全工作的改进。

第二节　监狱执法证据保全的现状描述

一、监狱执法证据保全的研究现状

“监狱执法证据保全”可以拆分为“监狱执法”“证据保全”，亦可以拆分为“监狱执法证据”“保全”。下面分述之。

① 第三方证据主要指外出就医的医疗证据、司法鉴定的鉴定意见、监狱中厂方技术员的证词等。

（一）对第一种拆分的解读

1. 监狱执法

2022 年 6 月 17 日，笔者以“监狱执法”为主题词，检索到中文文献 4272 篇（见图 1－2－1），外文文献 520 篇（见图 1－2－2），共计 4792 篇。从文献分布的总体趋势图可以看出，我国对于监狱执法问题研究起步较早，2010 年达到最高峰，年发表论文数为 360 篇左右；关于监狱执法问题研究的外文文献总体趋势图显示，对此问题的关注从 2008 年开始升温，发文量波动较大，但总体呈现上升的趋势。年发文量从 2008 年的几篇到 2010 年近 50 篇，再到 2019 年 80 篇左右，2021 年达到近 170 篇。

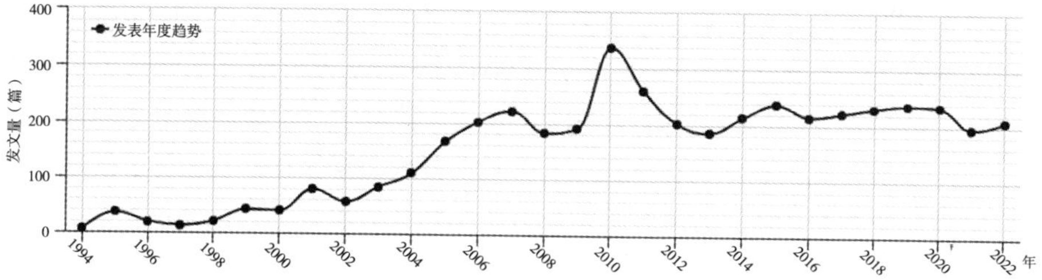

图 1－2－1 2022 年 6 月 17 日以“监狱执法”为主题词在中国知网上检索到中文文献总体趋势分析

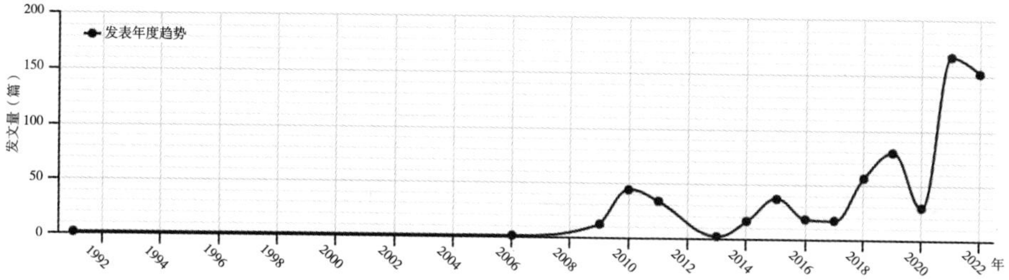

图 1－2－2 2022 年 6 月 17 日以“监狱执法”为主题词在中国知网上检索到外文文献总体趋势分析

监狱执法是由“刑罚执行所依据的法律制度规范和具体执法实践两部分组成”①。在监狱执法之下，有监狱执法体系、监狱执法管理、监狱执法人员、监狱执法标准、监狱执法流程、监狱执法安全、监狱执法风险等次生概念。监狱执法当然包括狱政管理、刑罚执行、罪犯教育、劳动改造、生活卫生等核心内容。

① 刘斌、马洁：《试论监狱执法体系的完善》，载《司法警官职业教育研究》2022 年第 1 期。

故监狱执法是一个庞大的概念体系，可以狭义理解为刑罚执行，更多的则是广义解读为确保监狱对在押罪犯依法、规范、高效执行刑罚，力争实现“将罪犯改造成守法公民”目标所需要开展的一切工作的总和。

2. 证据保全

证据保全的本意是人民法院或公证处之类的相关机构在作出司法决定之前预先对证据的证明力进行保护。有的学者将这一概念向前延伸，认为证据保全从形式上说，是通过预先调查来固定、保管证据的法律活动；从实质上来说，是为了今后解决社会冲突的需要。①

2022 年 6 月 17 日，笔者以“证据保全”为主题词检索到中文文献 4030 篇（见图 1-2-3），外文文献仅 16 篇（见图 1-2-4），共计 4046 篇。从文献分布的总体趋势图可以看出，我国学者对于证据保全问题研究从 1999 年开始基本呈现上升的状态，自 2008 年达到年发文量 200 篇后，基本保持这个数量级上下略有浮动。陈晓铭主编的《证据保全理论与实务》② 一书中对证据保全的基本问题和方法、各类证据的收集与保全措施和常见案件的证据保全一一进行了阐述，重点论述了证据保全的程序、操作方法。许少波的《民事证据保全制度研究》③ 一书中将证据保全分为行政证据保全、公证证据保全和司法证据保全；诉讼前证据保全和诉讼中证据保全；紧急型证据保全和非紧急型证据保全。薛凡的《司法视野中的公证保全证据》④ 一书中对公证保全证据进行了比较研究。

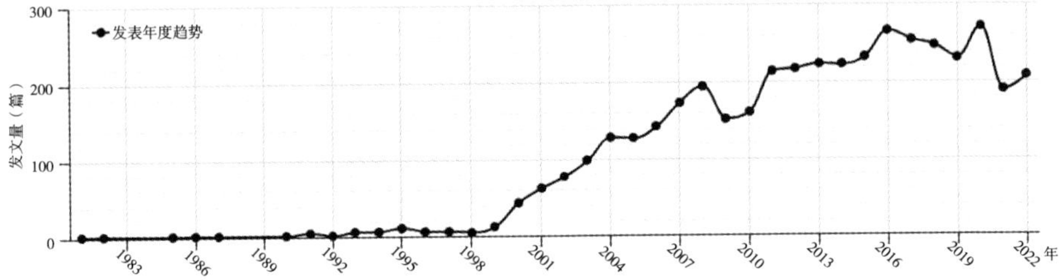

图 1-2-3　2022 年 6 月 17 日以“证据保全”为主题词在中国知网上检索到中文文献总体趋势分析

① 参见陈清：《关于证据保全概念的界定》，载《天水行政学院学报》2009 年第 2 期。

② 参见陈晓铭主编：《证据保全理论与实务》，中国检察出版社 2005 年版，序言。

③ 参见许少波：《民事证据保全制度研究：以法院为中心的分析》，法律出版社 2013 年版，目录。

④ 参见薛凡主编：《司法视野中的公证保全证据》，厦门大学出版社 2014 年版，目录。

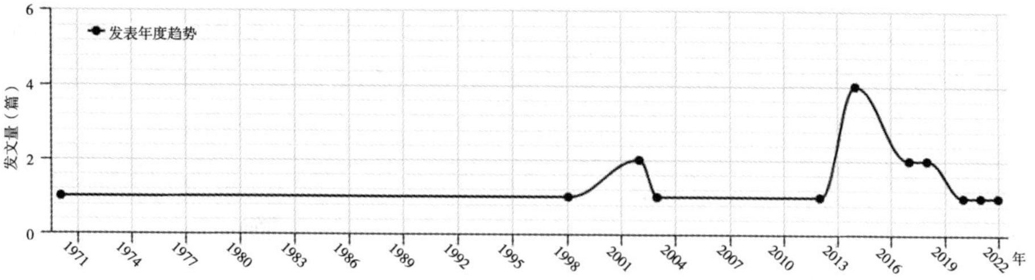

图1-2-4　2022年6月17日以“证据保全”为主题词在中国知网上检索到外文文献总体趋势分析

保全在现代汉语中指“保护使不受损失”。“保全”的英文（preservation）发源于寺院法，① “德国普通法取法于寺院法并继承证据保全制度而沿传至今”②。“保全”一词在法学界主要用于“证据保全”这一概念，“证据保全”的界定概括来讲有三种观点。

（1）固定与保管说。该学说认为：“证据保全即证据固定与保管，是指用一定的形式将证据固定下来，加以妥善保管，以供司法人员或律师认定案件事实时使用。”③ “证据保全，固定和保存证据的法律措施，指司法机关依法收存和固定证据资料，以保持其证明作用的措施。”④ 该学说突出证据的收集、固定与保管环节，强调证据保全的形式和方法。

（2）确定说。该学说认为：“证据保全是指在证据可能灭失或以后难以取得的情况下，人民法院在开庭审理前依照当事人请求或者利用职权采取措施加以确定的制度。”⑤ 该学说凸显证据保全的条件、限定了证据保全的主体。证据保全的主体只能是人民法院。证据保全的条件有两个，缺一不可。条件一为可能灭失或以后难以取得；条件二为当事人请求或者利用职权。

（3）预先调查论。对于该学说笔者查阅到三种定义。第一种最为经典，具体表述为：“证据保全是指人民法院或公证机关在法庭审理前对证据预先进行调查，加以保护的措施。”该定义将证据保全界定为对证据的预先调查和保护，将其定性为“措施”。第二种精确了时限，具体表述为：“证据保全是指诉讼提起

---

① 参见周烁奇：《单套制环境下档案数据保全研究》，苏州大学2020年硕士学位论文，第15页。

② ［日］松冈义正：《民事证据论》，张知本译，中国政法大学出版社2004年版，第306－308页。

③ 何家弘主编：《新编证据法学》，法律出版社2000年版，第336页。

④ 柴发邦主编：《诉讼法大辞典》，四川人民出版社1989年版，第427页。

⑤ 陈一云主编：《证据学》，中国人民大学出版社1991年版，第222页。

前或诉讼提起后，在未达证据调查步骤之前，依法预先的证据调查以确保证据调查结果的程序。”① 也就是说，只要在法庭证据调查步骤开始之前均可以进行证据保全，并将其定性为“程序”。第三种突出了启动者，具体表述为：“证据保全者即当事人于诉讼上欲利用之证据方法，恐日后有灭失或确难使用之虞或经他方同意，作为调查而保全之谓也。”② 该学说凸显了当事人对民事证据保全的重要地位。

（二）对第二种拆分的解读

2022年6月17日，以“监狱执法证据”为主题词检索到中文文献13篇（见表1-2-1）。其中硕士论文2篇，期刊论文9篇，报纸上的文献2篇。有4篇论文的题目中包含了“保全”一词。对监狱执法证据的研究起步较晚，成果较少。

表1-2-1 2022年6月17日以“监狱执法证据”为主题词在中国知网上检索到中文文献

序号	题名	作者	来源	发表时间	数据库
1	惠民：以民心所向定标 恰似细雨润心田	荆　锐	河南法制报	2022/3/25	报纸
2	数字化改革助推监狱法治建设的思考和实践	王　争	中国司法	2022/1/5	期刊
3	把握实质化审理基本要求 让社会公平正义最终实现	王丽丽	人民法院报	2021/12/9	报纸
4	罪犯死亡舆情案件形成的原因探讨及应对策略	严庆芳	河南司法警官职业学院学报	2020/6/15	期刊
5	智慧监狱背景下监狱执法证据保全的实践与探索	周小凤 吴楚彬 李　敏	法制与社会	2019/8/25	期刊
6	监狱坚持严格规范公正文明执法的几点思考	李　静	中国司法	2019/7/5	期刊
7	我国监狱执法证据收集保全问题研究	康志文	华中师范大学	2019/5/1	硕士

① ［日］中田英郎：《新民事诉讼法讲义》，陈刚等译，法律出版社2001年版，第213页。
② 王甲乙、杨建华、郑建才：《民事诉讼法新论》，台北，三民书局1981年版，第440页。

续表

序号	题名	作者	来源	发表时间	数据库
8	监狱理论与实践若干问题研究	薄锡年 杨习梅	犯罪与改造研究	2016/1/8	期刊
9	番禺监狱执法证据数据管理系统的研究与分析	马成钢	云南大学	2015/6/1	硕士
10	电子证据保全系统在监狱执法过程中的应用	高　明	犯罪与改造研究	2014/12/8	期刊
11	论监狱执法文书的规范化——以提请减刑建议书为例	董　琦 冯　景	安徽警官职业学院学报	2014/7/15	期刊
12	对监狱执法证据保全工作的几点认识	万益文	犯罪与改造研究	2014/2/8	期刊
13	罪犯档案管理在监狱执法中的作用谈	施　珏	浙江档案	2007/7/25	期刊

（三）小结

本书对“监狱执法证据保全”的适用是将其分解为三个词，分别为“监狱执法”“证据”“保全”。其内容关涉监狱刑罚执行、监狱执法人员、监狱执法管理、监狱执法风险等方面的证据及其保全问题。保全主体以监狱为主，公证机关为辅。

二、监狱执法证据保全现状的调研情况

（一）调研的方式方法

为了查清监狱系统执法证据保全工作开展的真实情况，课题组通过现场座谈、专题研讨、电话访谈、问卷调研等多种方式开展调研工作。具体情况描述如下：

1. 现场座谈

课题组成员分别组织了在中央司法警官学院培训的广东省狱侦业务班和宁夏回族自治区狱侦业务班中的狱侦科长们就监狱执法证据保全中心的运行问题进行交流研讨；课题组成员分赴江苏省监狱管理局，参加江苏省狱侦业务培训班座谈会，重点交流监狱执法证据保全的重点和难点问题，并到南京女子监狱、龙潭监狱、常州监狱开展实地调研，掌握其执法证据保全的第一手资料和痛点及创新点。

2. 专题研讨

依托学校监管安全研究中心，将监狱执法证据保全问题列为其 2021 年年会的研究主题之一，收到论文 31 篇，为课题研究收集了来自全国各地监狱的实践

经验和探索创新做法。

3. 电话访谈

在研究过程中，课题组根据需要，与一线同志通过电话访谈的形式进行交流探讨，初步统计已经与来自6个省份的23名一线同志进行了电话访谈，访谈对于研究成果纠偏意义重大。

4. 问卷调研

此次课题研究的调查问卷共有25个省、自治区、直辖市的监狱民警参与作答，得到了贵州省、江苏省和河北省同行的大力支持。课题组共收回5393份有效问卷。

（二）问卷调研的实施

1. 问卷设计

问卷最初设计时，分为两个类别，包括针对监狱的问卷和针对民警的问卷。针对监狱问卷实施难度大，统计结果呈现出问题的答案均一致的情况，信度和效度过低，只好舍弃。在此，只陈述针对民警的问卷（见“调查问卷”），该调查问卷共有12道选择题，1~2题是调查对象的基本信息，包括工作岗位和工作年限；3~4题是对监狱执法证据保全工作的宏观感受；5~10题是具体工作提问，包括培训、中心建设情况、工作重心、取证能力、作用发挥等方面；11~12题是比较和评价。课题组之所以这样设计问卷，是出于后期对数据进行交叉统计和比较分析的信度和效度需要。

调查问卷

尊敬的民警同志：

您好！此次问卷的目的是完成《监狱执法证据保全》部级研究项目，感谢您在百忙之中给予支持。此次问卷为匿名调查，您的答案无分对错，请根据您的真实情况作答。

1. 您的工作岗位是（　　）

A. 监管改造　　B. 狱内侦查　　C. 刑罚执行　　D. 防暴处突

E. 医生　　F. 其他

2. 您从事监狱工作的年限是（　　）

A. 1~5年　　B. 6~10年　　C. 11~20年　　D. 21~30年

E. 31年及以上

3. 您认为监狱执法证据保全工作（　　）

A. 没用　　B. 不重要　　C. 重要　　D. 很重要

E. 特别重要　　F. 不清楚

4. 您对本单位执法证据保全工作（　　）

A. 极不满意　B. 不满意　C. 满意　D. 很满意

E. 非常满意

5. 您参加执法证据保全的学习和培训有（　　）

A. 0 次　B. 1 次　C. 2～3 次　D. 4 次及以上

6. 您对本单位建立执法证据保全中心的态度是（　　）

A. 不支持　B. 支持　C. 不关心

7. 您对执法记录仪的使用（　　）

A. 不会用　B. 仅会录像　C. 较熟练操作　D. 灵活应用

8. 您认为执法证据保全的最大价值在于（　　）

A. 提高执法的规范性　B. 规避执法风险　C. 应付上级检查

9. 贵单位建立执法证据保全中心及作用发挥情况是（　　）

A. 没有　B. 正在筹建　C. 建成未发挥作用　D. 作用不大

E. 作用很大

10. 您所在监狱的执法证据保全处于的状态是（　　）（可多选）

A. 不做证据保全　B. 在狱内侦查中做证据保全

C. 在突发事件处置中做证据保全　D. 在罪犯死亡事件中做证据保全

E. 在减假暂环节做证据保全　F. 在处罚罪犯时做证据保全

G. 在监管改造的各个环节都做证据保全

11. 您认为本单位监狱执法证据保全成效较之 5 年前（　　）

A. 明显提升　B. 有所提升　C. 没有变化　D. 有所下降

E. 明显下降

12. 您认为监狱执法证据保全的主要障碍和困难是（　　）（可多选）

A. 缺乏证据意识　B. 警力不足

C. 专业知识不足　D. 缺少经费、场地和设备

E. 缺少执行规范和标准

再次感谢您对本项研究工作的支持！

2. 问卷发放

为了统计的便利性，调查问卷借助某问卷调查平台发布。

3. 答卷情况

（1）地域分布。有效答卷的监狱警察来自 25 个省、自治区、直辖市，人数排在前三的省份为：贵州省 5051 人，江苏省 213 人，河北省 32 人。

（2）岗位情况。如图 1－2－5 呈现出的有效问卷，在监管改造线的警察占比高达 53.98%，超过一半，符合最初的预期。在狱内侦查、刑罚执行、监狱医

生岗位上的警察占比分别是5.90%、5.06%和5.75%，符合预期。在防暴处突岗位上的民警占比为2.67%，低于预期，在数据分析的时候需关注。

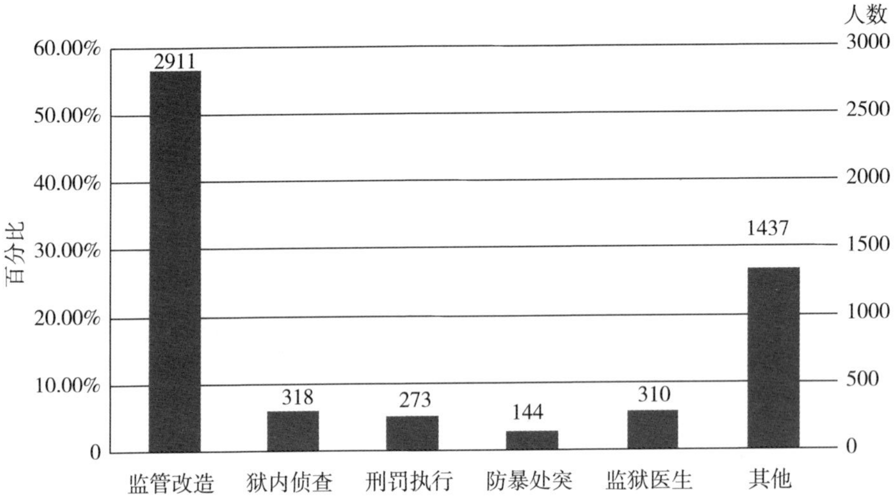

图1-2-5　调查对象岗位情况图

（3）工作年限情况。从参与答卷民警的工作年限来看（如图1-2-6所示），工龄30年以下工作热情较高的民警占比超过85%；工龄6~30年，有工作热情、经验丰富的民警占比超过60%。这个数据比课题组预想得要好，数据统计结果更具说服力。

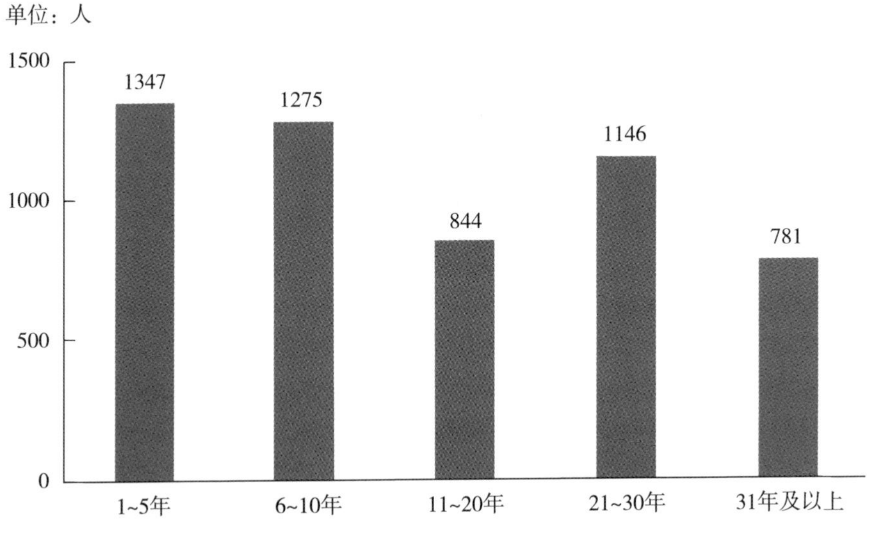

图1-2-6　调查对象工作年限

（三）问卷数据的初步分析

两道题交叉比较分析，呈现出非常有价值的数据变化。比如，将调查对象的职业与对执法记录仪使用熟练度的交叉分析呈现出一定的变化规律（如图1－2－7至图1－2－11所示）。从图中可以清晰地展现出狱内侦查和防暴处突人员在执法记录仪使用方面更为熟练，尤其是灵活应用的人员比重明显偏高。其次是监管改造人员。监狱医生在仅会使用执法记录仪录像功能的人群中占比最高，而选择灵活应用的人员占比倒数第二。

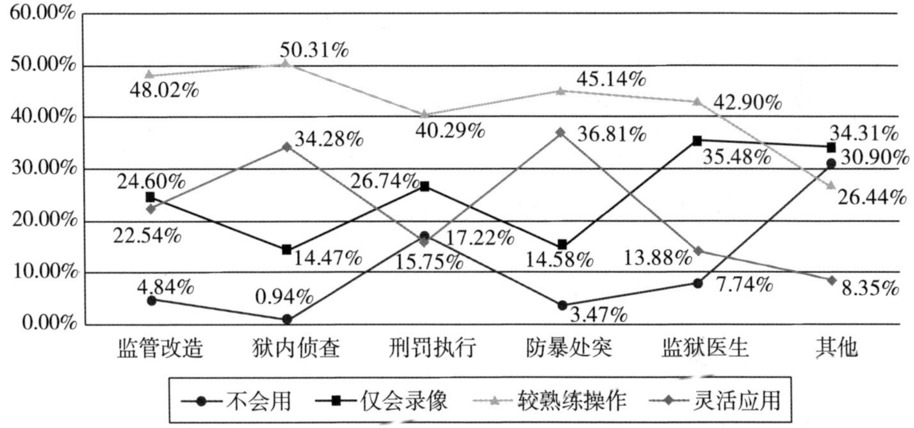

图1－2－7　调查对象岗位与执法记录仪操作熟练度关系

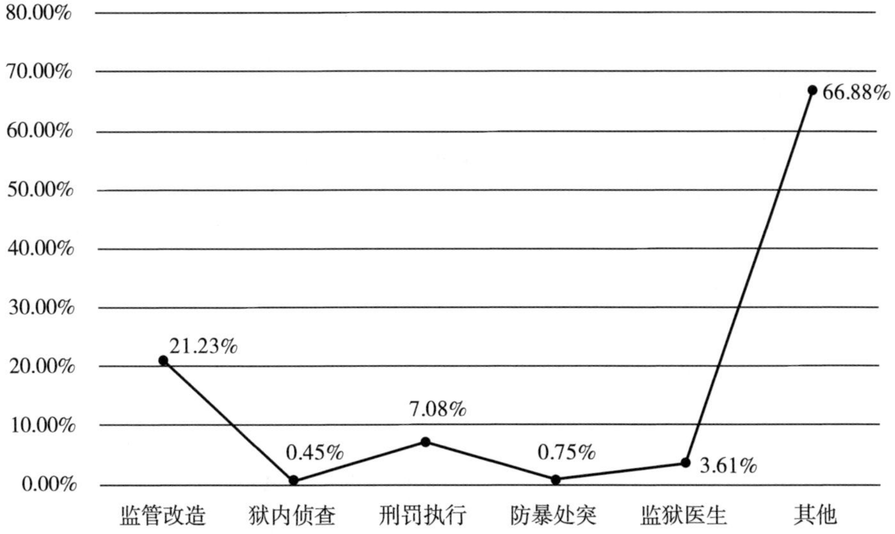

图1－2－8　不会使用执法记录仪不同岗位人员占比

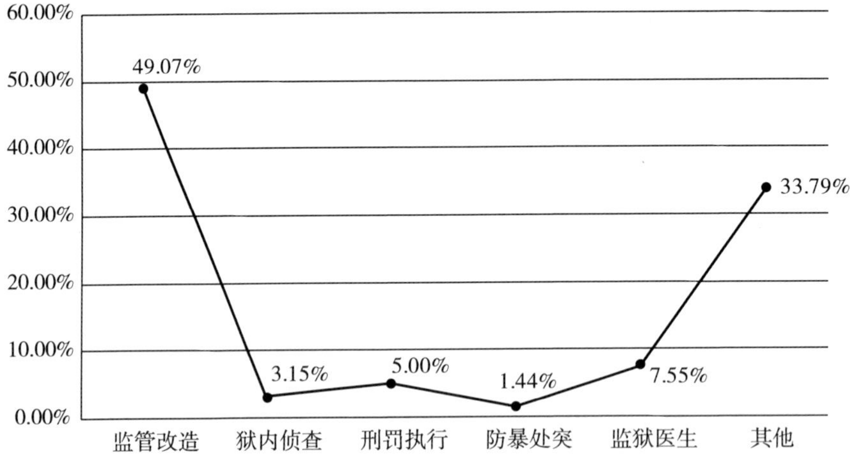

图 1－2－9　仅会使用执法记录仪录像不同岗位人员占比

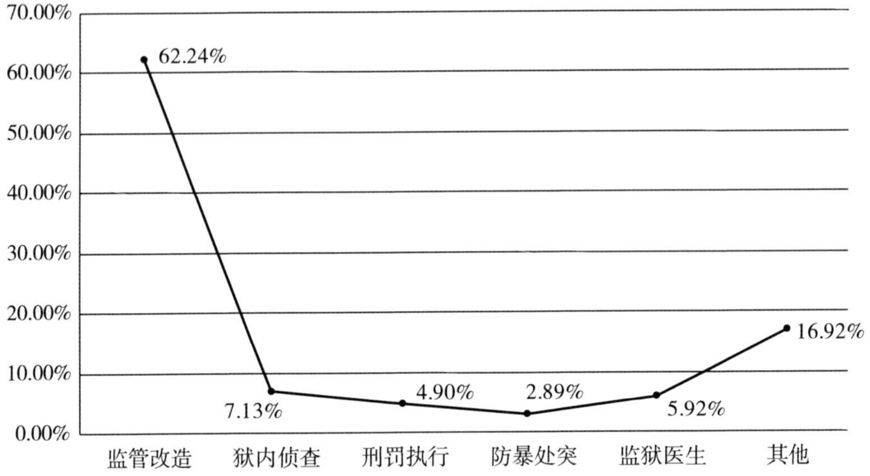

图 1－2－10　较熟练操作执法记录仪不同岗位人员占比

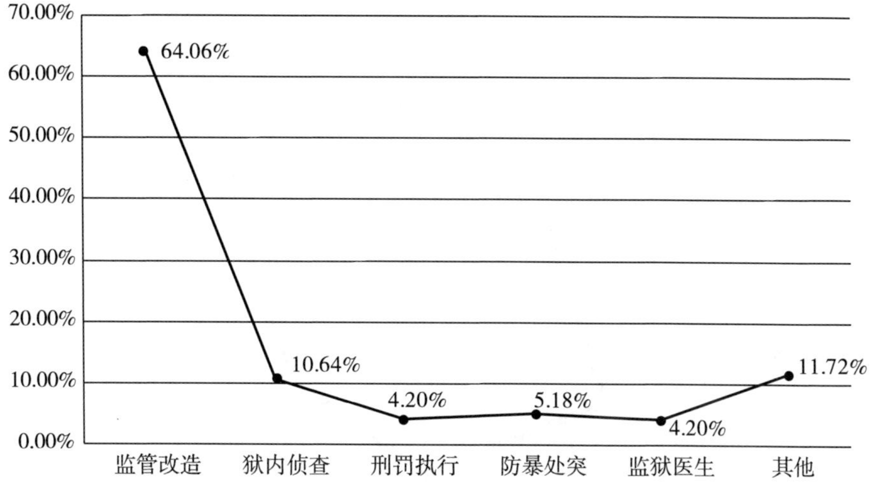

图 1-2-11 能灵活应用执法记录仪不同岗位人员占比

将第 1 题与第 5 题交叉分析，并用四个雷达图清晰呈现之后，组织参加证据保全培训由多至少的岗位是狱内侦查、防暴处突、监管改造、监狱医生、刑罚执行和其他（如图 1-2-12 至图 1-2-15 所示）。

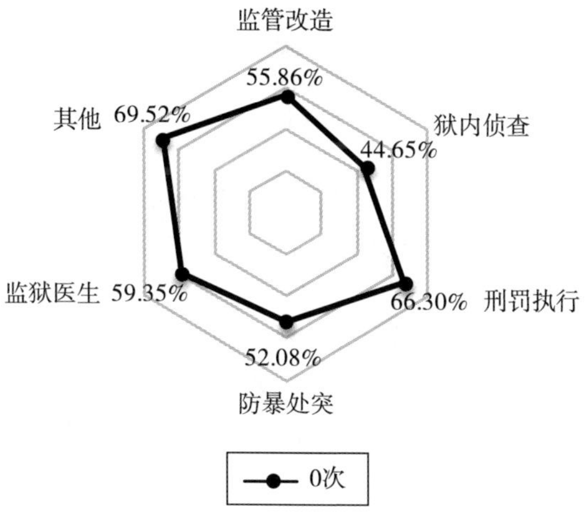

图 1-2-12 不同岗位参加相关培训 0 次占比

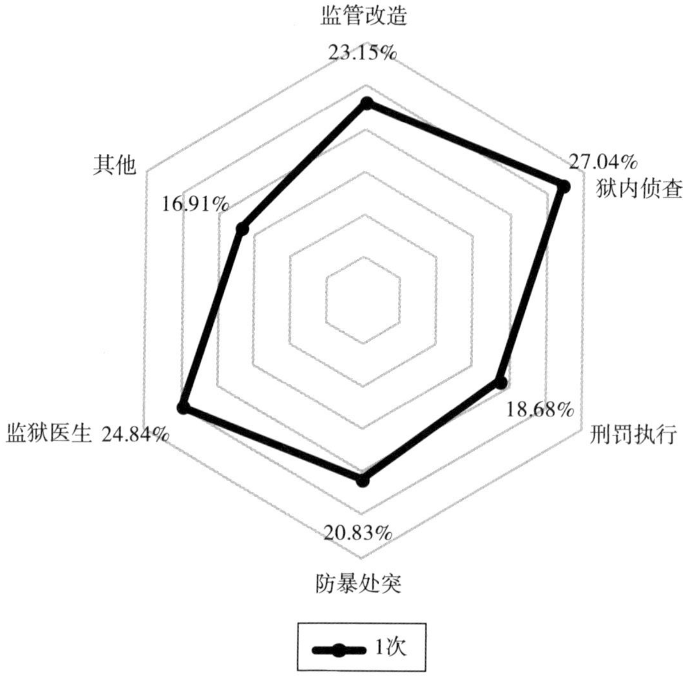

图 1－2－13　不同岗位参加相关培训 1 次占比

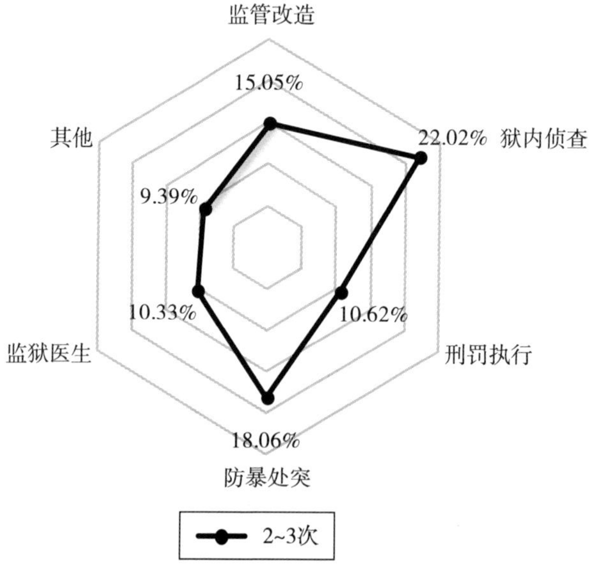

图 1－2－14　不同岗位参加相关培训 2～3 次占比

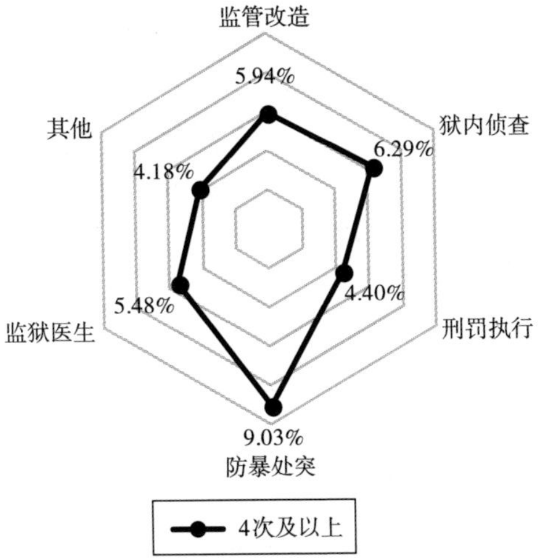

图 1-2-15 不同岗位参加相关培训 4 次及以上占比

将第 1 题与第 8 题交叉分析（如图 1-2-16 所示），同时将第 2 题与第 8 题交叉分析（如图 1-2-17 所示），将两个交叉分析的结果进行并列比较后发现，狱内侦查和刑罚执行岗位上的人，认为提高执法规范性和规避执法风险的重要性相当，监管改造岗位的监狱民警和监狱医生认为规避风险比提高执法规范性重要，防暴处突监狱民警与其他类的监狱民警认为执法规范性更重要。从工作年限来看，出现明显的年龄段差异，工作年限在 20 年（含 20 年）以下的认为规避执法风险重要的人员偏多，尤其是工作 6~10 年的人员悬殊达 21 个百分点。工作 21 年及以上的人员中认为增强执法规范性的人员更多些。

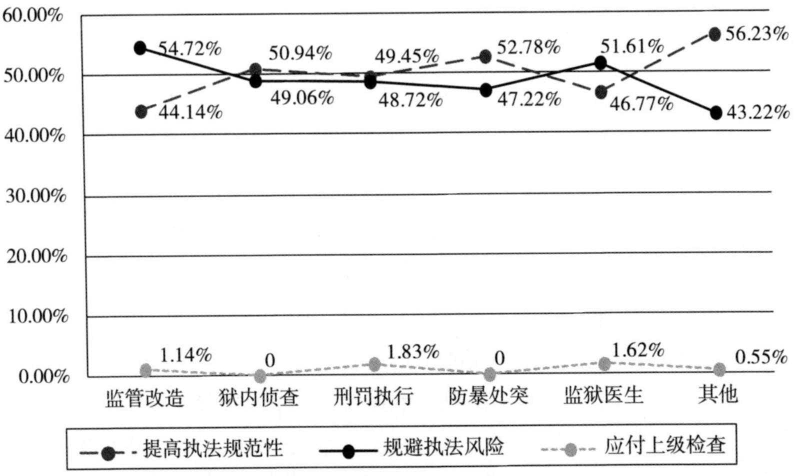

图 1-2-16 第 1 题与第 8 题交叉分析情况

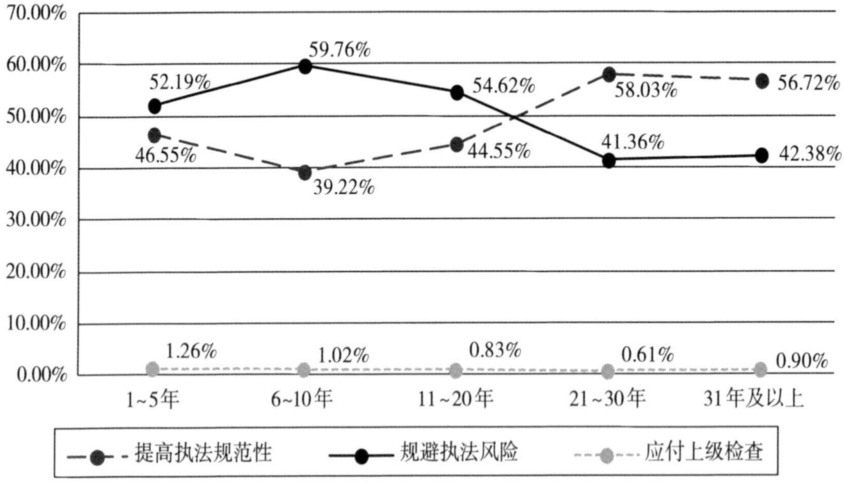

图 1－2－17　第 2 题与第 8 题交叉分析情况

将第 3 题与第 11 题交叉分析，发现认为监狱执法证据保全工作重要的人，也多认为近 5 年内本单位执法证据保全工作有提升（如图 1－2－18 所示）。

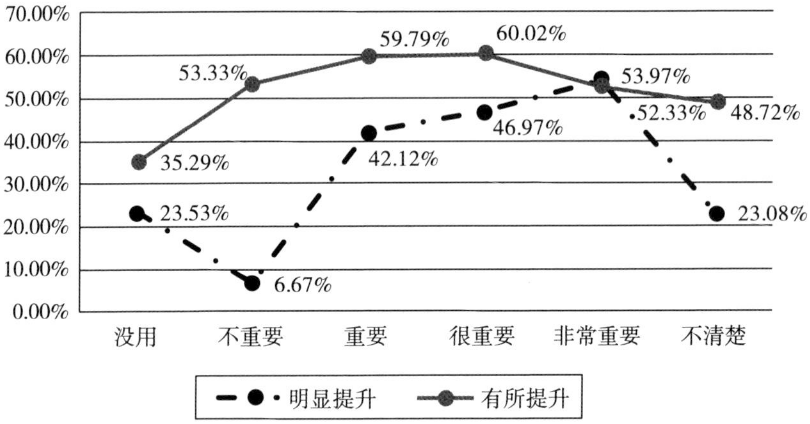

图 1－2－18　认为执法证据保全重要性与对本单位执法证据保全较 5 年前的变化情况对照

将第 5 题与第 12 题交叉分析（如图 1－2－19 所示），发现在雷达图上呈现五个大小叠套的形状，其中最外面的图形为专业知识不足，依次为缺少执行规范和标准，缺少经费、场地和设备，缺乏证据意识，警力不足。可以看出前几项是客观因素，但作为客观因素的警力不足很多人没有选择，其原因应该是大多数监狱民警认为执法证据保全这种专业性极强的工作不是简单补充警力就可以解决的。

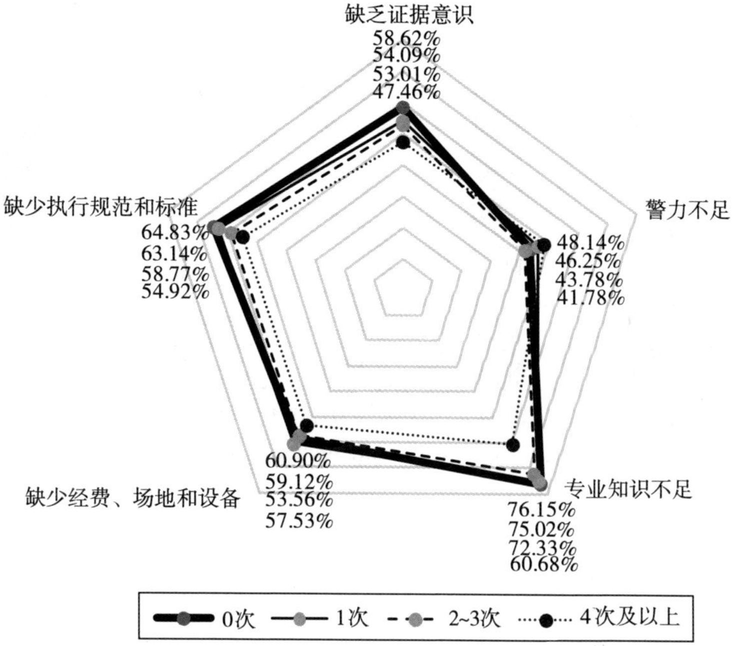

图1－2－19 培训情况与执法证据保全主要障碍与困难交叉分析情况

（四）监狱执法证据保全的现状描述

1. 监狱执法证据保全中心运行不理想

（1）建设和运行情况不乐观。此次调研的数据（见图1－2－20）显示，没有建成执法证据保全中心的占55.85%，监狱未运行执法证据保全中心的占62.06%。即多一半的监狱执法证据保全中心未建或未建成或未发挥作用。认为本单位监狱执法证据保全中心作用很大的只占三成。从数据来看，监狱执法证据保全中心建设情况并不理想，没有专门的保全中心，证据来源的可靠性、内容的真实性、保存的安全性被质疑的风险增高。

（2）中心运行与满意度正相关。将对本单位执法证据保全满意度和本单位执法证据保全中心建设及作用发挥情况交叉分析（如图1－2－21所示）可以看出，这个折线图非常有说服力，对于正在建设的满意度基本呈正态分布，而对于“没有建”和“作用很大”出现两个截然相反的趋势图，并相交于中部。说明这个问题调研结果的一致性，认为“作用很大”的对本单位近几年在执法证据保全方面的改变满意并充满新期待，选择“没有建”的对本单位执法证据保全工作极不满意。满意度是主观感受，因客观变化而变化，监狱要提升执法证据保全满意度，就要在此方面积极担当作用。

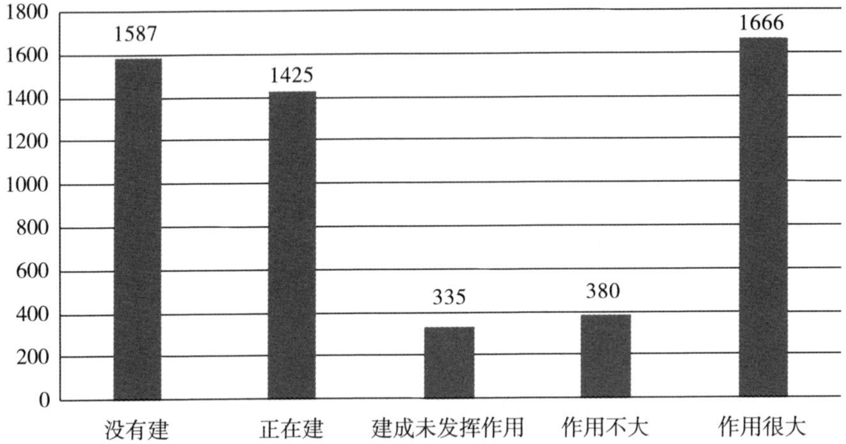

图 1－2－20　监狱执法证据保全中心建设情况

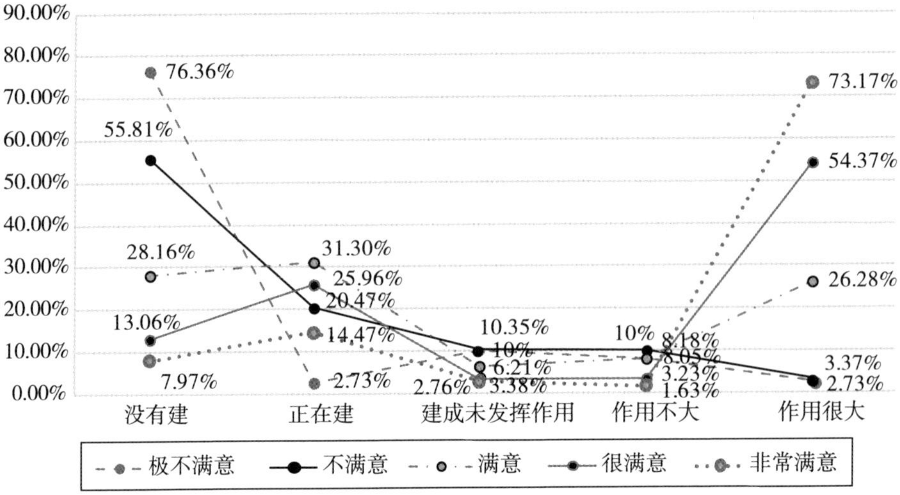

图 1－2－21　第 4 题和第 9 题交叉分析

2. 有些一线警察不会使用执法记录仪

此次调研收回的有效问卷共计 5393 份，选择不会使用执法记录仪的共有 664 份，占比 12.31%。其中，有效问卷中选择监管改造岗的共计 2911 份，占有效问卷的 53.98%，有 141 人选择不会使用执法记录仪。在所有不会使用执法记录仪的人员中，监管改造岗人员占比 21.23%（如图 1－2－22 所示）；在所有监管改造岗位人员中选择不会使用执法记录仪的人员占比为 4.84%（如图 1－2－23 所示）。占比虽然不高，但监管改造岗位会不可避免地遇到各种突发情况，需要在第一时间打开执法记录仪进行记录。如果有 4.84% 的人员不会使用，就可能导致执法证据保全的缺漏现象发生，埋下安全隐患。

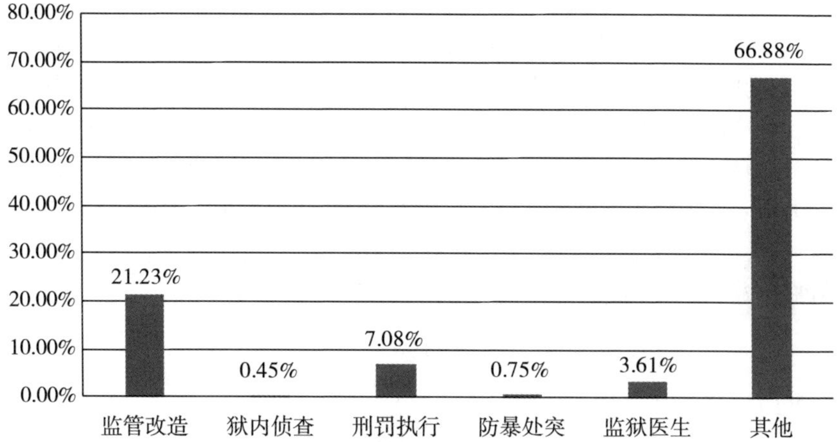

图 1－2－22 不会使用执法记录仪人员岗位情况

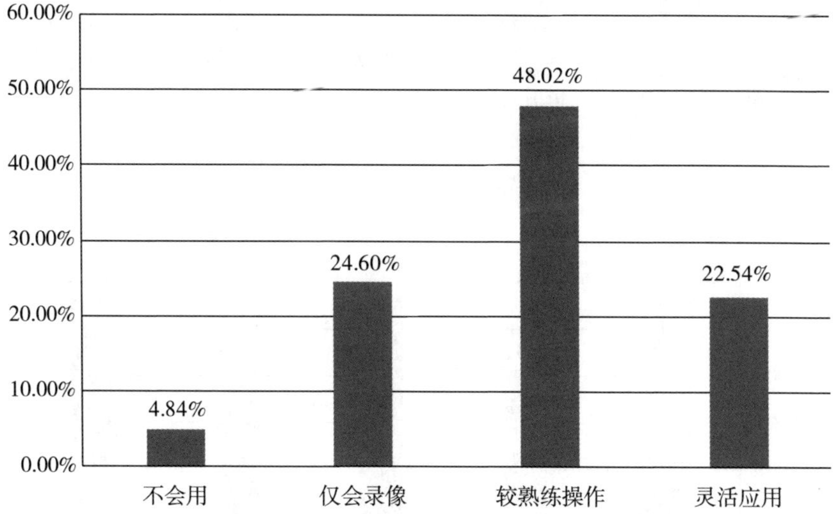

图 1－2－23 监管改造岗位操作执法记录仪熟练度分布

3. 制约保全工作的最大“瓶颈”是专业性不足

对监狱执法证据保全的主要障碍和困难的调研，设置了一道多选题，共有5个选项，分别是：A. 缺乏证据意识；B. 警力不足；C. 专业知识不足；D. 缺少经费、场地和设备；E. 缺少执行规范和标准。通过分省筛选，贵州省的有效答卷是5051份，江苏省的有效答卷是213份，两省的监狱警察在5个选项的重要性排序上一致，均为C—E—A—D—B。均认为专业性不足是制约监狱执法证据保全工作的最大问题，贵州省5051人中有3786人选择了专业知识不足，占比高达74.96%；江苏省213人中有140人选择了专业知识不足，占比达65.73%，稳居第一。排在第二位的是“缺少执行规范和标准”，贵州和江苏的占比分别是63.20%和58.22%（如图1-2-24所示）。

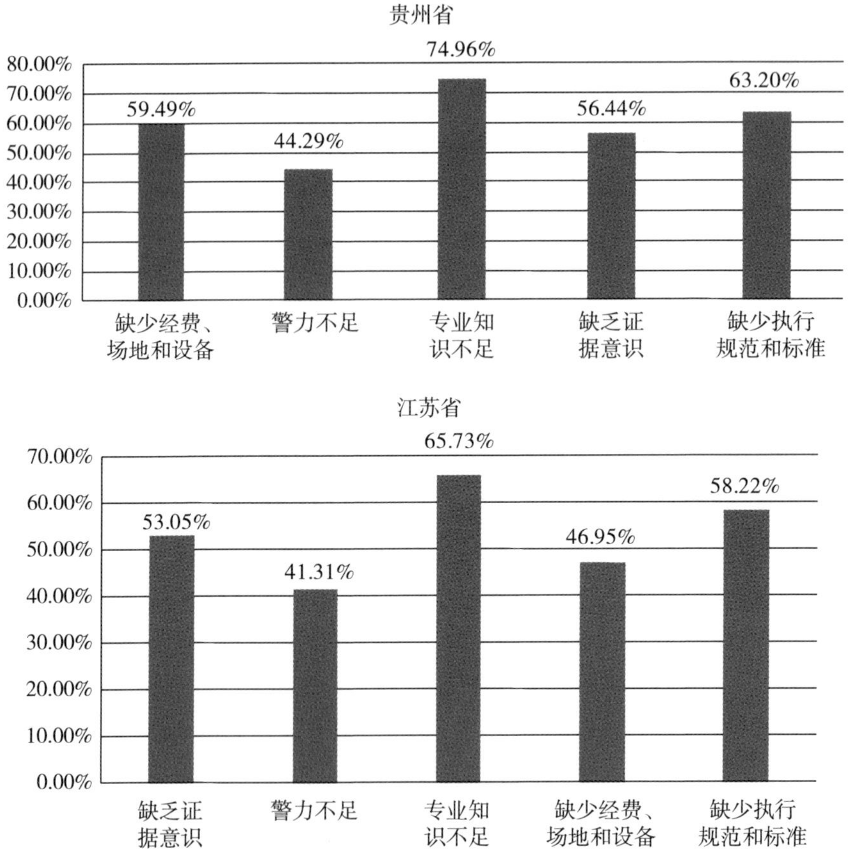

图1-2-24　监狱执法证据保全的主要障碍和困难分省调查情况

4. 执法证据保全仍有较大的提升空间

对本单位执法证据保全工作满意度的调研，设置了一道单选题，共有 5 个选项，分别是：A. 极不满意；B. 不满意；C. 满意；D. 很满意；E. 非常满意。在 5393 份答卷中，选择满意及以上的共计 4423 份，占比 82.01%。选择不满意及以下的共计 17.99%（如图 1－2－25 所示）。在交叉分析时发现一些规律性的数据，分述如下：(1) 将满意度（第 4 题）与工作年限（第 2 题）交叉分析（如图 1－2－26 所示）。将满意度设为自变量 X，工作年限设为因变量 Y，在折线图上可以看出，工作年限在 21～30 年的监狱民警的满意度选择呈正态分布。按照 ABCDE 顺序，折线趋势整体下行的为 6～11 年和 11～20 年，即工作 6～20 年的人群，工作积累了一定的经验并有上进心的人群，对监狱执法证据保全工作不满意，究其原因，很多人处于领导层和重要岗位，深知执法证据保全对于监狱和监狱人民警察的重要意义，期待高故而对改进的速度不满意。按照 ABCDE 顺序，折线趋势整体上扬的为 1～5 年和 31 年及以上的警察，趋势最为明显的是 1～5 年，刚刚参加工作，有热情没经验，很多都在学仿、摸索、适应阶段，因期待值低而满意。

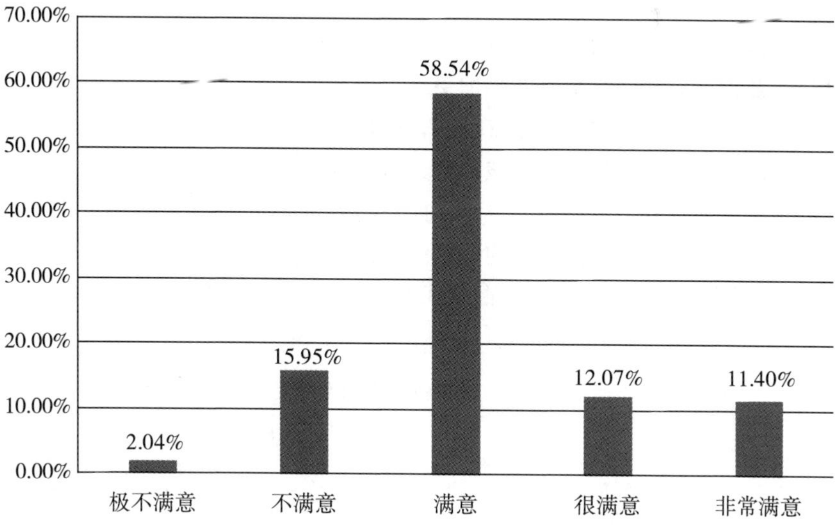

图 1－2－25 调查对象对本单位证据保全工作满意度情况

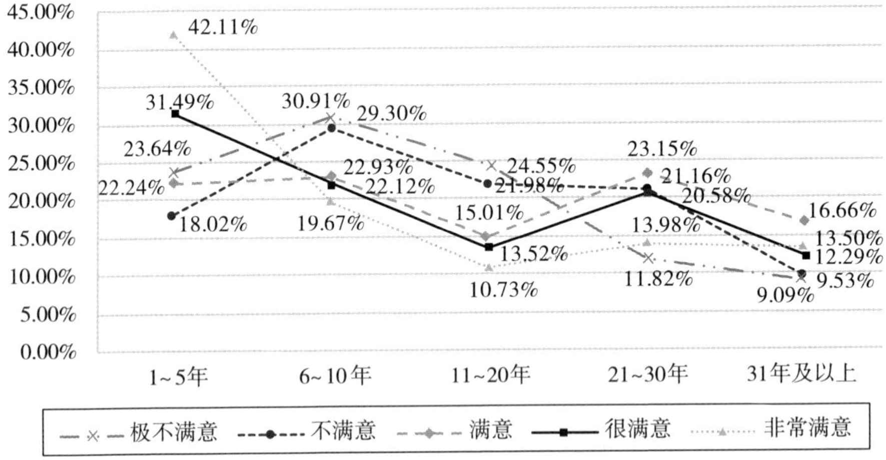

图1－2－26　满意度与工作年限交叉分析情况

（2）将满意度（第4题）与工作岗位（第1题）交叉分析。在监管改造岗位上的警察对执法证据保全不满意及以下的占比为20.13%（见表1－2－2）。将满意度设为自变量X，工作岗位设为因变量Y（如图1－2－27所示），监管改造岗位在满意度的各层级占比折线图总体呈下降趋势，说明监管改造岗位的警察对监狱执法证据保全的期待更高。整体呈现上升趋势的有防暴处突岗和其他岗位，分析其原因在于防暴处突岗的警察中擅长证据保全专业人员极少，如今该岗位对证据保全的频次和要求较高，故该岗位人员感觉自己已经做得很好了。变化幅度较大的为狱内侦查和监狱医生岗位，狱内侦查人员证据保全专业性强、工作要求高，不满意人数占比是其他层次的两倍多，说明该岗位人员对证据保全质量的期待值高。监狱医生中“很满意”在交叉分析中占比大，原因是其专业是医疗，对证据保全的期待不高，故而满意。

表1－2－2　工作岗位与本单位证据保全满意度交叉分析数据

X/Y	极不满意	不满意	满意	很满意	非常满意	小计
监管改造	83(2.85%)	503(17.28%)	1680(57.71%)	319(10.96%)	326(11.20%)	2911
狱内侦查	5(1.57%)	86(27.04%)	154(48.43%)	40(12.58%)	33(10.38%)	318
刑罚执行	6(2.20%)	48(17.58%)	163(59.71%)	23(8.42%)	33(12.09%)	273
防暴处突	1(0.69%)	23(15.97%)	64(44.44%)	22(15.28%)	34(23.61%)	144
监狱医生	1(0.32%)	42(13.55%)	170(54.84%)	64(20.65%)	33(10.65%)	310
其他	14(0.97%)	158(11.00%)	926(64.44%)	183(12.73%)	156(10.86%)	1437

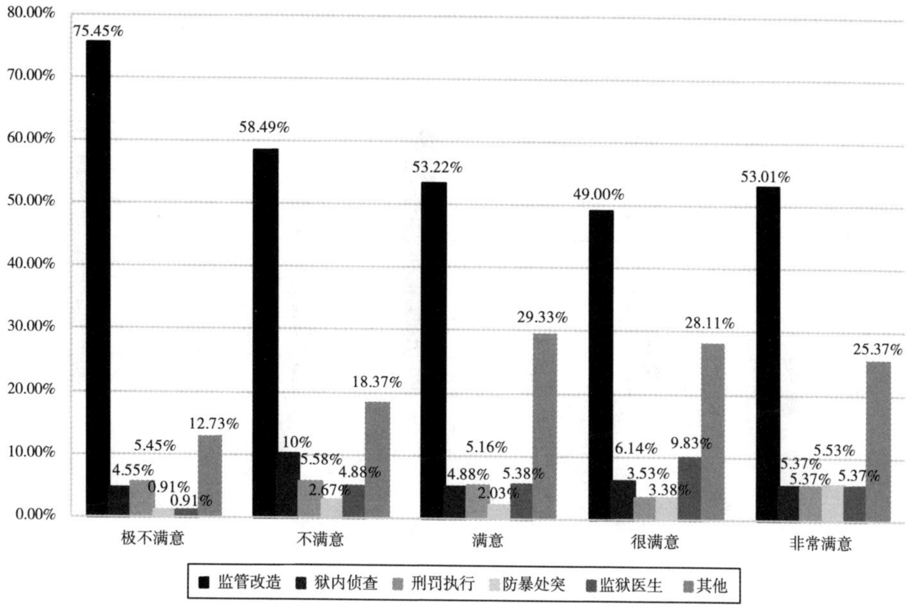

图 1－2－27 满意度与岗位交叉分析情况

注：为局部放大图。

在本单位执法证据保全状态的调查中，设置了一道多选题，给出了 7 个选项，分别是：A. 不做证据保全；B. 在狱内侦查中做证据保全；C. 在突发事件处置中做证据保全；D. 在罪犯死亡事件中做证据保全；E. 在减假暂环节做证据保全；F. 在处罚罪犯时做证据保全；G. 在监管改造的各个环节都做证据保全。从对该问题统计结果基础分析的柱状图可以看出，占比由高到低的排序为 B—D—C—F—G—E—A。证据保全适用高的前三名为狱内侦查、罪犯死亡、应急处突（如图 1－2－28 所示）。

将工作岗位（第 1 题）与保全适用（第 10 题）交叉分析（如图 1－2－29 所示），总体情况的雷达图基本呈现出套叠状态。为了更清晰地展现，笔者将不同的适用领域进行了组合，分别是 BCD 组合、BE 组合、DF 组合、CG 组合。BCD 组合展示了不同岗位人员对监狱在狱内侦查、监狱处突和罪犯死亡事件中证据保全工作开展情况，三个领域的差别不大，基本都处在雷达图的第三圈附近，占比相当（如图 1－2－30 所示），但证据保全工作提升的空间仍有 1/4 左右。以 BCD 图为比较基础来看另外三个组合（如图 1－2－31 至图1－2－33 所示），发现在减假暂、处罚罪犯和监管改造各环节证据保全适用较低，证据保全适用比率最低的为减假暂环节。结合《最高人民法院、最高人民检察院、公安部、司法部关于加强减刑、假释案件实质化审理的意见》的要求看该调研结果，监狱在该环节证据保全工作提升的压力和空间都非常大。

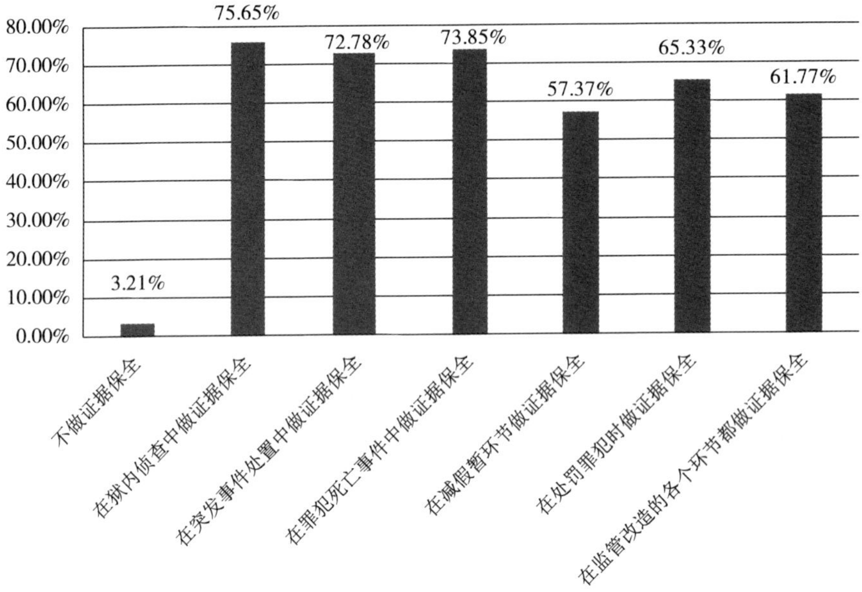

图 1－2－28　本单位证据保全适用情况调查概况

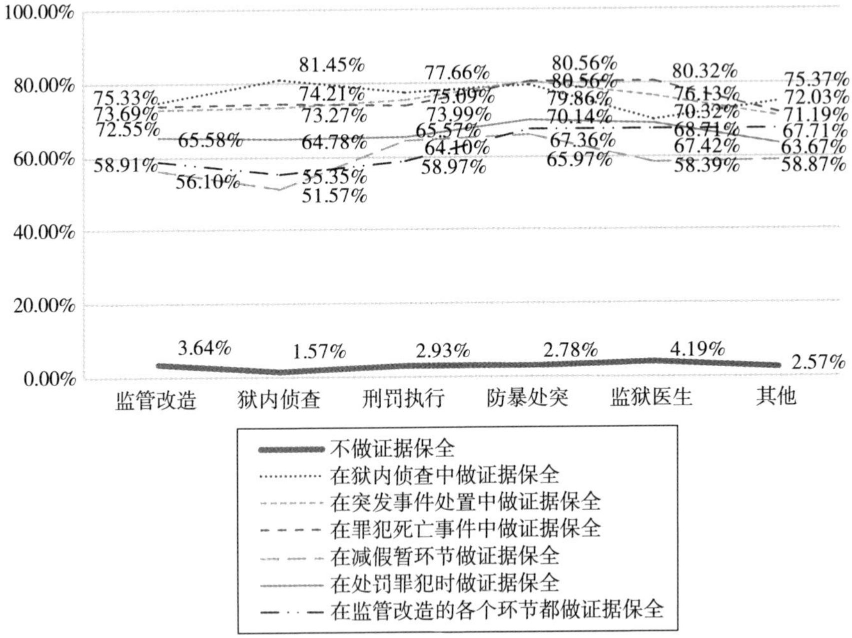

图 1－2－29　岗位和适用情况交叉分析

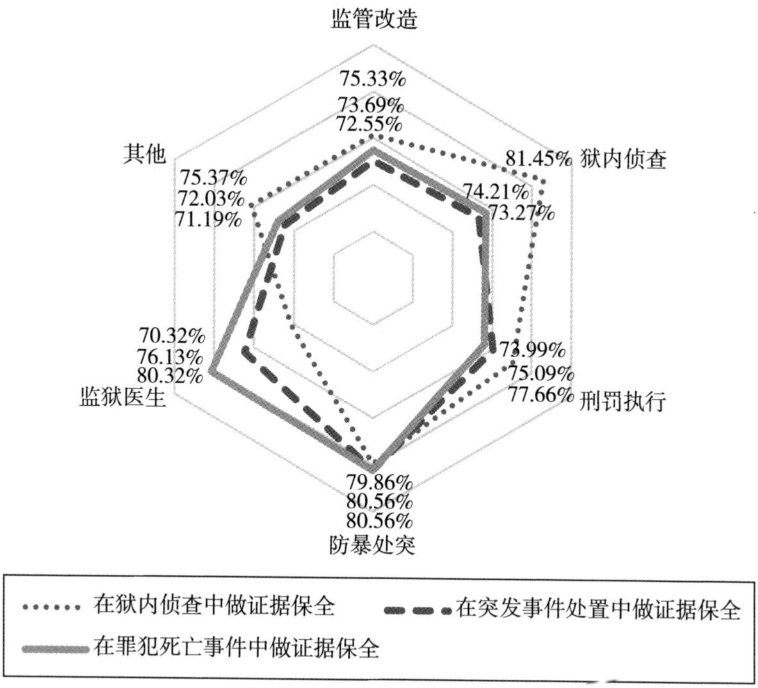

图 1-2-30 不同岗位与 BCD 交叉分析

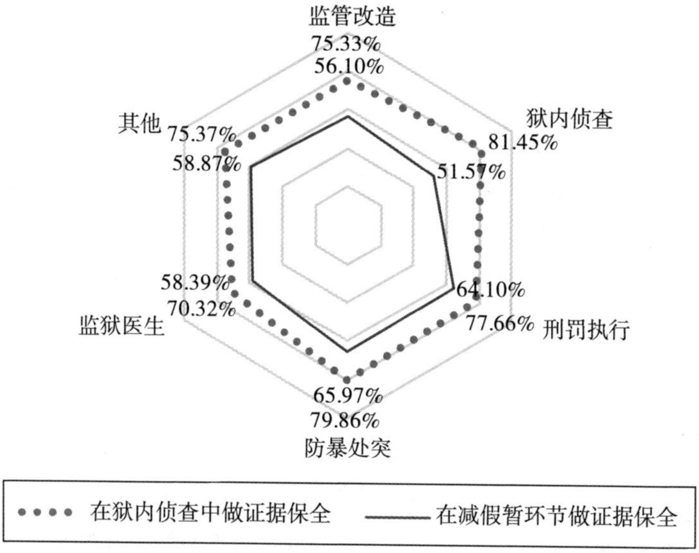

图 1-2-31 不同岗位与 BE 交叉分析

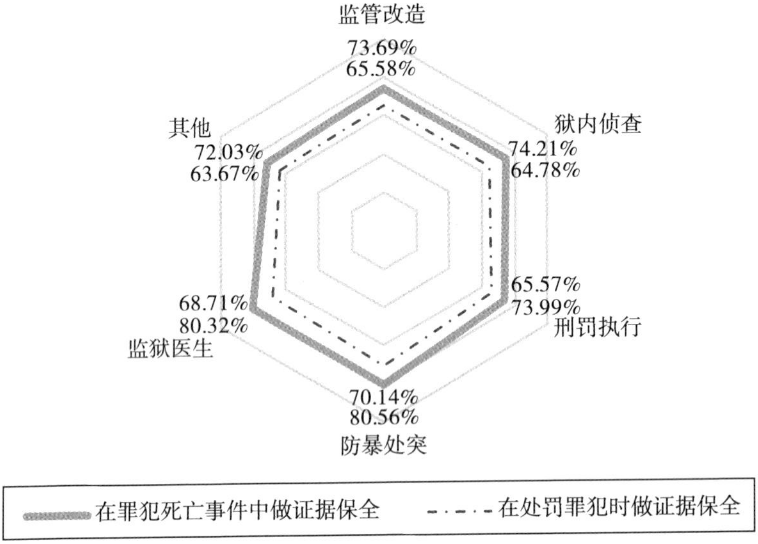

图1－2－32　不同岗位与DF交叉分析

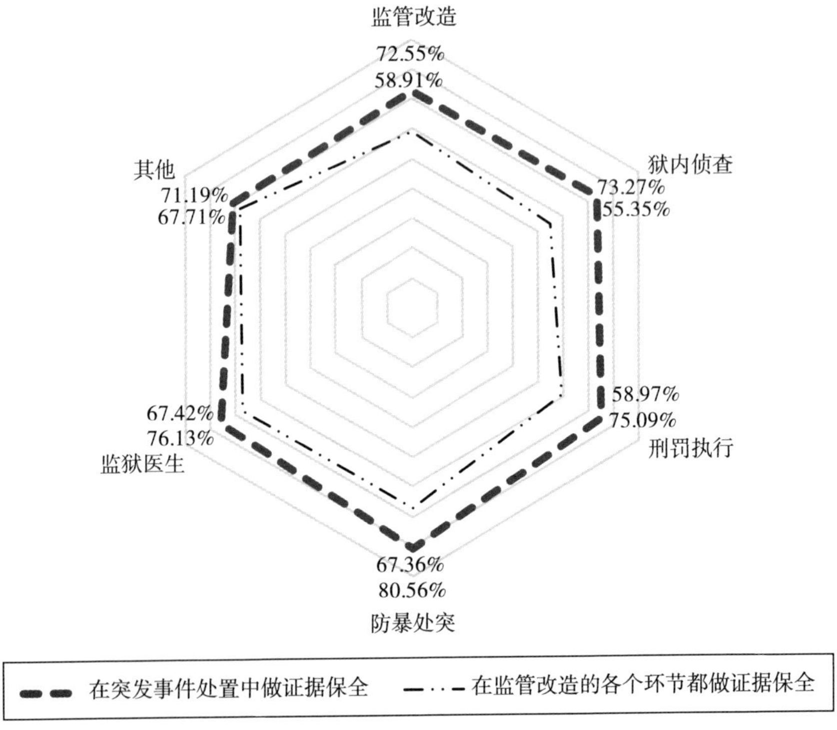

图1－2－33　不同岗位与CG交叉分析

第三节 监狱执法证据保全面临的问题

一、证据保全法律体系不完整，依据不充分

监狱执法证据收集、运用、保全等工作处于法律依据不充分、实践难操作的尴尬境地。①

（一）法律规定笼统

我国尚没有独立的证据法，有关证据的法律条款分别规定在《刑事诉讼法》、《民事诉讼法》和《行政诉讼法》中，同时最高人民法院和最高人民检察院关于证据条款作了相应的司法解释。

1. 《刑事诉讼法》的规定

《刑事诉讼法》第50条至第65条均规定了证据的内容。证据保全的主体以公安机关、人民检察院和人民法院为主，监狱比照执行。笔者理解，监狱在刑事证据保全过程中，比照国家安全机关、公安机关、人民检察院保全的程序和方法进行勘验检查、搜查扣押、询问讯问、辨认、侦查实验等。但由于没有法律条款予以明确，加之监狱执法证据保全的范畴比监狱侦查取证的范畴大，在实践操作中缺乏统一的遵循，导致一线民警在证据保全工作中没有底气，略显茫然。

2. 《监狱法》的规定

《监狱法》鲜明地树立了依法治监的理念，是调整监狱法律关系的专门法律。但其“仅对监狱执法工作做了原则性规定，过于笼统和粗线条”②，用于指导监狱执法实践的《监狱法实施细则》始终没有出台，造成全国各地监狱在执法过程中，没有统一的标准遵循，影响了监狱执法公信力，进而影响了监狱形象。《监狱法》第60条规定，对罪犯在监狱内犯罪，由监狱进行侦查。侦查工作的核心任务是查明案件事实，收集犯罪证据，证实犯罪嫌疑人。这三项核心任务中，查明案件事实需要证据，证实犯罪嫌疑人依靠证据，三项任务都是围绕证据展开的。但《监狱法》的条款中只关涉刑事定案证据，没有对其他执法证据保全的规定。

① 参见万益文：《对监狱执法证据保全工作的几点认识》，载《犯罪与改造研究》2014年第2期。

② 万益文：《对监狱执法证据保全工作的几点认识》，载《犯罪与改造研究》2014年第2期。

（二）各省监狱管理局的规定不一致

为了有效防范监狱执法风险，规范处置涉访涉诉事件，维护监狱形象，保障监狱民警的合法权益，“各省局、监狱根据实践需要，陆续出台相关监狱执法证据保全规定、实施细则等”①，给监狱执法证据保全提供了遵循。但由于各地差异，省局的要求就有明显不同，比如：

（1）有的地区监狱执法证据以“罪犯个体”作为保全分类标准，分为重要罪犯、涉访涉诉罪犯和顽危犯；有的地区则以“事件”作为划分标准，分为罪犯违纪、病重等。② 以不同标准存储证据，其检索结果也就截然不同，使用效果更不能保证。

（2）《J省监狱执法证据保全办法》第8条规定的重要“案犯”有6种，而《G省监狱执法证据保全办法（试行）》第8条规定的重要“罪犯”有8种。

（3）对于一般罪犯需要搜集的重要执法证据内容，《J省监狱执法证据保全办法》列举了7大类，第7类是其他需要搜集的重要证据；《G省监狱执法证据保全办法（试行）》列举了8大类，增加了“职业病防范证据”。

从笔者收集到的几个监狱的执法证据保全办法来看，他们与本省局下发的办法基本一致。条框性的规定明显，只提要求，没有方法，没有具体操作规范，没有取证标准。

（三）急需部门规章完善法律体系

监狱执法证据保全工作开展多年，“但迄今为止尚未有一部全国性统一的监狱执法证据管理法规”③，仍面临“无法可依”“无章可循”的状态。缺乏上位法律的支持，造成监狱执法证据保全工作难以与公检法系统互相协作、高效共享，在一定程度上影响了监狱的法治化进程。④ 缺乏部门规章，致使监狱执法证据保全法律依据不足，按照本省、本监规定保全的证据可能遭到来自异地关押的罪犯及家属的辩护人和代理人对证据合规性、可用性的质疑。亟须司法部监狱管理局出台一部规范全国监狱执法证据保全工作的规章，统一监狱执法证据保全的内容和要求。在这一基本规范的基础上，编制《监狱执法证据保全分类标准与操作指引》。

---

① 斯方南、章明：《论监狱执法证据保全》，载《浙江监狱》2017年第3期。

② 参见上海市南汇监狱课题组：《论监狱执法证据保全》，载《中国监狱学刊》2019年第4期。

③ 斯方南、章明：《论监狱执法证据保全》，载《浙江监狱》2017年第3期。

④ 参见郑文谦：《监狱执法证据保全体系初探》，载《中国监狱学刊》2016年第3期。

二、规定的线条过粗，缺乏保全标准和工作指引

（一）缺乏对监狱执法证据保全工作的顶层设计

一项工作其体制机制构建是否科学，操作层有没有明确的标准和规范，是衡量其工作质效的核心要素。我国监狱执法证据保全工作从2013年《J省监狱执法证据保全办法》正式出台开始，已经历了“百花齐放，百家争鸣”的发展阶段，各监狱陆续出台了各自的监狱执法证据保全细则或规定，促进了本监狱执法证据保全工作由无序向有序的快速发展。但由于缺乏来自司法部监狱管理局的“顶层设计”，全国各监狱执法证据的“取证标准、取证规则、取证程序、取证方法、取证条件均不统一，在一定程度上造成了对监狱执法证据保全工作理解的不统一”①。这种不统一容易招致异地关押罪犯及家属对监狱执法工作的质疑，引发不必要的矛盾和问题。司法部监狱管理局需要做好监狱执法证据保全工作的“顶层设计”，科学规划体制机制，明确执法证据取证范围，统一取证流程，设置证据标准，让监狱一线民警清楚什么情况下需要搜集哪些证据、如何搜集、如何调取、如何保全、怎样转交及失职后的责任等，以提升监狱执法证据保全工作质效。

（二）监狱执法证据保全相关的制度规定线条过粗

如上文所述，两省的监狱管理局均使用了20个左右的条款粗线条地描绘了监狱执法证据保全的样貌，明确了要求具有指导性。但在省局的执法证据保全规定中只对搜集的原则、主要内容、主体，搜集可用的方法和证据保存要求作了规定，却没有对搜集的操作流程和搜集证据需要达到的标准予以规定。这导致“监狱系统的执法证据保全体系尚不完备，各监狱在开展执法证据保全工作中尚缺乏切实可行的依据与标准，仍处于‘各自为战’的局面”②。

首先，现有的监狱执法证据体系中主要是针对狱内犯罪案件、罪犯死亡事件、自伤自残事件、违规违纪事件、意外伤害事件、疾病伤残事件等重大事项情形，却未能将事关罪犯减刑假释实质化审理的罪犯奖惩情况包括进去，对罪犯的奖惩事关罪犯“核心利益”，极易引发矛盾和纠纷，需要作为一个重点予以保全。

其次，在涉诉涉访事件中，监狱需要用证据证明自己工作到位，该告知的已告诉，该治疗的给予积极治疗，该心理疏导的已经按要求开展了谈话疏导，该培训的已经安排了培训，该提醒注意的已经做了提醒，该做好防护的已经按要求做

---

① 斯方南、章明：《论监狱执法证据保全》，载《浙江监狱》2017年第3期。

② 郑文谦：《监狱执法证据保全体系初探》，载《中国监狱学刊》2016年第3期。

了防护等，这一切都需要用可信的证据予以证明。这部分证据在保全办法中没有提及。

最后，证据保全体系的重心有两个：一是保全什么？二是怎么保全？第一个重心“保全什么”是由工作需要予以确定的，它的适用范围和具体内容是在一个动态小幅度变化中的；第二个重心“怎么保全”，该工作开展的目的是后期检索使用的快捷，达成特定事件证据体系的快速形成和证据链的完整性。证据的分类存储，证据的安全保存，数字证据的保全条件等难题在监狱的相关规定中还没有涉及，这一系列问题的解决需要更细致的规定，有的需要开展专题研究予以解决。

对于上述问题，笔者建议各监狱单位出台相配套的操作指引，给一线民警明确的工作方法；司法部监狱管理局根据情况适时出台的各类证据标准在提升工作质效的同时，可以为监狱执法证据保全工作的考核提供明确依据。

（三）没有监狱一线民警可遵循的保全标准或工作指引

监狱一线民警没有可遵循的执法证据保全标准或工作指引，极可能导致实践中出现以下不良后果①：（1）不按标准格式制作执法文书，文书中词不达意或随意涂改或修改后不签名等问题。（2）问话笔录制作中，不遵循两人共同完成的规定，不履行权利义务告知，采用诱导性问话，甚至断章取义；通篇逻辑性差，用语不规范、不严谨，引用法律条文不准确，有错别字、病句等问题；不同对象的问话笔录，问答居然一字不差，导致笔录的真实性存疑。（3）对电子音视频随意拷贝，储存介质不规范。（4）物证未取证前随意挪动，对物证造成二次毁损、污染、混淆等现象。（5）没有用专用器具进行包装或专用物证袋存放等。

1. 混淆罪犯违规违纪证据与犯罪证据的取证依据

证据的用途是选择取证依据、把握证据标准的尺度。监狱一线民警在调取罪犯一般违规违纪证据时，只需满足监狱的相关规章制度或程序规范要求即可。但在狱内搜集犯罪证据时，必须按照《刑事诉讼法》规定的侦查取证流程和方法进行，而且不能出现《刑事诉讼法》中明定的禁止性行为，否则该证据就可能被排除，刑事定案证据取得方式的合法性、取得流程的合规性均需达标。

2. 对证据的证明力认定有偏差

中国诉讼史上对于“口供”的偏好持续了很长的时间，也影响着今日侦查员的认知。“口供”、被害人陈述、证人证言都是言词类证据，都是通过提取头脑中的记忆，在理性思维控制下组织语言有选择地表达出来。由此可以看出，言词类证据的客观性不如实物类证据，实物类证据证明案件事实的连贯性不如言词

---

① 参见刘洪、钱程：《狱内证据保全体系研究》，载《江苏警视》2020年第8期。

类证据；鉴定意见多数情况下可以作为连接书证、物证、视听资料、电子数据与案件事实之间的桥梁，助力法官形成内心确信。监狱一线民警如若缺乏这方面的知识就可能无法作出判断，从而“眉毛胡子一把抓”，透过杂乱的证据看不清案件事实或者查清了案件事实却不知用哪些证据予以证明。

3. 证据保全不及时、不全面

（1）重要的执法证据保全不及时。作为刑罚执行者，在日常执法证据保全中要遵循法定程序，做到迅速、及时的要求。离案（事）件发生的时间越近，物品、痕迹、视听资料和电子数据就越容易查找到，案（事）件当事人及目击证人对案（事）件事实的记忆越清晰，对具体事实的表述越准确。监狱工作实践中的表现主要三种：其一，没有及时打开执法记录仪出现的滞后问题。监狱民警在突发情况刺激下，关注点会集中于平息事态和担心追责，在思想上忽视了对执法的证据保全，在行为上未能在第一时间打开执法记录仪，导致出现执法证据保全的滞后问题。其二，没有及时保护和勘查证据受损问题。例如，监狱民警在处理如罪犯打架事件时，未能按要求做好现场保护和现场取证，致使痕迹、物证类证据遭到破坏；再如，在问话笔录类证据保全时，遇交接班或警力不足等问题错过了最佳保全时机，导致时间久问话对象记忆模糊，证据证明力下降等。其三，没有及时保全证据灭失问题。监控视频不在规定时限内下载保存会被覆盖；执法记录仪视频可能因后期设备故障或误操作而发生数据丢失，实物证据不及时上交可能损坏或灭失等。① 监狱执法证据保全不及时的后果有：一些场景无法复原，有些证据已经遗失，已提取证据的真实性和可靠性被怀疑。

（2）选择性进行证据保全导致遗漏。实践中，有的监狱民警先入为主，根据自己最初的判断选择性地搜集证据，对于不符合自己判断的证据在搜集上出现“选择性失明”，主观地错失保全证据良机，造成重要证据遗失；有的监狱民警只重视搜集言词类证据，认为只要犯罪嫌疑人供述和辩解、被害人陈述和证人证言都一致就算形成完整的证据链；有的监狱民警在罪犯违规违纪和破坏监管秩序行为的调查核实上做得不深、不细，证据之间缺乏逻辑性，无法形成证据链，相互之间无法印证。

（3）证据固定不细、保全断档、保全不当。①证据固定不细。有的监狱民警对罪犯反改造言论固定不细致，缺少及时的谈话录音或者询问笔录或者执法记录，导致事后有罪犯或者家属提出异议并且矢口否认时，监狱难以提供有力证据予以证明。②证据保全断档。除了执法文书按季度或半年归档一次外，大部分监狱并未规定证据搜集的保管责任。各类支撑刑事和行政奖励的证据后期怎么归

① 参见王冬冬：《规范监狱执法证据保全工作的几点思考》，载《上海警苑》2020 年第 2 期。

档，档案存放在哪儿，由谁保管等没有规定，“各类证据存放于办公区域的各个角落”①，给后期的查阅使用造成极大困难。③证据保全不当。在存放要求上，未明确保全中心的条件及相应设施要求，造成丢失、污染和损毁的事情时有发生。② 有的没有及时登记或记录不全或归类不当，导致证据遗失或者保全的证据检索不到。

三、保全的组织架构不合理，保全机制不顺畅

在实践工作中，因缺乏相应的保障措施和指导，监狱民警“对执法证据收集随意、零碎，证据保管分散、凌乱”，“经常出现各种证据散乱于各个抽屉”③，想用的证据基本找不到的尴尬局面。

（一）组织架构的科学性有待提升

1. 没有独立机构，缺乏质效提升基础

从笔者调研的三个省份情况来看，监狱执法证据保全工作均放在狱内侦查部门。从专业性来看符合需求，但狱内侦查科室人员有限，其核心本职工作是狱情分析和案件办理，让狱内侦查科同时兼顾执法证据保全工作最多做到正常运行，无法达到深入调研、宏观规划、稳步提升本监狱执法证据保全工作质效的目标。

2. 保全主体多元，职责交叉混乱不清

《J省监狱执法证据保全办法》和《G省监狱执法证据保全办法（试行）》均规定监狱执法证据保全的省局主管部门是狱内侦查处（总队），监狱设立执法证据保全中心（室），由狱内侦查科（支队）负责。各监区设置执法证据保全员。从两省执法证据搜集职能部门分工表（见表1－3－1）中可以看出，有执法证据搜集职能的部门主要有狱内侦查科、狱政管理科、刑罚执行科、生活卫生科、监狱医院、安全监督管理科、劳动改造科、心理矫治中心、信息技术科和作为证据保全主力的相关监区，除了教育科基本都安排在列。证据保全主体多元极易出现权责不清，看似清晰的职能分工实则交叉性问题突出，消解了责任，降低了各部门主动、全面搜集证据的积极性，影响了监狱执法证据保全迅速及时要求的落实。以罪犯违规违纪为例予以说明，其主要职能部门是狱政管理科，由狱政管理科牵头开展罪犯违规违纪事件证据的搜集，狱内侦查科和相关监区是相关职

---

① 康志文：《我国监狱执法证据收集保全问题研究》，华中师范大学2019年硕士学位论文，第19页。

② 参见康志文：《我国监狱执法证据收集保全问题研究》，华中师范大学2019年硕士学位论文，第19页。

③ 康志文：《我国监狱执法证据收集保全问题研究》，华中师范大学2019年硕士学位论文，第19页。

能部门，他们依据各自的职责搜集证据，并按照备注的要求汇总给狱内侦查科。由此可以看出，整个安排逻辑相对混乱，狱内侦查科的位置跳跃，既是配合者，又是核查者。

3. 事件性质不明，证据保全严重滞后

职能部门依事件性质的分工相较于证据保全工作开展具有明显的滞后性。在表1－3－1中按照事件的性质划分职能分工，比如，罪犯死亡事件中，因病死亡、自杀死亡和工伤死亡证据保全的主要职能部门分别是生活卫生科、狱内侦查科、安全监督管理科。在实践中，罪犯死亡的性质认定可能存在争议需要调查，在性质确定前罪犯死亡证据保全的牵头部门不清，具体工作开展受影响，证据保全工作可能滞后。笔者认为，在此规定事件性质，不如规定发生地点更具可操作性。在职能分工中只规定了事件发生后相关职能部门依据各自的职责搜集证据，并汇总给狱内侦查科，这种约定方式容易引起相互推诿，无法实现“搜”集的高效。

表1－3－1 执法证据搜集职能部门分工表

<table>
<tr><th>证据种类</th><th colspan="2">主要职能部门</th><th>相关职能部门</th><th>备注</th></tr>
<tr><td>狱内案件</td><td colspan="2">狱内侦查科</td><td>狱政管理科、监狱医院、相关监区</td><td rowspan="12">主要职能部门牵头开展证据搜集工作，相关职能部门依据各自职责搜集证据，并汇总给狱内侦查科。信息技术科负责对音视频等电子证据搜集</td></tr>
<tr><td rowspan="3">罪犯死亡</td><td>因病死亡</td><td>生活卫生科</td><td>狱政管理科、狱内侦查科、监狱医院</td></tr>
<tr><td>自杀自亡</td><td>狱内侦查科</td><td>狱政管理科、监狱医院、心理矫治中心</td></tr>
<tr><td>工伤死亡</td><td>安全监督管理科</td><td>狱政管理科、狱内侦查科、监狱医院</td></tr>
<tr><td>自伤自残</td><td colspan="2">狱内侦查科</td><td>狱政管理科、监狱医院、心理矫治中心</td></tr>
<tr><td>违规违纪</td><td colspan="2">狱政管理科</td><td>狱内侦查科、相关监区</td></tr>
<tr><td rowspan="2">意外伤害</td><td>工伤</td><td>安全监督管理科</td><td>狱政管理科、狱内侦查科、监狱医院、劳动改造科</td></tr>
<tr><td>其他</td><td>狱内侦查科</td><td>狱政管理科、监狱医院</td></tr>
<tr><td>疾病伤残</td><td colspan="2">监狱医院</td><td>狱内侦查科、刑罚执行科、狱政管理科</td></tr>
<tr><td>重要案犯</td><td colspan="2">狱政管理科</td><td>狱内侦查科</td></tr>
</table>

（二）保全的机制不顺畅

1. 证据流转交接机制不畅

（1）人员交接不到位导致证据难找。罪犯如果自认为在监狱服刑过程中权益受损，往往要拖到刑满释放后才能向监狱方讨要说法、索要巨额赔偿或状告监狱。由于时间跨度大，监狱方当时对于证据保全工作重视度不够，没有专门的证据保全中心（室），加之工作人员调动或退休时交接不到位等，导致重要证据遗失而使监狱处于被动地位。例如，L 监狱罪犯吴某某于 1997 年 7 月 6 日脱逃，2020 年 1 月 6 日被公安机关捕送回 L 监狱。2015 年 L 监狱与 D 监狱合并成立了新的 L 监狱，由于工作人员变动较大，在监狱新址搬迁过程中部分档案资料丢失，其中就包括吴某某的档案。直接的结果是吴某某身份缺乏有力证据予以证实，吴某某脱逃的案件事实缺乏证据。

（2）部门流转不顺畅导致证据遗失。监狱各职能科室与证据保全中心之间、职能科室与职能科室之间，职能科室与监区之间、监区保全员与主管民警之间，主管民警与主管民警之间在执法证据搜集、保存、转交工作中存在责任不清、相互推诿的情况。可能出现证据搜集有遗漏，已搜集的证据保管不善，该上交的证据未及时转交，转交时交接不清等情况，造成证据因保全不及时而灭失或保管不善而遗失。① 尤其是罪犯狱内调动，又增加了监区与监区间职责不清的问题，更容易出现证据保全失败的问题，需要特别予以关注。

2. 证据保全的信息共享机制不畅

实践中，出于保密的考虑，监狱执法证据的存储设备均处于“离线”状态。这种状态下监狱民警既无法进行快速检索，更无法实现远程调阅监狱执法证据，影响了证据的使用效率。部分监狱探索通过证据保全平台落实该工作，由于平台中证据类别、程序等与日常监管工作衔接不上，证据保全平台建好了却不愿意用，证据保全效率低。加之证据平台数据未能与监狱其他数据系统集成，证据的使用率较低。② 证据保全数据及证据保全相关的信息共享机制不畅，引发两种不良后果：一是监狱一线民警超过规定时限才开展证据保全工作；二是监狱一线民警调取、使用证据程序烦琐，工作中能不使用就不使用，严重影响证据使用效率。

（1）逾期保全问题。“制度要求监区民警一般应于事件发生五个工作日内完

---

① 参见郑文谦：《监狱执法证据保全体系初探》，载《中国监狱学刊》2016 年第 3 期。

② 参见周小凤、吴楚彬、李敏：《智慧监狱背景下监狱执法证据保全的实践与探索》，载《法制与社会》2019 年第 24 期。

成证据采集，规定时限内采集确有困难的可延长至十个工作日。”① 实践中，监狱一线民警在事件发生后，不清楚需不需要保护现场、勘查现场，往往要先查清事情的来龙去脉，结合司法鉴定情况，再进行判断。这个时候现场早被破坏，再通过组织勘查获取证据概率极低。监区未及时向监狱报告，监狱没有路径掌握具体情形来进行执法证据保全过程指导和监督，导致无法及时采取措施防止“监区超过时限才启动证据采集保全”事件的发生。

（2）存储使用效率低。监狱执法证据保全工作“需要耗费大量人力对视听资料与电子数据进行编号登记，容易发生遗漏、错误等情况”②。这种人工编排录入的方法很容易出现登记与保存不对应检索不出来的问题，影响证据的运用。由于没有监狱执法证据保全信息共享平台，监狱民警调查相关（不涉密）证据也需要到执法证据保全中心严格履行手续，费时费力，监狱一线民警如果只是想在教育改造罪犯时使用，就可能因调取困难而舍弃，导致证据的使用效率无法提高。

四、保全人员的证据意识和专业能力不能满足需要

任何工作人员都是证据保全的核心要素。监狱执法证据保全队伍的专业化是做好该工作的前提和保证。“监狱未能组建证据保全方面的专业人才队伍，形成证据保全人力资源网络。”③ 在工作中，临时抽调非专业人员来进行执法证据保全，因其对监狱执法证据保全工作内容及程序要求“知其然，不知其所以然”，造成保全工作效果“事倍功半”。

（一）监狱一线民警证据保全意识不强

1. 认识不到执法证据保全工作的重要性

由于监狱的执法证据保全工作尚未形成科学体系，监狱一线民警保全的专业性不足等问题客观存在，固有习惯做法致使监狱民警在开展具体执法行为时缺乏适配的证据保全意识，对于部分证据保全工作存在“不知道”、“不需要”和“不会做”的情况，④ 在日常执法活动中未能在第一时间、第一现场进行取证保全，给监狱安全埋下隐患。有的监狱民警虽然开展了执法证据保全，但由于对证据保全重要性认识不到位，保全工作中随意行动，导致证据保全失败或存在明显瑕疵，致使证据保全工作无效甚至产生反向效果。

---

① 王冬冬：《规范监狱执法证据保全工作的几点思考》，载《上海警苑》2020 年第 2 期。
② 上海市南汇监狱课题组：《论监狱执法证据保全》，载《中国监狱学刊》2019 年第 4 期。
③ 郑文谦：《监狱执法证据保全体系初探》，载《中国监狱学刊》2016 年第 3 期。
④ 参见郑文谦：《监狱执法证据保全体系初探》，载《中国监狱学刊》2016 年第 3 期。

2. 不重视日常管理工作中执法证据保全

“主管民警是监狱执法证据采集的主体”①，但部分主管民警在执法证据收集上缺乏主动性，在书证等材料制作上过度依赖警务组民警，在执法记录仪的使用上存在一定随意性。② 如部分监狱民警认为罪犯日常看病，无须开启执法记录仪，结果在就诊罪犯后期突发重大疾病时显得十分被动。只有每次罪犯就诊时，监狱民警都严格按照规定开启执法记录仪，才能有效应对罪犯及家属对监狱和监狱民警“延误治疗”的质疑。由于监狱民警不重视对医疗证据的收集和保存，使许多日常医疗工作证据散失，致使个别罪犯及家属缠医、上访、起诉时监狱处于被动局面甚至败诉。

3. 认为自己不专业，只做收和转的工作

监区执法证据保全员的任务有三项：其一，对本监区执法证据保全进行规划和具体指导；其二，对于可能关涉狱内犯罪的重要案件开展现场勘验、检查、询问、讯问等侦查取证工作；其三，对本监区一线民警上交的证据进行保全、审核、运用。但个别监区执法证据保全员对岗位职责理解不清楚，落实不到位，简单“把自己定位为执法证据保全的‘二传手’”③，只简单汇总监狱一线民警上交的执法证据材料，没有从取证规范和证据标准两个层面进行审查和把关，更没有及时反馈监狱一线民警执法证据采集上存在的问题，这样做的直接危害有两个方面：一方面，监狱一线民警在执法证据采集时重复原有错误的规范和行为，并形成难以更正的“习惯性违规”；另一方面，上报给监狱执法证据保全中心的部分证据不符合法律法规要求，使其证据价值受损。

（二）取证人员的专业能力不足

监狱是一个相对封闭的小社会，为了高效运转达成执行刑罚和改造罪犯的目标，身处执法一线的监狱民警是除了会日常管理，还要会罪犯“三课”教育、会组织进行劳动改造、会心理安抚、会应急处突等的“万金油”式的人才。专业性、技术含量强的执法证据保全工作，不仅需要法律专业素养、证据意识、证据思维，还要有专业的设备和系统的知识，更要有足够的操作熟练度来确保取证的成功率。实践中，监区领导不敢让没有经验的年轻监狱民警保全证据，导致出现了有的监狱民警“不知道什么时候需要进行证据保全？不知道怎么进行证据保全？”④ 不知道保全下来的证据怎么用？不知道证据保全能否发挥法律效力等

---

① 朱扣春、殷灿辉：《监狱服刑人员医疗证据保全探析》，载《犯罪与改造研究》2014 年第 2 期。

② 参见王冬冬：《规范监狱执法证据保全工作的几点思考》，载《上海警苑》2020 年第 2 期。

③ 王冬冬：《规范监狱执法证据保全工作的几点思考》，载《上海警苑》2020 年第 2 期。

④ 刘洪、钱程：《狱内证据保全体系研究》，载《江苏警视》2020 年第 8 期。

尴尬情形，监狱取证民警的专业能力不足导致狱内证据保全工作始终在低水平徘徊不前。

1. 不能快速鉴别需要保全的对象

我国《监狱法》及其他行政法规并未对狱内执法证据保全的事项进行明确规定，主管部门也只有一般规定，缺乏针对监狱一线民警监狱执法证据保全工作的分类指引。实践中，带值班监狱民警只是依靠经验和认识来判断、确定在发生突发情况后是否需要保全证据？需要保全哪些证据？这就导致三种情况出现：其一，部分监狱民警对证据保全的超前预防功能认识不足，会对主观认为没有必要保全的证据随意处置；其二，部分监狱民警工作中有懈怠情绪，怕辛苦，怕麻烦，敷衍了事走过场，虽然做了证据保全，但保全证据的流程不合规，保全证据的内容有缺漏；其三，部分监狱民警虽然进行了证据保全，但因为头脑中对该类事件需要保全证据的种类不清晰、重点不明确，导致在证据应用中，多数证据未被采纳，可用于定案的证据没有保全。上述三种情况都会给罪犯及家属过度维权留下话柄，为监狱应诉和处理涉访事件埋下隐患。

2. 设备操作不当导致保全证据有瑕疵或失败

监狱执法证据保全离不开人，更离不开仪器设备。证据的搜集和保全人员对手中设备使用的熟练度决定了采证和固证的成功率。在日常取证过程中，因设备不预先调适或调适不到位，导致影像类证据看不见或看不清，听不见或听不清；痕迹类证据效果差或显现失败；生物类证据被污染或腐败；电子数据类证据存储或读取不能等问题层出不穷。在日常监管工作中，遇到突发情况需要监狱一线民警在处置的第一时间打开执法记录仪，有的监狱民警想当然地认为对方应该开了，自己不用开，结果对方也这么想；有的监狱民警以为打开了，实际没打开；有的监狱民警以为执法记录仪有电，实际没电了；有的监狱民警以为执法记录仪正常，实际已经坏了等，均会导致记录失败。

3. 保全方法选择错误导致证据被二次破坏

监狱执法证据保全是一个涉及知识领域极广的范畴，尤其需要现代科技和精密仪器设备助力。对于证据保全人员的专业知识的广度和深度要求较高，不同类型证据保全环境和条件要求不同。同一种证据在不同条件下的保全流程、方法和要求可能截然不同。比如，撕碎文书和烧毁文书的保全完全不同，撕碎文书的保全重点在于拼接整复，烧毁文书的保全重点在于软化和辨读。在监狱民警的严格管理下，罪犯私自传递纸条看后撕碎丢弃是常见的现象，需要拼接后才能知晓书证的内容。对于撕碎文书的拼接有严格的规范和要求。如果监狱一线民警仅凭借常识，不戴手套直接用胶水或糨糊进行拼接、粘贴，不仅会在文书上留下拼接者的痕迹，还可能导致文书及上面的字迹被二次破坏，给案件的办理造成无法挽回的损失。

4. 证据运用能力不足导致证据作用不能发挥

监狱是一个“封闭”在大墙内的小社会，罪犯在监管区内生活、劳动并接受教育。不出事无人关注，一旦出事很快就会成为舆情焦点。2020年2月20日，山东、湖北和浙江三省五监狱有550名罪犯感染新冠肺炎消息发布后，“监狱”相关舆情热度迅速升温并引发大量舆论关注。紧接着，“美国、意大利及伊朗等国暴发的多起监狱感染事件也形成热点话题”①，“监狱”舆情呈现较高的传播趋势。要澄清事实就需要监狱方先查明事实，查明事实的依据就是各类证据。监狱在各类涉诉、涉访、舆情事件处置中证据的运用能力是日常学习、运用、总结、提升的结果。监狱执法证据运用能力不足的原因可以归纳为以下三大方面：

（1）举证责任苛刻。罪犯在狱内受伤或死亡可能出现罪犯及家属缠诉、上访事件，还可能引发网络舆情事件。《国家赔偿法》第26条规定，在刑事赔偿中举证责任分配有两种情况：一是谁主张、谁举证。“人民法院赔偿委员会处理赔偿请求，赔偿请求人和赔偿义务机关对自己提出的主张，应当提供证据。”二是举证责任倒置。“被羁押人在羁押期间死亡或者丧失行为能力的，赔偿义务机关的行为与被羁押人的死亡或者丧失行为能力是否存在因果关系，赔偿义务机关应当提供证据。”该条款说明，在此类涉访、涉诉事件中，监狱可能面临“无限举证责任”，不仅需要“自证其行”，还可能需要“自证其无”。监狱需要提供证明涉访涉诉事件发生和监狱应对经过的全部证据材料，以回应罪犯及家属对监狱执法工作的质疑，或配合人民检察院的调查和人民法院的案件审理。随着以审判为中心的司法体制改革不断深入，对监狱执法证据保全标准和要求不断提高，加之减刑假释实质化审理对证据的明确要求，使监狱执法证据保全工作面临前所未有的巨大压力。

（2）监狱一线民警过度依赖旁证。《刑事诉讼法》第54条第2款明确规定：“行政机关在行政执法和查办案件过程中收集的物证、书证、视听资料、电子数据等证据材料，在刑事诉讼中可以作为证据使用。”在此条款中切断了各种问话笔录由行政执法证据向刑事定案证据转化的可能性，说明实物证据的可靠性和不可替代性更强。但监狱一线民警在做事件调查时，往往过度依赖旁证，让在场人员写情况说明，做问话笔录等，导致整个事件调查情况案卷就是若干人证词的集合。在监狱这一特殊场所中，监狱民警与罪犯是刑罚执行者与被执行者的关系，一个代表国家执行刑罚，一个作为罪犯接受惩罚，他们之间不是平等主体。加之

① 杨璐璐、朱文玲：《新冠肺炎期间监狱疫情防控舆情监测结果分析》，载《中国公共卫生管理》2021年第2期。

"罪犯的旁证中隐藏着大量的潜规则"①，在诉讼过程中，很可能被排除。

案例辅读

案例1：2016年7月27日，在押罪犯张某某因脑干出血，呼吸循环系统功能衰竭死亡。家属以"治疗不及时导致死亡"为由向监狱申请国家赔偿。省高级人民法院对于监狱提供的"住院同犯证人证言、服药及药品发放时罪犯证人证言、监狱单方委托鉴定机构的司法鉴定意见"，均未予采纳。②

案例2：广东省番禺监狱罪犯王某于2012年11月送至广东省司法警察医院住院治疗，12月底因原发性肝癌、乙型肝炎硬化等抢救无效死亡。死亡处理过程中，罪犯家属表示质疑，提出了经济补偿等不合理要求。该监狱民警履行了平时病情告知，病情诊断、治疗和病情恶化告知的义务，并详细解说住院后医院急救情况，展示了相关住院记录、因病死亡确诊意见、通知检察机关介入处理文书、尸体检查等材料，并使用了录音电话、摄像设备对履行死亡处理程序、现场沟通说明等情况进行了证据保全。在一系列完整的证据链面前，罪犯家属同意尸体火化并接受了法律文书等。③

案例1中监狱收集的言词类证据法院均未采纳，监狱单方委托鉴定意见亦未采纳，使该案败诉的风险增高。案例2中因为监狱民警履行告知义务，并用录音电话、摄像设备保全证据，快速消除了罪犯家属的疑虑。由这两个案例对比可以看出，在日常执法证据保全过程中，不能只关注旁证，而要把注意力放在书证、物证、视听资料和电子数据等实物类证据上。

（3）证据及保全本身有问题。在监狱执法证据保全工作中，存在证据本身有问题的情况，具体表述如下：

其一，将依据或结论当证据。例如，《刑事诉讼法》第308条，是关于监狱行使侦查权的法律依据，它本身不是证明案件事实的材料。又如，监狱民警依法给罪犯使用警戒具，只记载了"情况正常"四个字。既没有加带警戒具过程的录像，也没有起止时间和罪犯反应的记录，只有这一评价性的含糊语言。"情况正常"的记录既不能反映加带警戒具的惩戒效果，也不能排除加带或解除警戒具时导致罪犯身体损伤，更不能排除在加带警戒具过程中警察出现的殴打体罚罪犯的行为。

---

① 《李文海文集》编委会编：《李文海文集》，中国人民大学出版社2017年版，第422页。

② 郭琦琳、张志胜：《规范执法程序 强化证据保全——吉林省监狱执法证据保全工作探索与实践》，载《刑罚执行》2017年第3期。

③ 《罪犯正常死亡 监狱举证证明》，载个人图书馆，http://www.360doc.com/content/19/0508/23/2991368_834451123.shtml。

其二，证据本身无效。比如，对现场情况的录制，由于机位晃动幅度过大和频率过高，看不清楚具体内容；再如，对现场情况拍照记录时，由于取景问题致案发现场没摄入画面，照片失去证明作用。

其三，证据本身有疵点。证据本身有疵点的情形很多，大多数情况下是可以补正的。例如，现场勘验检查笔录要求有勘验人员亲笔签名，但某份证据上只有打印的签名；又如，现场勘查过程中，没有邀请到两名适格的见证人见证勘验的过程，但全程录音录像材料中听不到声音。第一种情况，让勘验人员在没有亲笔签名的笔录上补上亲笔签名即可；第二种情况，虽然不符合没有适格见证人，全程录音录像的要求，也没法直接补正，但没声音有图像亦可达成证明勘验所得来源现场之目的，要求办案人员写一个关于设备临时故障的情况说明附后即可。

其四，证据保全中的问题。监狱执法证据分散在各职能科室、各监区，没有及时归档入库或者归档入库时分类不科学、不按要求备份导致需要使用时才发现证据遗失，或者证据找不到等问题阻碍证据价值发挥。

第四节　监狱执法证据保全工作提升的对策

根据监狱执法证据保全专业性和技术性强的特点，探索构建一套符合实践需求的执法证据保全体制和机制，不断完善制度、流程和方法指引，尝试确立评价标准和督察办法，完善培训体系，提升专业水准，确保这项工作的开展有法可依、有章可循，确保该项工作规范且高效运行。

一、分层完善执法证据保全的体制机制

（一）高层做好顶层设计

1. 完善组织架构，明确工作要求

在机构设立上，建立健全一把手统领，执法证据保全办公室全面负责，业务科室严密配合，基层单位时时联动的证据保全工作机制。

（1）由监狱长亲自负责。一个强有力的、专业的组织机构是做好监狱执法证据保全工作的前提。为了确保组织领导权威、考核监督力度和业务指导水平，

笔者建议：参照公安部对现场勘查“一长四必”[①] 要求，由监狱长任执法证据保全工作的总负责人。下设办公室，狱内侦查、狱政管理、刑罚执行、教育改造、生活卫生、劳动和各监区负责人为成员。各科室、各监区分别指定一名监狱民警，具体负责日常执法证据保全工作。

（2）证据保全工作领导办公室设在狱内侦查科。对于证据保全工作领导办公室的归属可以有三种选择：其一，归属狱内侦查科。李春锋在《新形势下如何做好监狱执法证据留存工作》一文中提出：“领导小组办公室设在狱内侦查科，具体负责本监狱的执法证据留存工作，包括任务分配、工作串联、技术指导、监督落实、使用授权等。”[②] 实践中，监狱执法证据保全中心设在狱内侦查科也是惯用做法。其二，归属法制科。郭琦琳和张志胜在《规范执法程序　强化证据保全——吉林省监狱执法证据保全工作探索与实践》一文中明确指出：“由监狱成立执法证据保全中心，隶属法制科，副科长兼任主任，设信息员两名。”[③] 归属法制科主要考虑证据合法性审查的问题。其三，归属指挥中心。指挥中心的优势在指挥和协调能力强。笔者基于现阶段监狱执法证据保全人员专业性不足问题较为突出的现状，赞同先将证据保全工作放在狱内侦查科，先提升人员专业性，确保证据质量达到要求。

（3）成立执法证据留存鉴定小组。监狱一线民警搜集执法证据的时候，会尽可能地多搜集证据来防遗漏，加之有些涉及角度、清晰度等问题，入库证据的合规性、可靠性和完整性审查就成了重要工作。监区的证据保全员和业务科室都有审查反馈、要求整改的职责。对于有些证据材料是否需要留存及留存期限的确定需要有专业人员进行。建议由领导小组成员和证据保全能力强的专业人员组成监狱执法证据留存鉴定专家库，根据工作需要抽取 3 ~ 7 人开展鉴定工作。通过科学的流程对一段时间内采集的大量证据中需要保存的，确定保存时限；可以销毁的，要列明清单。

---

① 2014 年 12 月，全国刑侦工作会议要求建立以“一长四必”为核心的现场勘查制度。“一长”是指县（市、区）公安局局长对现场勘查工作负总责，确保落实“四必”是指必勘、必采、必录、必比。“必勘”即全部刑事案件现场必须勘查，无须分析裁量；“必采”即现场勘查中发现的实体痕迹物证和电子物证、视听资料、基站信息等必须采集，无论案件大小；“必录”即现场采集到的痕迹物证信息必须录入《全国公安机关现场勘验信息系统》相应的信息平台，无论数量多少；“必比”即录入的痕迹物证信息必须安排专人进行比对分析，并将比中的结果或串并上的案件及时推送办案部门，以提高并案率和破案率。转引自徐为霞、孙延庆：《论狱内现场勘查的问题与变革》，载《河南司法警官职业学院学报》2019 年第 1 期。

② 李春锋：《新形势下如何做好监狱执法证据留存工作》，载《现代监狱》2017 年第 6 期。

③ 郭琦琳、张志胜：《规范执法程序　强化证据保全——吉林省监狱执法证据保全工作探索与实践》，载《刑罚执行》2017 年第 3 期。

2. 制定《监狱执法证据保全规定》

司法部监狱管理局统筹监所检察的工作变化和法院审理案件的证据标准，再结合《最高人民法院、最高人民检察院、公安部、司法部关于加强减刑、假释案件实质化审理的意见》（法发〔2021〕31 号）的要求做好顶层设计。司法部监狱管理局在各省监狱局已经推行《监狱执法证据保全规定》多年，累积了丰富经验的基础上，广泛深入调研，结合对监狱执法证据保全工作机制、监狱执法证据体系、工作分工和工作要求等广泛研讨和反复征求意见，制定适用于全国监狱的统一的《监狱执法证据保全规定》。

3. 逐步出台监狱执法证据保全标准

监狱执法证据保全标准是一个行业遵循，既是监狱执法证据质量的保证，又在个别检察官、法官因不了解而对监狱举证苛责时给涉事监狱及警察设置一个保护罩。监狱执法证据保全标准可以通过两种形式实现：第一种，由司法部监狱管理局通过招投标的方式组织专人完成特定种类执法证据保全行业标准制定工作并推行；第二种，从各监狱制定的执法证据分类保全标准中，遴选优质版本，再行优化，完成执法证据分类保全标准的制定。

（二）中层出台操作性制度

1. 细化制度要求

“欲举一事，制度先行”，制度具有长期性、稳定性、规范性等特点，是做好监狱执法证据留存工作的基础。① 各省监狱管理局要以部监狱管理局的《监狱执法证据保全规定》为指导，根据本省监狱工作实际，结合监狱信息化平台建设和民警专业化水平，因地制宜地出台本省《监狱执法证据保全工作实施细则》，对监狱执法证据保全人员、设备、流程、责任等作出明确规定，让监狱一线民警在执法证据保全中“有法可依”。各省监狱管理局还要逐步出台《监狱执法证据保全中心建设标准》《监狱执法证据保全中心管理规定》《监狱执法证据出入库管理规定》《监狱执法电子信息库管理规定》《监狱执法证据保全工作流程》等。

2. 明确队伍管理

监狱执法证据保全队伍的三层架构基本能满足工作需求。欠缺的是证据保全知识和证据保全工作的管理能力。省监狱管理局应根据不同层次、不同岗位的需求，分门别类地设置培训内容，定期开展业务培训和业务交流。及时发现问题、充分分析原因并有效落实整改，使监狱局的管理效能充分予以释放。

---

① 参见李春锋：《新形势下如何做好监狱执法证据留存工作》，载《现代监狱》2017 年第 6 期。

3. 开展工作领导

（1）对工作方法进行指导。省监狱管理局的主管监狱执法证据保全工作的业务部门应制作监狱执法证据搜集方法指引、监狱执法证据登记册、证据材料上交登记册、进出实物证据库物品登记表、罪犯贵重物品保管专用收据①等簿册，使执法证据保全工作管理更加规范、有序，确保执法证据收集的有效性。

（2）对工作情况实施监督。省监狱管理局的业务部门通过具体案件查办、日常工作检查等方式，对所属监狱执法证据保全情况实施监督。

（3）对工作绩效进行考核。为了激励监狱一线民警投入更多的时间和精力提升执法证据发现和收集的能力，省监狱管理局的业务部门通过不断地完善激励体系予以引导。建议通过每年组织全省执法证据保全能力大比武，给获胜者记功计奖；评选全省“十佳执法证据保全能手”等多种形式进行激励。

（三）基层做好工作落实和日常检查

《某某监狱监区执法证据保全办法》等规章，主要对执法证据搜集、接收、保管、使用、移交等工作流程和人员职责进行规范。监狱执法证据保全中心应编制《执法记录仪使用规范和要求》《现场照相技术与规范》《现场制图规范》《证据制卷规范》②《监控录像取证规范》《问话笔录制作规范》等规范和要求，让监狱一线民警在执法证据保全工作中有章可循。

1. 依据线索，制订取证方案

对于罪犯有预谋的违纪行为或犯罪行为，必须依靠监狱强大的情报系统，提前发现线索，用秘密手段开展深入查证，为了确保取证的效果需提前明确要求，制订调（侦）查取证计划。比如，罪犯有预谋的实施从围墙往监狱传递违禁品获利的地下航线活动，由于参与罪犯较多，相互包庇，监狱民警应当事先确定调查取证的方法、步骤、力量，制订出切实可行的调查取证计划方案。

2. 明确节点，实现快速出击

执法证据保全的时间节点包括取证时限、证据审核期限、整改时段和转交时限要求。以证据审核为例，《论监狱执法证据保全》一文中明确了证据审核的权责和时限。具体表述为：监狱各部门“牵头搜集的执法证据材料由各部门审核并提出整改意见，7 日内完成执法证据的搜集”③。发现情节严重的，应第一时间送交法制科审核，“法制科应当自收到证据材料之日起 3 个工作日内就其合法性、

① 参见万益文：《对监狱执法证据保全工作的几点认识》，载《犯罪与改造研究》2014 年第 2 期。

② 参见周小凤、吴楚彬、李敏：《智慧监狱背景下监狱执法证据保全的实践与探索》，载《法制与社会》2019 年第 24 期。

③ 斯方南、章明：《论监狱执法证据保全》，载《浙江监狱》2017 年第 3 期。

规范性等问题进行审核”[1]。对于法制科提出修改意见的，各相关职能部门应在3个工作日内开展补充搜集和整理并重新送交审核。各相关职能部门应当自证据审核通过之日起3个工作日内将证据分别移交相应保管部门，随附证据清单。监狱查办罪犯违纪案件时，不仅要搜集罪犯违纪的证据，还需要记录民警处置行为，在发生罪犯及家属缠诉时证明民警执法的及时性、规范性和合法性。这就需要民警在第一时间打开执法记录仪用动态影像将罪犯违纪行为与民警处置行为融为一体，在这类证据保全过程中，民警的反应速度和执法记录仪操作的熟练度就非常重要。

3. 尊重事实，客观全面取证

监狱民警在收集证据时必须尊重客观事实，如实收集客观存在的证据。忌先入为主，根据自己的主观判断随意取舍；绝不容许知法犯法，在搜集证据时故意弄虚作假，歪曲事实。

二、全方位保障监狱执法证据保全工作条件

（一）分步配齐监狱执法证据保全设施设备

1. 更新设备，高效取证

证据保全第一步是取证，无论采取何种方式取证都需要相应的设备和器材。包括监狱一线民警的执法记录仪、审讯室的同步录音录像设备、心理测试设备、侦查员的勘查取证设备、照相设备等。“工欲善其事，必先利其器。”随着科技的进步，证据保全的设备不断更新，监狱也要紧跟时代步伐，确保证据保全高质高效。首先，升级视频监控系统，重点部位采用高清晰、可远程操控、有夜视功能的探头；其次，为监狱执法证据保全中心添置专用服务器、档案专用翻拍台、高清扫描仪，为监区增配执法记录仪并及时更新其系统和功能、添置讯问笔录专用电脑、高性能录音笔、照相机、摄像机等设备器材；最后，依托物联网技术和生物识别技术，实现对视频数据的智能抓取、对罪犯的全程跟踪。[2] 监狱通过不断更新固证、采证、存证、索证的设施设备，保障执法证据保全工作规范有序、快捷高效。

2. 选好设备，快捷复制

在监狱执法证据体系中，笔录类的证据占绝大部分，对于笔录类证据的保全通常是电子版打印后签名、盖章；对于笔录类证据的电子版存储采用扫描的方法

① 斯方南、章明：《论监狱执法证据保全》，载《浙江监狱》2017年第3期。

② 参见周小凤、吴楚彬、李敏：《智慧监狱背景下监狱执法证据保全的实践与探索》，载《法制与社会》2019年第24期。

进行。例如，有监狱单位配备的松下 KV－SL1077 扫描仪每分钟可以高速高清彩色双面扫描 A4 幅面 70 页 140 面，在工作中快捷便利，既确保了证据的清晰度，又节省了时间。

（二）确保满足监狱执法证据保全要求

开展执法证据保全工作，必须做好对证据保全设施设备的日常维护工作。将监狱所有监控探头和照相、录像等证据留存设备划分到各科室、监区，安排专人负责日常维护。如监控是否在正常工作、角度有无偏离、要求的存储内容有没有及时拷出和是否定期擦拭探头、联系维修及时解决探头故障；对照相机、摄像机、执法记录仪等电子设备要求用后马上充电，对采集的证据要定期拷贝、清空等，保证随时能用、高质高效。① 监狱执法证据保全中心需要根据不同类型证据对不同区域的保管条件进行有效控制。比如，文件类证据需要特别防潮、防虫蛀，金属类证据要防氧化生锈，生物物证类证据要防腐败变质。要配备消毒机、紫外消毒灯、除湿机、灭火器、电子驱鼠器、火灾报警器等。在所有证据种类中，对数字证据保全的要求最高，具体要求如下。

1. 温度湿度合适

根据《磁性载体档案管理与保护规范》的要求，电子档案存储的温度须保持在 15℃～27℃，一般在 24 小时内温度变化不得超过 3℃。相对湿度须保持在 40%～60% 内，相对湿度变化不得超过 5%。相对湿度为 40% 时，电子档案的保管最佳环境温度为 18℃。“光盘必须保管在 14℃～24℃，相对湿度在 45%～60% 中。”② 监狱通过给执法证据保全中心配置恒温恒湿机来确保温度湿度符合保管要求。

2. 防尘防干扰

灰尘会对电子档案造成化学、物理、生物三类损伤，监狱执法证据保全中心（室）防尘需做到三点：第一，门窗的密闭性要好，减少尘土进入；第二，要按时打扫、清洁到位，减少室内灰尘含量；第三，决不能用手直接触碰软盘读写口，电子档案使用完毕，尽快放入盘盒中保存。在电子档案保存中，外来磁场的影响是致命的，可能导致发生消磁、信噪比降低、信号失落等导致文件读出效果受损。一般情况下，需要用附着软磁物质材料的箱柜存放电子档案。对重要的电子档案区，可以设置消磁设备。

---

① 参见李春锋：《新形势下如何做好监狱执法证据留存工作》，载《现代监狱》2017 年第 6 期。

② 程贵宝：《电子档案存储载体的选择及保管方式》，载《山东档案》2018 年第 2 期。

3. 防紫外光线

光线中的“紫外线会破坏电子档案”[①]。紫外线导致存储介质氧化、脆性增大、带基老化，还破坏磁性载体的稳定性，影响读写效果。电子档案室最好不设窗户，条件不具备的需采用遮光窗帘。

此外，监狱要在电子档案使用、存储和保管过程中，防止强烈震动和机械磨损；要防止有害气体腐蚀电子档案；要购买防火密集架来防止火灾对电子档案的影响；要采取将监狱执法证据保全中心设在楼层高处等方法来防止洪涝灾害对电子档案的破坏等。

三、完善组织架构，理顺证据保全运行机制

（一）整体思路是分期分步进行

1. 明确“三期”工作重心

罪犯在监狱服刑的时间从 3 个月到终身监禁，周期差异跨度较大。目前，在我国 170 万左右的押犯中，只有个别人被判处终身监禁。除了终身监禁和在服刑期间死亡，每一名罪犯都要经历入监、服刑和出监三个阶段，三个阶段的证据保全内容和重点差别较大，为了确保监狱执法证据保全无遗留，予以分期论述：

（1）服刑前期——以罪犯收押和甄别为核心。新疆维吾尔自治区、辽宁省和上海市都专门设立了新收犯监狱，具体名称分别是新疆维吾尔自治区新收犯监狱、辽宁省辽南新入监犯监狱、上海新收犯监狱。成立于 1997 年的上海新收犯监狱，是全国首家以新收、分流遣送罪犯和入监教育为主要功能的专业性监狱，该监狱创建“2·2”新收模式,[②] 制订“一人一案一册”的个别化矫治方案，在罪犯中持续开展深挖犯罪工作，被誉为“第二 803”。大部分省份是在监狱中设置入监监区开展相应的工作。在服刑前期主要完成罪犯收押、罪犯甄别、坦白检举等工作内容，监狱执法证据保全主要围绕上述工作展开。

第一部分，围绕罪犯收押应保全的证据包括但不限于：“三书一表”[③] 及检验情况，公安局的拘留证、逮捕证，监狱对罪犯验明正身和身体特征的客观记载，监狱对罪犯携带物品检查和处理情况的客观记载，监狱民警依法填写的入监

① 程贵宝：《电子档案存储载体的选择及保管方式》，载《山东档案》2018 年第 2 期。

② “2·2”新收模式，即对余刑一年以上的新收罪犯实行两个月的入监教育，对余刑一年以下的实行两周的入监教育。

③ “三书一表”中的“三书”指人民检察院的起诉书、人民法院的判决书、人民法院的执行通知书；“一表”指人民法院的结案登记表。

登记表、罪犯健康检查表,[1] 通知罪犯家属的通知书存根。

案例辅读

罪犯郭某，因贪污罪判处有期徒刑10年6个月，并处罚金人民币50万元。看守所于2017年12月14日将罪犯郭某押送至监狱执行刑罚。收押监区对法律文书及相关材料进行审核，发现罪犯郭某附加刑罚金50万元，但法院提供的文书中缺少财产性判项执行情况的说明。由于新的减刑、假释规定对罪犯的财产性判项的履行情况提出了要求，罪犯无正当理由拒不履行财产性判项的，会给日后的减刑和假释带来严重的不利影响。因此，监狱要求送押单位与交付执行的人民法院联系，由交付执行的人民法院尽快将郭某罚金50万元的执行情况说明送达监狱。随后，监狱医院对郭某进行身体检查。通过审阅看守所提供的郭某入所半年健康体检表、被监管人员郭某情况说明及治疗病历材料，并经郭某口述，初步确定其患有冠状动脉粥样硬化性心脏病、不稳定型心绞痛、高血压2级（极高危组)、高脂血症、心律失常、窦性心动过缓、心房纤颤，具体身体情况还要等血液生化化验结果出来后再进行确定。根据2013年1月1日起实施的《监狱法》规定，郭某符合收监条件，当日15时办理完全部交接手续后，监狱将罪犯郭某收押。鉴于罪犯郭某患有严重疾病，监狱在积极为其治疗的同时，在体检结果出来后考虑是否为其提请监外执行。

该案件中，监狱民警在收监时，认真细致地核对材料，发现缺少财产性判项执行情况说明，要求送押单位联系交付执行的人民法院尽快将郭某罚金50万元的执行情况说明，为其服刑期间减刑工作的顺利开展打好基础。查验体检表、情况说明、病历材料和谈话情况，初步判定郭某符合监外执行的条件，在安排其进行监狱体检的同时，为下一步工作做好计划。

案例辅读

2010年，某监狱在收押罪犯黄某时，未认真审核由看守所移交的服刑人员档案，对黄某的法院判决书和执行通知书上的刑期起止时间不一致的错误未能及时发现，便将黄某收监。黄某在服刑期间获得两次减刑，并于2016年3月30日被提前一年释放。2016年4月7日，该监狱民警从陕西省西安市将黄某重新押解收监。经该监狱党委研究，分别给予狱政科副科长陈某、四分监区副指导员洪某

---

[1] 此表中需注明罪犯伤残、疾病的具体情况，特别是看守所体检表上有监狱医院未查出和看守所体检表上无监狱医院查出的内容要进行重点核查。

行政记过处分。[①]

该案件中，监狱民警在收监时，审核工作不细致，未能及时发现法院判决书和执行通知书上的刑期起止时间不一致的错误，为后期的错误释放埋下了隐患。

第二部分，围绕罪犯甄别应保全的证据包括但不限于：入监时心理测试评估相关材料，“三假”罪犯身份查证情况记载，入监前涉访涉诉情况，罪犯的自传和重要反省材料，罪犯本人的申诉材料，罪犯文化程度和技术等级证明材料，罪犯的照片、指纹、体貌特征等。

第三部分，围绕坦白检举应保全的证据包括但不限于：罪犯坦白检举的线索；询问笔录；请案发地公安机关代为查证的公函；公安机关提供的证明材料；对坦白检举罪犯的奖惩情况等。

（2）服刑中期——突出罪犯改造表现和成绩。服刑中期，指罪犯除新收及入监教育和出监教育与释放之外的所有改造时间段。这个时间段罪犯已基本适应监狱服刑改造生活，处于相对平稳的状态。在罪犯服刑中期需要保全的监狱执法证据涉及六个方面，具体包括：罪犯违规违纪的行为、罪犯奖惩情况、伤病就医情况、刑罚变更情况、突发应急情况、狱内犯罪情况等。考虑具体描述会呈现交叉问题，下面就前三个方面进行阐述。

①罪犯违规违纪的行为方面需要保全证据的情形有：罪犯编造、传播政治谣言，诋毁党、国家和国家领导人；罪犯顶撞监狱民警，不服从管理；罪犯超越警戒线和规定的活动区域、脱离监管擅自行动；罪犯私自持有、使用通信工具、绳索、便服、刀刃具等违禁品、违规品、危险品；罪犯私自与外来人员接触、串通、勾结；罪犯拉帮结派、恃强凌弱、欺压他犯、牢头狱霸；罪犯自制食品饮品、存储过期食品、伙吃伙喝；罪犯冲洗凉水澡；罪犯私改囚服；罪犯遇上级领导、来宾参观监区时，观望、尾随、评头论足、随意走动；[②] 罪犯未经批准不参加学习或劳动；不遵守安全生产规定，违章作业；完不成劳动任务；残次品率过高等。

②罪犯奖惩和刑罚变更情况。“奖”是对罪犯的正向激励，具体方式有加分、表扬、物质奖励、立功、重大立功、评选改造标兵等。这些正向激励又与罪犯的减刑、假释、分级处遇和离监探亲等挂钩。“惩”是对罪犯的负激励，具体方式有扣分、警告、记过、禁闭、严管教育、加刑等。上述奖与惩的情形都需要收集相应的证据材料。

---

① 转引自×省 2018 年 10 月 25 日《关于省内监狱多起民警违规违纪典型案例通报》。转引自康志文：《我国监狱执法证据收集保全问题研究》，华中师范大学 2019 年硕士学位论文，第 18 页。

② 参见北京市监狱管理局编著：《监管改造分册》，中国政法大学出版社 2019 年版，第 107 页。

③伤病就医情况。罪犯在监狱内生活，意外受伤和突发疾病是正常现象。为了防止后期说不清楚，需要监狱民警第一时间打开执法记录仪记录罪犯受伤或发病时的情况；记录监狱民警的现场处置情况，包括止血包扎、心肺复苏和人工呼吸；记录送医的时间和过程；调取监控录像；收集医院救治方面的材料，罪犯本人书写情况说明，在场罪犯书写事件经过等。

具体证据的搜集内容将在后面分章论述。在此阶段做好监狱执法证据保全工作，需要构建三大工作机制①：其一，全面衔接机制。要求涉及的职能科室、监区及民警在执法证据衔接上标准一致，衔接流畅，确保罪犯在调动时证据材料移交无遗漏，证据内容和证据清单完全相符。其二，应急保全机制。监狱通过事前制定证据保全操作规范和流程，供各部门及监狱民警反复演练予以掌握，在遇突发事件时及时高效地开展执法证据保全工作。其三，长效运作机制。“养兵千日用兵一时”，只有将其作为监狱的一项基本工作持续开展，才能确保在面临突发问题时“万无一失”。

（3）服刑后期——围绕刑释要求评估证据。服刑后期指罪犯出监教育阶段和释放环节。这个阶段的证据包括出监教育落实情况，监狱与罪犯家属、社区、司法局等的衔接情况和释放过程等材料。监狱执法证据保全在这个阶段还有一个重点工作就是对前两个阶段证据的评估、对需要销毁证据材料的鉴定等。监狱对罪犯服刑前期和中期保全的所有执法证据进行梳理评估。主要完成以下四项工作：

①证据汇总梳理。首先，监狱应对特定罪犯自收押至释放前的所有已保全的执法证据进行汇总、梳理、归纳，并完成执法证据记录清单与证据实物一一核对；其次，监狱应核对该罪犯服刑期间涉及的执法事件及其证据保全工作是否一一对应，证据内容是否完备，证据要求是否达标；最后，监狱应对证据搜集、审核、保管和运用各环节的衔接情况进行检查审核。

②证据补充补正。监狱经上述三步证据审核，查明证据体系中缺失的部分和证据材料中有瑕疵的部分，列出需补充或补正保全的相关执法证据清单，按照职责分工，对关涉特定罪犯的执法证据进行补充或补正，最大程度保全相关执法证据，确保证据体系的完备。

③证据鉴定销毁。罪犯在服刑改造过程中，会产生大量的执法证据，长年累月越积越多。为了防止证据保全中心（室）不堪重负，对关涉罪犯的执法证据材料进行定期的鉴定，并根据鉴定结果依法销毁至关重要。对于销毁的证据材料要列明清单，即“鉴定销毁目录”，注明销毁的时间和经手人。

---

① 参见郑文谦：《监狱执法证据保全体系初探》，载《中国监狱学刊》2016年第3期。

④证据分类归档。监狱在完成证据的评估与补充，经过证据鉴定销毁工作后，根据罪犯个体情况及证据保全情况，按照规定对监狱执法证据进行专业保存和专人保管，并按照规定设置定期保存或永久保存，对于定期保全需设置一定的保存年限，确保所有证据都能依照规定得到妥善保全。

2. 做实“三步”保全工作

（1）搜集阶段——选用最佳取证方法。“收集”与“搜集”的区别在于“搜”字凸显主动性和进攻性。监狱民警搜集证据最常用的方法有四种，即问话笔录固定、监控录像固定、执法记录仪固定和文件扫描仪固定。此外，还会使用现场勘验法、侦查实验法、辨认法等。在搜集阶段选用哪种方法，一要考虑当时的环境，例如，在监狱民警执法过程中突发紧急情况，只能用随身携带的执法记录仪进行记录。二要考虑证据的类型，如要提取某人头脑中的记忆，最好选用问话笔录法，可以辅以录音录像法；要提取现场或物证上面的指印，通常选用现场勘验法。

（2）整理阶段——科学分类精准入库。监狱执法证据保全库的分类是工作开展的重要一环，分类科学有利于工作人员快速梳理归类，更有利于使用人快速查找、精准调取。目前，监狱执法证据绝大部分是数据存储，同一份数据可以归入一个子库，亦可归入多个子库，可高效解决归类交叉的问题。亦为监狱执法证据保全子库的科学设置提供了便利条件。监狱要求将需要保全的各类视频资料、个别谈话录音资料、提审录音录像资料、照片、文字资料等存储在分监区本地电脑上的同时全部上传到监狱执法证据保全中心。

（3）应用阶段——充分释放证据效能。所有证据保全工作的核心都是运用。为了狱内犯罪案件起诉，罪犯及家属涉访涉诉案件应对，监狱对违规违纪罪犯处理，罪犯减刑、假释、暂予监外执行等刑罚变更的提起，狱内矛盾纠纷的调查与调解等工作顺利开展，监狱需要用“证据说话”。例如，两个罪犯打架，都指责对方先动手，仅凭监狱民警询问难以确定事实。如果加上视频监控录像，谁真谁假一目了然。为了证据能在关键时刻派上用场，发挥其证明事实的作用，监狱需要在执法证据保全流程设计时，就以应用阶段充分释放证据效能为核心进行。当然，监狱民警增强证据应用重要性认识，掌握证据应用的方式方法，能巧妙应用证据为工作增效才是关键。

（二）部署方案分类分层收集

考虑到人员的专业性和工作的便利性，监狱对不同类型证据、不同情况下证据的保全需要明确到具体人员，权责清晰，确保执法证据保全达标、无遗露。紧急情况下，事发经过和处置情况的证据由监狱一线民警用执法记录仪予以固定保全；正常状态下，不同类型的证据搜集主体分列如下。

1. 刑事定案证据——侦查人员

为了满足工作的需要，监狱的侦查人员分列在侦查科和各监区。具体的任务就是通过多路径搜集狱情、分析狱情，从中找出罪犯预谋犯罪的迹象，固定罪犯准备犯罪的各类证据，掌控犯罪的谋划人、犯罪事件的进展情况，对突发犯罪事件进行应急处置现场证据保全，对狱内犯罪案件开展侦查取证工作。从立案、查案、破案到结案全过程的证据均需要规范搜集。

2. 刑罚变更证据——刑罚执行人员

为了破除形式化审理的弊端，确保减刑只适用于确有悔改表现的罪犯，最高人民法院、最高人民检察院、公安部、司法部于2021年12月1日出台了《关于加强减刑、假释案件实质化审理的意见》，旨在通过制度手段细化对减刑实体条件的审查。其核心是通过严格审查监狱的报请材料，来综合判断罪犯是否符合法定减刑条件。为了贯彻落实好意见的精神，监狱刑罚执行人员在刑罚变更证据搜集中的主导作用必须发挥出来，通过培训、指导、审查等多项工作，确保刑罚变更证据符合意见要求。

3. 日常管理中的证据——狱政管理民警

日常管理中的证据主要表现为罪犯违规违纪和罪犯伤病及就医类证据，这类证据的搜集主体为狱政管理民警。具体执行人为监狱一线民警。监狱需要制定明确的保全工作流程，以罪犯伤病就医类证据保全为例，需要重点搜集视听资料、书证和鉴定意见三类证据。详情如表1－4－1所示。

表1－4－1 监狱执法证据保全工作程序①

情形	证据类型	证据内容	完成时限	证据收集	证据审核	证据保存
罪犯因病情或伤情原因住院、病重及病危	视听资料	相关教育谈话录音	情形发生后3个工作日	监区	监区领导、狱政管理科	副档
		罪犯病重、病危通知电话录音	情形发生后3个工作日	狱政管理科	狱政管理科	狱政管理科
		监狱或监区认为需要保存的相关视频、录音或照片	情形发生后3个工作日	监区	监区领导、狱政管理科	副档

① 郑文谦：《监狱执法证据保全体系初探》，载《中国监狱学刊》2016年第3期。

续表

情形	证据类型	证据内容	完成时限	证据收集	证据审核	证据保存
罪犯因病情或伤情原因住院、病重及病危	书证	病历卡记录	情形发生后3个工作日	监区	监区领导、生活卫生科、狱政管理科	副档
		相关医疗检查记录	情形发生后3个工作日	监区	监区领导、生活卫生科、狱政管理科	副档
		相关谈话教育记录	情形发生后3个工作日	监区	监区领导、狱政管理科	副档
		出院小结	情形发生后3个工作日	监区	监区领导、狱政管理科	副档
		医疗相关告知书、病重通知书、病危通知书	情形发生后3个工作日	监区	监区领导、生活卫生科、狱政管理科	副档
		罪犯本人思想汇报	情形发生后3个工作日	监区	监区领导、狱政管理科	副档
	鉴定意见	医学鉴定（病情鉴定）	情形发生后3个工作日	监区	监区领导、狱政管理科	副档

（三）操作重点是注重流程管控

1. 证据链保全，确保一致性

证据链是诉讼证明的实践概念。就单个证据而言，证据链是指在证据的收集、流转、存储、查阅、复制、借用等一系列过程中形成的稳固的证据“链条”状的保全记录，使证据从形成到使用的脉络紧密相扣、经手的人员变化清楚，证据一旦出现遗失或真实性存疑时，可以通过完整的“证据链”予以查实，用以确保证据的“初像性和同一性”[①]。就全案证据而言，证据链是指案件的证据与证据之间组成基本的证据链节，若干证据链节组合成一条完整的证据链条。形成完整的证据链条，则证成事实；反之则不能。[②] 在监狱执法证据保全的第二层级

① 王维汉：《证据保管链制度的诉讼价值与构建思路》，载《辽宁公安司法管理干部学院学报》2019年第2期。

② 参见王子杰：《侦查中证据链构建的新探索》，载《黑龙江省政法管理干部学院学报》2021年第1期。

（科室）核查中，则要看案（事）件证据之间是否形成完整的证据链，以证据链思维开展证据保全工作，能确保证据证明效果的稳定性和一致性。

2. 清单化保全，防遗漏丢失

“清单法将工作的每个细节列于清单上，用清单来指导工作的进行，考核完成情况，实现对工作的流程化管理，保证工作完成的质量。”① 清单法包括建立清单以及使用清单两个步骤。在监狱执法证据保全过程中建立清单非常必要，具体可分为特定事件证据清单、特定罪犯证据清单、经鉴定销毁证据清单等。在证据保全中心管理工作中也可以用清单法列明检查项目、开展检查工作。通过清单化保全，可以有效防止执法证据在流转过程中丢失。

3. 责任制保全，加固交接点

通过不断完善激励机制，形成在整个执法证据保全流程中权责清晰、奖罚分明的工作环境。激发监狱一线民警主动学习、主动求教、主动练习以提升证据保全能力的良好氛围。在责任确立时，需要重点考虑交接环节，因为交接不及时、交接不仔细可能导致证据遗失，通过明确责任和责任的及时兑现来加固交接点工作，确保交接环节安全。

四、“做实”培训提升执法证据保全队伍水准

“高素质的工作队伍是做好工作的关键。”② 监狱应逐步建立一支稳定的、高水准的执法证据保全队伍，包括三个层级，即监区证据保全员、科室证据审核员和监狱证据保全中心专管员。监狱要重视执法证据保全人才培养，强调“人”是做好工作的首要因素。③ 笔者从三个方面谈执法证据保全人才的培训问题。

（一）警示教育：提升监狱民警证据保全的意识

监狱执法证据保全工作中，罪犯体检和就医证据主要是为监狱将来在解除家属质疑、化解警囚矛盾、防范执法风险等方面而做的准备。只有基层监狱民警具备较高的证据保全意识，才能在繁忙而枯燥的日常工作中处处留心，将随时可能发生而又转瞬即逝的重要证据采集起来。

1. 领导重视提要求

监狱执法证据保全工作目前仍处于摸着石头过河的探索阶段，相关的证据保全体系与运行机制尚有较大调整和改进的空间。在此阶段，工作中出现部分民警

---

① 靳炜：《运用清单法实现编辑加工的流程管理与质量控制》，载《编辑学报》2017 年第 S1 期。

② 林建成主编：《国防专利》，国防工业出版社 2005 年版，第 108 页。

③ 参见姜晓峰编著：《多彩人生》，海峡文艺出版社 2011 年版，第 65 页。

思想上不重视，内容上不清楚，方法上不合适等情况是正常的。如何快速高效挤压上述问题存在的空间？这就需要领导出场。监狱领导，尤其是一把手高度重视执法证据保全工作，对全监狱民警提出具体要求。在不同场合变化形式强化民警的证据理念、证据思维和证据方法，会对监狱民警提高证据保全意识起到事半功倍之效果。

2. 以案说法明教训

典型案例最具说服力。从具体实践情况看，用一些因证据缺失而造成监狱工作被动，责任民警“丢饭碗、脱警服”的真实案例来提高监狱民警证据保全意识，比一般的理论说教更能入脑入心。① 以案说法与系统授课、专题讲座、资料自学等形式相比，对教学设计、教学准备、教学实施的科学性、周密性等方面的要求更高。在具体应用时，需关注以下几点②：一是针对要解决的监狱执法证据保全事件中的突出问题精选案例，并对案例中关涉的重点证据和法律问题进行深入分析和解读。二是扩选相关案例作为备选和对主要案例的补充资料，目的是帮助证据保全员理解相关的证据保全知识和法律法规要求。三是精心设计提问、讨论和交流环节，并把话题引向监狱执法证据保全实践，激发证据保全员的联想。四是对教学方案进行反复演练和完善，以便掌控以案说法教育活动的程序、节奏、氛围。五是把现代教育技术融入以案说法模式，丰富教育手段，并将以案说法同其他监狱执法教育形式相结合，取长补短、相得益彰。

3. 内化于心变行动

评价监狱民警执法证据保全意识提升教育成效的核心指标是其“行动”的能力和水平，具体讲有三种方法可以选用：一是情景模拟，即从监狱执法证据搜集和存储的实际工作出发，模拟一个监狱涉诉涉访事件，组织“模拟法庭”，通过“控辩”双方的博弈，以及“法官”对“案件”证据采信的情况和审理结果进行法理性评析，了解监狱民警防范和化解管理危机和执法风险的能力状况，进而查找案例教学中的不足，提出改进对策。二是证据案卷组卷大比武。通过监区、监狱、省监狱管理局组织专业人员参加层层筛选的监狱执法证据案卷组卷大比武活动，增强监狱一线民警主动学习执法证据搜集和审核知识的能力，在快速提升能力的前提下潜移默化地提升了其证据保全意识。三是组织论辩会。在监狱执法证据保全专业人士的指导下，由论辩选手针对精选案例或证据保全实践中的某个问题陈述各自的观点和理由，从而评价其对法律法规的学习掌握程度和实际

---

① 参见李春锋：《新形势下如何做好监狱执法证据留存工作》，载《现代监狱》2017 年第 6 期。

② 参见李万军：《以案说法：对图书馆员开展版权教育的有效方式》，载《河南图书馆学刊》2020 年第 10 期。

应用水平。

（二）专业培训：教会监狱一线民警证据保全的知识

监狱一线民警在监狱执法证据保全的哪些方面知识不足？这需要通过实践检验得知。监狱执法证据保全专业知识培训的设计、组织实施，其目的是弥补一线民警在保全实践中相关知识的不足。

1. 知识真，凸显实在

在培训设计和组织实施中，要清楚哪些知识真。此处的“真”，可以理解为三点：其一，真关联。该知识与监狱一线民警执法证据保全工作的关联度，关联度低的虽为知识，但不符合“有用性”的标准。其二，真融合。该知识与一线民警执法证据保全工作融合度。知识有用，但与证据保全工作“两张皮”，不能直接用于工作实践的不符合要求。其三，真传递。选取的老师要适格，能将“知识”通过语言表达有效地传递给监狱民警，并内化为其证据保全能力。否则，知识在传递的环节受阻，导致既没有学到知识又耽误了时间，培训效果为负。

2. 思路巧，注重实用

在监狱民警执法证据保全专业知识培训设计中，要突出一个“巧”字。首先，培训内容一定要和证据保全的岗位职责需要对应好，要让受训者感觉到有所收获；其次，培训方式要线上线下相结合，提供监狱民警利用零碎的时间学习的条件；最后，注重规范操作“教学练战”一体化教学。俗语有言，眼过千遍不如手过一遍。学以致用，才能将知识内化于心，外化于行。

（三）实战演练：提升监狱警察执法证据保全的能力

理论学习的优势是传递的知识系统完善，实战演练的优势在于快速地将知识内化成能力，增强监狱一线民警行动的自信力。对监狱民警执法证据保全培训应由知识传授和项目实训两个部分组成。“种瓜得瓜，种豆得豆。”练什么能力就提升什么能力。在监狱执法证据保全能力提升实训项目选择时，要进行充分的调研，清楚监狱一线民警和各级保全员在工作的哪些方面有不足、易出错，才能选好选准实训项目，强化监狱民警执法证据保全的内力。在实训项目策划过程中，需要关注以下三个问题：

第一，虚实结合，节约成本。在实训项目策划中，需要通过实训提升一线民警采证时的反应力、配合力和执行力的部分必须做实，而对于规模展现、氛围渲染、场景展示部分则可以考虑部分虚置，根据需要也可以用视频资料或案例讲述来替代。以实战能力提升为衡量标准，能虚则虚，兼顾成本和效益。

第二，借力科技，发挥合力。在培训中，要充分利用虚拟仿真技术，开发实训项目，对监狱一线民警进行执法证据保全能力的训练和考核。运用 Unity 3D

建模、数字技术、交互技术、渲染技术等先进技术，构建相对完整的监区环境、“逼真”的监狱民警取证现场，还可以设计狱内预谋犯罪线索发现路径和方法、各类典型案例取证规范，使培训学员高效掌握取证流程和取证规范，建立起对证据保全的系统认识，为提升取证能力、打牢业务创新基础提供有力支撑。

第三，平急速转，提质升效。监狱民警是在日常工作中甄别取证对象和取证情形，然后按照规定的流程和工作方法开展证据保全工作。发现力和判断力在此成为核心能力。

（1）最直接的方法是跟班学习。建议监狱分批次组织民警脱产集训，安排民警到公安局刑警大队跟班，① 实地学习如何规范取证，如何组卷归档，在反复练习中掌握操作流程和方法，解决疑难问题，促进能力提升。

（2）最有效的办法是依靠情报。以监狱突发重大疫情处置过程证据保全为例，平时状态向紧急状态转化的速度是核心问题，其前提是情报工作，轴心是监测预警，环环相扣。

（3）最需要的素质是临危不乱。证据保全的设备是否充足、运转是否正常、操作是否熟练、取证的内容是否足够，证据质量是否达标等在平时状态原本轻松完成的工作，在紧急状态下就很可能因现场混乱、人员干扰和情绪紧张等而出现问题，导致证据遗漏和瑕疵。这就要求监狱执法证据保全民警要临危不乱，要用“庖丁解牛”般熟练的技术确保取证的成功率。

通过经常性开展执法证据保全设备操作、方法技巧等方面的知识传授、项目实训、竞赛比武等活动，使监狱一线民警都能做到以下三点：其一，“能准确判断哪些证据需要重点留存，采用哪种方式留存更方便有效”②，避免出现无关紧要的证据采集了一堆，关键环节的证据却没有的尴尬局面。其二，能熟练操作各种证据保全设备，避免出现照片不清、角度不准、摄录的视听资料有图像没声音或有声音没图像等无法弥补的缺漏。其三，各种纸质记录的内容要件清晰，避免出现漏掉签名，没捺指印或没填写时间、地点等明显的证据瑕疵。通过一以贯之的坚持，通过出台一系列激励政策，将专家型人才沉淀到基层，使专业人才的能力得到真正的发挥和释放。③ 使专业人才的能力源源不断地转化为推动监狱执法证据保全工作快速发展的不竭动力。

---

① 参见周小凤、吴楚彬、李敏：《智慧监狱背景下监狱执法证据保全的实践与探索》，载《法制与社会》2019 年第 24 期。

② 李春锋：《新形势下如何做好监狱执法证据留存工作》，载《现代监狱》2017 年第 6 期。

③ 参见康志文：《我国监狱执法证据收集保全问题研究》，华中师范大学 2019 年硕士学位论文，第 36 页。

第二章

监狱执法证据的保全流程

第一节　监狱执法证据的收集

监狱执法证据收集是指监狱民警在监管改造罪犯的过程中发现、固定和提取能证明监狱执法事实的材料的行为。收集证据是监狱执法证据保全的起始环节和重要组成部分，决定着监狱执法证据保全和运用的质量和效率。

一、监狱执法证据收集的特点

根据《监狱法》的规定，监狱是国家的刑罚执行机关，而关于监狱及其刑罚执行权的性质，学界对此说法不一。有的人认为监狱是国家的行政机关，它所行使的刑罚权属于国家行政权。[①] 以此相似的观点认为监狱是国家的行政机关，以行政权执行刑罚。[②] 有的人则认为，我国监狱应当是一个司法机关与行政机关的混合体。监狱同时拥有行政职权与司法职权，判断监狱的行为的性质关键是看该机关在行使什么权力。[③] 与此相似的观点是，监狱具备执行刑罚的刑事司法功能和对罪犯实施行政管理的行政职能。[④] 行刑权是一种兼具司法权与行政权属性

① 参见刘大勇：《监狱人民警察执法权概念界定与性质研究》，载《黑龙江省政法管理干部学院学报》2015 年第 4 期。

② 参见王志亮：《监狱在法治国家建设中的合理定性》，载《法学》2017 年第 8 期。

③ 参见彭涛：《论监狱劳动管理行为的性质》，载《山东科技大学学报（社会科学版）》2010 年第 3 期。

④ 参见林少华：《监狱管理行为的性质》，载《人民司法》2008 年第 1 期。

的复合性权利。[①] 还有的人认为，监狱具有行政机关与司法机关的双重属性。监狱在行刑过程中的行政（狱政管理）是实质行政，而非形式行政，可称为行刑行政，属于刑事执法范畴。[②] 导致监狱及其刑罚执行权性质存在广泛争议的直接原因是法律对此未作明确的规定，但同时说明我国监狱职能及执法权具有特殊性，执法内容具有多样性和复杂性。除负责收监、释放等典型的刑罚执行外，监狱还要对罪犯进行看押监管、教育、劳动改造、通信会见和生活卫生管理、行政奖惩等[③]。尽管监狱刑罚执行权属于司法权还是行政权尚存在争议，但监狱通过大量具有行政权性质的狱政管理来监管改造罪犯，以实现执行刑罚的目的却是不争的事实。也就是说，监狱依据刑事法律执行刑罚，但监管改造罪犯的活动大多具有行政执法的特点。因此，监狱执法证据既有刑事证据（刑事案件证据），也有行政证据；既有诉讼证据（刑事案件证据、减刑和假释证据），也有非诉讼证据。证据的性质及用途不同，则证据种类以及取证的程序、方法和要求就不同，其具体呈现以下特点。

（一）复杂性和多层次性

1. 证据收集的范围广、数量多、种类杂

根据执法留痕的要求，理论上，凡是能证明监狱执法真实情况的一切材料都应当作为证据予以收集。监狱执行刑罚不仅要完成收监，处理罪犯申诉、控告和检举，提请刑罚执行变更，释放等典型的刑罚执行活动；还要负责罪犯的教育和劳动改造，生活卫生及会见通信管理，计分考核及行政奖惩等日常监管改造活动。同时，为了维护正常的监管改造秩序，监狱要负责侦查罪犯犯罪案件，对自杀、意外伤亡、灾情、疫情等突发事件进行应急处置，等等。横向看，监狱需要收集上述执法活动的相关证据。纵向看，从罪犯入监到释放的整个期间，能够证明监狱对其监管改造主要事实的证据都需要收集。

2. 证据收集主体的广泛性和方式方法的多样性

根据监管改造职责和任务的不同，监狱执法证据收集的主体包括监管改造民警、医务人员、狱侦人员、刑罚执行民警、狱政管理民警等全体监狱执法人员，基本上是从基层到机关，全员参与。从证据收集的方式方法上看，监狱执法证据的收集既需要使用勘验、检查、询问、讯问、搜查、扣押、辨认等较为典型的刑事侦查或行政调查措施，同时也需要根据监狱执法的特殊性，使用一些特殊的证

---

① 参见张婧：《刑罚执行权性质研究》，载《犯罪与改造研究》2016 年第 12 期。

② 参见宋新国、张劲松：《监狱行刑与行政若干关系研究》，载《犯罪与改造研究》2001 年第 2 期。

③ 参见《监狱法》第三章、第四章和第五章。

据收集方式方法，如罪犯心理测试、教育谈话等。

3. 证据收集的要求具有多层次性

监狱在执行刑罚过程中会面临各种与执法活动相关的纠纷或争议。其中既有追究狱内又犯罪罪犯刑事责任的诉讼争议；也有诸如罪犯申诉、家属闹监上访等非诉讼纠纷；还有上级机关、监察和检察部门监督检查过程中对执法活动的合法性和规范性的质疑等。监狱在应对这些纠纷和质疑时，往往需要提出己方主张并运用一定的证据加以证明。引起纠纷和质疑的执法内容和性质不同，则证明对象和证明标准不同，取证的范围和要求也不同，这就使证据收集的要求具有了多层次性。

首先，执法内容不同，则证明对象不同，取证范围也不同。[①] 例如，对收监、处理罪犯申诉和控告、释放等执法行为，需要证明的是监狱依法定程序履行了相关职责，无违法和懈怠的事实，因而需要收集罪犯“三书一表”及验收清单、入监登记表、罪犯申诉材料专档、出监鉴定、释放证明等能证明监狱已经依法实施了相关执法行为的证据。对于提请罪犯减刑的执法行为，需要证明罪犯符合减刑条件的实体事实和减刑程序合法的程序事实，因而需要收集罪犯评审鉴定表、奖惩审批表等能证明罪犯符合减刑条件的证据和提请减刑建议书、减刑裁定书等证明减刑程序合法的证据。

其次，执法性质不同，则证明标准不同，取证的程序和要求也不同。[②] 执法性质不仅有行政和刑事之分，更主要的是执法行为所牵涉的权益大小及重要性之分。一般而言，执法行为涉及的权益越大，越重要，则证明标准越高。例如，罪犯刑事责任事实的证明标准要高于行政惩罚事实的证明标准；减刑、假释的证明标准要高于监狱行政奖励的证明标准。相应地，证明标准越高，则取证程序越规范、要求越严格。例如，收集狱内犯罪案件证据要遵循刑事诉讼法的相关规定，取证程序和要求要严于狱内违纪违法事件证据的收集。减刑事实的取证要求要高于表扬、记功等行政奖励事实的取证。

（二）可预测性和同步性

监狱执法证据收集多数情况下具有收集范围的可预测性和与执法活动的同步性。在刑事追诉领域，一般在案件事实发生及诉讼程序启动前，办案机关无法预

① 证明对象即待证事实，在诉讼中是指需要证据加以证明的案件事实。此文中的证明对象则不仅局限于诉讼中，而是扩大到所有争议中需要运用证据加以证明的事实。

② 证明标准是指运用证据证明某一事实应该达到的程度。人们习惯认为“证明标准”是一个属于诉讼领域的概念，从客观的角度来看，证明标准实际上是对证据运用的评价，并不局限于“诉讼”程序之中，而应该存在于每一个有公权力干预的并且有需要证明的待证事实存在的程序之中。参见姬亚平：《国家治理现代化视角下的行政证据研究》，北京大学出版社 2021 年版，第 87－88 页。

测诉讼争议事实，当然也无法明确具体的证明对象和证据收集范围。也就是说，在大多数刑事证明活动中，相对于案件事实发生的时间而言，诉讼证据的收集具有事后性。监狱执法证明活动却有所不同，除狱内违纪和已经着手实施的犯罪案件外，监狱执法证据的证明对象和证据收集范围是可预见的。比如，罪犯入监时，监狱就应当预见其身体健康状况存在产生争议的可能性，因为罪犯在服刑期间的病、残、死都与其身体健康状况事实相关。此外，大多数情况下，证据收集随着监狱执法活动而进行，两者具有同步性。比如，对罪犯进行教育谈话，要制作谈话记录。谈话记录就是证明教育改造事实的执法证据；对罪犯处以禁闭，填写禁闭审批表既是执法程序的要求，也是收集证据的活动。监狱执法证据收集范围的可预测性以及收集证据与执法过程的同步性，启示监狱及民警应当增强证据意识，做到未雨绸缪，要能提前预见执法纠纷或争议发生的风险，在执法过程中注意做好证据的收集和保全。

二、监狱执法证据的收集范围

（一）影响监狱执法证据收集范围的因素

监狱执法证据收集的范围就是监狱在执法过程中应当收集哪些证据，与监狱执法待证事实和证明责任紧密相关。

1. 证据的收集范围取决于待证事实

要明确监狱执法证据的收集范围，就需要先明确监狱执法过程中的待证事实。待证事实又称要证事实或证明对象，是指需要用证据加以证明的事实或有关情况。因此，监狱执法待证事实是监狱执行刑罚、监管改造罪犯的执法过程中需要证据加以证明的事实。宏观上讲，监狱代表国家执行刑罚，监管改造罪犯的所有行为均属于执法行为，事关法律的公正和权威、国家和人民的利益、罪犯及其家属的权益，必然会受到各方的广泛关注和监督，监狱执法的合法性必然成为潜在的争议事实，因而也是监狱主张己方执法行为合法的待证事实。微观上讲，监狱提出刑罚执行变更建议，对罪犯进行行政奖惩，追究或不追究犯罪人刑事责任，对罪犯伤亡、灾情、疫情等突发事件作出应急处置等执法行为是否客观、公正、合法、合理或恰当，本身就是争议事实或可能成为争议事实，因而也是需要提出证据加以证明的事实。

2. 监狱执法证据的收集范围与监狱的证明责任紧密相关

证明责任又称举证责任，是指证明主体对自己主张的事实提出证据加以证明的责任或义务。证明责任总是与一定的风险相联系。证明责任包括行为责任和结果责任。行为责任是责任主体提出证据证明主张成立的责任。结果责任是负有证明责任的主体，如果不履行证明责任，或者在事实真伪不明时，就要承担其主张或认定的事实不能成立的风险。具体到监狱执法活动中的证明责任，其一，根据刑事诉讼证明责任分配原则，在侦查阶段，证明狱内又犯罪嫌疑人有罪的责任由狱侦部门承担。其二，根据减刑、假释、暂予监外执行的程序规定，证明罪犯符合减刑、假释、暂予监外执行条件的责任由监狱承担。其三，对于其他法律未作出明确规定的，无论是从“谁主张，谁举证”的证明责任分配原则，还是从举证难易、保护弱者、体现公平的角度，监狱都应该对执法的客观性、公正性、合法性、合理性和恰当性承担证明责任。例如，罪犯在狱内死亡，家属以罪犯并非因病死亡，而是监狱的过错所致为由要求赔偿。如果依据“谁主张，谁举证”原则，家属应承担证明罪犯并非因病死亡，监狱存在过错的责任，但从举证难易，保护弱者的角度，由监狱证明罪犯是因病死亡，监狱不存在过错（如及时抢救、及时告知家属等）则更能体现公平。这就是举证责任倒置原则的价值所在。①

（二）监狱执法证据的具体收集范围

1. 监狱依法执行刑罚的证据

监狱依法执行刑罚的证据是指能证明监狱严格依据《刑法》《刑事诉讼法》《监狱法》，以及其他相关法律法规收监，处理罪犯提出的申诉、控告、检举，提请刑罚执行变更建议，释放的真实情况的一切材料。② 例如，收监环节的证据有罪犯“三书一表”，入监登记表，身体检查表，随身携带物品检查及登记表，入监谈话记录表，罪犯照片、指纹等身份证据，收监通知书及相关检查活动的录像资料等。在执行刑罚的证据中，刑罚执行变更的证据应重点收集。一是因为刑罚执行变更事关罪犯的刑罚能否得到切实执行，进而影响刑罚执行的权威和公正，需要监狱更加严肃审慎地对待，对提出的变更建议要有确实充分的证据加以证明；二是刑罚执行变更建议需要接受法院的裁定（减刑、假释裁定）或监狱上级机关的审查（暂予监外执行决定），需要监狱能提出证明当事罪犯符合刑罚变更条件的证据以支撑其建议；三是刑罚执行变更是监狱执行刑罚的重要内容，其程序的合法性事实是监狱执法合法性事实的重要组成部分。

---

① 诉讼中的举证责任倒置原则，是指基于法律规定，将通常情形下本应由提出主张的一方当事人（一般是原告）就某种事由不负担举证责任，而由他方当事人（一般是被告）就某种事实存在或不存在承担举证责任，如果该方当事人不能就此举证证明，则推定原告的事实主张成立的一种举证责任分配制度。

② 监狱执行刑罚的概念有广义和狭义之分。广义的刑罚执行既包括《监狱法》第三章的内容，也包括第四章、第五章和第六章规定的狱政管理及罪犯教育、劳动改造等一切监管改造罪犯的活动。狭义的刑罚执行则仅指《监狱法》第三章规定的内容。为了便于分析，此处使用狭义的刑罚执行概念。

2. 狱内犯罪案件证据

根据《刑事诉讼法》和《监狱法》的规定，监狱具有狱内犯罪的侦查权。为了查明犯罪事实，对犯罪嫌疑人作出客观公正的处理，监狱需要收集下列证据：一是证明罪犯狱内犯罪事实的证据，即影响犯罪嫌疑人刑事责任的实体事实证据。例如，犯罪嫌疑人、被害人身份证据，犯罪事实是否存在的证据，犯罪行为是否为犯罪嫌疑人所为的证据，犯罪嫌疑人有无刑事责任能力，有无罪过等其他与定罪量刑事实相关的证据。二是侦查程序是否合法的证据。例如，有关回避、侦查取证程序是否合法的证据。狱内犯罪案件证据属于刑事诉讼证据，需要狱侦人员严格遵守《刑事诉讼法》等相关法律法规的规定进行收集。

3. 罪犯违规违纪事件证据

罪犯违反监规监纪的性质虽不及犯罪严重，但监狱只有查清事实，收集相关证据，才能对违规违纪行为人作出客观公正的处罚，确保“错罚相当”，避免处罚的随意性，从而既达到惩罚和教育违规违纪罪犯的目的，又能对其他罪犯起到教育和警示作用。基于查清事实，确保处理结果客观公正的需要，参照狱内刑事案件的取证范围，罪犯违规违纪事件应收集以下证据：一是罪犯违规违纪的实体事实证据。例如，违规违纪人的身份，主观故意（动机、目的），违规违纪行为时间、地点、方法（手段）、工具、后果、认错态度、违纪次数等其他对处罚决定有影响的证据。二是能证明查处程序是否合法公正的程序事实证据。例如，调查过程的录音录像、调查审批表、罪犯禁闭审批表等。

4. 罪犯在服刑期间“病、伤、死”的相关证据

罪犯在服刑期间“病、伤、死”的原因是多种多样的，或是罪犯本身的健康问题，或是劳动工伤所致，或是自伤、自杀，或是他犯伤害、杀害，等等。但无论出于何种原因，罪犯的“病、伤、死”大多会引发罪犯或其家属归责于监狱，要求高额赔偿的纠缠或闹监。为了澄清事实，分清责任，顺利化解纠纷，监狱必须能够对罪犯服刑期间的“病、伤、死”原因及救治过程中有无过错等相关事实加以证明。相关证据包括：罪犯“病、伤、死”的原因鉴定；病情、伤情鉴定；与“病、伤、死”相关的事件或案件的调查证据（如罪犯绝食，拒绝治疗的证据，自伤、自杀事件证据，劳动事故证据，伤害或杀人案件证据等）；监狱实施救治过程及方法的证据；监狱及时通知家属和驻监检察人员的证据；罪犯自入监后的健康档案证据；就医记录；思想状况及心理健康证据（自伤、自杀等），其他与“病、伤、死”事实相关的证据。

5. 罪犯考核和行政奖惩的相关证据

监狱对罪犯的日常考核和行政奖惩与罪犯的切身利益相关，考核和行政奖惩情况也是减刑、假释及分级处遇的重要依据。为了保证考核及奖惩的实体客观公

正和程序合法公正。一是要收集能支撑考核和奖惩结果的证据。例如，认罪悔罪态度证据，思想、文化、技术学习表现的证据，违规违纪证据等行政惩罚证据，技术革新等行政奖励证据。二是要收集能够证明考核和奖惩程序合法合规性的证据。例如，计分考核的“日记载、周评议、月公示”材料，罪犯不服考核结果的书面复核申请及监狱计分考核小组的复核意见，行政奖惩的审批表等。

6. 监狱依法履行监管改造职责，合理实施狱政管理的证据

监狱通过大量具有行政管理性质的狱政管理来实现对罪犯的监管改造。其中，罪犯教育、学习和劳动是三大主要改造方式，其实施情况对改造质量和效果具有重大影响。监狱是否依法依规、保质保量地教育罪犯，组织罪犯劳动和学习，有无履职懈怠，是衡量监狱是否依法履行监管改造职责的重要标准，此外，出于监管改造的需要，监狱需要负责罪犯生活卫生、会见通信等事务的组织管理。监狱是否按《监狱法》等法律法规的相关要求实施，保障罪犯合法权益，切实履行监督、检查、告知等职责，也是监狱对其依法执行刑罚应当予以证明的事实。同时，大多数狱政管理行为具有行政执法的性质，不仅要求合法，而且要合理。①如对罪犯的分级处遇，老病残犯劳动量要求及考核标准等。为此，监狱需要收集有关罪犯教育、劳动、学习、会见通信及生活卫生方面的证据。例如，谈话教育记录，三大现场管理日志、会见监管证据（登记表、重点罪犯和重要事件的监听录音等），通信检查证据（登记表或重要情况记录），分级处遇等级划分的依据材料等。

7. 监狱对灾情、疫情等突发事件应急管理处置是否及时恰当的证据

罪犯脱逃、重大灾情、疫情等突发事件虽不常发，但若发生，便会危及监狱的人员和财产安全，严重干扰监管改造秩序，而监狱对突发事件的应对处置是否及时有效、程序是否规范、方法是否恰当等问题则可能使监狱面对有关部门的检查审核或社会的舆论压力。因此，监狱不仅要及时有效、规范恰当地处置突发事件，还应当注意收集相关证据，以便争议发生时能应对监督检查和舆论关切。为此，监狱应收集的证据有：应急处置的依据；突发事件证据；处置过程、程序、措施和方法等证据；其他能证明突发事件真实情况和处置及时、合法、恰当、有效的相关证据。

8. 其他证据

除上述证据外，监狱还需要收集其他在执行刑罚过程中关乎监管改造安全和

---

① 行政合理性原则，是指行政行为的内容要客观、适度、符合理性。具体包括行政行为的动因应符合行政目的。行政行为应建立在正当考虑的基础上，要有正当的动机。行政行为的内容应合乎情理，即应符合事情的常规或规律。

稳定，影响刑罚执行的合法性和规范性的相关事实证据。例如，有关监管设施设备管理的证据、安全防范的证据等。

三、监狱执法证据收集的方法

监狱执法证据包括行政证据和刑事证据。证据性质不同，收集的程序和方法就有所区别。狱内犯罪的刑事证据要依据《刑事诉讼法》等法律法规中的刑事证据法律规范进行收集，取证程序和方法的合法性要求最为严格。狱内行政证据的收集较为复杂。一是由于狱内行政性执法内容繁杂。既有日常性的执法行为，如教育改造、劳动管理、计分考核等；又有特殊的执法行为，如查处罪犯违规违纪案件。既有程序性较强的刑罚执行行为，如收监、释放等；又有程序性不明显的监管改造行为，如教育谈话、生活卫生管理等。总之，执法内容不同则证据收集的要求就有差异。二是由于我国目前行政证据规范严重缺失，监狱行政执法证据的规范更是基本处于空白状态。规范指引的缺乏，必然导致实践的茫然和混乱。因此，加强监狱行政执法证据制度建设，制定和完善相关法律法规对于规范监狱行政执法证据收集尤其重要。在规范指引缺失的当下，监狱执法证据收集一方面可借鉴刑事证据、公安机关行政执法证据的取证规范进行，另一方面则应立足监狱行政执法的实际。从实践看，狱内刑事证据的取证方法主要有：询问、讯问、辨认、勘验和检查、搜查和扣押、侦查实验、鉴定、调取等常规方法和隐匿身份侦查、技术监听监控等特殊方法。其中除讯问、侦查实验隐匿身份侦查外，其他措施也适用于行政证据的收集。除此之外，行政证据的收集方法还包括：登记、记录、整理归档、收缴、拍照、录音录像、谈话教育、心理测试等。

（一）侦查（调查）类收集方法

1. 询问

询问是指询问人员以言词（提问）的方式向知情人了解一定事实，以形成询问笔录的证据收集方式。在狱内侦查中，询问是狱侦人员以提问的方式向除犯罪嫌疑人以外的案件知情人了解案件相关情况，以获取被害人陈述和证人证言的取证方式。在非刑事案件中，询问是监狱民警以言词的方式向事件知情人了解事件的相关情况，以获取当事人陈述和证人证言的取证方式。询问的结果主要以询问笔录的形式呈现，也包括亲笔证词、询问录音和录像。

2. 讯问

在狱内侦查中，讯问是狱侦人员以问话的方式向犯罪嫌疑人了解案件相关情况，以获取口供的取证方法。讯问结果主要以讯问笔录的形式呈现，也包括亲笔供词，讯问录音录像。

3. 辨认

辨认是侦查人员或调查人员组织案件知情人（证人、被害人、犯罪或违法嫌疑人）对与案件有关的人身、物品、场所和尸体进行辨别和指认以形成辨认笔录的取证方法。辨认的结果主要以辨认笔录呈现，也包括辨认时的录音录像。

4. 勘验和检查

勘验、检查是指侦查人员或调查人员对与犯罪、违纪或狱内事故等有关的场所、物品、人身、尸体进行勘查、检验或检查，以发现和收集各种痕迹物证的取证活动。勘验和检查是发现和提取物品、痕迹、生物样本等物证的重要方法，所形成的勘验、检查笔录本身也是证据。

5. 搜查和扣押

搜查是指侦查人员依法对与案件有关的场所、物品或人身进行搜索和检查以收集证据的取证方法。扣押是指侦查人员或调查人员依法强行提取、扣留与案件有关的物品的行为。搜查和扣押是收集物证、书证、视听资料、电子数据等实物证据的方法，所形成的搜查笔录和扣押物品清单本身也是证据。

需要注意的是，出于安全防范的需要，监狱在日常监管中会对罪犯实施搜身检查或清监检查。其实施的具体方法与人身搜查、场所搜查大致相同，但实施主体和所依据的法律法规却不相同。搜查用于犯罪侦查，依据《刑事诉讼法》由侦查人员实施；监狱日常搜身检查、清监检查则可由非狱侦民警实施，依据的是《监狱法》及狱政管理的相关规定，不适用《刑事诉讼法》关于搜查的相关规定，但仍须通过执法笔录、填写登记表（清监登记表或现场管理日志等）、录像等方式，客观记录执法过程，作为执法证据。

6. 侦查实验

侦查实验是指侦查人员为了验证在某种条件下某一事实或现象能否发生、怎样发生及后果如何，在相同或相近的条件下，对该事件进行实验性重演的措施。记录侦查实验过程和结果的侦查实验笔录是法定证据种类。侦查实验在必要的时候方才使用。例如，罪犯在严密的监管条件下，竟然成功完成常规情况下无法完成的犯罪行为，且恰好处于监控盲区。此时，为查明案件事实，证实犯罪，就可能需要进行侦查实验。

7. 鉴定

鉴定是指鉴定人运用科学技术或者专门知识对诉讼涉及的专门性问题进行鉴别和判断并提供鉴定意见的活动。鉴定不仅能解决案（事）件中一般人凭借常识无法认知或解答的问题，如人的死亡原因、受伤害程度、精神健康状况等；还是揭示物证与特定事实的关系以发挥其证明作用必不可少的手段，如指纹、血迹、工具痕迹、DNA 的同一认定等。此外，鉴定也是物证、书证、视听资料、电子数据鉴真的重要方式。例如，毒品鉴定、文书真伪鉴定、视听资料是否被删改的鉴定等。

8. 调取

调取是监狱依法向有关单位和个人调查了解并提取与案件有关物品、文件等证据材料的活动。例如，在脱逃案件中，监狱向社会有关单位和个人调取视频资料；在罪犯死亡案（事）件中，监狱向狱外医院调取罪犯的医疗资料等。

9. 隐匿身份侦查

狱内犯罪具有较强的隐蔽性，尤其是处于预谋阶段的犯罪行为，具有难发现、难取证和难证明的特点，仅凭常规的侦查措施难以实现及时发现犯罪线索，查清犯罪事实，收集犯罪证据的目的。为此，使用狱内秘密力量就成为狱内犯罪案件侦查取证的重要措施。作为一种隐蔽侦查的方式，狱内秘密力量的使用具有较强政策性、策略性、专业性和法律性。不仅要根据实践需要灵活使用，还要严格遵守相关法律和规定。

10. 技术监听监控

技术监听监控不仅是重要的安防措施，还是便捷高效的取证方法。监听和监控所获取的影音资料，在证据法中称为视听资料。监听是采用技术设备，获取特定语音信息并加以记录的活动。狱内监听主要运用于罪犯亲情电话、视频会见等环节。监听设备还可以根据需要安装于监室等场所，对罪犯语音内容实施秘密监听。狱内监控以视频监控为主。狱内视频监控不仅客观全面记录罪犯的生活、劳动、学习、会见、禁闭等活动和改造情况，同时记录监狱民警的在岗和执法情况。作为一种科技记录手段，视频监控无疑是收集和固定狱内执法证据的重要方法。

（二）执法管理类收集方法

1. 登记、记录和整理归档

登记是在执法过程中就行为内容和过程等信息按规范的表格进行填写。例如，罪犯入监登记、健康检查登记、会见登记、亲情通话登记、材料交接登记等。记录则是除勘验、检查、询问、讯问、搜查等法定调查措施的笔录以外的对执法行为的书面记载。登记和记录是监狱制作执法文书的主要方式。监狱制作的执法文书是监狱执法书证的主要来源。对于此类书证，监狱既是证据的制作者，也是证据的收集者。故而登记和记录是监狱获取执法书证的方法。此外，监狱执行刑罚过程中也会接收其他机关、单位或个人制作的文书。这些文书和监狱制作的文书是监狱执法书证最主要的组成部分。监狱对此类执法书证的收集主要通过对文书材料的整理和归档来完成。例如，罪犯的“三书一表”、入监登记表、行政奖惩表等材料，监狱通过审查整理后，将其归入罪犯档案，实际上就完成了对该证据的收集工作。

2. 收缴

收缴是监狱对罪犯或其他狱内活动人员所持有的违禁品进行查收缴获的行政强制性行为。收缴是一种行政强制措施，带有结论性，没有期限限制。执法机关对收缴的物品、文件等，不再退还，而是根据相关规定上缴国库、销毁或作其他处理。监狱收缴违禁品大多伴随着清监检查、搜身检查等执法活动实施，因此对一般违禁品的收缴情况往往登记在清监登记表等材料上。对于涉及重大违规案件、犯罪案件中的违禁品，除了填写相关检查登记表外，还应当专门制作笔录。

3. 拍照和录音录像

拍照、录音和录像都是运用技术手段，借助设备记录物品、行为等事实的方式。其中录音和录像的技术原理与监听和监控相同。与传统的书面记录方式相比，拍照、录音、录像具有更强的客观性、形象性和高效性，因而是运用十分广泛的取证方式。拍照反映被拍对象的静态图像特征。录音重点反映语音内容和声音特征，有时可局部反映被录对象的行为内容，如走路声、打人声和呼救声等，但无法反映被录对象的图像特征和全部行为内容。录像则既可反映静态特征，也可反映动态特征，可全面记录被录对象的语言、动作等行为过程、内容和特征。在监狱执法证据保全中，拍照多用于以下情况：一是对罪犯进行拍照，以采集罪犯人像信息证据。二是在现场勘查、检查、辨认等措施中对现场、物品、人身等进行拍照，以固定现场和物证位置等，形成的照片作为勘验、检查、辨认等笔录的组成部分，增强笔录的证明力。三是对可原物提取的物证、书证等实物证据进行拍照，以固定证据特征，作为原物或原件的复制品、复制件，作为证据的固定或保全方式。四是对无法原物提取的物证、书证、视听资料等进行拍照，作为收集证据的方法，等等。录音主要用于询问、讯问、教育谈话等取证过程中对交流内容和语音特征进行记录，是作为笔录的一种辅助取证方式。监狱采用录像收集证据的情况主要有以下几种：一是监狱的视频监控录像，可以收集监控范围内一切与监狱执法事实相关的证据。二是监狱民警使用执法记录仪录像，可以收集监狱民警具体执法过程的相关证据。三是在询问、讯问、教育谈话等调查取证或教育改造罪犯过程中使用专门的录像设备进行录像。

4. 谈话教育

谈话教育既是监狱教育改造罪犯的重要方式，也是监狱的执法行为。谈话教育要求制作谈话记录，必要时可录音录像。谈话教育的记录、录音录像是监狱执法证据，具有多重证明价值。一是作为谈话教育的执法痕迹，可以证明监狱依法履行了教育改造罪犯的职责。二是反映罪犯改造中的思想状况和认罪悔罪态度，可作为计分考核、行政奖惩和减刑、假释的证据，也可以用于证明罪犯的日常改造表现，作为刑事诉讼中的量刑证据。在罪犯自杀、犯罪等事（案）件调查中，谈话记录所反映的罪犯思想状况还可以作为行为动机的证据。因此，谈话教育也是监狱执法证据的收集方式。

5. 心理测试

在监狱执法过程中，为了掌握罪犯心理健康、思想动向等情况，需要定期对罪犯进行心理测试。心理测试的结果可以作为监狱制订监管改造方案，实施安全防范等决策的依据。心理测试报告及相关记录，既是监狱履行改造罪犯职责的证据，也是记录罪犯心理健康状况及思想状况的证据。在罪犯自杀、脱逃、行凶等案件的调查中，心理测试结果可作为证明行为动机的证据使用。

监狱执法证据的复杂性和多样性使得证据的收集方法也多种多样，无法一一列举。例如，罪犯档案接收，让罪犯书写“认罪悔罪书”等。

第二节　监狱执法证据的审查判断

一、监狱执法证据审查判断的概述

监狱执法证据的审查判断是监狱执法证据保全中必不可少的重要环节，它通过对证据材料的证据能力和证明力的审查和判断，既检验了监狱执法证据的收集情况，又决定着执法证据运用的质量和效果。监狱执法证据的丰富性和多样性，决定了证据审查判断具有复杂性和多层次性。对监狱执法证据的审查判断，除要遵循证据审查判断的通用标准外，还要注意结合具体执法性质、内容和证据体系特点等因素。

（一）监狱执法证据审查判断的内涵

在法律活动中，证据审查判断是指收集和使用证据的主体对证据材料进行分析研究，鉴别真伪，判断其证据能力和证明力有无，以及证明力大小的活动。

1. 监狱执法证据审查判断是收集和运用证据必不可少的内容

监狱执法证据实质上是随着监狱执法事实的发生而留下的信息，这些信息依附在一定的载体上，就是各种形式的证据材料。从自然属性讲，这些证据必须具有真实性、关联性才具备证明特定事实的能力（证明力）。在监狱执法活动中，证据还必须合法才具备证据资格（证据能力）。因此，首先，监狱民警必须对收集到的证据材料的真实性、关联性和合法性进行审查判断才能保障证据收集的有效性。其次，证明的过程就是运用证据，通过逻辑推理对待证事实是否客观存在加以确认的过程。合格的证据是得出客观正确的证明结论的前提。因此，为了防止使用不合格的证据而导致对待证事实的误判，审查判断证据是运用证据的必然要求。

2. 监狱执法证据审查判断围绕证据能力和证明力展开

审查判断证据的目的是避免对事实的错误认定。在监狱执法的证明活动中，合格的证据必须同时具备以下条件：一是单个证据要具备证据能力和证明力，即具备真实性、关联性和合法性。二是全部证据足以支撑待证事实，或者说全部证据对待证事实的证明能够达到相应的法律标准或要求。因此，监狱执法证据的审查判断实质上是对证据的证据能力和证明力的审查。同时证据审查判断也是对证据质和量是否达标的审查判断。证据质的达标是指证据具备真实性、关联性和合法性；证据量的达标是指全部证据的证明力足以支撑待证事实或对待证事实的证明能够达到相应的法律标准或要求。

3. 监狱执法证据审查判断是对证明和支持执法行为的证据材料的审查

监狱执法证据的审查判断是指监狱民警对收集到的证据材料进行分析研究，判断证据材料是否具备证据能力和证明力，证明力大小，以及是否足以证明待证事实或支撑相应执法行为的活动。广义上讲，法院、检察院审查减刑、假释等刑罚执行变更材料，检察院、监察委等监督检查机关审查监狱执法的相关材料，罪犯及其家属或委托律师鉴别监狱执法证据的真伪等情形也是对监狱执法证据的审查判断。相对而言，监狱执法民警对执法证据的审查属于一种“内部审查”，但审查的标准和要求并不能降低。监狱民警应严格按照相关法律法规的规定和要求，依法对证据进行审查判断，才能确保所有监管改造罪犯的执法行为都有据可查，所有的执法决定都建立在有合格证据证明的事实基础之上，使事实认定符合客观真相，执法结果符合实体公正、执法过程符合程序公正。

（二）监狱执法证据审查判断的特点

1. 监狱执法证据审查判断的主体具有广泛性

首先，审查判断监狱执法证据的主要主体是监狱执法民警。监狱民警是收集和运用监狱执法证据的主体，因而理应是审查判断监狱执法证据的主体。其次，审查判断监狱执法证据的主体具有广泛性。整个监狱管理的过程，实际上是执法信息（证据）输入输出和反馈的过程。对监狱执法证据的收集和运用是每一个监狱执法部门、执法主体都必不可少的工作。因而，审查判断证据的主体具有广泛性。

2. 监狱执法证据审查判断具有复杂性和多层次性

监狱执法证据的审查判断具有复杂性和多层次性。其一，证据审查判断的工作量大。执行刑罚、监管改造罪犯涉及诸多执法内容和执法行为，监狱需要收集和审查大量的执法证据。其二，审查判断的难度大。由于监狱执行有期徒刑以上的监禁刑，关押罪犯的刑期相对较长，监管改造是一个长期且连续、动态的执法过程，监管改造的材料会不断地增加或变化。因此，对同一罪犯的改造材料的审查判断的周期较长，审查的内容也不固定，这增加了审查判断的难度。其三，证据审查的标准或要求不一。监狱执法证据具有多样性，因而审查的标准或要求也具有多样性。

首先，待证事实的性质或内容不同，审查判断的标准不同。例如，杀人案件证据的待证事实是犯罪嫌疑人是否犯罪的事实，属于刑事法事实，因而审查杀人案件证据是否合法的依据是《刑事诉讼法》关于证据形式、取证程序和方法的相关规定；审查证据是否关联的标准是证据事实是否与犯罪构成要件事实相关；证据充分性的标准是刑事诉讼证明标准。对于减刑、假释证据，则要依据《刑法》《刑事诉讼法》《监狱法》和相关法律法规的相关规定进行审查。

其次，收集和运用证据的目的不同，则证据审查判断的要求就不同。例如，罪犯的健康材料既可以作为暂予监外执行决定的证据，也可以作为罪犯因病死亡事件的证据。在对“罪犯是否符合暂予监外执行条件”的证明中，除要审查罪犯健康材料的真实性，还要审查该材料反映的疾病是否属于需要保外就医的严重疾病。在罪犯因病死亡事件中，除要审查健康材料的真实性外，还要审查该材料所反映的疾病是否与死亡有关，或是否为死亡原因。

二、监狱执法证据审查判断的步骤和内容

由于犯罪是最严重的违法行为，刑罚是最严厉的法律惩罚措施。因而，刑事案件的证据及证明的标准要高于其他执法证据及证明标准。相应地，刑事证据的审查要求或标准也明显不同于其他证据。对监狱执法证据的审查判断要注意刑事案件证据和其他执法证据在审查标准和要求上的区别。

（一）监狱执法证据审查判断的步骤

1. 单个证据的审查判断

单个证据的审查判断是对监狱同一执法活动或同一待证事实的每个证据的真实性、关联性和合法性进行单独地审查。单个证据的审查判断通过对证据的来源、形式、内容等方面的审查，分析判断该证据的真伪、与待证事实有无关联及关联性大小、是否合法，以此确定证据是否具备证据能力和证明力，以及证明力的大小。

2. 证据间的比对审查判断

对于证据材料的证据能力和证明力，通过单一证据审查往往不能得出结论，需要结合多个证据进行分析判断。因此，在审查监狱执法证据时，需要对案

（事）件中同一待证事实的两个或多个证据进行对比分析，看其内容和所反映的情况是否协调一致，能否合理地共同证明同一待证事实。证据间的比对审查方式包括纵向比对和横向比对。纵向比对是将同一人就同一事实前后所作的多次陈述进行比对。例如，将同一罪犯就其杀人的犯罪事实所作的多份供述进行比对。横向比对是将同一待证事实的不同证据进行比对。又如，将杀人案件现场勘验检查笔录与犯罪嫌疑人供述、证人证言等证据进行比对。

3. 全案证据的综合审查判断

在对单个证据及证据间比对审查的基础上，应该对全案证据进行综合审查，即对监狱执法的同一待证事实的所有证据材料进行综合比对、分析和研究，审查所有证据间能否相互印证，内容和所反映的情况有无矛盾、是否协调一致，证据是否确实充分，综合所有证据对待证事实的证明能否达到相应的证明要求或标准。以狱内故意杀人案件为例，全案证据的综合审查判断，要综合勘验检查笔录、证人证言、口供、视听资料、鉴定意见、辨认笔录等全案证据进行审查，一是审查所有证据是否相互印证，有无矛盾，共同指向犯罪嫌疑人有罪或无罪的事实；二是审查全案证据是否确实充分，综合全案证据，能否得出“犯罪嫌疑人实施杀人的犯罪事实”这一唯一性结论。

（二）监狱执法证据审查判断的内容

1. 审查监狱执法证据的真实性

对监狱执法证据的真实性，主要从证据的来源及证据的内容两个方面进行审查判断。具体包括：一是证据形成的原因和过程；二是发现和收集证据时的客观环境取证的程序和方法；三是证据是否为原件、原物，复制件、复制品与原件、原物是否相符；四是提供证据的人或证人与案（事）件是否具有利害关系、作证的动机和能力；五是证据的内容是否真实，所记录或反映的事实是否符合客观规律，有无不可解释或排除的矛盾，等等。

2. 审查监狱执法证据的关联性

所谓关联性是指证据对案件事实的证明作用和价值。与待证事实有关联的材料才具有证明力，关联性越强，则证明力越强。监狱执法证据的关联性审查可从两个方面进行。一是审查某一证据能够证明什么问题；二是审查该证据所能证明的问题是否会对监狱执法事实的认定产生影响。与监狱执法案（事）件无关的证据，即证据所包含的信息与监狱执法事实认定没有实质性的关系，不会对执法事实的认定产生实质性的影响，则应当予以排除。

3. 审查监狱执法证据的合法性

合法性是监狱执法证据的基本属性，也是证据具有证据能力的必要条件。监狱执法证据的合法性审查包括三个方面：一是审查收集监狱执法证据的主体是否合法，是否具有相应的执法资格。二是审查监狱执法证据是否具备法定的表现形式。三是审查监狱执法证据的收集程序和方法是否合法。

（三）各类监狱执法证据的审查判断

1. 物证的审查判断

（1）审查物证的来源和收集程序及方法。物证的收集程序、方法是否符合法律和有关规定；收集过程是否有笔录、清单或登记表等文字记录。文字记录是否反映出发现、提取物证的过程；是否有提取人员、物品持有人、见证人等在场人员签字；无持有人和见证人签字的，是否注明原因。物品的名称、特征、数量、质量等是否注明清楚。

（2）审查物证是否为原物，物证的照片、录像、复制品是否与原物相符。审查物证有无复制品制作人关于制作过程以及原物存放于何处的文字说明和签名。

（3）审查物证在收集、保管、流转过程中是否受损或者改变。收集、保管方法是否妥当，保管及流转链条是否完整。

（4）审查物证与案（事）件事实有无客观联系，有何种客观联系。

（5）审查物证的外形、属性等特征，并注意时间、条件的变化对这些特征的影响。

2. 书证的审查判断

（1）要审查书证的来源。书证是监狱自己制作的，还是其他单位或个人移交或提供的，抑或在勘验、检查、搜查过程中提取的。

（2）审查书证的制作。审查书证由谁书写或制作，对于公文性书证，制作者是否有相应的权利；因何种原因制作；在何种情况下制作；是否是书写人真实的意思表示，是否存在诱惑、胁迫等非自愿书写的情况。

（3）审查书证的形式。对于判决书、起诉书、执行通知书等公文性文书或行政奖惩审批表等较为正式的法律文书，要审查格式是否规范，要件是否齐全。对于由罪犯书写的非匿名材料或监狱民警日常工作中书写的不具有公文性质的文书，要审查是否有书写人签字，是否标明书写时间。

（4）审查书证的内容。首先，要审查书证是原件还是复印件。如果是复印件，是否与原件相符，是否注明复制时间等。其次，要审查文书字迹是否清晰、足以辨识，内容是否完整。再次，要审查书证的内容有无修改痕迹，若有是否注明修改原因并由修改人签字确认。最后，要审查书证所反映的内容是否符合客观事实或客观规律。

3. 证人证言、被害人陈述的审查判断

（1）审查陈述人是否具备作证能力，即感知、记忆和表达能力，核心是能不能辨别是非和正确表达。

（2）审查陈述人的身份，陈述人与案（事）件处理结果的利害关系，证人与当事人的关系。

（3）审查陈述人一贯的思想品质、行为作风和心理倾向。陈述人一贯的思想品质和行为作风虽然不是影响其证言真实性的必然要素，但也具有一定的参考价值。

（4）审查陈述人陈述内容的来源，是亲身感知，还是道听途说，抑或主观猜测。猜测性、评论性、推断性的证言，不得作为证据使用，但根据一般生活经验判断符合事实的除外。

（5）审查陈述人感知事实时的客观环境和条件。例如，陈述人看到或听到某事实时周围的环境、距离感知对象的远近、光线的强弱、空间障碍等情况。

（6）审查陈述人了解或感知所陈述情况的时间距离陈述时间的长短，是否存在记忆错误的可能。

（7）审查取证的程序和方法是否合法。对取证程序和方法的合法性审查具体包括：问话是否个别进行；问话笔录是否交由被问话人核对确认；是否使用了暴力、胁迫、威胁、引诱等非法手段；对聋、哑人或不通晓当地语言文字的人是否提供了翻译，等等。

（8）审查陈述的内容是否合情合理，符合客观事实或规律。

（9）审查陈述内容与其他证据是否相互印证。

4. 犯罪嫌疑人供述和辩解的审查判断

（1）审查供述的动机和原因。

（2）审查供述是否符合客观规律。

（3）审查供述与其他证据是否吻合。将供述与全案的证据进行比对，只有所有证据间相互吻合、协调一致，不存在矛盾或存在的矛盾能得到合理解释的情况下，才能确认口供的真实性。

（4）审查作出有罪供述的时间和稳定性。

（5）审查供述是否明确、具体。可以通过对供述的明确性、具体性，以及供述中是否包含有案件隐秘细节的审查，来判断供述的真实性。

（6）审查供证关系。供证关系是指犯罪嫌疑人供述与取得物证、书证、证人证言等补强证据之间的先后顺序，以及供述与补强证据的契合程度。

5. 执法笔录类证据的审查判断

（1）审查笔录所对应的调查、侦查或现场执法活动是否依法实施，程序是否规范，方法是否科学。

（2）审查笔录制作是否规范，是否有相应的调查活动参与人的签名或盖章。

（3）审查笔录是否全面客观记录了勘验、检查、辨认、侦查实验等调查活动全过程。

6. 鉴定意见的审查判断

（1）审查鉴定主体是否具有法定资质，是否存在回避情形。

（2）审查检材和样本是否真实可靠。在审查鉴定意见的过程中，应加强对鉴定检材和样本真实性和同一性的审查，包括检材和样本的来源、取得、保管、送检等环节是否符合法律规定，检材是否与相关勘验检查笔录、提取笔录、扣押清单等相符，来源是否可靠，保管链条是否完整。

（3）审查鉴定程序和方法。审查鉴定的程序是否符合相关法律法规；鉴定的方法是否科学，是否符合行业规范要求。

（4）审查鉴定意见是否明确。

（5）审查鉴定意见论证是否充分、合理。

（6）审查鉴定意见书形式是否规范、要件是否完备。

（7）审查鉴定意见与案（事）件事实有无关联。

（8）审查鉴定意见与勘验、检查笔录及相关照片等其他证据是否存在矛盾；存在矛盾的，能否得到合理解释。

7. 视听资料的审查判断

（1）审查视听资料的来源是否合法、是否明确。来源不明的视听资料，其真实性无法得到验证。无论何种视听资料，都应当附有制作笔录、调取笔录或清单等证明证据来源的材料。

（2）审查视听资料是原件还是复制件。原则上，对于视听资料应当收集和使用原件，但在原件实在难以取得的情况下，对于复制件要审查是否附有无法调取原件的原因、复制件制作过程和原件存放地点的说明，制作人、原视听资料持有人是否签名或者盖章。

（3）审查视听资料的制作和提取过程。首先，审查是否附有制作或提取说明。其次，审查技术设备的质量和性能。再次，审查制作或提取的方法和条件。最后，审查制作的过程中是否存在威胁、引诱当事人等违反法律法规的情形。

（4）审查视听资料是否存在伪造、变造、剪辑、删改等情况。要审查视听资料的保管链条是否完整。在视听资料的保管链条不完整或无法确认其真实性和同一性时，可以通过鉴定的方式加以审查。

（5）审查视听资料的内容与案（事）件事实有无关联。

8. 电子数据的审查判断

（1）审查电子数据的来源。首先，审查电子数据的收集程序是否合法、方法是否符合相关技术标准。其次，审查原始存储介质。提取电子数据原则上要求扣押、封存原始存储介质，并制作笔录。要审查原始介质的封存是否足以防止电子数据被篡改，是否存在因封存不善而导致电子数据被篡改和破坏的可能。再次，审查直接提取的电子数据来源是否真实。从次，采取打印、拍照或者录像等方式固定电子数据的，是否有笔录，并在笔录中说明不能扣押、封存原始存储介质或不能直接提取的原因。最后，审查电子数据是否具有数字签名、数字证书等特殊标识；电子数据的收集、提取过程是否可以重现。

（2）审查电子数据的完整性。审查原始存储介质的扣押、封存状态；审查电子数据的收集、提取过程，查看录像；比对电子数据完整性校验值；与备份的电子数据进行比较；审查冻结后的访问操作日志。

（3）审查电子数据有无被增加、删除、修改等情形，如果有，是否有说明原因。

第三节　监狱执法证据的保管

证据保管是指从发现证据开始，依照法律或相关制度，按照专门的技术标准，对证据的载体和证据的内容进行管控，以确保证据的真实性和同一性的专业性工作。[①] 监狱执法证据的保管是针对执法调查或侦查过程中，依照法定程序和操作指引及技术标准对各类证据进行包装、保存、管理等工作。通过证据保管确保证据的证据价值和证明力，从而达到对监狱执法事实的证明作用。

一、监狱执法证据保管的目的

（一）确保证据的真实性与性状不变

每一个监狱执法证据都具有特定价值，不可替代。如监狱某罪犯喝毒药自杀，在现场查到装毒药的药瓶，虽然调查人员可以在社会市场上收集到很多相同的药瓶，但这起案件中，只有在自杀现场上提取的这个药瓶才可以作为案件的证据。监狱执法证据的保管，首先是保护证据的特定价值，防止证据材料的变化、遗失或被替换。证据保管的目的就是要向证据最后的运用者——法官或裁判者证明：其出示的证据就是侦查人员在犯罪现场收集到的与犯罪事实有关的证据且重要性状未发生改变。证据的真实性和性状不变是证据特有的价值，证据经历了参

① 参见李法云：《刑事诉讼中公安机关证据保管问题研究》，山东大学2016年硕士学位论文，第4页。

与证据处理的各个环节，需要借助保管链确保证据的特定价值，以便日后识别。

（二）避免证据遗失、污染，保护证据的证明价值

监狱执法证据的证明价值是由证据的特征、内容、状态等决定的。从监狱收集证据，到证据被移送到鉴定机构进行鉴定或向法庭出示，抑或被监狱保存等，证据会在不同的持有人之间流转，经历多个环节。在证据流转过程中，一方面，证据交接不当或保管不善，容易造成证据的遗失；另一方面，由于证据的类型不同、材料不同，在不同的环境中会发生变质，导致证据的性状发生改变，无法充分证明案件事实。通过证据保管，确保最终定罪或定性的证据与案（事）发现场的证据具有同一性，并未遭到调换、伪造或改变。也就是说，一份证据在经历了从案发现场被发现、固定、提取开始，一直到法庭出示或执法事实认定整个时间和空间转换过程中，没有被遗失、毁坏、篡改或替换。

（三）防止证据陷害

在监狱执法实践中，监狱收集证据、转移证据、保管证据，以及鉴定都是在监狱单方面的控制之下完成的，其他机关或当事人通常无法参与到证据流转的全程。由于证据流转过程不透明、缺乏有效监督，所获取的证据存在失实的危险。比如，个别监狱民警出于某种动机可能会将从事发现场收集来的相关证据以同类物调包替换，以掩盖犯罪事实或捏造犯罪事实。证据保管的目的在于避免任何人不正当地破坏证据保管链条。①

二、监狱执法证据保管的方法

（一）监狱执法证据的接收

监狱执法过程中收集到的各类证据，应根据执法事实的需要，分类别、分时段地移交给监狱的证据保全部门。有的案件证据移交是在案件诉讼完毕或侦查完毕后进行；有的证据是在执法结束后，及时移交给执法证据保全中心。监狱调查人员或侦查人员在向证据保管部门移交证据时需要填写证据交接清单，列明提交的证据，并且需要注明证据的名称及编号、所涉案件名称及编号。证据保管部门在接收证据时应当检查证据的包装方式和附着的标签是否得当。监狱民警在移送证据时还需要向证据保管部门同时提交报告，说明其取得证据时的情况，包括提取证据的地点、时间、当时证据的状态，并详细描述每一份证据的情况。

1. 证据的移交

监狱将执法证据收集后，在尽可能短的时间内移交至证据保管部门，做好交接登记、证据查验等工作。如果证据需要进行鉴定，应当立刻将证据转交相关的

① 参见杜国栋：《论证据的完整性》，中国政法大学出版社 2012 年版，第 190 页。

证据鉴定部门，在此过程中做好登记、查验等移交工作。后续的证据保管工作就转移至证据鉴定部门的相关人员。移交过程需要运输的，在搬动过程中要轻拿轻放，防止摔碰导致证据损毁的情况发生。对于磁带、录像带、计算机设备、软盘、移动硬盘等视听资料、电子数据的运送，既要保管好证据载体，又要保管好证据内容，最好将其存放于专用的防磁柜中，以防止消磁导致证据内容的损毁。

2. 证据的标示

监狱保管人员对接收的每份证据都加贴标签进行标示。这是对证据的同一性认证的重要措施。对接收的证据进行标示，目的是帮助办案人员对不同的证据进行识别，防止发生混淆，在证据的基本特征发生变化时及时发现和记录，并采取必要的保护措施。这个标示应当记载五个方面的要素：（1）案件名称/证据名称；（2）发现该证据的人员信息；（3）获取该证据的人员信息；（4）该证据获取的时空信息；（5）该证据的特征信息。

3. 证据的查验

监狱执法证据保全中心的保管人员接收移交来的证据时，要仔细检查证据的包装是否完好无损，标签记录是否连续且无涂改，封口是否完好没有被打开过等。证据出借时的接收者也要进行相关检查。出借证据归还时证据保管人员要确认是否为所借出的那份证据，并且它的性状没有改变。这是为了确保证据不被篡改、调包等情况的发生。①

4. 证据的包装

监狱执法证据的保管，要坚持独立包装的原则，应当“一物一袋”或者“一物一盒”。根据证据的具体类别，选择不同的包装、保存方法，同时做好标示工作，加贴盖有办案部门公章的标签或者封条。如果有必要，做好拍照或者同步录像工作。这样做既有利于避免证据的交叉污染，又能保持证据的完整性和安全性，防止遗失或者被调换。例如，对血液的保存，应当“用无菌棉签收集，然后风干；较多的血液可用无菌注射器收集，并转移到一个无菌的试管内，冷藏储存”。

5. 制作证据清单

为保证证据材料在交接转移过程的安全，监狱办案人员对已经取得或保全的证据材料应当制作证据材料清单，详细、准确地记载证据材料名称、品种、规格、数量、质量、页数等内容。证据材料清单应当一式两份，一份入卷，另一份随证据材料运行。

---

① 参见李法云：《刑事诉讼中公安机关证据保管问题研究》，山东大学 2016 年硕士学位论文，第 21 页。

6. 制作证据保管书

为了明确证据经手人员在证据材料交接转移过程的保管责任，监狱办案人员在收集和保全证据时，应当制作证据材料保管书。证据材料保管书应当一式两份：一份入卷，另一份随证据材料运行。证据材料保管书应当载明下列内容：（1）案（事）件名称；（2）证据材料基本情况（附证据清单）；（3）证据重要内容或特征提示；（4）证据材料移交时间、地点；（5）交接人员签名等。其中，（4）、（5）两个栏目应当留有两格以上的空格，为证据材料的反复交接转移提供方便。①

（二）监狱执法证据的保管

1. 物证保管

监狱执法过程中收集的物证，如在伤害案件现场提取到的木棍、刀、血衣等，自伤现场提取到的吞食物、螺丝刀等，这些都是必须保存的实物证据。现场物证在提取后应由专门的保管人员按照其状态、涉嫌案（事）件的级别、保管的期限、保存的条件等进行分类，对于需要进行晾晒、包裹、封存、捆绑的物证，要做好归档前的准备。

（1）物证的妥善包装和标记。监狱执法证据中的物证各式各样，保管前要按照物证的性质进行分类包装和明确标记，避免物证毁损、污染或者变质。依据司法实践和各国的法律规则，监狱执法证据保全中心要根据物证的性质选择合适的包装物，包括不同尺寸的信封和纸袋、各种规格的箱子和拉锁包、各种尺寸的药盒和药签盒、特殊制品包裹用纸、漆金属罐、锐器存放盒、射击残余物提取工具包、区别被害人和犯罪嫌疑人的性侵犯案件物证提取工具包、不同规格的试管等。② 另外，为防止取证动作污染物证，对物证提取的过程中使用的设备和工具也要科学选择，避免给物证检测带来不必要的妨碍，促进执法工作顺利进行。

（2）物证的归档及入柜保管。接受物证之后，首先要拍照登记。监狱执法证据保全人员设立专门的物证保管登记本。物证入柜前必须对其提取时间、数量、形状、特征、属性等进行登记。应根据物证的属性或案情将物证柜分为多个不同的层次和区间，把相应的物证存放到相应的区间内，按照时间顺序排列整齐，在物证外表面或物证包装袋外表面使用统一的标签进行标注，标签上必须清楚地标明该物证的名称、数量、提取时间、案别及提取人等，以便查找。对于需要定时进行晾晒、通风、干燥等处理的物证，保管人员必须严格按照规定程序进

① 参见韩照通编著：《经济检查实务》，甘肃人民出版社 2012 年版，第 476 页。

② 参见刘雷元：《侦查机关物证保管机制研究》，载《黑龙江工业学院学报（综合版）》2017 年第 11 期。

行操作，以免物证发生变形、腐烂或变质，从而失去证据效力。①

（3）物证的数字化保管。在做好物证保管的前期工作后，为了在物证出现损坏、腐败或丢失后还能直观地体现物证的原始概貌和特征，同时为了能在日后的工作中及时查看个案中的物证情况并快速地领取相应的物证，对提取回来的每一件实物物证都应该进行原始的拍照存档，然后存入电脑，将其种类、数量、尺寸、特征、细目永久地保存下来。

2. 文书类证据保管

监狱对执法中收集的文书类证据包括书证、询问笔录、讯问笔录、勘验检查笔录等，应妥善保管。保管文书类证据的方法，应视具体情况而定。对于书证的保管和封存，通常的做法是：

（1）对于属于机密文件的书证，除在扣押的清单上注明发现和缴获的情况以外，应对文件的封面、编号、标题等进行拍照后存入卷宗。原件按内部规定的机要收发手续退回原发文机关。但需附函说明，在案（事）件完结前要妥善保存，不得销毁，以备证据使用者随时调阅。

（2）对于黄色书报、杂志、淫秽画片等书证，应开列清单，予以封存，不准扩散外传。

（3）对于重要的书证，可装入密封的塑料袋内予以保存，以防止其破损。

（4）对笔录类证据除应予妥善保管外，也可以复印、抄录、印制、拍成照片，或制作成调查笔录，予以固定。

（5）对于扣押的书证或邮件，经查明与案（事）件无关的，应当迅速退回原主或原邮电机关。

3. 视听资料、电子数据的保管

视听资料和电子数据证据都是以录像、录音、电子数据、图片、邮件、字母等方式存在的，用来客观地反映案（事）件的真实性，所以监狱执法人员在收集视听资料、电子数据类证据的时候，一定要客观、全面地收集，要保证其完整性。视听资料和电子数据是一种特殊证据，是以载体材料上储存的相关信息的内容证明案（事）件事实的，一旦丢失不可复得。同时有可能发生在保存时，肉眼上看不到有不妥之处，实际上已经使这些无形存储信息被破坏的情形。因此，在保存时要按照材料要求，签封保存，保存要低温、避光、干燥；同时应当备份

① 参见吕明威、覃轲学、谭日煦：《浅议实物物证的保管》，载《河南公安高等专科学校学报》2008 年第 6 期。

存储设备。[①] 如果在正常使用的视听资料和电子数据从其存储载体无法显示所存储的信息，千万不能丢弃存储载体，可以送有条件的机构，运用技术手段进行数据恢复。视听资料和电子数据保管时，遵循以下原则：

（1）多备份原则。对于视听资料和电子数据保管，除了保管原件之外要制作两个副本。原件储存在专门的保管室，由专门的保管员负责。副本用于监狱执法人员审查证据时使用。

（2）环境安全原则。差错或人为的故意都可能使电子数据和视听资料证据的真实性发生变化。例如，静电、磁场、高温、高湿、灰尘等不符合计算机媒体保管物理要求的环境都可能使媒体的物理性质改变。人为的破坏，如利用计算机改变了存储媒体的数据，使电子数据的真实性得不到保障。

（3）严格管理过程原则。视听资料和电子数据的移交、保管、开封、拆卸的过程必须由监狱办案人员和证据保管员共同完成。对于移动媒体包装上的封印，必须在每个环节都检查封印的真实性和完整性，并制作详细的笔录，由行为人共同签名。

（三）监狱执法证据的保管日志

监狱执法证据保全中心在获取证据之后，证据保管人员应当立即建立证据保管日志，记录所获的各类证据的存放地点、存放条件、证据的变化情况和有关人员接触证据的情况。一般来说，提出证据的执法机关有义务向法庭或其他证据使用者证明其提出的证据的保管链条是连续的，且在证据流转和保管过程中证据保持同一性或者相同状态。为保障证据保管链条的完整性，通常要求监狱执法证据的收集、保管、控制、转移、分析、保存，以及最终处理等环节都要有书面记录、证据日志或者其他形式的文件资料。监狱执法证据保管记录的内容应当非常详细，要有对收集证据的地点和环境的具体描述，记录每一位处理证据的人的身份及可能的证件号，证明每一个处置环节持续的时间，每一个处置环节的安全水平，以及证据的整体储存情况。这样一来，不仅可以通过记录查找可能出现的断点，便于追责；同时还能够间接地约束监狱办案人员和证据保管人员收集运用证据的行为，确保证据的合法收集和妥善保管。[②] 监狱执法证据链条需要做好相应的证据记录：（1）收集的证据，要有收集人员个人署名制作的诸如勘查笔录、搜查笔录、扣押清单和复制、复印说明等证明其来源的证据；（2）移交他人保

① 参见刘芸、梁震、梁国武：《如何收集、审查、保存视听资料和电子数据》，载《企业改革与管理》2014年第22期。

② 参见肖茜：《证据保管链制度研究——以侦查工作为视角》，载《辽宁公安司法管理干部学院学报》2020年第1期。

管的证据，要有收集人和保管人共同签名的移交清单和证据照片等证明其流转的证据；(3) 临时借用的证据，要有保管人和借用人共同签名确认的出借和归还清单证明其被出借和用途的证据；(4) 随案移送其他机关或部门的物证，要有移送人和接收人共同签名确认的移送清单及相关证据照片等证明其随案移送的证据；(5) 被销毁、发还或上缴的物证，要有销毁、发还或上缴经手人制作的工作情况记录和证明销毁、发还或上缴事实的证人证言、书证等证据。[①]

第四节　监狱执法证据的运用

一、监狱执法证据运用的概述

监狱执法证据的运用，是指监狱根据一定的原则和规则，依据法定程序，对收集到的各种证据材料的关联性、合法性和真实性进行审查判断，并依据查证属实的证据来认定案（事）件事实的活动。执法证据的运用是在监狱执法证据收集、审查判断基础上进行的更高层次的证明活动，是证明活动的最后一个环节。监狱通过运用执法证据来证明监狱执法事实，支撑执法主张，以达到执法有据，保证或促进合法、规范、客观、公正执法的目的。对于监狱执法证据的运用，应当明确以下几点：

（一）监狱是运用执法证据的主体

监狱行使刑罚执行权，代表国家监管改造罪犯，其一切执法行为均要严格遵守相关法律法规，不得任意为之。“以事实为根据，以法律为准绳”是监狱执法活动的准则和要求。一方面，监狱执法过程中所作出的决定，必须以客观事实为依据，才能保证执法的公正性。例如对罪犯提请减刑、假释，对违纪、犯罪罪犯作出的处理决定，必须以相关事实作为依据。另一方面，监狱执法行为是否合法规范、客观公正，必须以相关事实作为审查依据。证据是认定事实的依据。监狱运用证据认定事实，才能正确适用法律，客观公正执法，同时又必须运用证据证明其执法的客观公正性。因此，运用证据是监狱执法活动的重要组成部分，监狱是运用执法证据的当然主体。

（二）监狱执法证据的运用围绕证明对象和证明标准展开

所谓证明对象，是指证明活动中需要运用证据加以证明的事实，又称待证事

---

① 参见尚华：《论质证》，中国政法大学出版社 2013 年版，第 208 页。

实或要证事实。所谓的证明标准是指证明需要达到的程度或要求。监狱运用证据是围绕着证明对象和证明标准展开的。首先，监狱运用证据就是在执法中通过证据对一定的执法事实加以证明。其次，受认识规律的影响，运用证据证明一定的执法事实无法达到客观事实相一致的程度，因而产生了证明标准，即证明应该达到何种程度。监狱的执法内容和性质不同，则待证事实和证明标准也不同。证明对象和证明标准是监狱运用执法证据的指引和标尺。监狱运用证据对特定执法事实的证明情况，反映了监狱运用证据的质量和效果。

二、监狱执法证据运用的原则

（一）依法运用原则

监狱在执法过程中收集、审查判断和运用证据认定执法事实，支持执法决定或主张，其本质上是执法行为，必须严格遵守相关法律法规。具体而言：（1）运用证据的目的要合法。监狱运用执法证据要以依法执行刑罚、监管改造罪犯为目的。（2）运用证据的主体要合法，要具有相应的执法权。（3）运用证据的程序和方法要合法。以狱内犯罪案件证据运用为例，运用证据的目的是查明罪犯又犯罪的事实，对又犯罪的嫌疑人作出客观公正的处理，以维护监管改造秩序。狱侦人员要遵守《刑法》《刑事诉讼法》等相关法律规定的程序和要求来进行案件的取证、举证、质证和认证。

（二）查证属实原则

在执法司法活动中，证据必须经过查证属实才能作为认定案（事）件事实的根据。未经查证属实的证据具有虚假的风险，以此作为认定案（事）件事实的根据，可能导致对事实的误判而造成执法或司法错误。因此，监狱民警必须对执法证据进行审查，确定证据真实可靠后才能作为认定执法事实和作出执法决定的根据。同时，在收集和保全监狱执法证据时，必须重视对证据真实性的审查。

（三）关联性原则

证据必须与待证事实具有实质的关联性才具有证明力，也才能作为认定待证事实的根据。相反，与待证事实无实质关联的证据材料不具有证明力，不能据此认定待证事实。例如，罪犯的计分考核情况与其改造表现事实有关联性，因而可以作为符合减刑条件的依据；但计分考核情况与该罪犯实施故意杀人的犯罪事实没有关联性，因而不能作为认定其故意杀人事实的依据。真实的证据材料不一定与待证事实相关。因此，在运用监狱执法证据时，除要审查证据的真实性外，还要注意对证据关联性的审查。不仅要审查证据与待证事实有无关联，还要审查关联性的大小。

（四）最佳证据原则

最佳证据规则最初是指在以书证证明案件事实时，原则上只采纳原始书证，只有在特殊情况下才采纳非原始书证。后来，该规则扩大到了对物证等实物证据的使用上。我国三大诉讼法均规定，物证、书证、视听资料、电子数据应当提供原物或原件，在提交原物或原件有困难时，可以使用复制品或复制件，但必须与原物或原件相符。由于原始证据的真实性和证明力一般强于同一事实的传来证据。因此，监狱在收集和运用物证、书证、视听资料和电子数据时，应尽量收集和运用原物或原件。获取原物或原件确有困难时，复制品和复制件要与原物或原件相符，能反映原物或原件的特征。例如物证的照片要能反映物证的外在形态、空间方位等证据特征。

（五）非法证据排除原则

非法证据排除是指违反法定程序以非法方法取得的证据，应当予以排除，不得作为认定案件事实的根据。非法证据是指违反法定程序以非法方法收集的证据，强调的是取证程序和方法的违法性和侵权性。例如刑讯逼供获取的犯罪嫌疑人供述。理论上，非法证据不具有证据能力，不得作为认定待证事实的根据。实际上，即便是在刑事诉讼中，不合法的证据也不会必然被排除使用。《刑事诉讼法》第 56 条规定，采用刑讯逼供等非法方法收集的犯罪嫌疑人、被告人供述和采用暴力、威胁等非法方法收集的证人证言、被害人陈述，应当予以排除。收集物证、书证不符合法定程序，可能严重影响司法公正的，应当予以补正或者作出合理解释；不能补正或者作出合理解释的，对该证据应当予以排除。在侦查、审查起诉、审判时发现有应当排除的证据的，应当依法予以排除，不得作为起诉意见、起诉决定和判决的依据。由此可见，非法证据排除分为”强制性排除”和“裁量性排除”。区分”强制性排除“与”裁量性排除“的主标准，是侦查或调查人员违法取证的严重性。① 非法证据排除规则是十分重要的证据规则，并且随着法治化程度的不断推进，该规则的重要性会更加凸显。因此，监狱收集、审查和运用执法证据应当严格遵守该规则。一是要依法定程序收集证据；二是严禁以违反法定程序和侵犯人权的方法收集证据，尤其是言词证据；三是对以暴力、威胁等非法方法获取的言词证据以及无法作出解释和补正的非法实物证据，要排除使用，不得作为认定案（事）件事实的根据。

① 参见陈瑞华：《刑事证据法》（第四版），北京大学出版社 2021 年版，第 191 页。

三、监狱执法证据的运用方法

（一）明确证明对象，构建证据体系

明确证明对象。证明对象是需要证据加以证明的事实，因而明确证明对象是运用证据的前提。监狱执法内容具有复杂性和多样性，执法及执法过程中的争议或纠纷的内容和性质不同，证明对象就不同。对于监狱执法活动中的证明对象，有的法律作出了明确规定。例如根据《刑事诉讼法》第52条和《最高人民法院关于适用〈中华人民共和国刑事诉讼法〉的解释》中的规定，狱内犯罪案件的证明对象是与犯罪嫌疑人刑事责任相关的实体事实和程序事实。由于监狱行政执法证据规范的缺失，大多数监狱执法活动中的证明对象并无明确的法律规定。因此证据的运用主体就需要根据监狱执法的具体内容和性质来确定具体的证明对象。由于监狱运用证据的主要目的是正确认定案（事）件事实，进而作出客观公正的执法决定。因而凡是与监狱执法案（事）件事实相关，对该案（事）件处理结果有影响的事实都是证明对象或待证事实。例如对罪犯行政奖惩中的待证事实是对行政奖惩结果有影响的实体事实和程序事实。其中实体事实是指监狱作出奖惩决定所依据的罪犯行为或表现的事实。如罪犯阻止违法活动、超额完成生产任务、欺压其他罪犯、有意破坏生产工具等事实。而程序事实是监狱奖惩程序是否合法的事实。如监区合议、名单公示、处理异议等事实。监狱执法事实基本包括七个要素，简称为“七个何”，可以用英文中的七个“w”来表示，即何事（what matter）、何时（when）、何地（where）、何情（how）、何故（why）、何物（what thing）、何人（who）。这些执法事实构成要素是需要运用监狱执法证据加以证明的主要事实。

构建证据体系。证据体系是指由若干既相互联系又相互印证的证据材料，所构成的能够证明待证事实的证据系统。为了达到运用证据认定执法事实的目的，监狱执法人员应围绕案（事）件的待证事实构建证据体系。例如罪犯行政处罚的证据体系由对罪犯行政处罚有影响的所有实体事实证据和程序事实证据组成。具体包括罪犯辱骂或殴打警察、偷窥、赌博、打架斗殴、寻衅滋事等违纪的实体事实证据，以及罪犯禁闭审批表等程序事实证据。

（二）明确证明标准，审查证据是否充分

证明标准与证明对象紧密联系，共同引导和规制着证明主体运用证据认定案（事）件事实的活动。与证明对象一样，监狱执法的内容和性质不同，则证明标准也不同。诉讼争议事实的证明标准由法律作出明确规定，而其他监狱执法事实的证明标准则缺乏明确的法律规定。一般来说，待证事实对当事人权益影响越大或所关涉的权益越大，则适用的证明标准越高。例如对定罪事实的证明标准是

"排除合理怀疑"标准。我国的诉讼法从字面上基本将证明标准阐述为"案件事实清楚，证据确实充分"，但除《刑事诉讼法》外，并未对"案件事实清楚，证据确实充分"的条件进行解释。这使证明主体难以清晰准确地把握证明标准。从字面理解，"事实清楚"是指构成待证事实的要件均已查清。例如罪犯违纪事实清楚，应当是违纪的主体、违纪的主观方面（故意或过失）、违纪时间、地点、起因、手段或方法、经过、结果等影响监狱对违纪人处理结果的事实均已查清。而"证据充分"是指综合全案或全部证据对待证事实的证明能够达到法定的证明标准，或所有证据足够支撑待证事实。

对于监狱执法事实而言，证明标准或证据是否充分，可从以下几个方面进行把握：其一，有法律规定的，依照法律规定。例如认定狱内犯罪事实的证明标准依照《刑事诉讼法》第55条的规定。其二，根据执法事实的性质和内容，以及待证事实所关涉的权益大小，参照法律有明确规定的证明标准。例如罪犯违规违纪事实的证明标准或证据充分的标准是：(1) 构成违规违纪的事实已查清，法定从重、从轻、减轻和免除处罚的事实、情节存在与否均已查明；(2) 据以定案的全部证据均经过法定程序查证属实；(3) 证据之间、证据与案件事实之间的矛盾已得到合理排除；(4) 根据证据推断案件事实的过程符合逻辑规则，结论准确无疑，对案件事实的证明结论排除其他可能性。

（三）遵循逻辑和经验法则，灵活运用证明方法

法律证明是人类运用证据认知待证事实的逻辑思维活动，因而必须遵循逻辑和经验法则。司法证明除需遵守严格法定化的规范要求外，还需遵守一般认识所赖以遵循的经验法则与逻辑法则。[①] 逻辑（法则）和经验（法则）潜藏于自由心证原则和证据裁判原则背后，潜藏于自由裁量过程之中，为司法证明的过程和结果提供了形式理性和实质理性的双重支持。[②] 运用证据认定案（事）件事实的证明要真实有效，其一是证据必须真实且充分，其二是证明过程必须合法且符合逻辑。[③] 监狱民警运用执法证据必须遵循逻辑和经验法则，同时要根据待证事实的具体情况灵活运用各种证明方法。

(1) 直接证明法。是指监狱运用证据直接证明案件事实或执法事实的方法。适用直接证明法的前提是具备确实充分的直接证据。直接证明法的具体说明见演绎证明法与归纳证明法，因为演绎证明法与归纳证明法都属于直接证明的范畴。

---

① 琚明亮：《论经验法则在司法证明中的展开及适用》，载《法制与社会发展》2021年第5期。

② 李树真：《司法证明中的逻辑法则与经验法则》，中国政法大学2009年博士学位论文，第6页。

③ 参见樊先燕：《司法证明的逻辑》，西南政法大学2013年硕士学位论文，第4页。

间接证明法，是指监狱获得的证据不能直接证明案件事实或执法事实时，通过证明与案件事实相反的假设事实为假，从而证明案（事）件事实为真的证据运用方法。间接证明法是在直接证据不确实充分的情况下，运用间接证据证明案（事）件事实的证据运用方法，主要包括反证法和排除法。

（2）要素证明法与系统证明法。要素证明法又被称为“自下而上”证明法，它是监狱通过运用证据证明案（事）件事实构成的要素，从而证明全案（事）件事实的方法。系统证明法又被称为“自上而下”证明法，它的证明过程与要素证明法正好相反，是从整体到部分，先从整体上证明案（事）件事实的基本结构，后从部分上证明具体的构成要素。

（3）演绎证明法与归纳证明法。演绎证明法与归纳证明法都属于直接证明的范畴，证明过程运用的推理形式有所不同，演绎证明法是用一般证明个别，而归纳证明法则用个别证明一般。演绎证明法，是指监狱依现有证据运用演绎推理的形式，直接推导出案（事）件事实的证据运用方法。演绎证明的基本形式是三段论。归纳证明法，是指监狱依现有证据运用归纳推理的形式，直接推导出案（事）件事实的证据运用方法。

（四）监狱执法证据的具体运用

在此，以罪犯减刑、假释为例来说明监狱执法证据的具体运用。

1. 罪犯减刑、假释的证明对象

罪犯减刑、假释案件中的证明对象是影响罪犯减刑、假释裁决的实体事实和程序事实。实体事实是罪犯符合减刑、假释条件的事实；程序事实是影响减刑、假释公正性的程序方面的事实。例如，监区集体评议的事实，法院立案后将执行机关报请减刑、假释的建议书等材料依法向社会公示的事实。根据《刑法》、《刑事诉讼法》和《监狱法》的相关规定，减刑的条件是被判处无期徒刑、有期徒刑的罪犯，认真遵守监规，接受教育改造，确有悔改表现或立功表现。假释的条件是被判处有期徒刑的犯罪分子，执行原判刑期 1/2 以上，被判处无期徒刑的犯罪分子，实际执行 13 年以上，认真遵守监规，接受教育改造，确有悔改表现，假释后不致再危害社会。对累犯以及因故意杀人、爆炸、抢劫、强奸、绑架等暴力性犯罪被判处 10 年以上有期徒刑、无期徒刑的犯罪分子，不得假释。因此，监狱需要提交相关证据对提请减刑、假释的罪犯符合上述条件的事实加以证明。

2. 罪犯减刑、假释的证据体系

罪犯减刑、假释的证据体系由证明罪犯符合减刑、假释条件的证据以及证明减刑、假释程序是否合法公正的证据组成。具体包括：

（1）提请减刑建议书或者提请假释建议书。

（2）终审法院裁判文书、执行通知书、历次减刑裁定书的复印件。

（3）罪犯计分考核明细表、评审鉴定表、奖惩审批表；罪犯减刑（假释）审核表（对被判处死刑缓期二年执行的罪犯的减刑，被判处无期徒刑的罪犯的减刑、假释）。

（4）罪犯确有悔改或者立功、重大立功表现的具体事实的证明材料。除罪犯计分考核明细表、评审鉴定表、奖惩审批表外，还包括罪犯的认罪悔罪书、自我鉴定等自书材料；阻止他人重大犯罪活动的材料；检举监狱内外重大犯罪活动的材料；发明创造或重大技术革新的材料；在日常生产、生活中舍己救人的材料；在抗御自然灾害或者排除重大事故中有突出表现的材料；对国家和社会有其他重大贡献的材料；罪犯履行财产判项、退赃退赔的材料，等等。

（5）提请假释的罪犯再犯危险的材料。例如，能反映罪犯服刑期间现实表现和生理、心理状况的材料，司法行政机关或者有关社会组织出具的罪犯假释后对所居住社区影响的调查评估报告等。

（6）其他材料。例如，罪犯身份信息、患有严重疾病或者身体有残疾的证据材料；监区、分监区集体评议会议记录；减刑假释评审委员会评审会议记录；监狱长办公会议审议记录；监狱管理局审议会议记录；监狱提请减刑、假释过程中的相关公示材料；法院在办理减刑、假释案件过程中的相关公示材料，等等。

3. 罪犯减刑、假释相关证据的运用

监狱运用减刑、假释的相关证据是为了证明罪犯符合减刑、假释的实体条件以及提请减刑、假释符合法律程序，进而获得法院对减刑、假释建议的支持以及罪犯、社会公众、监督检查部门对监狱提请减刑、假释这一执法行为的认可。

随着《关于加强减刑、假释案件实质化审理的意见》的出台，监狱向法院证明罪犯符合减刑、假释条件，不再局限于报送建议书、罪犯奖惩审批表等书面材料，而必须承担“实质化审理”的“答辩”任务。因为根据《关于加强减刑、假释案件实质化审理的意见》的要求，法院要严格审查减刑、假释案件的实体条件，对监狱报送的罪犯的材料，不再局限于书面审查，而是要重点审查监狱所出具的意见或结论是否有事实依据。此时就需要监狱向法院进行相关的证明。例如，法院对于罪犯的计分考核材料，要审查考核分数的来源及其合理性等。如果存在考核分数与考核期不对应、加扣分与奖惩不对应、奖惩缺少相应事实和依据等情况，要求刑罚执行机关在规定期限内作出说明或者补充。对于在规定期限内不能作出合理解释的考核材料，不作为认定罪犯确有悔改表现的依据。对于罪犯的认罪悔罪书、自我鉴定等自书材料，法院要结合罪犯的文化程度认真进行审查，对于无特殊原因非本人书写或者自书材料内容虚假的，不认定罪犯确有悔改表现。因此，监狱不仅要在申报材料上填写罪犯入监时的文化程度，还要进一步提供罪犯入监以后，通过文化教育改造，书写能力是否有提高，达到了何种程度，现在的认罪悔罪书是否本人所书写等证据。

总之，对于监管民警、刑罚执行部门民警，尤其是具体经办的人员，除了熟知每一位减刑、假释罪犯的具体情况之外，还要能够运用证据原理，阐释证据的证明力。这就要求参与法庭调查的监狱民警，要像律师一样，回答检察人员和审查人员的提问。为此，参与法庭调查的监狱民警（大多为刑罚执行部门人员）必须事前通过阅卷、询问监管民警及其他知情人员等方式，认真审查证据材料是否齐备、真实可靠，是否有相关事实或法律依据等。监狱不仅要向法院提交罪犯计分考核表、奖惩审批表、评审鉴定表等能直接证明罪犯符合减刑、假释条件的证据，而且要提交支撑计分考核、奖惩、评审结论的相关证据。例如，罪犯日常改造中突出事迹的视听资料、证人证言等。要善于综合运用心理测试结果、教育谈话记录、监管台账、会见通信记录、罪犯书信、“三大”现场录像，原犯案件受害人或家属谅解书等证据材料对罪犯符合减刑、假释条件的事实加以佐证。

四、监狱执法证据运用的困境及出路

监狱执法证据的运用是利用证据服务于执行刑罚、监管改造罪犯需要的活动，是监狱执法证据保全的终极目的。监狱执法证据的价值只有在运用过程中才能得以体现。执法证据运用效能是监狱执法证据保全工作是否具有价值以及价值大小的衡量标准。然而，当前监狱执法证据普遍存在利用率低，价值未得到充分体现的问题。分析原因，探寻对策，以提高证据运用效能，是监狱执法证据保全中的重要课题。

（一）监狱执法证据运用的困境

1. 证据运用面窄

当前，监狱执法证据主要用于处理狱内犯罪、罪犯刑罚执行变更、罪犯意外伤亡等重大事件，而在罪犯计分考核、行政奖惩、违规违纪等事项处理中的运用并不充分。在制订监管改造方案、维护民警执法权威、提高监管改造质量等方面，监狱执法证据基本未得到运用。例如，对罪犯计分考核、行政奖惩缺乏事实依据或依据的事实不够具体；支撑罪犯违规违纪处罚决定的实体事实证据不充分，处理程序的合法性缺乏证据证明；不善于运用抗改罪犯日常的违纪违规证据来追诉其破坏监管秩序的刑事责任，提高打击力度；心理测试结果、会见和通话监听中的异常信息等动机材料在罪犯自杀事件中未得到利用等。

2. 证据运用不充分

一是运用证据较单一，不善于综合运用多种证据以充实证据体系、增强证明力。实践中，监狱民警收集和使用的证据多以文书材料、监控录像、陈述证据为主，而物证、调查活动笔录、鉴定意见等证据收集和运用较少。例如，在提请罪犯减刑、假释的过程中，证明罪犯“确有悔改表现”的证据基本是罪犯计分考核明细表、罪犯评审鉴定表、奖惩审批表等文书材料，少有其他种类的证据。又如，证明罪犯违规违纪事实的证据，大多是当事人陈述、证人证言、监控录像、执法记录仪录像，少有物证及勘验、检查、辨认等调查活动笔录。造成此种情况的主要原因是监狱获取文书材料、录像资料、陈述证据较为容易，且上述证据大多与案件事实关联性明显，运用较为简单。然而，证据是相互印证的，若用以证明待证事实的证据单一，所形成的证据体系就较为单薄，证据的综合证明力不强，就难以达到证据充分的标准。例如，仅以计分考核表、罪犯评审鉴定表、奖惩审批表来证明罪犯“确有悔改表现”，由于计分考核、评审鉴定和奖惩结果缺乏诸如证人证言、物证、视听资料等证据的支撑，裁判者就有理由对考核、鉴定和奖惩结果的客观性和公正性产生怀疑，“罪犯确有悔改表现”的证据并不充分，因而监狱的减刑、假释建议就可能得不到裁判者的支持。

二是直接证据运用多，间接证据运用少。直接证据与待证事实关联性明显，证明力强，但直接证据多以口供、证人证言、被害人陈述和当事人陈述为主，该类证据失真的可能性大且不稳定性较强。如果没有物证、书证、鉴定意见等其他证据的印证，极有可能导致对事实的错误认定（口供虚假时）或举证不能（当罪犯翻供时）。尤其是狱内刑事案件，如果移送起诉的案件主要证据是口供、证人证言或被害人陈述，若起诉或审判过程中犯罪嫌疑人翻供，证人和被害人翻证，则案件就会因证据不足而被退回补充侦查或被宣判无罪。

三是客观方面证据运用多，主观方面证据运用少。在罪犯违规和犯罪案件中，往往只注意证明行为人是否实施了违规和犯罪行为，而忽略对行为人实施违规或犯罪行为的动机、目的、对行为结果认知情况等主观方面事实的证明。例如，在犯罪嫌疑人打死他犯的案件中，若只证明犯罪嫌疑人打死人的时间、地点、方式方法、结果等客观事实，而对其打人的主观心态不加以证明或证据不足，则对“犯罪嫌疑人打死人”这一事实在法律上就无法作出正确的认定。该行为可能涉嫌故意杀人、故意伤害（致人死亡）、过失致人死亡等多种罪名。除此之外，还存在在提请罪犯减刑、假释时，只注重提交罪犯监管改造、劳动改造等客观方面表现的证据，而不注重提交能证明罪犯改造中的思想等主观方面的证据的情形。

3. 证据运用效果不理想

监狱执法证据运用面较窄，运用不充分的直接后果就是证据运用效果不理想。首先，监狱执法证据在规范执法行为，维护执法权威，规范提高监管改造质量方面的作用并不明显。其次，即使在狱内犯罪、刑罚执行变更、罪犯死亡等重大案件或事件中，证据也未发挥应有的作用。例如，由于证据不足，对预谋案件事实的证明达不到移送起诉的标准，无法追究行为人的刑事责任，只能进行降格处理，给予行政处罚。又如，罪犯因病死亡或由于其本身过错而意外死亡，由于对罪犯死亡原因、罪犯存在过错、监狱无过错等事实的证明不充分，无法消除监督检查部门、新闻舆论，尤其是罪犯家属的质疑，而不得不陷入舆论危机，或向罪犯家属妥协，以不合理赔偿的方式进行了结。

（二）破解监狱执法证据运用困境的思路和方法

1. 转变执法理念，强化法治意识和证据意识

随着监狱法治建设的深入推进，监狱执法不能仅停留于形式上的合法规范，更应强调实质上的合法规范；既要追究实体上的公正，也要注重程序上的公正；在依法惩罚和改造罪犯的同时，也要重视对罪犯合法权利的保障；既要保护罪犯的合法权益，也要维护监狱民警的执法权威。建设法治国家，难点不在于相关法律制度的完善，而在于全社会在瞬息万变的时代潮流中，能否始终保持一份对证据的理性、对法律的尊重，严格依法办事，让法律真正落到实处。[①] 同样，建设法治监狱，难点不在于相关法律制度的完善，而在于监狱执法民警是否对证据的价值有清晰的认知。无论是执法还是司法，都必须强调“以事实为根据，以法律为准绳”，而“事实”是有证据证明的事实。没有确实充分证据证明的事实，在法律上就等同于不存在。因而，“以事实为根据”实际上就是“以证据为根据”。只有客观地认定事实，才能正确地适用法律。因此，证据是实现法治的基石。在监狱的法治建设进程中，监狱民警必须根本转变执法理念，强化法治意识和证据意识，充分认识到证据对规范执法、公正执法、维护正义和保障人权的重要价值。

2. 完善监狱执法证据保全的机制和信息化建设

一是从监狱刑罚执行的总体目标和具体实际情况出发，以利于证据的收集、审查、保管和使用为原则，对整个监狱的证据保全进行统筹规划，设立领导机构，明确职能部门和执法民警的职责分工，加强指导、监督、检查和考核工作。

二是要设置科学合理的证据流转制度，明确证据查询和审批权限，在保证证据安全的前提下，尽量简化审批手续，实现证据的安全高效流转。

三是加快证据保全的信息化建设，逐步实现执法证据的电子化，证据保管和查询的信息化。首先，将证据电子化。罪犯档案、重大违规案件、犯罪案件、罪犯伤亡事件等重要执法证据从证据编号、证据内容上均应电子化。将书面证据的电子版、证据实物载体的扫描件或照片录入电子证据系统。对台账等一般日常监

① 参见张砥：《重证据要成为法治建设的基本共识》，载中国共产党新闻网，http：//theory.people.com.cn/n/2013/0510/c136457－21435297.html。

管执法证据，只需将证据编号录入系统。对电子化的执法证据可设置“按人”“按事”“按时”等检索条件，方便证据使用者检索、查询。其次，分配给监狱执法民警电子证据查询密码，一人一码。监狱民警在权限范围内查询证据，只需要输入密码即可。但系统应设置查询痕迹保留功能，类似于实物证据使用登记，系统对所有查询的时间、人员都会自动记录。最后，证据查询和使用审批信息化。非特殊情况，证据查询和使用的申请和审批一律在线上完成。

3. 加强监狱民警对监狱执法相关法律法规和证据学知识的学习和培训

一是要加强《宪法》、《刑法》、《刑事诉讼法》及其司法解释、《监狱法》以及其他与执行刑罚、监管改造罪犯相关的法律法规的学习。例如，《最高人民法院关于办理减刑、假释案件具体应用法律的规定》《关于加强减刑、假释案件实质化审理的意见》《司法部罪犯工伤补偿办法（试行）》等。二是要加强对证据和证明理论、证据法的学习和培训。要熟练掌握行政证据、刑事证据的属性、种类、证据规则、证明对象、举证责任及证明标准等相关理论知识和法律规范。

第三章

监狱各类执法证据的保全

第一节　物证的收集与保全

一、物证的概述

监狱执法中的物证，是指以其外部特征、物质属性、所处位置及存在状态等来证明监狱执法事实的一切物品和痕迹。

（一）物证的特点

1. 较强的客观性和稳定性

美国著名法庭科学家赫伯特·麦克唐奈曾经讲过一段很经典的话：“物证不怕恫吓。物证不会被遗忘。物证不会像人那样受外界影响而情绪激动……在审判过程中，被告人会说谎，证人会说谎，辩护律师和检察官会说谎，甚至法官也会说谎，唯物证不会说谎。”物证不会“说谎”的原因在于物证具有较强的客观性和稳定性。物证本身是客观存在的物品或痕迹，具有绝对的物质性，它以其外在形态、内在属性等自身固有特征来发挥对事实的证明作用，较少受到人的主观因素的影响。此外，物证与特定事实的联系随着特定事实的发生而客观存在后，就较为稳定。物证被及时收集和固定，并加以妥当地保管，则其所包含的证据事实和本身具有的证明价值不会随着时间推移、空间转换、人员的变更等外界因素的变化而发生改变，因而具有较强的稳定性。

2. 证明作用的间接性和证明过程的复杂性

与陈述类证据不同，物证与事（案）件事实的关联性并不明显，大多数情况下只能作为间接证据，不能单独直接证明事（案）件的主要事实。运用物证认定事（案）件主要事实，尤其在没有直接证据的情况下，需要进行复杂的逻辑推理，因而证明过程具有复杂性。单一的物证往往只能证明事（案）件主要事实的某个部分、某一片段，它需要借助其他证据的辅助，并经过复杂的逻辑推理才能完成对主要事（案）件事实的证明。比如，杀人案件现场提取到的手印，只能证明留下手印的人曾经到过现场的事实，并不能据此证明此人实施了杀人行为。要想通过此手印证明某人实施了杀人行为，还需要结合现场勘查笔录、尸体检验报告等其他证据，至少证明两个事实：一是该手印为凶手在实施杀人过程中所留，二是该手印为某人所留。如果没有证据证明此手印系实施杀人过程中所留，则该手印仅能证明某人到过现场。要证明此人实施了杀人行为，还需要收集其他证据。

3. 证明作用发挥的依赖性

物证既不能主动进入办案人员的视野，也无法直接反映其与案（事）件事实的关联性，故而无法主动、直接发挥对事实的证明作用。物证本身所蕴含的案（事）件信息大多无法自动显现，必须借助辨认、鉴定才能为人们所认识。

4. 不可替代性或原始性

物证的证明价值在于其属于特定的物品和痕迹，物证依靠这种特定物品和痕迹的独有性来证明案（事）件事实。因此，物证具有不可替代性。例如，生产车间一根普通的布条，一旦被罪犯用作自杀的工具，则它便具有了独特性，是其他布条所无法替代的。物证的这种不可替代性，也称物证的原始性。物证的不可替代性，一是要求物证的来源要得到证明；二是对物证的收集和使用必须以原物为原则，以复制品为例外，复制品必须能反映原物的特征；三是对物证的审查要强调物证的同一性；四是物证要得到妥当保管，且流转过程要得到证明。

证明的被动性、间接性、依赖性和证明过程的复杂性使物证与“人证”（证人证言、当事人陈述）相比，收集、保全和运用的过程更为复杂，对执法人员的素质和技能要求更高，这是实践中执法人员更“青睐”人证，而忽略物证的主要原因。然而，物证所具有的证据“优势”，即较强的客观性和稳定性，是人证所无法比拟的。此外，随着国家法治进程的深入推进，诉讼制度的改革，规范取证要求的不断提高，获取和使用人证的“低成本”时代也将成为历史。另外，刑事技术的不断发展将使物证的收集和保全更加高效便捷，且为提升物证证明价值创造了更大的空间。因此，监狱在执法过程中，尤其是在处理罪犯又犯罪案件、罪犯死亡等重大事件时，一定要重视对物证的收集、保管和运用。

（二）监狱执法物证的种类

监狱执法中物证的存在十分广泛，主要包括监狱代为保管的罪犯的贵重物品；采集的手印、脚印等身份信息证据；罪犯违纪违法所涉及的物品和痕迹；狱内犯罪案件中的物品和痕迹；罪犯意外伤亡事件或重大安全事故中的物品和痕迹；其他与监狱执行刑罚和监管改造事实相关的物品或痕迹等。根据形态或表现形式，监狱执法物证可分为实体物证和痕迹物证。

1. 实体物证

实体物证是指与案（事）件的待证事实有联系的物质实体。根据体积和质量大小，实体物证可分为巨型物证、常态物证和微量物证。巨型物证是体积和质量巨大，难以直接提取和随案移送的物证。如狱内犯罪案件中被破坏的房屋、车辆等。常态物证是体积和质量较为常规，能够被感官直接发现，易以常规方法提取，方便随案移送的物证。如杀人的匕首、脱逃的绳索等。微量物证是体积和质量微小，仅凭人的感官难以发现，必须借助科学仪器才能发现、提取和送交鉴定的物证。如犯罪现场的金属粉末、花粉、烟灰等。微量物证虽然细小，但往往对案（事）件事实具有重要的证明作用，因而不容忽视。对于巨型物证，可采取拍照、制模、录像等方式进行收集和保全；对于微量物证则要使用科技手段进行发现、提取和证明价值的保全。

根据基本形态，还可将实体物证分为固体物证、液体物证和气体物证。实践中，气体物证并不常见，也不易收集、保存和举证。

2. 痕迹物证

痕迹物证是指能够以其外表结构，物体增减、位置变动以及状态证明案（事）件真实情况的各种客观存在痕迹。监狱执法中的痕迹物证主要包括与监狱执法事实相关的各种手印、足迹、血迹、工具痕迹、枪弹痕迹、牙印、车辆痕迹、整体分离痕迹等。手印，泛指手指和手掌皮肤花纹留下的反映形象，包括指印和掌印。手印是监狱刑事登记和违纪或犯罪现场常见的痕迹之一。足迹，是人脚在地面或某种物体上留下的踩踏痕迹，包括赤足迹、穿袜足迹和穿鞋足迹。工具痕迹，是指行为人利用某种器械实施违纪或犯罪等活动时留下的痕迹，包括打击痕迹、撬压痕迹、剪切痕迹、锯挫痕迹、钻刺痕迹等。车辆痕迹是指罪犯违纪、犯罪、意外事故等案（事）件中，相关车辆与地面、人体、其他车辆等摩擦撞击而形成的痕迹。牙印是相关人员的牙齿在案（事）件相关场所或物品上所留下的痕迹。枪弹痕迹是指罪犯犯罪或干警执法过程中所使用的枪支子弹在发射过程中，在弹头、弹壳上形成的痕迹以及在障碍物、目标物上所形成的射击附带痕迹。整体分离痕迹是与案（事）件相关的物品，在外力作用下，分离成若干部分时，分离部位呈现的痕迹，可分为断离痕迹、脱离痕迹等。

二、物证的收集

（一）物证的收集要求

1. 取证主体要求

对狱内刑事案件的物证，须由2名以上不具有回避情形的侦查人员收集。对于其他执法物证，以取证的及时、便利和有效为原则，视情况由现场具体执法的监狱民警或侦查人员收集。例如，现场管理、清监检查中发现的违禁品，由现场监管民警或清监检查民警负责收集。罪犯自伤自残、意外伤亡、安全事故等情况较为复杂事件中的物证，可由侦查人员和其他监狱民警协同收集。对现场较为复杂的物证，必要时可在专家指导下收集。对罪犯违规、伤亡、重大事故等性质较为严重的事（案）件的物证，收集民警不得少于两人。对于日常监管中发现的一般违纪事件物证的收集，一般应两人进行；特殊情况下，可单警收集，但必须以使用执法记录仪等方式对收集过程进行录像。

2. 尽量收集物证原物

物证的收集尽量收集原物。原物不便搬运、不易保存、依法应当返还或者依法应当由有关部门保管、处理的，可以拍摄、制作足以反映原物外形和特征的照片、录像、复制品。录像和复制品须由两人以上制作，要附制作人关于制作过程及原物存放于何处的文字说明和签名。

3. 拍照固定

收集物证时，要及时进行拍照固定。拍照固定的价值：一方面是记录物证的原始状态、来源、所处的场所、周围的环境等；另一方面可以固定不宜提取的一些物证的形态和特征，如脚印、血迹等。因此，提取物证时要使用拍照的方法进行固定。对于大的物证，一般按照现场重点部位照相的方法进行拍摄。对于可移动或需要鉴定的物证的拍摄，按照现场细目照相的方法进行。

4. 制作笔录

狱内侦查中，以勘验、检查、搜查、扣押和调取的方法收集物证要附规范的笔录或清单，证明物证的来源。通常提取物证的笔录包括现场勘查笔录、搜查笔录、提取笔录等。监狱执法过程中收集的物证要通过制作笔录或填写相关执法登记表等方式，记录获得物证的时间、地点、取证人员、物品名称、数量、特征、物品持有人等，以证明证据的来源和取证情况。例如，监狱在罪犯入监检查、清监检查、现场管理搜查中发现并收缴的违禁品，要对应登记或记录在入监检查登记表、清监登记本、现场管理日志中，并由物品持有人签字确认。对于违规、伤亡、重大事故等事（案）件中物证的收集和提取要制作勘验、检查笔录，记录发现和提取物证的相关情况。

5. 填写物证提取清单

提取的物证，特别是现场提取物证应当填写物证提取清单。物证提取清单是对监狱在现场勘验中提取的物证的名称、数量、特征等进行记录时所使用的文书。其填写方式是："编号"栏填写提取物证的编号；"提取部位"栏填写提取的物证所在监狱执法现场的具体位置；"规格"栏填写物证的品牌和型号、尺寸等；"数量"栏使用汉字大写数字填写；"特征"栏填写提取物证的材质、外观形貌、颜色、新旧程度以及被烧损情况等；最后由提取人和见证人签名。①

6. 提取后应妥善封装

提取物证后，根据物证的种类和特性，选择适当的容器或包装将物证存放好，并做好详细的标记。物证封装袋或容器必须保持洁净，不得与物证发生化学反应。不同的物证应当单独封装。物证封装袋上一般要注明编号、事故（案件）名称、物证名称、数量、提取地点、日期及提取人、单位等基本信息。

7. 及时鉴定

监狱执法过程中，发现的与事（案）件事实可能有关联的血迹、体液、毛发、人体组织、手印、足迹、字迹等生物样本、痕迹和物品，应当妥善保管并及时送检。

另外，狱内侦查过程中，对收集的犯罪工具、赃物等，要及时组织犯罪嫌疑人、被害人或其他知情人进行辨认，固定证据。

（二）物证的收集方法

1. 勘验、检查

监狱执法过程中，既有与犯罪有关的犯罪现场、人身、尸体、物品需要勘验检查，也有罪犯违规违纪、罪犯自杀、罪犯意外伤亡等事件中相关的场所、人身、物品需要勘验检查。实践中，通过勘验检查收集物证，大致包括现场勘查、物体检验、尸体检验和人体检查。勘验物证和现场，需要有专门的技术人员参加。人身检查要遵循一定的程序，一般由侦查人员进行，必要时，可以邀请法医或医师参加，检查妇女的身体，应当由女工作人员或者女医师进行。

2. 搜查、扣押、收缴

狱侦人员为了查明狱内犯罪案件事实，收集犯罪证据，可以对犯罪嫌疑人以及可能隐藏罪犯或犯罪证据的人的身体、物品、住处和其他有关的地方进行搜查。在侦查活动中发现的可以证明犯罪嫌疑人有罪或无罪的各种物品，可以进行扣押。搜查和扣押要严格遵守《刑事诉讼法》的相关规定，规范制作 搜查笔录和扣押物品清单。在日常监管改造中，监狱民警发现罪犯非法持有违禁品或其他

① 参见胡建国主编：《火灾调查》，中国人民公安大学出版社 2014 年版，第 55 页。

物品，应依法进行收缴，并详细记录相关情况。

3. 调取

在执法过程中，监狱有权依法向有关单位和个人调取物证。例如，根据《刑事诉讼法》第 54 条、第 308 条之规定，狱侦部门在侦办刑事案件时，有权向有关单位和个人收集、调取证据。有关单位和个人应当如实提供证据。监狱调取物证应当制作调取证据通知书和调取证据清单，尽量调取原物，在调取原物确有困难时，可以调取物证的复制品或照片。

三、物证的保全

物证的保全即物证证明价值的固定和保管，是指办案人员为了防止证据可能灭失或以后难以取得，采取一定措施对证据进行固定和保护的行为。保全证据的目的是保护证据的证明价值。物证以外在形态、内在属性、所处位置和状态等发挥证明作用。因此，对物证证明价值的保全，必须保护和固定物证的外在形态、内在属性、所处位置和状态等特征。

（一）物证的保全要求

1. 要保管好物证载体

物证的外在形态、内在属性等赖以发挥证明作用的特征都依附于证据载体之上。一旦物证的载体受损或丢失，依附其上的证据事实也随之损毁。此外，物证的真实性和可靠性实际上强调的是物证的同一性，即物证真实源于案件或事件，并非伪造，并且从该物证被发现、提取到被用以证明该事实的整个过程中，始终保持同一性，未发生足以影响其证明价值的变化。例如，杀人的锤子，如果从案件现场上提取到的锤子与出现在裁判者面前的不是同一把，或发生了严重的变形，则其真实可靠性就无从谈起。因此，保全物证应首先保管好物证的载体，避免丢失、受损、调换、污染等。

2. 要固定物证事实

与人证不同，物证与待证事实的关联性并不明显，需要通过知情人辨认或鉴定才能揭示物证与待证事实的关系。例如，一把刀，要通过组织被害人或嫌疑人进行辨认，或对刀的工具痕迹与被害人身上的伤痕进行同一比对鉴定，才能将刀与伤害事实联系起来。因此，辨认和鉴定既是物证鉴真的主要方式，也是固定物证证明价值的重要方式。此外，物证在现场、被检查人身体等与案（事）件有关的场所、人身和物品上所处的位置、状态也具有证明案（事）件事实的作用。因此，通过笔录、拍照、录像等方式记录物证所处的位置和状态，也是固定物证证明价值的方式。

（二）物证的保全方式

1. 原物保全

原物保全，是指采用提取和保管原物的方法来保全物证的价值，一般适用于体积不大的常态物证。原物是直接来源案件事实本身，并以其自己存在的外形、重量、规格、损坏程度等特征来证明案件事实的部分或全部的物品或痕迹。由于原物对于案件事实的证明力一般大于派生物，因此，物证的保全应尽量以原物提取为原则。①

2. 封存保全

封存保全，是指采用封存财务和冻结银行账户等方法来保全证据的价值，主要适用于容易灭失的大宗物证和金钱类证据。对于不便于移动、保存或者提取的物品，应加以固定；对于无法提取或扣押的物品，可予以封存，并通知有关人员妥善保管。

3. 复制保全

复制保全，是指采用摘抄、复印、转录、制作模型等方法来保全证据的价值，主要适用于各种痕迹物证。

4. 拍录保全

拍录保全，是指采用拍照、录音、录像等方式来保全证据的价值，主要适用于不宜提取原物的物证、不能全部呈现的现场等证据。对这些不宜附卷保存或者不宜随案移送的物证，除对原物采用妥善方法保存外，应当采用拍照、制图、复制、录像等方法予以保全，并且用文字详细说明物证的性质、特征、形状和方位，收取的时间、地点、经过，以及与案（事）件之间的联系等情况。

（三）物证的保管

物证的保管是指将用作证据的物品和痕迹固定后妥善加以保管封存的活动。物证的保管实际上是对物证载体的保管，是保全物证的必要措施。如前文所述，物证的载体一旦丢失或受损，则物证证明价值也随之损毁。因而对物证的保管关键是保证物证不发生丢失、调换、损毁、污染等情况，始终保持物证的同一性。为此，一是对物证的保管方法要恰当，适应物品或痕迹本身特性。例如，对体液的保管，要注意温度等保管条件。二是要确保物证从被发现收集到完成证据使命的整个过程，每个流转环节都有记录，即保管链条要完整。具体来说，监狱应从以下几个方面做好物证保管。

① 参见孙维萍主编：《证据法学》，上海交通大学出版社 2009 年版，第 111 页。

1. 物证保管条件

监狱应当建立专门的物证保管室，配备专人负责物证的保管工作，建立健全物证登记使用制度。物证保管室和保管人必须符合法律的要求，并实行双人作业制度。

2. 物证保管方法

对于不同物证，应该采取不同的保管方法，如有行业标准的，应当依照行业标准进行保管；没有行业标准的，应当依照其基本属性，进行科学分类保管。

（1）一般物证，如凶器、血衣、违禁品等，应密封保管，并开列清单、贴上标签、年度和档案号等；（2）对于不易腐烂变质挥发的物证，应当密封专柜保管；（3）对易受温度、湿度等环境因素影响的物证，如果使用专业保管柜可以保持其原质原状，应使用专业保管柜进行保存；（4）对易腐烂、变质、损坏、消失的物证，无法继续保存的，应当复制模型、拍照摄像或者绘图记录，并依法处理；（5）对于因体积、重量、放置位置等原因无法带回保管的，应当采用拍照、摄像等方式，制作成图片和视频，标注实物存放地点；（6）对于违禁品，将照片、视频、鉴定意见等归档保管，将实物交有关部门处理；（7）对于赃款、赃物，应在案件处理完毕后退还失主、上交国库或者销毁；（8）罪犯入监时随身携带的个人物品，监狱应当面清点、登记造册，妥善保管，在其释放或死亡时，归还其本人或家属。

3. 物证保管档案

物证应登记造册，标明保管序号和保管时间，记明案件或事件名称、来源与使用、处理情况，做到全程实时记载，确保保管链条完整。当前为提高物证保管链条建立水平，应当利用物联网技术、图像识别技术等建立起物证保管档案。物证保管档案的内容应当包括：案件的性质、案件编号或者名称、物品编号或者名称、送交具体日期和时间、接收双方部门及人员、人员签名和物证基本特征等信息。① 同时，物证在保管过程中，一旦出现破损、色泽改变等变化，也要在相关记录当中如实记载，以证明物证监管的及时有效。利用物联网技术、图像识别技术、电子数据技术等，不仅有助于物证的及时调阅和长久保存，而且有助于物证的特征和变化的直观反映，确保物证的证明效力。

① 参见彭雅楠：《刑事诉讼中物证保管链制度研究》，宁夏大学2021年硕士学位论文，第35页。

第二节　书证的收集与保全

一、书证的概述

（一）书证的概念

书证，是指以文字、符号、图画等记载的内容和表达的思想来证明待证事实的文件或其他物品。尽管大多数书证表现为书面材料，但书证并不局限于书面材料。反之，并非所有的书面材料都是书证。正确理解书证，需要把握好以下几点：

其一，以记载的内容和表达的思想来发挥证明作用是书证的本质特征，也是书证区别于物证的关键所在。同一份材料，可能既是书证，又是物证。例如，共犯相互联络的字条，通过笔迹鉴定确定书写人，则字条是物证；如果通过字条的内容来认定嫌疑人或违法犯罪事实，则字条是书证。

其二，记录书证内容的方式主要以文字为主，也可以是符号或图形等。例如，共犯间犯罪联络的符号、脱逃犯罪嫌疑人绘制的脱逃路线图等。

其三，书证的载体不限于纸张，可以是布条、树干、地面、墙面或其他材料，如写在墙面上的联络暗号。

其四，书证与询问、讯问、勘验、检查等笔录属于不同种类的证据。在违纪、犯罪等案件或事件中，书证往往形成于调查程序启动前，由当事人或与案（事）件相关的单位或人员制作，如共犯联络纸条、诈骗信件、死者的遗书等。而询问、讯问、勘验、检查等笔录则形成于调查程序启动后，是调查人员或侦查人员为记录证人证言、当事人陈述或勘验、检查等调查活动而制作的。

从证明价值来讲，书证以记载的内容和表达的思想证明待证事实，证据事实与待证事实的关联性较为明显，大多数情况下可作为直接证据。此外，与人证相比，书证具有较强的稳定性。“口说无凭，立字为据”，说明书证具有稳定性的特点，并且书证的载体一般为纸张等不易腐败变质的物品，因而比血迹、体液等易变质的物证更便于保存，稳定性更强。书证只要被及时发现、提取并妥善保管，其证明价值一般会长久存在。

（二）书证的分类

在执法司法活动中，书证的种类十分繁多。按不同标准对书证进行分类，有助于更全面地认识书证，更准确地把握不同类型书证的特点，并有针对性地进行收集、审查和运用。

其一，以是否由国家机关、社会团体或其他机构依职权制作为标准分类，可以把书证分为公文性书证和非公文性书证。公文性书证，是指国家机关、社会团体或其他机构在法定的权限范围内依职权所做的文书。例如，法院判决书、裁定书、释放证明等。公文性书证以外的书证是非公文性书证，如罪犯悔罪书、思想汇报等。一般情况下，对同一待证事实，公文性书证的证明价值大于非公文性书证。

其二，以文书的内容和所产生的法律效果为标准分类，可以把书证分为处分性书证和报道性书证。处分性书证，是指记载一定意思表示或行为而能设定、变更或消灭某一特定法律关系的书证，如判决书、罪犯假释审核表等。报道性书证，是指只是记载一定的事实，而不以产生法律关系为目的的书证，如各种狱政台账。处分性书证能引起一定法律关系的产生、变更或消灭，具有一定的法律效力，因而往往能证明主要争议事实，具有较高的证明价值；报道性书证多为对事件的经历、制作人的感想、见闻的记录，本身不会引起相应的法律后果，但可以作为发现处分性书证的线索，印证处分性书证的真实性，增强处分性书证的证明力。

其三，以书证的制作方式和用途不同为标准分类，可以将书证分为原本、正本、副本、节录本、影印本和译本。原本，即书证的原件，是指文书制作人最初制作的文书。正本，是指按照原本全文制作，并与原本具有同等法律效力的文书。副本，是指按照原本全文制作，但效力低于正本的文书。正本和副本只是发送对象和收存主体不同，因而法律效力不同，但都是对原本内容的全文复制，只要经核实无误，具有同样的证明价值。节录本是摘录原本部分内容而形成的文书。影印本，是指运用影印技术，将原本、正本摄影或复印而形成的文书。译本，是指以另一种文字翻译原本所形成的文书。原本属于原始证据，而正本、副本、节录本、影印本和译本来源于原本，属于传来证据。原始证据的可靠性和证明力一般要强于传来证据。具体而言，原本是文书的初始状态，最客观地反映文书所记载的内容，具有极高的证明价值，因而应尽量收集和使用书证原件或原本。只有在取得原件确有困难时，才可以使用副本、复制件等传来书证，且要求复制件等传来书证必须与原件相符，能反映书证原件及其内容。

（三）监狱执法书证

监狱执法书证是以记载的内容和表达的思想证明监狱执法真实情况，需要监狱加以收集和保存的文件和其他物品。书证是监狱执法证据中最为广泛、占比最高的证据。出于合法规范行刑和执法留痕的需要，监狱执行刑罚、监管改造罪犯的每个环节几乎都需要制作或收取相关文书材料。这些文书材料是证明监狱执法真实情况的有力证据，是监狱执法书证的主要来源和组成部分。监狱执法书证主要包括以下四个部分。

1. 监狱在执行刑罚、监管改造罪犯过程中制作的文书

监狱在执行刑罚、监管改造罪犯过程中制作的文书，包括除询问笔录、讯问笔录、笔录类证据（勘验、检查、辨认、侦查实验、搜查、扣押等笔录）以外的所有监狱民警制作的与执行刑罚、监管改造活动相关的文字材料。例如，罪犯入监登记表、提请假释建议书、出监鉴定表、释放证明、行政奖惩审批表、罪犯病危通知书、教育谈话记录、现场管理日志等。监狱制作执法文书涉及刑罚执行、狱政管理、罪犯违纪及犯罪案件查处、罪犯意外伤亡、灾情疫情处置等几乎所有执法环节。因而，此类文书既是监狱执法文书最主要的部分，也是监狱执法书证最主要的来源。

2. 监狱接收的其他单位制作的与监狱执行刑罚有关的文书

监狱在执行刑罚过程中，需要与法院、检察院、公安机关、社区矫正机构等单位发生联系，在此过程中接收的与刑罚执行、监管改造有关的文书也是证明监狱相关执法事实的材料。例如，罪犯"三书一表"、减刑裁定书、假释裁定书等。

3. 由罪犯及其家属提交的申诉、控告、检举等文书材料

我国《监狱法》第7条规定，罪犯的申诉、控告、检举以及其他未被依法剥夺或者限制的权利不受侵犯。第21条第1款规定："罪犯对生效的判决不服的，可以提出申诉。"罪犯及其家属提交给监狱的申诉书、控告信、检举信等文字材料也是常见的监狱执法书证。

4. 能证明罪犯违纪和犯罪事实的书证

此类书证一般由罪犯或其他与案件相关的人员制作，绝大部分以纸张为书写材料，也有少数以其他物品为记载材料。例如，罪犯预谋脱逃时绘制的地图，罪犯自杀前的遗书等。在当前的监管条件下，此类文书或物品并不多见，在监狱执法书证中所占比重较小。

二、书证的收集

监狱执法中的书证以监狱制作或接收的与刑罚执行、监管改造有关的各种文书为主。对于此类书证，监狱主要以审查、整理和归档的形式进行收集。在罪犯违纪尤其是犯罪案件中能证明违纪或犯罪事实的书证，则需要通过勘验、检查、搜查、扣押、调取等方式进行收集。收集方法及要求与物证的取证方法和要求基本相同，此处不再赘述。

在监狱执法文书中，通过审查、整理和归档进行收集的文书大致分为以下几类：一是记录罪犯服刑依据和罪犯在服刑期间的刑罚执行和改造情况的文书。例

如，罪犯收监、减刑、假释、暂予监外执行、释放、行政奖惩等材料。二是在监狱调查或处理罪犯违纪、犯罪、伤亡、突发事件等过程中形成的能证明调查处理过程的文书。例如，立案登记表、结案登记表、起诉意见书、事故调查处理报告等。三是在监狱对罪犯日常监管改造活动中形成的各种书面记录。例如，当日押犯数记录、每日改造情况记录、劳动工具使用情况登记本、看守日志等。在以上三类文书中，第一类能直接证明罪犯的服刑改造情况，最为重要，以罪犯档案形式进行管理。第二类除归入案件侦查卷宗或事故调查卷外，有的同时归入罪犯档案，如严重违纪、犯罪的相关书面材料。第三类则作为狱政台账进行管理。

（一）归入罪犯档案的执法书证

根据《关于罪犯、劳教人员档案管理暂行规定》第2条的规定，罪犯档案是监狱执行刑罚的法律文书，是罪犯在监管改造期间形成的考核、奖惩、年终鉴定、出监鉴定等具有保存价值的执法文书。根据《关于罪犯、劳教人员档案管理暂行规定》的规定，罪犯档案材料包括：刑事判决书、执行通知书、结案登记表；入监登记表、健康检查表；罪犯的历史、自传材料和本人重要的反省材料；对罪犯改造表现的考核、奖惩材料，他人对罪犯的检举揭发并经过查证属实的材料，罪犯年终鉴定表，文化程度技术等级证明材料；罪犯逃跑、行凶、破坏情况及处理结果等材料；罪犯正常死亡、工伤情况材料和医院医疗鉴定意见等，罪犯非正常死亡的勘验材料；对罪犯提出加减刑的呈批材料；法院的加刑判决书，减刑、假释裁定书；罪犯刑满释放、假释、保外就医、监外执行材料；罪犯出监鉴定表，罪犯释放证明书存根；罪犯的照片、底片、指纹；有保存价值的其他材料。尽管《关于罪犯、劳教人员档案管理暂行规定》将罪犯档案定义为执法文书，但严格意义上讲，罪犯档案以执法书证为主，但并不全是书证，如罪犯的照片、底片、指纹等。罪犯档案分为正、副卷。正卷包括：罪犯的刑事判决书、执行通知书、结案登记表、加减刑判决书或裁定书、入监登记表、照片（含底片）、监内鉴定等材料。副卷包括：罪犯的有关刑事判决等法律文书的原件或复印件，奖惩考核材料，年终鉴定及不归入正卷的经过查实的材料和正在承办过程中的有关材料。

罪犯档案中执法书证的收集是伴随罪犯档案的建立、补充和完善而完成的。罪犯入狱后，监狱应当及时建立罪犯个人档案。在服刑过程中，监区和刑罚执行部门根据刑罚执行进程和改造情况及时补充和完善相关材料。在收集资料的过程中，要按书证的审查要求审查执法文书记载的内容是否与实际情况相符；文书格式是否规范、要件是否齐备；文书材料是否齐全，等等。

（二）狱政台账

狱政台账是监狱对日常监管改造活动的客观记录。狱政台账记录的是监管改造过程中较为日常和琐碎的事项，与罪犯档案相比，对执行刑罚和罪犯改造事实不具有直接证明作用。但狱政台账记录了监狱改造罪犯的真实情况，具有可靠性，属于第一手材料。它保留了监狱对改造罪犯过程中的管理性的历史事迹，它是管理罪犯原始材料的历史见证，它可以成为查找、研究、辨识和处理问题的依据。[①] 因此，狱政台账是证明监狱执法真实情况的材料，属于监狱执法书证，且大多属于报道性书证。对出现争议的监管改造事实具有间接证明的作用。例如，台账中的“罪犯点名”记录，可作为罪犯脱逃案件中的证据，证明罪犯脱逃时间。劳动工具使用情况登记本中记录的工具归还情况，可作为罪犯故意伤害案件（利用劳动工具实施伤害）中作案工具来源的证据。

对台账类执法书证的收集，由监区、分监区、保卫科（门卫室）等部门完成。要实现对此类证据全面客观的收集，前提是监狱责任民警要认真做好台账的记录或填写。在此基础上，负责管理台账的人员按天或按月把所有具有保存价值的台账收集整理，做到不损坏、不残缺、不丢失。

根据最佳证据规则的要求，[②] 无论对于何种形式的书证，监狱民警应尽量收集原件，只有在取得原件确有困难时，才可以收集副本或复制件。但副本或复制件要注明与原件核对无异，明确复制时间，并附制作过程和原件存放地点的说明。

三、书证的保全与保管

书证的保全，就是对于可能灭失或者以后难以取得的书证，采取一定的措施先行加以固定和保护的行为。对书证的保全既要保护书证的载体不被损毁，又要保证书证的内容不被修改。因此，一是要对书证的载体加以妥当的保管；二是对书证的内容加以固定。具体要求如下：

其一，及时收集书证，除保管好原件外，可采用复印、拍照、录像、电子扫描等方式对书证内容加以固定和保护。

其二，书证要设专人保管，要根据书证的载体材料进行妥当储存。例如，对于纸质书证，要注意防潮、防火、防虫。鉴于监狱有大量的执法书证，需要建设专门的书证保管室，当然也可考虑与档案管理室兼容。

其三，要建立健全书证流转登记制度。对书证的接收、移交、送检等所有流转环节，都要进行登记，确保书证保管链条的完整性。

---

① 参见唐新礼主编：《狱政管理》，法律出版社2020年版，第261页。

② 最佳证据规则是英美法中规范文书材料可采性的一项重要规则。根据该规则的要求，当文书材料以其记载的内容来证明案件事实时，除法定的特殊情况外，必须出示原件，否则不予采纳。

监狱执法书证主要是各种执法文书，而执法文书大多作为档案材料进行管理和保存，对此类执法书证的保管，按《关于罪犯、劳教人员档案管理暂行规定》的相关要求实施。

第三节 言词类证据的收集与保全

一、言词类证据的概述

言词类证据，是指了解监狱执法相关事实的自然人就其知情情况向监狱执法人员或调查人员所作的陈述。了解监狱执法相关事实的人可能是罪犯、监狱民警、外协人员或其他社会群众，他们一般以证人、事件当事人、被害人和犯罪嫌疑人的身份就知情情况提供陈述，形成的证据是证人证言、当事人陈述、被害人陈述、犯罪嫌疑人供述和辩解。[①] 证人证言是指除案件或事件当事人以外的案件知情人就其感知的案件或事件事实向调查或侦查人员所作的陈述。当事人陈述，是指除犯罪案件被害人、犯罪嫌疑人以外的与案件或事件有直接利害关系的人，就知情情况向监狱执法民警所作的陈述。被害人陈述是指受犯罪行为直接侵害的人，就其遭受的侵害事实和其他案件情况向侦查人员所作的陈述。犯罪嫌疑人供述和辩解是指狱内犯罪嫌疑人就犯罪事实向侦查人员所作的陈述，包括有罪的供述、无罪或罪轻的辩解，俗称“口供”。言词类证据俗称“人证”，与物证相比具有以下特点：

第一，与待证事实的关联性较为明显，大多可作为直接证据。言词类证据通过人的陈述将事件或案件情况反映出来，其证据内容与待证事实的关联性较为明显，并且当事人、被害人、犯罪嫌疑人和部分证人了解大部分甚至全部案（事）件事实，能将时间、地点、人物、经过、结果等案（事）件情况动态地反映出来，证据事实与待证事实重合度高，因而大多可以作为案件或事件的直接证据，具有较高的证明价值。

第二，失实的可能性和不稳定性较强。首先，言词类证据的形成大多经过感

---

① 当事人是与事件或案件有直接利害关系的人，刑事案件侦查阶段的当事人是犯罪嫌疑人和被害人。此处为了区分，当事人是除犯罪嫌疑人和被害人以外与案件有直接利害关系的人。狱内执法事件的当事人主要包括违纪嫌疑人、被侵害人、其他与执法行为或执法争议有直接利害关系的人。例如，申诉人、控告人、被控告人、被检举人、被提请刑罚执行变更的罪犯、因罪犯死亡而提出赔偿要求的罪犯家属等。

知、记忆和陈述三个阶段，陈述内容的真实性除与陈述人感知、记忆、陈述能力密切相关外，还受感知时的距离、光线等客观条件，感知与回忆间隔的时间长短，办案人员业务水平，取证规范程度等因素影响。此外，陈述者的思想品质、与案件的利害关系、受威逼利诱等因素也可能导致其作出不实陈述。因此，言词类证据失实的风险较大。其次，言词类证据以人的陈述方式形成，容易发生变化，稳定性较差。当事人、被害人尤其是犯罪嫌疑人极易出现翻供和翻证情况。

二、言词类证据的收集

言词类证据主要通过询问证人、当事人、被害人和讯问犯罪嫌疑人获取。与实物证据不同，言词类证据的真实性受取证程序和方法的影响较大，违反法定程序以非法的方法获取的言词证据，虚假的风险性极高。因此，《刑事诉讼法》对侦查中的询问和讯问程序及要求进行了明确的规定，并且规定对以非法方法获取的证人证言、被害人陈述和口供适用绝对排除规则，即采用刑讯逼供等非法方法收集的犯罪嫌疑人、被告人供述和采用暴力、威胁等非法方法收集的证人证言、被害人陈述，应当予以排除。因此，侦查询问和讯问要严格遵守《刑事诉讼法》的相关规定。尤其是讯问犯罪嫌疑人，要遵循无罪推定原则，注意保护人权，按法定的程序和方法讯问。另外，从侦查的角度来讲，为了使证人、被害人和犯罪嫌疑人能如实地陈述案件事实，询问和讯问除遵守《刑事诉讼法》的相关规定外，还需讲究一定的策略和方法。例如，制订询问和讯问计划、选择合适的询问或讯问人员、注意提问技巧等。

侦查狱内刑事案件中，询问和讯问按《刑事诉讼法》的相关要求实施；而其他监狱执法活动中的询问缺乏直接明确的法律依据，因此监狱民警应从言词类证据的特点和询问的一般规律出发，参照刑事案件中询问的程序和方法实施。本节重点阐述狱内侦查中询问和讯问的程序和方法，可作为监狱其他执法询问的参考。询问和讯问都是以问答的方式进行，且在程序要求上基本相同，但基于犯罪嫌疑人特殊的诉讼地位，法律对讯问的程序和方法规范更为严格。

（一）询问

1. 询问的主体和参与人

询问的侦查人员不得少于两人，并且不具有应回避情形。询问聋、哑人或不通晓当地语言文字的人，应当提供与案件无利害关系的通晓聋、哑手势的人或翻译；询问未成年女性，应当有女工作人员在场。询问未成年人，应当通知其法定代理人到场。无法通知、法定代理人不能到场的，也可以通知未成年人的其他成年亲属，所在学校、单位、居住地基层组织或者未成年人保护组织的代表到场，并将有关情况记录在案。询问时合适成年人到场制度是为了保护未成年人权益，保障询问的正当性。鉴于监狱环境的特殊性，询问正在监狱服刑的证人和被害人要求严格贯彻该制度并不现实。因此，可考虑询问未成年被害人时，通知其法定代理人或其他合适成年人到场，理由是未成年被害人是受犯罪行为直接侵害的人，与案件的处理结果有直接的利害关系。而询问未成年证人或当被害人的法定代理人以及其他合适成年人经通知无法到场时，可通知被询问人的管教民警到场，但要求管教民警必须与案件无利害关系，同时在询问笔录中注明相关情况，并对询问过程进行全程录像。

2. 询问地点和时间

狱侦人员询问的对象大多是罪犯、监狱民警、外协人员，少数情况下可能是狱外人员，如诈骗案件中的受害人、脱逃案件中的狱外知情群众等。侦查人员询问证人或被害人，既可以在现场进行，也可以在个别谈话室或其他合适的地点进行。对狱外人员，可以到其所在单位、住处或者证人、被害人提出的地点询问。在狱外开展询问，应当出示工作证件，到证人、被害人所在单位、住处或者由其提出的地点询问，应当出示监狱的证明文件。

关于询问的时间及每次询问的时间长度，法律并没有作出明确规定，但是从收集证据的及时性出发，案发后应尽早询问，固定证言，避免证人、被害人随着时间的推移而发生遗忘，或受到其他因素的干扰而影响其客观作证。例如，不及时询问，被害人、证人可能受到犯罪嫌疑人或其他人员的威胁或收买。尤其是对于杀人和伤害案件的被害人，在不影响救治的情况下，应当及时询问。此外，在考虑及时询问证人的同时，应尽量兼顾便利证人和被害人的原则。比如，除紧急情况外，尽量不占用证人、被害人的休息时间；尽量不在夜间询问。每次询问要保证证人、被害人必要的休息和饮食时间，不宜对证人进行超长时间的高强度询问。

3. 询问前的权利、义务告知

在正式询问之前，询问人员应当告知证人、被害人享有的权利和义务，重点告知其应当如实提供证据和证言，有意作伪证或隐匿罪证要负的法律责任。询问前的权利义务告知可以让被询问人对自己的作证行为有正确的认知，有助于被询问人客观如实地作证。实践中，一般是让被询问人阅读或向其宣读权利义务告知书，并让其在权利义务告知书上签字确认。

4. 询问的方法和要求

询问应当个别进行，即不能同时询问多个证人或被害人，避免相互干扰影响陈述的客观性。为了证人、被害人能在自愿和理性的情况下作证，询问人员应充分保证证人、被害人陈述的自由，包括不得向被询问人泄露案情；不得以任何方式暗示证人和被害人；不得采用暴力、胁迫、引诱、欺骗以及其他非法方法获取证言。

从侦查的角度讲，询问的具体方法如下：询问证人，主要是采用问答的方式进行。初次询问证人，在告知其相关权利义务后，应当问明被询问人的姓名、年龄、住址、民族、联系方式等基本情况及与当事人的关系，然后按照事先设计好的询问提纲向被询问人提出相关问题。提问一般分两个步骤：先向询问对象提出一个整体性的问题，如“请将你知道的情况讲讲”“请把你案发时看见的情况说一下”等，然后让证人自由地陈述。在这个阶段要注意以下几点。

（1）办案人员在初次询问证人时，一开始所提问题要具有涵盖性，尽量不提具有明确指向性的问题或选择性问题。前者如“案发那天你看见了什么”“你看见的人是谁”等；后者如“案发那天你是不是看见……”“你看见的是张三还是李四”等。前者有利于被询问人将自己感知到的案件情况毫无保留地说出来，而后者则会将被询问人的思维限定在询问人员设定的框架里，不仅不利于全面收集证据，也会因问题具有诱导性而影响证言的客观性。

（2）不要随意打断被询问人陈述。实践中，被询问人往往不知道自己了解的情况哪些是办案人员想知道的，哪些是与案件无关的，往往会无所保留地将自己所知道的情况说出来。如果随意打断被询问人的陈述，不仅不利于他对案件情况的回忆，还会使被询问人因此受到暗示，由此任意揣测办案人员的意图，进而提供虚假证言。即使询问人员察觉到被询问人在陈述中存在矛盾，甚至提供虚假证言，也不要立即质疑或制止，而应先让其完整陈述，待其矛盾或伪证意图充分暴露后，再有针对性地解决。如果被询问人的陈述明显脱离案件事实，询问人员可选择恰当的方式，将其巧妙地引入到对案件情况的陈述中来。

（3）针对性提问题。待询问对象将自己所知道的案件情况自由、完整地陈述以后，询问人员可针对其陈述中存在的矛盾、遗漏或未表达清楚的问题进行有针对性的询问，直到需要调查了解的问题全部弄清楚为止。在整个询问过程中，询问人员要本着认真负责的态度，完整地听取并仔细分析证人的陈述，发现隐含的案件信息或存在的问题，为下一步询问做好准备。

5. 询问笔录和亲笔证词

询问笔录是记载询问过程和问答内容的书面材料，是证人证言、被害人陈述的证据形式。要求规范严谨、全面客观。询问笔录要尽量使用原话或不失原意地记录询问人的提问和询问对象的陈述，并力求客观全面、详细具体。询问结束后，询问笔录应交被询问人阅读或向其宣读，如果记载有遗漏或差错，被询问人可以提出补充或更改。被询问人对询问笔录核对无误后应签字确认，一般要载明“以上记录我看过，和我说的相符”或“以上笔录已向我宣读，和我说的相符”，并签字、盖章或捺指印。同时，询问人员、翻译或其他应当到场的人员也应在笔录上签字。对于拒绝在笔录上签字的人，应当让他说明拒签的理由，并将其如实记入笔录。

根据需要，询问的过程可以同步进行全程的录音和录像，询问结束后应将录音录像播放给被询问人听视，让其核对并履行确认手续，并将该情况记入笔录。

对于证人、被害人有能力并且自愿书写证词的，应当准许。必要的时候，侦查人员也可以要求证人亲笔书写证词。证人、被害人亲笔书写证词的，应当签名、盖章或捺指印。侦查人员收到亲笔证词后，应当在首页右上方写明收到的时间，并签名。合法规范的亲笔证词也是证人证言、被害人陈述的证据形式，与询问笔录具有相同的证据价值。

6. 询问中应注意的问题

（1）要注意保护证人和被害人，避免证人和被害人受到打击报复或伤害。尤其在监狱内，犯罪嫌疑人打击报复证人和被害人的可能性更大，因此要做到三点：一是要尽量为证人和被害人保密。二是对可能遭受打击报复的被害人和证人采取必要的保护措施，如避免将证人或被害人与犯罪嫌疑人关押在同一监室等。三是要保护案件中涉及的被害人隐私，避免被害人受到二次伤害。

（2）要注意审查证人和被害人的作证能力。不能辨别是非和正确表达的人所作的陈述，不能作为证据。因此，在询问前和询问的过程中，要注意审查证人和被害人的作证能力，如视力、听力、精神状态和正确表达能力等。

询问刑事案件以外的事件知情人，包括证人和当事人，可参照上述程序和方法实施，尽管要求上可有所降低，但至少应符合以下要求：其一，询问主体尽量不少于两人，对于罪犯一般违纪等性质不严重的事件知情人的询问，特殊情况下可单警实施，但应当使用执法记录仪进行录像。其二，询问不通晓当地通用语言文字的人或聋哑人，要尽量提供翻译，至少保证问答双方能明白对方所表达的意思。其三，询问要个别进行，且不得使用暴力、强迫等非法方法。其四，询问笔录要客观全面记录询问过程和问答内容，要有询问人员、被询问人员签字确认。亲笔证词上要有书写人签名，注明收到的日期和接收人。

（二）讯问

讯问与询问都是以问答的方式进行，其原理基本一致。但由于讯问的对象是犯罪嫌疑人，在所有案件知情人中，其权益受案件事实认定结果的影响最大，虚假供述和翻供的可能性也最大。加之犯罪嫌疑人处于被追诉者的位置，在侦查阶段受到非法讯问的可能性较大。因此，出于保护犯罪嫌疑人权利以及防止非法讯问而增加获取虚假供述的风险，法律对讯问的程序要求更为严格。违反法定程序以非法方式获取的口供不具有证据资格。因此，狱侦人员应当严格按以下要求实施讯问。

1. 讯问的主体和参与人

讯问必须由两名以上的侦查人员进行。讯问聋、哑人，应当提供通晓聋、哑手势的人员；讯问不通晓当地通用语言、文字的，应当提供翻译。讯问女性犯罪嫌疑人，要有女工作人员在场。讯问未成年人，要有法定代理人或其他合适成年人在场。

2. 讯问的方法和要求

对多个犯罪嫌疑人，要个别讯问。不得强迫犯罪嫌疑人自证其罪。严禁刑讯逼供和以威胁、引诱、欺骗及其他非法方法讯问。对于讯问方法是否属于“其他非法方法”，关键是看该方法是否会导致犯罪嫌疑人违背真实意愿进行供述。讯问应当保证犯罪嫌疑人的饮食和必要的休息时间。讯问的时候，应当告知犯罪嫌疑人其享有的诉讼权利，如实供述自己罪行可以从宽处理和认罪认罚的法律规定。讯问时，应当首先讯问犯罪嫌疑人是否有犯罪行为，让他陈述有罪的情节或者无罪的辩解，然后向他提出问题。《刑事诉讼法》规定讯问的时候可以对讯问过程进行录音或者录像；对于可能判处无期徒刑、死刑的案件或者其他重大犯罪案件，应当对讯问过程进行录音或者录像。但鉴于狱内侦查讯问环境及讯问对象的特殊性，主张对所有狱内刑事案件犯罪嫌疑人的讯问均录音录像。录音录像应当同步、全程进行，保持完整性。

3. 讯问笔录

讯问笔录要按规范制作，客观全面反映讯问过程和问答内容。具体包括：讯问时间，讯问地点，讯问参与人姓名和工作单位（包括翻译人员、记录人员以及其他参与讯问的人），被讯问人姓名、性别、年龄、出生日期、身份证号码、现住址，权利义务告知情况，与案件事实相关的讯问内容和陈述内容，笔录核对及确认情况。

笔录应当交被讯问人核对，对于没有阅读能力的，应当向他宣读。如果记载有遗漏或者差错，被讯问人可以提出补充或者改正。被讯问人确认笔录没有错误后，应当签名或者盖章。讯问人员及其他参与人员也应当在笔录上签名。请求自行书写供述的，应当准许。必要的时候，侦查人员也可以要求被讯问人亲笔书写供词。犯罪嫌疑人应当在亲笔供词上签名、捺指印，并注明书写日期。办案人员应当在首页右上方写明“于某年某月某日收到”，并签名。

4. 讯问中应注意的问题

（1）要切实贯彻无罪推定原则，依法保障犯罪嫌疑人的权利。无罪推定的基本含义是指未经法院作出生效判决之前，任何人都应被推定为法律上无罪的人。作为一项刑事证据法的基本原则，无罪推定的基本要求是：在被依法证明有罪之前，任何人都应被推定为无罪的人。[①] 具体到狱内侦查中，即使大部分证据材料已经指向犯罪嫌疑人实施了犯罪（如犯罪被抓现行，视频监控拍下犯罪过程，目击证人证明等），但在法院的有罪判决生效前，犯罪嫌疑人均处于“法律上无罪”的诉讼地位。只有明确这一点，狱侦人员才能真正克服有罪推定思想，以合法的程序和方法全面收集犯罪嫌疑人有罪和无罪的证据。同时，要强化人权保障理念，依法保障犯罪嫌疑人的诉讼权利。例如，犯罪嫌疑人有依法获得辩护的权利，不被强迫自证其罪的权利，拒绝回答与案件无关问题的权利等。总之，只有真正贯彻无罪推定原则，强化人权保障理念，狱侦人员才能有效地防止非法讯问，进而避免因非法讯问导致犯罪嫌疑人虚假供述的风险。

（2）要全面收集与案件事实有关的证据，包括有罪证据和无罪证据。因此既要听取犯罪嫌疑人有罪的供述，也要耐心听取其无罪、罪轻的辩解。在狱内犯罪案件中，大多数案件暴露较快，犯罪事实比较明显，但犯罪嫌疑人对于犯罪动机、目的、情节等方面的供述和辩解，可能对定罪量刑有影响，因而要求讯问人员要认真听取，并详细记录。

（3）要讲究讯问的策略和方法，但要把握好讯问策略与非法讯问的界限。从侦查的角度讲，讯问犯罪嫌疑人是一场讯问人和被讯问人心理和智慧的较量。因此，讯问既要严格遵守法律规定，也要注意讯问的方法和策略。为此，讯问前，尤其是讯问重大、复杂、疑难案件的犯罪嫌疑人，应尽量做好充分的准备工作，包括挑选讯问人员、查阅案卷、熟悉案情，分析心理、掌握心态，制订计划、明确重点等。要找准讯问的突破口，合理使用证据，充分利用矛盾，耐心说服教育等。狱内犯罪嫌疑人多为累犯、惯犯、重刑犯，他们不仅抗改造信念坚定，主观恶性大，而且有较强的反侦查意识和维权意识，他们或沉默，或狡辩，时供时翻，审讯难度很大。为了既能依法讯问，又能有效获取如实供述，狱侦人员不仅要加强对刑事法律及刑事证据知识的学习，而且要加强对侦查讯问知识和业务技能的学习和培训，提高侦查讯问的业务水平和能力。

（4）讯问中应充分利用录音录像、心理测试等科学技术手段。

三、言词类证据的保全

根据言词类证据的特点，应从以下几个方面固定或保护其证明价值。

（一）及时、合法询（讯）问

言词类证据的形成一般分为感知、记忆和陈述三个阶段，只有尽量减少在这三个阶段人为因素的影响，才能有效降低证据失实的风险。事实上，询问人员和

① 参见陈瑞华：《刑事证据法》（第4版），北京大学出版社2021年版，第58-59页。

讯问人员无法控制感知阶段，但可以控制记忆和陈述阶段存在的导致证据失实的因素，就是及时、合法地询问和讯问。具体而言，及时询（讯）问，既可以降低证人或被害人遗忘及受威胁或干扰而虚假陈述的风险，又能减少犯罪嫌疑人思考抗审对策的时间。合法询（讯）问可以防止询（讯）问对象在受胁迫或非理性的情况下作出虚假陈述，同时避免了因非法取证而导致证据被排除的风险。

（二）客观全面记录，规范制作笔录及录音录像

言词类证据以笔录来固定证据内容。笔录是言词类证据的载体，既记载了证人、当事人、被害人和犯罪嫌疑人对案件事实的陈述，又记录了询问或讯问人、询问或讯问的时间、地点、方法、内容等整个取证过程，能反映取证的程序和方法是否合法。因此，客观全面记录，规范制作笔录是固定和保护言词证据的证据能力和证明力的主要方法。

首先，笔录要全面客观记录问答内容，严禁主观取舍，甚至伪造或随意修改问答内容。

其次，要规范制作笔录。结合最高人民法院的司法解释，笔录存在询（讯）问人、被询（讯）问人、其他应到场的人员没有签名，表头空格没有填写或填写有误等问题的，可能影响证据能力。

询（讯）问过程中的录音录像既能固定证人证言、被害人陈述、当事人陈述和口供的证据内容，又能动态形象地反映询（讯）问过程，是固定和保护言词证据证明价值的有效手段。与笔录相比，录音录像对问答内容和问话过程的记录更为全面、细致和客观，既可以作为证明犯罪事实或事件事实的证据，又可以作为证明取证程序和方法是否合法的证据。因此，监狱民警在讯问犯罪嫌疑人、询问被害人、重要事件当事人或证人，应同时进行录音录像。录音录像与问话过程要同步进行，并且保持完整性，不能对录音录像进行剪辑和删减。录音录像光盘原件经询（讯）问人员和被询（讯）问人员确认后，当场装入密封袋，由双方封签，并由被询（讯）问人在封口处骑缝捺指印。

（三）利用实物证据的印证加以固定

与实物证据相比，言词证据失实性和不稳定性较强。反言之，实物证据具有较强的客观性和稳定性。因此，可通过实物证据对言词证据的印证，以达到固定和保护言词证据证明价值的目的。例如，犯罪嫌疑人供述了犯罪事实，侦查人员应将供述与现场勘查笔录、物证、鉴定意见、视听资料等其他证据进行比对，看是相互印证还是存在矛盾。对供述中反映出来的犯罪工具等其他证据，要及时予以收集。通过实物证据来印证言词证据的真实性，可以有效地避免虚假陈述、翻供和翻证，以达到保全言词证据证明价值的目的。

第四节　执法笔录类证据的制作

一、执法笔录类证据的概述

（一）执法笔录类证据的界定

执法笔录类证据是指监狱民警对勘验、检查、辨认、侦查实验、搜查扣押或调查活动依法制作的笔录。“笔录”不仅局限于文字记录，还包括绘图、照片、录音、录像等，它是各种侦查或调查活动实况记录的总称。监狱执法笔录类证据是监狱民警在侦查案件或调查事件中对勘验、检查等调查活动所作的记录，常见的有勘验笔录、检查笔录、辨认笔录、侦查实验笔录、搜查笔录。执法笔录类证据包括但不局限于上述笔录。在监狱执法过程中，除询问笔录、讯问笔录以外的监狱民警对执法活动规范的书面记录都属于笔录类证据，如监清检查笔录、扣押笔录、证据提取笔录等。但从监狱执法实践来看，执法笔录类证据主要是作为狱内刑事案件证据。这是因为监狱民警调查非刑事案件，主要以询问、调取监控资料为主，较少采用现场勘验、检查、辨认等措施，对入监检查、清监检查等活动，大多是以填写检查登记表的形式加以记录，很少制作规范完整的笔录。

除狱内刑事案件外，监狱民警或狱侦人员在调查罪犯重大违纪、死伤、意外事故等事件时，应根据实际情况，综合运用多种调查措施并加以记录，形成笔录类证据，使案件或事件证据更加充分，证据体系更加完善，证明更为有力。在罪犯入监检查、清监检查等日常执法过程中，对特殊情况除填写登记表外，还可制作现场执法笔录，形成规范的执法笔录证据。

（二）执法笔录类证据的价值

1. 可以揭示案（事）件事实真相

勘验、检查、辨认、侦查实验等笔录是由案（事）件最初形成的证据衍生出来的新证据，它通过办案人员或调查人员对与案（事）件有关的人员、场所、物品、人身、尸体进行辨别、指认、勘验、检查情况，以及侦查实验情况的实况记录，起到客观记录案（事）发后现场、物品、人身、尸体等原始情况的作用，为办案人员分析研究案（事）件的时间、地点、行为人、违法犯罪方法、手段等细节，再现案（事）件现场提供重要依据，因而可以证明案件或事件事实。

2. 可以记录和保全其他证据

由于现场、物品、尸体、特定的人身与案（事）件有某种客观联系，常常存留有可能据以了解案（事）件真实情况的各种信息，科学的勘验、检查、辨认、侦查实验等活动能够发现、提取或验证与案（事）件有关的线索和证据，由此形成的各种笔录能够客观全面地记录相关调查活动的过程和结果，因此具有记录和保全其他证据的作用。

3. 可以验证其他证据的真伪

其一，笔录类证据可以证明在勘验、检查、搜查、扣押等活动中发现、提取的物证、书证、视听资料、电子数据的来源，对实物证据具有鉴真作用。因此，审查物证、书证、视听资料和电子数据的真实性和同一性时，都要求审查是否附有勘验、检查、提取等相关调查活动的笔录。

其二，辨认、侦查实验笔录可以证明辨认、侦查实验的过程是否规范，方法是否科学，得出的结论是否科学可靠。因此，可以作为验证其他证据真伪的重要依据。

4. 可以证明勘验、检查等调查活动或执法活动的合法性和规范性

勘验、检查、辨认、侦查实验等调查活动，以及其他执法过程中规范制作的笔录，是对相应调查活动或执法活动的客观记录。因此，既能证明被调查的案件或事件事实，又能证明调查行为或执法行为是否合法规范。

二、执法笔录类证据的制作

（一）勘验、检查笔录

勘验、检查是指侦查人员或调查人员对与狱内犯罪、违规或事故等有关的场所、物品、人身、尸体进行勘查、检验或检查，以发现和收集各种痕迹物品的取证活动。勘验、检查应遵循以下规定：（1）由两名以上侦查人员或调查人员进行。（2）在必要的时候，可以指派或者聘请具有专门知识的人，在侦查人员或调查人员的主持下进行勘验、检查。（3）应当有见证人参加。如果没有符合条件的见证人，应当全程录音录像。（4）检查妇女的身体，应当由女工作人员或者女医师进行。

根据对象不同，勘验、检查笔录可分为场所勘验笔录、尸体检查笔录、物证检查笔录和人身检查笔录等。

勘验、检查笔录包括首部、正文、尾部三个部分。首部包括文书名称，案件发现和（或）报告时间、单位，提起勘验、检查的事由（补充进行勘验、检查的，要说明再次勘验、检查的缘由），勘验时间、地点，勘验、检查在场人员（指挥员、勘验检查人员、见证人的姓名和职务），现场保护情况，勘验现场地理环境、天气情况、光照条件等。正文包括勘验、检查的过程和结论，主要有：现场的具体位置和周围环境，现场内部情况，作案人或行为人在现场遗留的物品

和痕迹，发现提取痕迹物证的方法；现场上的反常情况，被害人受害的情况和财物损失情况，以及勘验、检查的步骤、方法，在勘验过程中对现场和各种痕迹物品有无人为损坏等。若刑事案件现场勘验、检查中进行了尸体的勘验、现场实验、人身检查或搜查，除应单独制作详细记录外，在正文部分也要加以反映。勘验、检查的结论，即对痕迹、物证的处理情况，包括提取物品的名称、数量、标记和特征，采取痕迹的名称和数量，拍摄现场照片和绘制现场图的种类、数量等。尾部包括指挥人员、勘验人员、见证人、记录人的签名和制作单位及时间。

人身检查笔录由首部、正文和尾部组成。首部主要包括笔录名称，检查时间、地点，办案人员姓名、单位，检查人员姓名、单位，被检查人的基本情况，见证人基本情况及检查目的。正文主要记录检查过程和结果。尾部包括参与检查活动的办案人员、检查人员、见证人及记录人签名。

下文为某监狱罪犯故意伤害案件现场勘验、检查笔录：

××案现场勘验检查笔录①

现场勘验单位：××省监狱管理局××监狱狱内侦查科

指派/报告单位：××监区，时间：20××年6月9日8时50分

勘验事由：20××年6月9日8时40分，××监区民警刘××接罪犯范××报警称：××监区罪犯劳动车间内一中年罪犯被打伤。被害人已被送监狱医院抢救，现场地上有血迹，请速派人勘验现场。

现场勘验开始时间20××年6月9日9时05分

现场勘验结束时间20××年6月9日11时10分

现场地点：××监区罪犯劳动车间

现场保护情况：现场已由监区领导安排民警林××、吴××划定保护范围，疏散了无关人员。因抢救伤员，现场有变动。

天气：阴□/晴☑/雨□/雪□/雾□，温度：23℃～25℃，湿度：35%～40%风向：东风3级

勘验前现场的条件：变动现场☑/原始现场□

现场勘验利用的光线：自然光☑/灯光□/

现场勘验指挥人：郑××，单位：××监狱狱内侦查科，职务：科长

现场勘验情况：狱内侦查科科长郑××带领狱内侦查科民警李××、赵×

① 孙延庆、徐为霞、蔡培新：《狱内侦查规范化研究》，法律出版社2019年版，第250－253页。

×，法医陈××，痕迹技术人员孙××，照相人员徐××于9时05分到达现场。

××监区的林××和吴××汇报了案件有关情况：今天早上8时40分，监狱指挥中心接到报警后，就派他们两位到现场。8时42分他们赶到现场时看到一中年罪犯头朝北脚朝南仰面躺在劳动车间地面上，脸上、脖子上、头上都有血，两手有血，一只放在胸前，一只在身体一侧。用手摸被害人脉搏，发现仍有跳动，随即拨打了监狱医院的电话，指挥现场民警将其余罪犯押回牢房，并用警戒带将现场保护起来。3分钟后医生赶来，和监狱民警一起将被害人拉到××医院进行抢救。

经调查得知，被害人张某昏迷不醒，有生命危险。后背有长条状伤痕，脑后部有明显钝器伤，现正在医院抢救。

现场勘验由狱内侦查科科长郑××指挥，由监狱民警李××制作现场勘验笔录，赵××制作现场勘验平面示意图，徐××负责现场照相，并邀请方××、黄××作为现场勘验见证人。

现场位于××监狱××监区的劳动车间内。劳动车间北侧是十二监区的监舍，中间由小围墙隔开；东临罪犯伙房，南面是一个广场，西面挨着一条马路，10m隔离区外是监狱外围墙。劳动车间是单层建筑，高4.5m，面积为$144m^2$。南北两侧各有一个3m×2.1m的双开门。里面规则放置了三路缝纫机，共计24台。

现场血迹位于劳动车间北侧距东墙1m的地上，面积为20cm×15cm。东侧靠近北墙第一台缝纫机下有一块有血迹的红砖头，10cm×4.5cm。东侧靠近南墙1.7米的地上，发现一把非制式白色小刀，刃长5cm，把长6cm。

现场经认真搜查后，未发现其他物证。

现场勘验、检查于6月9日11时10分结束。提取了现场遗留的血迹、现场遗留的带血砖头一块、非制式小刀一把。

现场制图2张；照相25张；录像\分钟；录音\分钟。

现场勘验记录人员：

笔录人：李××（签名）

制图人：赵××（签名）

照相人：徐××（签名）

录像人：

录音人：

现场勘验人员：

本人签名：徐××，单位：××监狱狱内侦查科，职务：技术员
本人签名：陈××，单位：××检察院，职务：法　医
本人签名：孙××，单位：××监狱狱内侦查科，职务：技术员
本人签名：李××，单位：××监狱狱内侦查科，职务：技术员
本人签名：赵××，单位：××监狱狱内侦查科，职务：侦查员
本人签名：郑××，单位：××监狱狱内侦查科，职务：指挥员
现场勘验见证人：方××、黄××
本人签名：方××，性别：男，出生日期：1968.5.7，住址：×市×区×路×号
本人签名：黄××，性别：男，出生日期：1989.3.2，住址：×市×区×路×号

20××年6月9日

（二）辨认笔录

辨认笔录是调查人员为了查明案情，组织被害人、证人、犯罪嫌疑人等对与案件有关的物品、场所、人身、尸体进行辨别和确认活动所形成的笔录。

辨认应遵循以下规定：其一，辨认在侦查人员或调查人员的主持下进行。必须有见证人参加。确实没有见证人的，应当注明情况并对辨认过程进行录像。其二，要个别辨认。几名辨认人对同一辨认对象进行辨认时，应当分别组织辨认。其三，混杂辨认。应当将辨认对象混杂在特征相类似的其他对象中进行辨认。辨认犯罪嫌疑人时，被辨认的人数不得少于7人；对犯罪嫌疑人照片进行辨认的，照片不得少于10张。辨认物品时，混杂的同类物品不得少于5件；对物品的照片进行辨认的，照片不得少于10张。对场所、尸体等特定辨认对象进行辨认，或者辨认人能够准确描述物品独有特征的，陪衬物不受数量的限制。其四，自由辨认。不得在辨认前向辨认人展示辨认对象及其影像资料，不得给辨认人任何暗示。

辨认笔录分为首部、正文和尾部三个部分。首部包括文书的名称，辨认时间、地点、侦查人员基本情况，辨认人和见证人基本情况，辨认对象和陪衬对象基本情况，辨认目的。正文是笔录的核心部分，应如实记录辨认的过程和结论，详细记录辨认人辨认的具体情况和现实条件，辨认的方法和辨认过程中辨认人的态度，辨认结果及辨认人对辨认对象能够识别、确认或不能识别、确认的理由，辨认人对辨认提出的疑义和要求等内容。尾部是参与辨认活动的侦查人员或调查人员、辨认人、见证人和记录人的签名。如某监狱罪犯故意伤害案件中的辨认笔录（见下文）：

辨认笔录①

时间：2016年6月29日10时05分至2016年6月29日10时25分

侦查人员姓名、单位：王××，××监狱狱侦科民警

记录人姓名、单位：赵××，××监狱狱侦科民警

当事人：辨认人祝×，男，52岁，××监狱三监区罪犯

对象：一组不同男性正面免冠照片12张

见证人：魏×，××监狱一监区罪犯

其他在场人员：无

事由和目的：2016年6月25日7时许，三监区出工后，一名罪犯因为生产问题与罪犯吴×洋发生争执，并朝吴×洋脸上打了一耳光，并用头顶吴×洋的肚子。民警张×亮、薛×平阻止后，将这名罪犯叫至车间门口询问原因，这名罪犯不听批评教育，击打薛×平胸部两拳，并将薛×平扑倒在地，致使薛×平右手腕、右脸颊擦伤，监狱民警张×亮、罪犯祝×等阻拦时，这名罪犯咬伤二人手背。被害人祝×看见了该犯罪嫌疑人的面部，能够指认出该犯罪嫌疑人。为此，侦查人员准备了不同男性正面免冠照片12张（其中有本案犯罪嫌疑人照片一张）让辨认人辨认，以确认本组照片中是否有故意伤害案中的犯罪嫌疑人。

地点：××监狱一监区二分监区办公室

过程和结果：侦查人员将事先准备好的不同男性正面照片12张（其中有本案犯罪嫌疑人照片一张），分别编号为1~12号，无规则地排列在一张桌子上。对辨认人说明要求后，在魏×的见证下，将照片提供给祝×进行辨认。

祝×将全部照片认真仔细地看了一遍，然后指出：7号照片上的那个人就是咬伤他的人，办案人员对辨认的过程进行了录音录像，具体内容见××××。

至此，辨认结束。

侦查员：王××

记录人：赵××

辨认人：祝×

见 证 人：魏×

其他在场人员：无

第×页　共×页

① 严庆芳主编：《监狱执法文书制作》，中国政法大学出版社2020年版，第310－311页。

附 辨认照片及名单

辨认照片

1 号照片　　2 号照片　　3 号照片

4 号照片　　5 号照片　　6 号照片

7 号照片　　8 号照片　　9 号照片

10 号照片　　11 号照片　　12 号照片

上述照片中，7号照片上的那个人就是2016年6月25日在三监区咬伤我的人。

祝×（手印）
2016年6月29日

（三）侦查实验笔录

侦查实验是为了查明案情，验证在某种条件下某一事实或现象能否发生、怎样发生及后果如何，在相同或相近的条件下，对该事件进行实验性重演的专门活动，因此所形成的笔录，就是侦查实验笔录。

侦查实验应遵守以下规定：其一，侦查实验必须在侦查人员的主持下进行，且必须经狱侦部门负责人或主管狱侦的领导批准才能进行。其二，侦查实验必须有见证人在场。其三，侦查实验中严禁一切足以造成危险、侮辱人格或有伤风化的行为。其四，侦查实验条件应尽量与原始条件相同或接近。其五，同一实验应反复多次进行。

侦查实验笔录具有首部、正文、尾部三个部分。首部包括名称，案件基本情况，实验开始至结束的时间，实验地点，参与实验的人员情况（包括主持实验的侦查人员的姓名、单位、职务，实验人员、见证人姓名、住址和职业），侦查实验的目的。正文应全面、客观记录实验的过程及结论，主要包括：实验条件，实验材料，实验组织情况，实验种类和次数，实验结论。尾部是参与实验的人员的签名。

（四）搜查和扣押笔录

搜查是指侦查人员依法对与案件有关的场所、物品或人身进搜索与检查的活动。扣押是指侦查人员或调查人员依法强行提取、扣留与案件有关的物品的行为。按照法律规定，搜查应制作笔录，扣押应填写扣押物品清单，共同形成搜查扣押的笔录材料。扣押单独适用时，也可制作扣押笔录。

刑事案件搜查应遵循以下规定：其一，搜查由两名以上的侦查人员进行；必须有被搜查人或见证人在场；搜查妇女身体，应当由女工作人员进行。其二，对监狱以外的物品、人身、场所实施搜查，除紧急情况外，须持搜查证。其三，搜查中发现的与案件有关的物品、文件等应当扣押。对扣押的财物和文件，应当会同在场见证人和被扣押财物、文件的持有人查点清楚，当场开列扣押清单一式三份，一份交给持有人，一份交给证据保管人员，一份附卷备查。

搜查笔录要按规范制作，客观全面记录搜查过程和结果。具体包括：搜查时间，搜查地点，搜查在场人员，搜查对象，搜查事由及目的，搜查过程和结果，侦查人员、记录人、当事人、见证人及其他在场人员签字。扣押物品清单要如实填写扣押物品名称、数量、特征及来源等情况，物品持有人、见证人、保管人和办案人员要签字。持有人不在现场或者拒绝签名的，侦查人员应当在清单中注明。

（五）证据提取或调取笔录

证据提取或调取笔录是侦查人员或调查人员向有关单位或个人提取或调取证据时所做的书面记录。例如，监狱向医院调取罪犯病历材料，向有关单位调取罪犯脱逃沿途录像时应当制作笔录记录和反映证据调取情况等。提取和调取属于取证活动，需要依法实施。提取或调取笔录具有证明证据来源的作用。提取或调取笔录包括提取或调取证据的时间、地点；提取或调取人；证据或物品持有人；证据名称、数量、特征等有关情况；提取或调取的过程和结果；提取或调取、证据持有人签名或盖章。

三、执法笔录的制作要求

（一）格式规范，要件齐全

执法笔录类证据作为一种法律文书，要符合相关的格式规范。笔录要包括侦查或调查的时间、地点、参与人、调查（侦查）过程和结果等内容，尤其是实施侦查或调查活动的办案人员、见证人和其他参与人员，都必须在笔录上签名或盖章。被搜查人员或被扣押物品持有人等拒绝签字的，必须注明原因。参与人签名或盖章是笔录具有证据能力的必要条件。

（二）记录要客观、全面

勘验、检查、辨认、侦查实验等笔录发挥证据作用的基础和前提是其客观记录和反映了勘验、检查、辨认、侦查实验的过程和结果，完整地、客观地呈现了调查活动的全貌。因此，客观、全面记录是制作勘验、检查、辨认、侦查实验等笔录的重要原则。具体要求是：其一，准确、完整地记录有关调查活动的组织情况，即调查活动的背景情况。其中包括：有关调查活动提起的事由；调查活动的起止时间；实施地点；参与活动的人员姓名、单位、职务；其他可能影响调查活动结果的相关条件等。其二，记录顺序与勘验、检查等活动顺序要保持一致。其三，笔录的内容要客观。笔录的内容与实际调查活动中获取的证据要一致，要全面、准确、完整、真实地反映活动过程和结果，不得凭个人的主观判断随意取舍，任意歪曲调查所见的客观事实。其四，绘图、照片、录音、录像与文字记录应一致。

（三）记录要规范

一是笔录语言要符合法律规则，即涉及法律程序或者法律问题时，要使用法言法语。二是笔录语言要符合逻辑规则，即语句通顺、前后一致，无歧义、无矛盾。三是笔录用语要求为书面语，避免口头语，力求通俗易懂、词义准确，不得使用晦涩难懂或模棱两可的语言。四是描述要客观准确，明确具体，避免模糊或歧义语言，如对痕迹物品和伤口的位置、距离、大小、长短和特征进行描述时，应从高度、长度、宽度等方面进行描写，且使用标准计量单位，并精确到厘米，而不能用“很高、很宽、大概、大约、一滩、一大片”等模糊语言记录。五是书写颜色和材料要规范。原则上，笔录中的文字、表格颜色应为黑色，照片可使用彩色；绘图可用红色标注，照片可用红色或黑色标引。笔录应采用具有长期保留性能的笔、墨书写，不得用铅笔、圆珠笔书写。

第五节　鉴定意见的收集与保全

一、鉴定意见的概述

（一）鉴定意见的内涵

鉴定意见是鉴定人运用专门知识或科学技术对案件或事件中涉及的专门性问题进行检测、鉴别、分析和判断所形成的意见。鉴定意见以鉴定意见书为证据载体，在形式上与书证相似。但鉴定意见不是书证，鉴定意见实际上是鉴定人对案件或事件中的专门性问题作出的主观判断，属于言词证据。尽管在西方国家，鉴定意见被称为“专家证言”，但鉴定意见与证人证言并不相同。

1. 鉴定意见是鉴定人的判断性意见

鉴定意见是鉴定人运用专业的知识和技能对案件或事件中相关的人、事、物进行观察、检验、分析等活动的基础上得出的判断性意见。鉴定意见是鉴定人检验、分析后作出的意见，虽然有一定的主观性，但它本质上是一种科学认识活动，这与仅就自己感知的案（事）件事实进行陈述的证人证言有显著区别。

2. 鉴定意见只能针对案（事）件事实所涉及的专门性问题提供意见

鉴定意见是鉴定人对专门性问题作出的评价，它的作用是揭示其他证据材料的证明价值或对其他证据材料的证明价值的评断，仅涉及事实问题，不涉及法律问题。[①] 鉴定意见如果超越鉴定范围和权限，发表关于法律问题的意见应属无效。

① 参见李慧英主编：《证据法学》，西南交通大学出版社2013年版，第109页。

3. 鉴定意见必须以书面形式（鉴定意见书）提出

鉴定意见含有特定的专业术语和科学数据，并具有法定的格式要求即以书面形式（鉴定意见书）提出，不符合关于案（事）件中专门性问题的意见要求的，不能作为证据。当然，如果对鉴定意见有异议，需要鉴定人出庭作证，鉴定人仍应当出庭以口头方式将鉴定意见内容解释清楚。

（二）鉴定意见的类别

根据《关于司法鉴定管理问题的决定》的规定，鉴定可以分为法医类鉴定、物证类鉴定、声像资料类鉴定和其他类鉴定。

法医类鉴定主要是运用法医学专门知识，对尸体和活体及分泌物、排泄物等进行鉴别与判断，以便确定与案件有关的死亡原因、伤害情况、病理状态、精神病状态、劳动能力及毒性反应等，具体包括法医病理鉴定、法医临床鉴定、法医精神病鉴定、法医物证鉴定和法医毒物鉴定。

物证类鉴定是对手印、笔迹、工具物品和痕迹的鉴定，具体包括文书鉴定、痕迹鉴定和微量物证鉴定。

声像资料类鉴定，是运用物理学和计算机学的原理和技术，对录音带、录像带、磁盘、光盘、图片等载体上记录的声音、图像信息的真实性、完整性及其所反映的情况过程进行鉴定，并对记录的声音、图像中的语言、人体、物品作出种类或同一认定。

（三）鉴定意见的作用

1. 鉴定意见是作出客观公正处理决定或裁判的重要依据

鉴定意见拓展和延伸了办案人员的认识能力，是客观全面查明案件事实，正确判定案件或事件性质，分清当事人责任，作出客观公正处理决定或裁判的重要依据。例如，对罪犯死亡原因的鉴定以分清责任，对被害人受伤程度的鉴定以确定事件性质，对嫌疑人精神病鉴定以确定刑事责任能力等。

2. 鉴定意见可以揭示物证与案（事）件事实的关联

鉴定意见可以揭示物证与案（事）件事实的关联，使它们的证明作用得以发挥或更充分地发挥。血迹、手印、工具痕迹、毒物等物证与案（事）件事实的关联性并不明显，无法通过肉眼辨识或判断，只能通过鉴定得以揭示。因而，大多数物证的证明作用往往需要通过鉴定意见才能得以发挥。

3. 可以验证其他证据的真伪

有时，物证、书证、视听资料、电子数据的真实性和同一性无法通过肉眼（辨认）进行识别和判断。例如，白色粉末是否为毒品，笔迹是否有伪造，视听资料和电子数据是否被删改，等等。此时，只有通过鉴定才能判断这些实物证据的真伪，因而鉴定是检验物证、书证、视听资料和电子数据真实性或同一性的重要方式。此外，经审查科学可靠的鉴定意见当然可以检验证人证言、口供等陈述证据的真实性。

鉴定意见在监狱执法过程中运用并不多，主要用于证明罪犯的死亡原因，被害人伤害程度等。当罪犯受伤或死亡时，及时收集相关物证并送检，形成的鉴定意见，是证明事（案）件事实的有力证据。

二、鉴定意见的收集

司法实践中，监狱和当事人为了完成举证责任，获取鉴定意见以证明己方主张，可以聘请或委托具有专门知识的人对案（事）件中涉及的专门性问题进行鉴定。监狱作为委托人应当向鉴定机构递交委托书。委托书的内容包括：简要案情、委托单位、鉴定单位和人员、送检材料、鉴定要求、批准人、送检人等。尽管监狱不是鉴定主体，但监狱收集鉴定材料、委托鉴定、审查鉴定意见等情况，对鉴定意见的证据价值以及使用效果具有重要影响。因此，监狱要做好委托鉴定的工作。

（一）确定鉴定人的资格

根据相关法律的规定，监狱委托的鉴定人需要同时具备下列四个条件：（1）鉴定人必须具有足以解决案（事）件中专门性问题的知识和技能。（2）鉴定人必须与案（事）件及当事人没有利害关系。（3）鉴定人必须是自然人。（4）鉴定人必须是专门机关中从事专门技术工作的人。

（二）规范履行送检手续

监狱委托鉴定时，要按规范制作或填写委托鉴定书，提出鉴定的目的和要求及简要案情，并提供全面、客观、真实的鉴定材料。监狱和鉴定机构应当面清点、检查和核对鉴定材料，办理交接手续，开具材料移交清单。

（三）明确需鉴定的专门性问题

监狱要明确案（事）件中需要鉴定的是什么专门问题，鉴定的专门问题中哪些内容需要给予鉴定意见，并在委托鉴定时向鉴定人予以明确，但不得暗示或强迫鉴定人作出某种鉴定意见。

（四）提交真实充分的检验材料

1. 保证鉴定材料的真实可靠

鉴定材料要源于案件或事件现场，监狱提交的鉴定材料要真实可靠，严禁伪造或变造鉴定材料。要确保鉴定中检材、样本的提取、保管不受污染。倘若送检材料、样本来源不明，或者受污染而不具备鉴定条件，则鉴定意见不得作为定案依据。

2. 鉴定材料要及时提取、妥善保管、及时送检

首先，监狱对案（事）件中发现的物品、痕迹、生物检材等鉴定材料，要及时提取和固定，防止其被毁损或灭失。在提取时应为鉴定材料做好“身份”明细标记以证明其来源。其次，要妥善保管鉴定材料，防止其腐败、变质、变形或污染等。最后，要及时送检。监狱获取鉴定材料后应及时送检，尽量缩短材料提取与鉴定的时间差，防止随着时间推移，鉴定材料因变形、变质、毁损而丧失鉴定条件。

3. 按相关鉴定要求按质按量移送鉴定材料

一是鉴定材料要达到鉴定需要的数量。为使鉴定材料符合数量要求，监狱应与鉴定机关保持联系，在专家的指导下进行相关工作。二是鉴定材料的质量要达到相关鉴定需要标准。鉴定材料的质量是衡量鉴定条件不可忽视的关键性标准，是指在限定的数量中反映的客体特征的清晰程度、真实或准确程度、完整程度、纯净程度及特征数量，有的还包括鉴定材料形成的时间界限等其他情况。鉴定材料质量越高，越能准确地区分不同对象和认定同一，鉴定意见的准确性、可靠性越强。

三、鉴定意见的保全要求

对鉴定机构出具的鉴定意见，监狱要对证据能力和证明力进行认真审查判断后方可作为证据使用。一是审查鉴定意见书格式是否规范、要件是否齐全。二是审查鉴定过程和方法是否符合相关专业的规范要求。必要时，可聘请相关专家辅助审查。三是审查鉴定意见是否明确。四是审查鉴定意见与待证事实是否具有关联性以及关联性大小。

鉴定人员对鉴定材料进行检验鉴定后，应当按照规范的文本格式制作司法鉴定意见书。鉴定意见书既是鉴定人鉴定意见的载体，也是审查鉴定意见是否合法、科学、可靠的主要依据。鉴定意见书一般包括标题、编号、基本情况、检验摘要、检验过程、分析说明、鉴定意见、落款、附件及附注等内容。对于不具备形式要件的鉴定意见，如果采取补充鉴定、鉴定人出庭作证等方法能够补正的，可以作为认定待证事实的根据。但鉴定文书缺少签名或盖章的鉴定意见则不得作为定案的根据。

司法鉴定意见书既是鉴定过程的客观记录，也是鉴定意见作为法定证据的外在表现形式。因此，鉴定意见书的制作要规范严谨。一是加强鉴定意见的说理性，包括要载明鉴定依据，体现鉴定的科学性；要记载鉴定的程序要件，体现鉴定程序的合法性；要分析说明检验结果，体现鉴定意见的正确性。二是使用规范的语言进行表述。要求准确用词，恰当使用专业术语。三是严格遵守司法鉴定

文书格式要求。四是对特征表的具体出处原则上应该全部附图。五是鉴定意见应直接对委托鉴定事项进行明确回答，不能超出委托事项的范围出具鉴定意见。六是司法鉴定意见书应当由司法鉴定人签名。多人参加鉴定，对鉴定意见有不同意见的，应当注明。鉴定意见书应当加盖司法鉴定机构的司法鉴定专用章。对于鉴定意见书，监狱应当妥善保管原件，同时通过复印、拍照等方式进行保全。

第六节　视听资料的收集与保全

一、视听资料的概述

视听资料又称音像资料，是指以录音机、录像机、计算机等科技设备录制的用以证明案（事）件事实的声音、图像、活动画面等影音或影像资料。并非所有以录音录像形式存在的证据都属于视听资料。比如，通过拍摄物品、痕迹、书面文件以记录该证据特征的录像，是对物证、书证进行固定或复制的方式，可以在无法直接提供原物、原件时，经审核真实后证明相关案（事）件事实，但它发挥的仍然是物证、书证的证明作用，因而不属于视听资料；在勘验、检查、辨认等侦查或调查过程中所制作的录像，属于勘验、检查、辨认等笔录的一部分，因而也不属于视听资料；在询问、讯问过程中制作的录音和录像资料，是对证人证言、被害人陈述、当事人陈述和口供的记录和固定方式，本质上仍属于证言、被害人陈述、当事人陈述和口供，因而也不属于视听资料。但是，上述录音录像，如果被用以证明勘验、检查、辨认、询问、讯问等调查活动的合法性，则属于视听资料。例如，讯问中的录像，记录了犯罪嫌疑人供述的内容和讯问的过程。如果用于证明犯罪事实则属于口供，而用于证明讯问程序和方法是否合法时则属于视听资料。

在现代监狱中，视频监控系统较为完备，视听资料来源十分丰富，已成为证明监狱执法事实的主要证据。视听资料是运用科学原理和技术设备记录的声音、图像和活动画面。与依赖人的感知、记忆和陈述形成的言词证据相比，具有较强的客观性，并且除非人为地删除、剪辑，视听资料可以较长久保存，具有相对的稳定性。与物证相比，视听资料具有证明的直观性。视听资料不仅可以通过连续不断的声音和图像将一定时间、空间内发生的客观事实予以记录并准确地展示，甚至还可以将语调、表情、动作及周围的环境背景形象地再现出来，与待证事实的联系较为直观。尤其是记录了事发经过的视听资料，可以作为证明案（事）件主要事实的直接证据，具有较高的证明价值。同时，视听资料的形成、制作、收集和储存都要依赖一定的科学技术和设备，视听资料能否客观真实地反映案（事）件事实受制作的技术和设备、操作人员专业水平、录制环境条件等因素的影响。此外，与物证、书证等实物证据一样，视听资料也会受到人为的伪造和篡改。因此，如果以制作视听资料的方式来固定特定的事实信息，要注意尽量选择性能良好的录制设备、选择恰当的录制角度，创造适宜的录制条件，保证录制人的专业水平等。

监狱执法视听资料的主要来源包括监狱视频监控录像；执法记录仪录像；对罪犯与家属通话和视频会见监听的录音；监听、监控等技术侦查录音录像；现场勘查、询问、讯问等调查活动的相关录像；向其他单位和个人调取的视听资料；刑事案件中搜查、扣押的视听资料，等等。以上视听资料有的内容是交叉或重复的。

二、视听资料的收集

（一）取证人员

狱内侦查中的视听资料由狱侦人员制作、提取或调取。其他狱内执法视听资料由执法民警或调查民警进行收集。取证人员不得少于两人。提取视听资料，必要时可邀请见证人。

（二）取证方式

收集监狱执法视听资料的方式主要有执法民警制作并保存；在狱内监控或监听系统中提取；向其他单位或个人调取；搜查或扣押。

1. 监狱民警制作视听资料

监狱民警在执法过程中，通过执法记录仪记录执法过程，或在讯问中使用摄录像机等专门录制设备录音录像，按执法记录仪使用规范和讯问录像规范实施。执法记录仪使用规范详见本书第六章。讯问录音录像按以下要求制作：讯问开始前，应当做好录音录像的准备工作，对讯问场所及录音录像设备进行检查和调试，确保设备运行正常、时间显示准确。录音录像应当自讯问开始时开始，至犯罪嫌疑人核对讯问笔录、签字捺指印后结束。讯问笔录记载的起止时间应当与讯问录音录像资料反映的起止时间一致。对讯问过程进行录音录像，应当对侦查人员、犯罪嫌疑人、其他在场人员、讯问场景和计时装置、温度计显示的信息进行全面摄录，图像应当显示犯罪嫌疑人正面中景。有条件的地方，可以通过画中画技术同步显示侦查人员正面画面。讯问过程中出示证据和犯罪嫌疑人辨认证据、核对笔录、签字捺指印的过程应当在画面中予以反映。讯问录音录像的图像应当清晰稳定，话音应当清楚可辨，能够真实反映讯问现场的原貌，全面记录讯问过程，并同步显示日期和24小时制时间信息。在制作讯问笔录时，侦查人员可以对犯罪嫌疑人的供述进行概括，但涉及犯罪的时间、地点、作案手段、作案工具、被害人情况、主观心态等案件关键事实的，讯问笔录记载的内容应当与讯问录音录像资料记录的犯罪嫌疑人供述一致。讯问过程中，存储介质空间不足、技术故障等客观原因导致不能录音录像的，应当中止讯问，并视情况及时采取更换存储介质、排除故障、调换讯问室、更换移动录音录像设备等措施。中断讯问的情形消失后继续讯问的，应当同时进行录音录像。侦查人员应当在录音录像开始后，口头说明中断的原因、起止时间等情况，在讯问笔录中载明并由犯罪嫌疑人签字确认。

对监狱录制的视听资料，要制作笔录记录录制人、录制时间、录制过程、录制条件和方法、录制的内容等情况。

2. 提取或调取

对视听资料应尽量提取或调取原件，在原件确实无法取得时，可制作复制件，但必须保证与原件内容一致。监狱民警应按以下步骤和方法提取或调取视听资料：一是准备拷贝、存储工具。大多数监狱执法视听资料无法提取原始存储介质，需要通过下载或拷贝的方式进行提取。因此取证人员要事先准备好移动硬盘、U盘、数据线等工具，并检查性能是否良好，存储设备是否清空。二是出示证件或法律文书。监狱民警向狱外单位或个人调取视听资料的，要出示工作证件和调取证据通知书。三是询问相关人员。要向有关人员询问视听资料制作的相关情况。例如，提取或调取监控或监听系统录制的视听资料，要询问系统管理人员，了解有关设备的性能、安装和运行状况，监控的方向、角度、距离等录音录像的条件等情况。提取或调取手机等设备录制的视听资料，要询问录制人的身份，录制时间、地点、方法、条件，制作目的等能证实视听资料真实可靠性的相关情况。四是要制作提取笔录或证据调取清单，记录提取或调取人员、时间、地点、方法、过程、证据数量等。以复制方式提取或调取视听资料的，要在笔录里写明复制的份数、无法提取或调取原件的原因、复制件制作过程和原件存放地点等。笔录由提取或调取人员、视听资料持有人、见证人签名。调取笔录清单一式三份，一份交被调取单位或个人，一份交证据保管人员，一份连同调取证据通知书附卷备查。提取视频监控录像的，必要时，可制作现场视频分布图，并将视频监控的性质、监控探头的位置、监控方向、盲区等进行仔细的标注。① 对重大事

① 参见杨虹：《试论视频侦查工作流程规范化——兼论视频资料的审查》，载《江西警察学院学报》2019年第4期。

件或案件视听资料的提取或调取，可同步录像。录像的作用与提取笔录或调取清单相似，即用以证明视听资料来源的真实性和取证程序的合法性。

3. 搜查和扣押

在狱内侦查中，对犯罪嫌疑人或其他相关人员持有的能证明犯罪事实的视听资料，要通过搜查或扣押的方式获取。通过搜查、扣押获取视听资料的，应按搜查、扣押的程序规范实施，尤其要规范制作搜查笔录和扣押物品清单以证明视听资料来源的真实性和取证的合法性。必要时可对搜查和扣押过程进行录像。

三、视听资料的保全

视听资料是存储于一定介质上的与待事实相关的声音、图像和活动画面。因此，对视听资料证据价值的保全，既要做好证据载体，即存储介质的保管，防止存储介质被调换、损毁；又要保持与待证事实相关的声音、图像和活动画面等证据内容的原始状态，防止剪辑、增加、删改等情形。为此，应做好以下几点：

（1）选择恰当的方式方法制作、提取视听资料，避免视听资料的真实性、可靠性受录制设备性能、人员专业水平、录制条件、下载或拷贝方法等因素影响，应选择恰当的方式方法制作、提取视听资料。

（2）制作证据载体标签，存储视听资料的光盘、U盘、移动硬盘等证据载体要贴上标签。标签上要写明编号、制作单位、制作人、制作时间、地点、事由或案由、证明对象等内容。

（3）详细规范记录视听资料的来源。为证明视听资料来源的真实性、内容的可靠性和取证的合法性，应规范制作视听资料制作笔录、提取笔录、调取证据通知书、调取清单、搜查笔录、扣押清单等文字材料和取证过程录像。

（4）妥善保管证据载体。要根据证据载体材质特点，采取适宜的保管方式。例如，保存要注意防高温、防潮湿、防灰尘、防剧烈震动、防强光照射，防外界磁场影响，注意保存年限等。

（5）对视听资料的流转进行严格的登记。对视听资料的移交、查看、使用、送检等所有流转环节要进行严格的登记，详细记录流转过程中接触该证据的人、时间、原因等事项。确保证据流转链条的完整性。

第七节 电子数据的收集与保全

一、电子数据的概述

电子数据是指电子计算机、互联网络、移动电话等电子设备所记载的与待证事实有关的数据资料。根据《关于办理刑事案件收集提取和审查判断电子数据若干问题的规定》(以下简称《电子数据规定》)的规定,电子数据是案件发生过程中形成的,以数字化形式存储、处理、传输的,能够证明案件事实的数据。电子数据包括但不限于下列信息、电子文件:一是网页、博客、微博客、朋友圈、贴吧、网盘等网络平台发布的信息;二是手机短信、电子邮件、即时通信、通信群组等网络应用服务的通信信息;三是用户注册信息、身份认证信息、电子交易记录、通信记录、登录日志等信息;四是文档、图片、音视频、数字证书、计算机程序等电子文件。除上述形式外,其他以数字化形式存储、处理、传输的能够证明案件事实的信息也属于电子数据。需要注意的是,以数字化形式记载的证人证言、被害人陈述,以及犯罪嫌疑人、被告人供述和辩解等证据,不属于电子数据。

电子数据与视听资料是两种相互独立又紧密联系的证据形式。一方面,电子数据与视听资料在证据内容和表现形式上存在区别。视听资料是以录音磁带、录像磁带、电影胶片、光盘等作为存储介质的,与待证事实相关的声音、图像和活动画面。电子数据主要是存储于互联网络、通信网络中的信息资料,大多以存储磁盘、存储光盘为存储介质。另一方面,两者又具一定的相似性。广义的视听资料也包括那些存储于互联网络、通信网络中的数据资料。电子数据是从视听资料中分离出来的证据形式。尤其在现代,视听资料更多地以U盘、移动硬盘为存储介质。大多数时候两者的存储介质相同。与此同时,电子数据所存储的内容也可以表现为一些声音、文字、图像,这与视听资料也极为相似。正因如此,电子数据与视听资料在证明力和证据能力方面并没有实质的区别,它们可以适用极为相似的证据规则。[①] 与视听资料一样,电子数据以一定的技术设备为存储载体,其真实性、可靠性受制作、提取设备、人员、方式方法等因素的影响。若制作、提取、存储、保管方式不规范,则可能造成电子数据的失真。同时,电子数据也

① 参见陈瑞华:《刑事证据法》(第4版),北京大学出版社2021年版,第293页。

存在被伪造的风险，较易被删改、增加、剪辑而发生变化。因而，对电子数据的提取、存储和保管要按相关规范实施。

由于监狱职能和环境的特殊性，罪犯使用网络和电子通信设备的行为被严格禁止，电子数据数量相对较少。但电子数据一旦在监管改造过程中出现，仍可能会成为重要的案（事）件证据。最为典型的就是监狱管理防范不严，导致罪犯使用手机实施脱逃、贩毒、诈骗等犯罪行为。此时，电子数据就成为证明犯罪事实的重要证据。例如，在黑龙江讷河监狱的罪犯王某利用手机实施的诈骗、敲诈勒索案中，罪犯与被害人的聊天记录属于电子数据，是证明犯罪事实的重要证据。此外，罪犯和家属通过监狱互通信息，其中有的内容也可能会成为重要的执法证据。例如，罪犯和家属互通信息中所包含的与罪犯改造思想状况相关的内容，可能会成为罪犯日后实施脱逃、自杀行为的动机证据以及减刑、假释裁决中是否“确有悔改表现”的证据；减刑假释的网上公示信息，则可作为证明减刑、假释程序的合法性证据，等等。

二、电子数据的收集

电子数据的取证模式分为“一体收集”和“单独收集”。所谓“一体收集”模式，是指在查封、扣押电子数据原始存储介质时，也实现了对其中存储电子数据的一并收集。“单独收集”模式则是指仅从原始存储介质中提取电子数据，提取后将其存储在其他存储介质中，而并不对原始存储介质予以查封、扣押和移送。[①] 对于存储于计算机、手机等存储介质便于查封的电子数据一般采用“一体收集”；对于存储于网络或存储介质不便于封存的电子数据则多采用“单独收集”模式。于监狱而言，狱内侦查中电子数据的收集，须严格依照《刑事诉讼法》和《电子数据规定》的程序和要求实施；对于其他执法电子数据，则可参照刑事电子数据的收集程序和方法，只要能保证电子数据的真实可靠、与待证事实相关，且不违反法律禁止性规定即可。根据《电子数据规定》的规定，办案人员应当遵守法定程序，遵循有关技术标准，全面、客观、及时地收集、提取电子数据；电子数据涉及国家秘密、商业秘密、个人隐私的，应当保密。

（一）取证主体

收集、提取刑事案件的电子数据，应当由两名以上侦查人员进行。取证方法应当符合相关技术标准。由于电子数据具有较高的科技含量，因此要求取证主体既要有取证权，又要有相关专业技术。因此，理论上应由具有专业技术的侦查人

① 参见谢登科：《电子数据的取证主体：合法性与合技术性之间》，载《环球法律评论》2018年第1期。

员收集电子数据。实践中，由狱侦人员和具有专业知识的技术人员共同完成，狱侦人员一般负责对电子数据所处场所或人身的勘验、检查、搜查，以及对电子数据存储介质的扣押工作。专业技术人员负责对电子数据的提取和分析。其他执法电子数据由监狱执法民警或调查人员采用打印、拍照、录像等方法加以固定收集，必要时可聘请具有专业知识的技术人员协助完成。

（二）电子数据的收集方法

监狱执法中电子数据的来源主要包括监狱向有关单位和个人调取；通过搜查、扣押原始存储介质获取；在监狱监控监听系统或相关网页中提取等。根据《电子数据规定》的规定，电子数据的取证规则是以扣押原始存储介质为原则，以提取电子数据为例外，以打印、拍照、录像等方式固定为补充。

1. 扣押、封存原始存储介质

为了保证电子数据的完整性，收集、提取电子数据，能够扣押电子数据原始存储介质的，应当扣押、封存原始存储介质，并制作笔录，记录原始存储介质的封存状态。封存电子数据原始存储介质，应当保证在不解除封存状态的情况下，无法增加、删除、修改电子数据。封存前后应当拍摄被封存原始存储介质的照片，清晰反映封口或者张贴封条处的状况。封存手机等具有无线通信功能的存储介质，应当采取信号屏蔽、信号阻断或者切断电源等措施。

2. 直接提取数据

在无法扣押封存原始存储介质的情况下，可以直接提取电子数据。这些情形主要包括：原始存储介质不便封存的；提取计算机内存数据、网络传输数据等不是存储在存储介质上的电子数据的；原始存储介质位于境外的；其他无法扣押原始存储介质的情形。对于原始存储介质位于境外或者远程计算机信息系统上的电子数据，可以通过网络在线提取。为进一步查明有关情况，必要时，可以对远程计算机信息系统进行网络远程勘验。进行网络远程勘验，需要采取技术侦查措施的，应当依法经过严格的批准手续。无法扣押原始存储介质而直接提取电子数据，应当在笔录中注明不能扣押原始存储介质的原因、原始存储介质的存放地点或者电子数据的来源等情况，并计算电子数据的完整性校验值。

3. 打印、拍照、录像

由于客观原因无法或者不宜通过扣押、封存原始存储介质或直接提取的方式收集、提取电子数据的，可以采取打印、拍照或者录像等方式固定相关证据，并在笔录中说明原因。

4. 制作相关笔录

无论以何种方式收集电子数据，均须附收集证据的相关笔录，证实电子数据来源的真实性和可靠性。其中，调取电子数据需要制作调取证据通知书、调取证据笔录、调取证据清单；通过搜查、扣押收集的，要制作搜查笔录、扣押清单、电子数据提取笔录；在监控或监听系统或相关网页中提取的，要制作提取笔录等。电子数据提取笔录要记录案由、对象、内容、收集和提取电子数据的时间、地点、方法、过程，并附电子数据清单，注明类别、文件格式、完整性校验值等，并由取证人员、电子数据持有人（提供人）在笔录上签名或者盖章；电子数据持有人（提供人）无法签名或者拒绝签名的，应当在笔录中注明，由见证人签名或者盖章。有条件的，应当对相关活动进行录像。收集、提取电子数据，应由符合条件的人员担任见证人。由于客观原因无法由符合条件的人员担任见证人的，应当在笔录中注明情况，并对相关活动进行录像。

三、电子数据的保全

对电子数据的保全同样是对电子数据证据能力和证明力的保护。为了保护电子数据的真实性、关联性和合法性，需要做到以下几点：

（1）证明电子数据来源的真实性和取证的合法性。由两名以上的侦查人员或执法民警收集或提取电子数据；由符合条件的人员担任见证人；通过规范制作收集或提取的相关笔录或清单，以证明电子数据的来源及收集、提取的程序和方法；对收集、提取活动进行录像。

（2）保护电子数据的完整性。电子数据的完整性是指电子数据从生成、存储、提取、保管、移送直至用以证明待证事实的整个过程均保持原状，不存在加工、删改等篡改情况。完整性是电子数据具有真实性的重要指标。由于电子数据具有脆弱性，易被篡改，被篡改过的电子数据将全部或部分失去证明力。因此，在收集和提取电子数据时，应当采取以下一种或者几种方法保护电子数据的完整性：扣押、封存电子数据原始存储介质；计算电子数据完整性校验值；制作、封存电子数据备份；冻结电子数据；对收集、提取电子数据的相关活动进行录像；其他保护电子数据完整性的方法。

（3）加强电子数据的保护和保管。除上述保护电子数据完整性的措施外，还应当从以下方面加强对电子数据的保护和保管。一是使用合适的介质存储提取的电子数据。二是在使用过程中做好病毒防范措施，防止电子数据丢失。三是加强电子数据流转登记。对电子数据的查询、移交、使用、送检等流转环节进行严格管理和登记，确保保管链条的完整性。四是对光盘等存储介质进行写保护。五是妥当保管电子数据存储介质。电子数据存储介质应由专人保管或交证据保管室保管；要妥当保存，做好防火、防潮、防强震等措施。

第四章

监狱重大执法事项证据保全

第一节　罪犯死亡事件证据保全

近年来，监狱不断规范刑罚执行工作，强化罪犯医疗保障，罪犯狱内死亡率呈逐年下降趋势，但罪犯狱内死亡问题的处理难度却日益增大，给社会和谐、监狱稳定和监狱形象造成严重的负面影响，成为影响监狱安全稳定的重要因素之一。监狱在处置罪犯死亡事件时，呈现出处置依据不充分、打击力度不足、防控条件较差等突出问题。为规范处置罪犯狱内死亡引发的问题，监狱要强化证据思维，不断完善罪犯死亡的证据保全工作，注重利用证据说话，通过解读相关法律、法规和政策，建立完善多元化矛盾化解制度，妥善解决罪犯死亡引发的各种问题。

一、罪犯死亡事件界定

《最高人民检察院、司法部、民政部监狱罪犯死亡处理规定》第 2 条规定："罪犯死亡分为正常死亡和非正常死亡。正常死亡是指因人体衰老或者疾病等原因导致的自然死亡。非正常死亡是指自杀死亡，或者由于自然灾害、意外事故、他杀、体罚虐待、击毙以及其他外部原因作用于人体造成的死亡。"一般来讲，监狱内罪犯正常死亡的数量要大于非正常死亡。以北京市某传染病监狱为例，自 2003 年至 2015 年，该监狱累计死亡罪犯 35 人，其中 1 人为自杀死亡，1 人为保外就医期间因病死亡，2 人为监外执行期间因病死亡，1 人为押回再审被执行死刑，27 人为肺结核、肝炎、艾滋病导致的脏器功能衰竭等最终救治无效死亡，

3人为突发心源性猝死等急症经抢救无效死亡。[①] 上述数据表明，正常死亡33人，占比94%；非正常死亡只有两人，占比6%，分别是自杀和执行死刑。

（一）罪犯正常死亡

正常死亡又称“自然性死亡”[②]，在法庭科学中被称为“非暴力性死亡”。正常死亡的原因有两种：一种是疾病死（病死，包括猝死），另一种是衰老死（老死）。

1. 罪犯因病死亡

罪犯正常死亡事件主要是由罪犯内在健康原因导致的疾病死，如突发急病、心肌梗死、脑出血引起的猝死，身患各种疾病或疑难杂症，医治无效最终死亡，还包括因病在监狱内、送医途中、住院治疗过程中死亡等。依据监狱的作为情况可以将罪犯因病死亡分为三种情形。

第一种：监狱民警认真履职，罪犯单纯性因病死亡。罪犯因病猝死或罪犯患病后，监狱采取积极治疗措施，因医治无效死亡等。

第二种：监狱民警不履职尽责，罪犯单纯性因病死亡。罪犯患病后，监狱民警不在岗或在岗不履职或在岗不正确履职等导致延误治疗，错过抢救时机或时间太久病情恶化最终死亡。

第三种：监狱民警滥用职权，罪犯非单纯性因病死亡。由于监狱民警体罚虐待罪犯，诱发原有疾病的急性发作导致因病死亡。

2. 罪犯衰老死亡

根据目前的研究，影响人体衰老有三种因素：端粒缩短、DNA损伤、自由基。人类之所以会衰老，从人体的角度来看，是因为人体内的细胞发生病变、老化、癌化，导致身体细胞不能正常工作，所以人类的身体机能会随着年龄的增加而衰退，最终走向死亡。监狱服刑罪犯，特别是长刑犯和老年犯，由于在监狱服刑时间长，随之年龄的增大，有的罪犯可能会衰老而在监狱内自然死亡。

（二）罪犯非正常死亡

非正常死亡又称“非自然性死亡”或“暴力性死亡”。导致非自然死亡的常见原因有：机械性损伤、机械性窒息、中毒、电击、高低温、饥饿、劳累等。非自然性死亡的方式有自杀、他杀、意外以及特殊类死亡（如战争死、处决死和安乐死）四种。在法庭科学中死亡原因、死亡性质、死亡方式都是重要概念，

---

① 参见姚洪学：《提升监狱处置罪犯因病死亡事件能力研究》，载《首都监狱与戒毒》2015年第3期。

② 在自然科学领域，一个生命体的生、老、病、死是自然规律，遵循此规律的死亡，被称为“自然性死亡”。

应加以区分。死亡原因的确定多需通过法庭科学鉴定加以明确；死亡性质的判明是分清罪与非罪的根据，是刑事案件立案侦查的基础。死亡性质、死亡方式的确定需要通过调查、侦查，综合现场、案情和鉴定情况加以确定。罪犯的非正常死亡包括自杀死亡、事故死亡、自然灾害死亡、他杀死亡、惩罚性死亡等，下面分述之：

1. 自杀死亡

自杀死亡，是指有意采取毁灭自我的行为，并导致了死亡的结果。自杀可分为情绪性自杀和理智性自杀两类。实践中，罪犯自杀多为情绪性自杀。情绪性自杀是处于窘境的罪犯，由悔恨内疚、羞愧委屈、激愤或赌气等多种情绪状态引发的自杀，情绪性自杀进程比较迅速，发展期短，有时呈现出冲动性或突发性，不择时间、地点和手段。理智性自杀是罪犯根据自身的刑期和身体状况，家庭及亲朋关系，经过一段服刑时间的体验，对自己现在活着及刑满之后活着的意义进行充分考虑之后，逐渐萌发了自杀的意向并理智性实施自杀计划，选择好时间、地点及自杀手段，事先立下遗嘱处理好后事。这类蓄意的自杀进程较慢，发展期较长，但意志坚定。[①] 罪犯自杀还可以区分为：主动性自杀和诱发性自杀。主动性自杀是指单纯因罪犯个人原因，如患抑郁症、愧疚亲情、疾病缠身、对生活失去信心等而自杀死亡。诱发性自杀是指因监狱民警管理粗暴，或他犯欺侮，致使罪犯选择以自杀这一极端方式寻求解脱。

案例辅读

罪犯雷某，因故意杀人被判处无期徒刑，因刑期漫长缺乏继续生活下去的勇气，在看守所关押期间就有自杀倾向，到监狱服刑以后，监区将其列为重点控制对象，但该犯仍然于2011年10月22日5时45分左右将车间加工牛仔裤边料挂在监舍卫生间的铁护窗栏上上吊自尽。

2. 事故死亡

事故死亡，包括生产和生活过程中罪犯遭遇事故引发的死亡。参照《工伤保险条例》第14条的规定，罪犯在生产过程中的事故死亡包括：（1）在生产时间和生产场所内，因生产劳动原因受到事故伤害死亡的；（2）生产时间前后在生产场所内，从事与生产有关的预备性或者收尾性工作受到事故伤害死亡的；（3）在生产时间和生产场所内，因履行工作职责受到暴力等意外伤害死亡的；（4）患职业病死亡的；（5）法律、行政法规规定应当认定为事故死亡的其他情形。生活事故死亡，如罪犯因食物中毒、医疗事故、意外滑倒等导致的死亡。

① 参见雷世章、周何：《狱内罪犯自杀防控》，载《安徽警官职业学院学报》2014年第5期。

案例辅读

2009 年 4 月 16 日下午 5 时 20 分，云南省某监狱劳动现场，当监狱民警下达收工指令后，大部分罪犯已经排好队，而罪犯刘某却爬坐到一台混砂机中部的连接处，与另一名罪犯刀某聊天，要求刀某帮他写信回家。其间，另一名罪犯王某错把混砂机的电闸当作筛砂机合上。混砂机启动后，罪犯刘某被甩进机器。王某听到刀某的喊声后，立即关闭电闸，但跌入混砂机的刘某已被机器严重挤压。刘某被迅速送至市第二人民医院，最终抢救无效身亡。刘某死亡后，尸体一直冷冻在市殡仪馆。家属一方面对监狱给出的死亡原因表示质疑，另一方面提出了巨额的经济赔偿要求。最后，监狱一次性补偿刘家 5.6 万元后，尸体才得以火化。

3. 自然灾害死亡

地球上的自然变异，包括人类活动诱发的自然变异，无时无地不在发生。当这种变异给人类社会带来危害时，即构成自然灾害。我国国土空间上常见的自然灾害种类繁多，主要包括洪涝、干旱灾害，台风、冰雹、暴雪、沙尘暴等气象灾害，火山、地震灾害，山体崩塌、滑坡、泥石流等地质灾害，风暴潮、海啸等海洋灾害，森林草原火灾和重大生物灾害等。自然灾害死亡，是指因不可抗拒或不可预知的原因，如地震、地陷、雷电、溺水、台风等自然灾难而导致的罪犯死亡。

4. 他杀死亡

他杀与自杀相对，包括故意杀人、过失杀人和故意伤害致死三种。在监狱中，故意伤害致死占比最大。监狱内的他杀主要表现为直接由监狱民警或罪犯或其他人（如职工、外协人员等）实施行凶行为而导致的罪犯死亡，如遭受殴打、虐待、投毒等而死亡。监狱内有形形色色的罪犯，有些罪犯为了树立威信，对不服从自己的罪犯施以下马威，单独或纠集其他罪犯对其进行殴打虐待；还有个别罪犯在得到管教民警认可后，利用自己手中分配工作的便利，欺压其他罪犯。长期的矛盾积累，必然逼迫一些罪犯走向极端。有人被欺压虐待致死，有人不堪忍受自寻绝路，有人则鱼死网破，同归于尽。高墙电网内罪犯情绪极不稳定，打架斗殴时有发生。有些暴力型罪犯自身人格存在缺陷，极易引发肢体冲突，导致他犯死亡。① 个别管教民警工作方式过于简单粗暴，管教理念落后，通过体罚虐待来教育不服从管理的罪犯，也有可能导致罪犯死亡。

---

① 参见王顺明：《监狱内罪犯非正常死亡的法律救济研究》，内蒙古大学 2018 年硕士学位论文，第 3 页。

案例辅读

2009年12月21日晚，某监狱三监区二分监区原指导员王某，以在押罪犯江某不服管教为由，对其实施殴打致其死亡。事后，法院一审判处监狱民警王某有期徒刑14年，剥夺政治权利3年。案发后，监狱为此已向死者近亲属支付75万元的国家赔偿金，死者近亲属未在法庭上再追究王某的相关民事责任。①

5. 惩罚性死亡

惩罚性死亡，是指罪犯因实施行凶、脱逃、越狱、暴动、劫持人质等严重犯罪行为被当场依法击毙或因爬围墙摔死、触电网死亡或被执行死刑等情况。

目前，狱内罪犯死亡主要以“因病死亡”这一形式为主，有的单位占比高达90%以上。在责任追究中，监狱一直将“自然灾害死亡、惩罚性死亡”视作“正常死亡”来对待，不承担过错责任。

二、罪犯死亡事件的处理

（一）罪犯死亡事件的处理程序

1. 罪犯死亡报告、通知

《最高人民检察院、民政部、司法部监狱罪犯死亡处理规定》第5条明确规定，罪犯死亡后，监狱应当立即通知死亡罪犯的近亲属，报告所属监狱管理机关，通报承担检察职责的人民检察院和原审人民法院。死亡的罪犯无近亲属或者无法通知其近亲属的，监狱应当通知死亡罪犯户籍所在地或者居住地的村（居）民委员会或者公安派出所。通知罪犯的近亲属尽可能采取最快捷的方式通知（如电话），在无法及时通知到家属的情况下，再按照罪犯入监登记时提供的家庭住址、成员寄发罪犯死亡通知书。此外，罪犯因病住院，在医院下达了病危通知后，监狱也应按前述方式及时通知罪犯家属前往监狱看望。

罪犯死亡后，监狱、人民检察院应当按照有关规定分别层报司法部、最高人民检察院。

2. 罪犯死亡调查

罪犯死亡事件发生后，监狱应立即成立调查处理小组，对罪犯死亡事件进行调查取证。调查处理小组第一时间对罪犯死亡的现场进行保护，及时现场勘查勘验，检查尸表，对尸体进行拍照并录像，登记封存死亡罪犯的遗物；调取有关谈话录音录像和监狱实施救治、抢救过程的一切资料，做好原始证据的固定工作；对了

① 《湘南监狱狱警打死犯人一审获刑十四年》，载新浪网，http://news.sina.com.cn/s/2010-11-18/104321493495.shtml。

解罪犯死亡过程和同监舍的相关人员进行询问调查、做好笔录等；通过全面调查，以充分的证据还原死亡的客观过程，形成完整的证据链条，全面证明死亡原因。

（1）监狱调查。罪犯死亡后，对初步认定为正常死亡的，监狱应当立即开展以下调查工作：其一，对罪犯死亡的现场进行保护、勘验并以笔录、拍照、录像等方式对死亡现场进行证据固定。其二，展开调查询问。对死亡罪犯同监室的罪犯进行询问，必要时分散或者异地分散关押同监室罪犯并进行询问；对收押、监控、管教等岗位可能了解死亡罪犯相关情况的监狱民警以及医生等进行询问调查。其三，封存录像。首先要封存、查看罪犯死亡前15日内原始监控录像，其次封存监狱实施救治、抢救罪犯过程的一切音视频资料。其四，收集相关书证。包括封存、查阅收押登记、入监健康和体表检查登记、管教民警谈话教育记录、禁闭或者戒具使用审批表、就医记录等可能与死亡有关的台账、记录等。其五，检验尸体，鉴定死因。监狱要及时委托法医进行尸体检验和死因鉴定。法医要仔细查验尸表，对尸体进行拍照并录像，并根据尸体检验进行死亡原因鉴定。其六，登记、封存死亡罪犯的遗物。

监狱调查工作结束后，应当作出调查结论，并通报承担检察职责的人民检察院，通知死亡罪犯的近亲属。人民检察院应当对监狱的调查结论进行审查，并将审查结果通知监狱。

（2）检察院调查。人民检察院接到监狱罪犯死亡报告后，应当立即派员赶赴现场，开展相关工作。具有下列情形之一的，由人民检察院进行调查：罪犯非正常死亡的；死亡罪犯的近亲属对监狱的调查结论有疑义，向人民检察院提出，人民检察院审查后认为需要调查的；人民检察院对监狱的调查结论有异议的；其他需要由人民检察院调查的。

人民检察院在调查期间，监狱应当积极配合，并提供便利条件。人民检察院调查结束后，应当将调查结论书面通知监狱和死亡罪犯的近亲属。

3. 罪犯尸体尸检鉴定

罪犯死亡后，监狱第一时间作出反应，启动罪犯死亡处置预案，迅速向当地检察院报告，协助检察院查明原因，依法处理。不管死因如何，罪犯尸检一般由监狱或人民检察院组织进行。监狱、人民检察院委托其他具有司法鉴定资质的机构进行尸检的，应当征求死亡罪犯的近亲属的意见；死亡罪犯的近亲属提出另行委托具有司法鉴定资质的机构进行尸检的，监狱、人民检察院应当允许。

尸检时，应当通知死亡罪犯的近亲属到场，并让其在解剖尸体通知书上签名或者盖章。法医对罪犯家属的现场解释是很关键的环节，因为大多数人对尸体的尸斑、排泄物、口分泌物等状态不清楚或不理解，在法医的现场科学解释答疑后，罪犯家属多数会接受死亡鉴定。对死亡罪犯无近亲属或者无法通知其近亲属，以及死亡罪犯的近亲属无正当理由拒不到场或者拒绝签名或者盖章的，不影响尸检，但是监狱或者人民检察院应当在解剖尸体通知书上注明。

对罪犯尸体进行尸检鉴定时，尸体解剖过程进行全程录像，并邀请与案件无关的人员或者死者近亲属聘请的律师到场见证。对个别犯属对监狱和检察机关的质疑，监狱和检察院根据《监狱罪犯死亡处理规定》，告知其可另行委托具有司法鉴定资质的机构进行尸检，居中鉴定。

监狱或者死亡罪犯的近亲属对人民检察院作出的调查结论有异议、疑义的，可以在接到通知后3日内书面要求作出调查结论的人民检察院进行复议。监狱或者死亡罪犯的近亲属对人民检察院的复议结论有异议、疑义的，可以向上一级人民检察院提请复核。人民检察院应当及时将复议、复核结论通知监狱和死亡罪犯的近亲属。鉴定费用由组织鉴定的监狱或者人民检察院承担。死亡罪犯的近亲属要求重新鉴定且重新鉴定意见与原鉴定意见一致的，重新鉴定费用由死亡罪犯的近亲属承担。

罪犯死亡原因确定后，由监狱出具死亡证明。

4. 善后处置

（1）同罪犯家属进行沟通。监狱应成立罪犯死亡善后小组，选派狱政管理、医疗卫生、政策法规和协调能力强的监狱民警进入善后小组，明确职责，发挥“一把钥匙开一把锁”功能。在接待过程中，规范接待，全程录音录像。参与处理的人员要把握好尺度，避免矛盾的升级；地点尽量在监狱接待室（接待室事先安好监控）与罪犯家属开展沟通、解释，不要选在领导办公室或招待所、食堂。罪犯在监狱医院就医、抢救的过程视频和病历资料是罪犯在监狱因病死亡的重要证据，领导小组审核后适时提供给罪犯家属和驻狱检察室，增强家属信任，减少家属不必要的猜疑。①

案例辅读

罪犯杨某因患有高血压，经监狱局审批为病犯。某日下午4时在监舍与同犯打牌从座位站起，突然不适，即被监区送往仅百余米的监狱总医院诊治观察，其间杨某伴有呕吐，经抢救无效猝死（心肌梗死）。杨某猝死的次日下午其数位亲属来监狱，除要求进行尸检（医疗事故鉴定）外，还提出为死者购置“墓地”，一切费用由监狱承担等无理要求。对此，监狱在进行说服、解释工作的同时，由救治的医生向亲属介绍和解释杨某诊治和抢救情况，同时调阅了该犯在监舍内发病的监控图像、相关病历等，说服亲属，拒绝无理要求，历时12天的工作，亲

① 参见阳坤杰：《浅谈罪犯正常死亡的善后处理》，载《四川监狱》2015年第2期。

属放弃所有要求，同意尸体火化。①

监狱可以建议罪犯家属请律师，积极引导罪犯家属走法律途径解决问题。善后处理小组要耐心细致地向罪犯家属讲明罪犯死亡处理程序。根据罪犯家庭情况，结合监狱工作实际，坚持以人为本原则，监狱可以适当考虑提供困难补助金，化解矛盾。如家属不服监狱解释，监狱应告知罪犯家属可以申请国家赔偿或是走诉讼程序，而且不收取任何诉讼费用，打消罪犯家属打官司花钱的顾虑。如果罪犯家属在监狱采取围攻闹事等极端行为，监狱要及时向监狱和罪犯家属所在地公安、信访、维稳办、驻狱检察室等部门联系，争取地方支持，协助监狱做好善后工作。

（2）罪犯尸体、遗物处理。罪犯死亡后，经过调查和与罪犯家属沟通，人民检察院、死亡罪犯的近亲属对监狱的调查结论无异议、疑义的，监狱应当及时火化尸体。监狱、死亡罪犯的近亲属对人民检察院调查结论或者复议、复核结论无异议、疑义的，监狱应当及时火化尸体。对经上一级人民检察院复核后，死亡罪犯的近亲属仍不同意火化尸体的，监狱可以按照国家有关规定火化尸体。

除法律、法规另有特别规定外，罪犯尸体交由就近的殡仪馆火化处理。监狱负责办理罪犯尸体火化的相关手续。殡仪馆应当凭监狱出具的死亡证明和火化通知书火化尸体，并将死亡证明和火化通知书存档。尸体火化自死亡原因确定之日起 15 日内进行。尸体火化前，监狱应当将火化时间、地点通知死亡罪犯的近亲属，并允许死亡罪犯的近亲属探视。死亡罪犯的近亲属拒绝到场的，不影响尸体火化。尸体火化时，监狱应当到场监督，并固定相关证据。尸体火化后，骨灰由死亡罪犯的近亲属在骨灰领取文书上签字后领回。对尸体火化时死亡罪犯的近亲属不在场的，监狱应当通知其领回骨灰；逾期 6 个月不领回的，由监狱按照国家有关规定处理。

死亡罪犯的近亲属要求延期火化的，应当向监狱提出申请。监狱根据实际情况决定是否延期。尸体延长保存期限不得超过 10 日。死亡罪犯的近亲属无法参与罪犯死亡处理活动的，可以书面委托律师或者其他公民代为参与。死亡罪犯尸体接运、存放、火化和骨灰寄存等殡葬费用由监狱支付，与殡仪馆直接结算。死亡罪犯系少数民族的，尸体处理应当尊重其民族习惯，按照有关规定妥善处置。死亡罪犯系港澳台居民、外国籍及无国籍人的，尸体处理按照国家有关法律、法规的规定执行。死亡罪犯的遗物由其近亲属领回或者由监狱寄回。死亡罪犯的近亲属接通知后 12 个月内不领取或者无法投寄的，按照国家有关规定处理。

① 王毅、余飞：《〈监狱法〉关于罪犯狱内死亡处置规定之完善建议》，载《犯罪与改造研究》2014 年第 5 期。

监狱应当将死亡罪犯尸体和遗物处理情况记录在案，并通报承担检察职责的人民检察院。

下图为罪犯死亡处理工作流程图（见图4－1－1）。

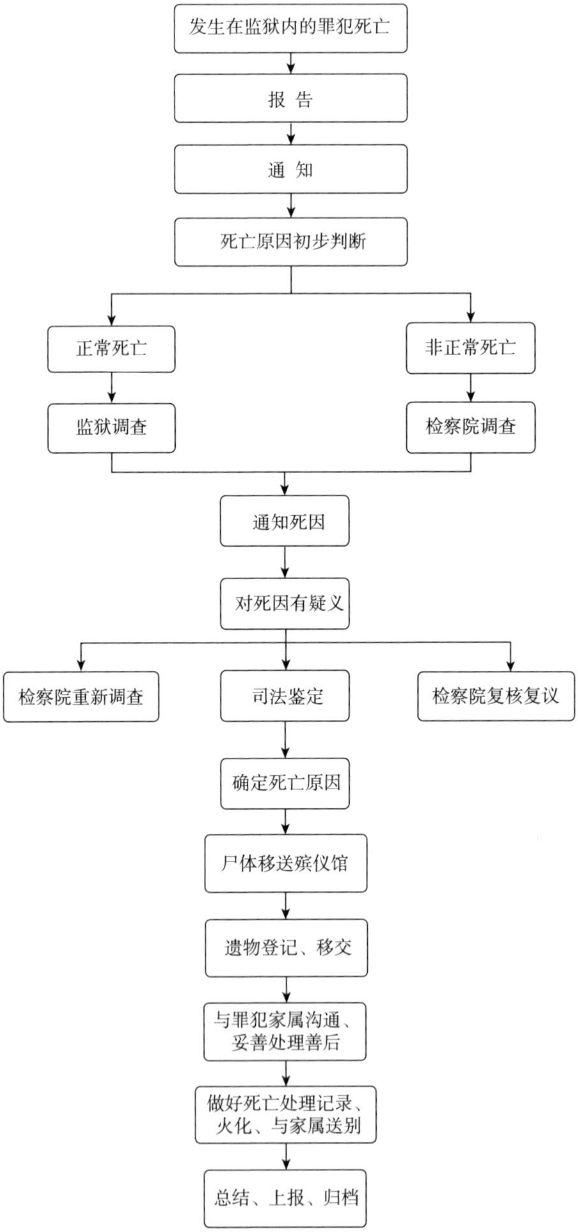

图4－1－1　罪犯死亡处理工作流程

（二）罪犯死亡事件处理的难点

罪犯服刑期间死亡而引发的罪犯家属与监狱之间的矛盾纠纷，是当前监狱执法工作的难点之一。实践中，罪犯死亡事件处理的难点包括以下几点。

1. 纠缠死因

罪犯死亡后，死因是善后处置中首先要查明的问题。监狱在通知罪犯家属时，死因可能并未最终查明。此时，罪犯家属在悲伤情绪和意外感觉的作用下，就可能产生多种猜疑，如是不是被殴打、虐待致死，是不是患病不给治疗，是不是监狱管理不当，是不是监狱民警不履职尽责等。罪犯家属的一系列死因质疑是诱发其与监狱产生矛盾的根本原因。

其一，罪犯死亡突发，加上监狱管理的封闭性，导致罪犯家属对监狱给出的死亡原因产生怀疑。罪犯家属往往在罪犯死亡事件的认识上先入为主，怀疑罪犯是因监管人员粗暴执法致死，或者有病不能及时医治而死。由于监狱机关的特殊性，罪犯亲属对监狱的执法环境、执法程序相关法律法规不了解或不甚了解，往往凭自己对社会上相类似的问题的了解和理解，对罪犯的死因持怀疑态度，质疑或主观否定监狱医院出具的死因。

其二，有些罪犯死亡原因查明困难，需要法医鉴定认定死因。实践中，在监狱服刑时间较长的罪犯，大多有慢性疾病，如心脏病、冠心病、脑血管疾病、糖尿病等。这些疾病在特定外部环境影响下，容易引起猝死。猝死是由于机体潜在的疾病或重要器官急性功能障碍导致的突然意外死亡。世界卫生组织规定猝死发生的经过时限，即从发病到死亡的时间限定为1小时之内。但在法医学实践中也常见猝死发生的经过时间仅有几十秒，又称为即时死，或时间超过1小时的。[①]由于猝死者常貌似“健康”，并没有预兆或仅表现为一些非特异性的症状而发生突然死亡，常引起怀疑，因此法医学实践中需要进行系统尸体解剖、毒物筛查，并结合有关案情进行死因鉴定。但目前某些疾病所致的猝死因缺乏特征性或明确的病理形态改变，或现有的技术手段尚未用于法医病理学死因鉴定实践中，某些猝死的原因认定成为法医鉴定工作的难点。猝死可分为心源性猝死和非心源性猝死两类。由于猝死是一种非常复杂的医学现象，死亡原因较难快速认定。发生罪犯猝死后，在死亡性质未确定前通知罪犯家属，容易引发家属的猜疑。罪犯死亡性质不明，监狱无法确定是否报告给人民检察院，可能丧失处理罪犯死亡事件、及时安抚罪犯家属的最佳时机。有的地方性法规如内蒙古自治区司法厅、内蒙古自治区人民检察院、内蒙古自治区公安厅、内蒙古自治区民政厅联合发布的

① 参见陈忆九、刘宁国主编：《疑案探秘——〈法医学杂志〉30年经典案例集萃与评析》，上海科技教育出版社2017年版，第316页。

《监管场所被监管人员死亡处理办法》规定，监管场所发生被监管人员由于身体潜在的疾病或重要器官急性功能障碍导致的意外的突然死亡是猝死，一般应当先被列为非正常死亡处理，在确认死因系因病猝死之后，重新归为正常死亡。[①] 内蒙古自治区的这一规定有效解决了罪犯死亡原因不明时的报告问题。

其三，罪犯家属在利益驱使下，刻意质疑死因来索要赔偿。由于死因鉴定的专属性、罪犯身份的从属性，死者家属对死亡原因持合理的怀疑态度是正常的。但有些罪犯家属为了在善后处理中谋得最大利益，刻意从影响最坏的死因上进行质疑和指证，如将正常死亡质疑为非正常死亡，将自杀死亡质疑为是监狱民警体罚虐待致死或他犯故意伤害致死等。

案例辅读

罪犯李某患有轻度精神发育迟滞，伴有B型糖尿病，服刑的18个月中因病先后至医院就诊31次，某日晚上8时在住院期间因抢救无效死亡。次日上午其亲属发现李某的脚踝处有破损（系因李某有自伤行为所致），就声称系被监狱虐待不治致死，同时对驻监检察部门“经检察未发现李某非正常死亡的迹象，不启动尸体解剖等非正常死亡监督工作程序”的答复不予认可，对提出“赔偿”要求未果后，纠集“族人”4次聚众封堵监狱大门，同时向相关部门投递“申诉信”和寄去尸体有“伤”的照片数张，并通过互联网炒作，给监狱施加压力。后经监狱和驻监检察部门会同李某亲属居住地派出所、司法所等反复工作，亲属全权委托监狱办理李某司法鉴定的相关事宜。经法医鉴定后，亲属表示接受法医鉴定意见无疑义，监狱对李某病亡无任何责任，同意李某尸体火化。至此，李某病亡历时72天才妥善处置完毕。[②]

2. 归咎责任

罪犯家属不认同监狱对罪犯死亡的解释，质疑监狱的管理工作，认为监狱对罪犯的死亡负有责任。通常罪犯家属认为监狱存在四个方面的责任：[③]

一是质疑执法不文明。如有的案件中罪犯自杀死亡后，家属根据死者身上的陈旧性伤痕及尸斑，认定是监狱执法不文明导致罪犯自杀，监狱即使拿出该罪犯入监时的体检登记表及法医鉴定反复解释，均无济于事。

---

① 参见贾晓文、王林：《狱内罪犯死亡处理问题研究》，载《广西政法管理干部学院学报》2013年第2期。

② 王毅、余飞：《〈监狱法〉关于罪犯狱内死亡处置规定之完善建议》，载《犯罪与改造研究》2014年第5期。

③ 参见刘春宇：《从10起死亡案例看监狱善后处理难》，载《犯罪与改造研究》2016年第2期。

案例辅读

罪犯彭某因艾滋病经医院抢救无效死亡，死者家属以罪犯在服刑期间被监狱民警电击以及监狱不积极救治导致其死亡为由，向监狱提出国家赔偿。其间，死者家属两次向当地人民检察院申请鉴定，对两次鉴定结果均不服，遂向省监狱管理局申请行政复议，被驳回后，又以同样理由诉诸省高级人民法院，结果又被驳回。据监狱方面反映，监狱在处理彭某死亡事件中牵扯了大量人力、物力和精力，共出警38人次，出动车辆15台次，花费医疗费12,840元。由于罪犯家属一直对彭某的死因结论存在异议，死者尸体存放55天后才在征得检察院同意并在场的情况下，得以火化。①

二是质疑健康权益没有得到充分保障。如某监狱罪犯李某病亡后，其子一口咬定“监狱不作为”，先是质问为什么不办理保外就医，当监狱方反复解释其父系累犯，且服刑时间短，不符合保外就医政策之后，其子又质问为什么不送到条件更好的社会医院诊治，认为其父的健康权没有得到充分保障。

案例辅读

罪犯韩某，2003年因盗窃罪被判处无期徒刑，因患重症胰腺炎、急性弥漫性腹膜炎等疾病，于2012年10月18日保外就医，10月27日病亡。11月14日9时许，韩某的亲属10余人来到监狱，以监狱耽误治疗时间为由讨要说法，提出监狱支付保外就医后的所有治疗费用、解决妻女的低保和生活费等无理要求，在办公室哭闹长达3个多小时，致使监狱无法正常开展工作。在相关科室、监区负责人、驻监检察室工作人员做工作无效后，又通知派出所出警维持秩序，监狱领导亲自接待，耐心解释，据理力争，最终其家人心虚理亏，见取闹无望，声称不懂法律只是来问问情况，悻悻而去。②

三是纠缠监狱的管理责任。如罪犯高某因欠下赌债自杀。家属认为监狱管理不到位是导致高某自杀的根本原因，监狱应当承担全部责任，尤其是民事赔偿责任。

四是纠缠告知责任。少数罪犯家属生前不关心，甚至从不过问正在服刑的亲人，一旦死亡，就纠集到一起向监狱讨要说法。

---

① 参见王毅、余飞：《〈监狱法〉关于罪犯狱内死亡处置规定之完善建议》，载《犯罪与改造研究》2014年第5期。

② 参见陈文德、丁宁：《对监狱处置罪犯正常死亡的思考》，载《青海监狱》2013年第3期。

案例辅读

罪犯杨某身患重症肝炎，监狱多次联系家属商讨治疗和保外就医事宜，家属拒不到场。监狱联系到杨某原户籍地政府后，又两次派员到杨某家庭居住地，但家属避而不见。杨某刚一死亡，家属就在网上发布不实消息攻击监狱，在善后处理中一再指责监狱未尽告知责任，不能让家属采取其他抢救措施。

3. 高额索赔

在罪犯死亡处理过程中，罪犯家属以监狱存在诸多责任为口实，提出高额索赔诉求，索要金额普遍在60万元以上。并且，很多罪犯家属片面地认为闹得越凶越容易获得利益，即使监狱毫无过错，家属也会千方百计寻找工作漏洞，不顾监狱工作程序，提出各种非分要求。有的漫天要价，索取巨额赔偿；有的无理取闹，提出解决家属工作、子女上学、安排住房等诉求。① 一旦监狱无法满足，家属便拒绝签字，不管不问，拒不配合监狱处理相关事宜，并以拖延时间增加谈判筹码，或者聚众闹监，组织亲朋好友到监狱“讨要说法”，借助网络媒体散发各种不实信息，以过激的行为给监狱施压。随着罪犯死亡处置工作的进展，家属逐渐对罪犯死亡原因有清楚的认识，索赔金额会逐步降低。有学者统计罪犯死亡赔偿金额：对10个案例的不完全统计，7起正常死亡的善后费用平均在5万元左右，最高的达到7万元；3起非正常死亡更高，其中一起自杀死亡的花费20多万元，体罚虐待致死的花费近80万元。②

对罪犯死亡的补偿和救助的标准没有统一标准，也导致罪犯家属提出高额索赔。对于非正常死亡，如因工伤死亡，适用2001年出台的《罪犯工伤补偿办法（试行）》。但因该办法未及时修订，补偿标准过低，实际上难以执行。对于正常病亡，《监狱罪犯死亡处理规定》第28条第2款规定：“对不属于赔偿范围但死亡罪犯家庭确实困难、符合相关救助条件的，死亡罪犯的近亲属可以按照国家有关规定向民政部门申请救助。”现实中，由于罪犯死亡发生在监狱，犯属诉求基本不找民政部门，只找监狱要求补助，监狱多以各种形式变通开支，造成各监狱处理费用不一，赔偿或补助金额取决于谈判水平或者犯属要求程度，形成小闹小赔、大闹大赔的不良现象。③

---

① 参见韩江彬：《监狱罪犯死亡处理研究》，中国社会科学院2016年硕士学位论文，第3页。

② 参见刘春宇：《从10起死亡案例看监狱善后处理难》，载《犯罪与改造研究》2016年第2期。

③ 参见福建省司法警察训练总队课题组：《监狱罪犯死亡处理对策探析》，载《犯罪与改造研究》2020年第1期。

4. 阻碍善后

死者家属的高额索赔要求一旦得不到满足，就会转变为过激行为。

一是阻碍司法鉴定。当事人一方面对死因持怀疑态度；另一方面，不同意检察机关依法进行司法检验，以“保留全尸”“不愿惊扰死者”等为理由，阻止尸体检验进行。

二是阻碍尸体火化。罪犯尸体及时火化是监狱处理死亡罪犯善后事宜重要的一环。有的死者家属刻意阻挠尸体火化，想以此争取更多的利益。罪犯的尸体不能按规定火化，其一，占用殡葬资源，存放费用高；其二，罪犯家属以“拖延火化、挟尸威胁”的方法作为索取赔偿的筹码，形成一种不良风气。

案例辅读

2003年，北方某监狱一名罪犯因心脏病发作猝死，死亡罪犯家属与监狱就善后处理问题长期不能达成一致意见，双方僵持了8年多。其间，死亡罪犯的尸体长期放置在监狱租赁的冷库中（死亡罪犯家属提出高额赔偿金，监狱认为自身无过错，不应赔偿。当时依据有关规定，只有在死者家属同意火化尸体后，殡葬机构才能对尸体实施火化，监狱强行火化尸体的行为没有法律依据），罪犯家属先后走访多个职能部门，多次进行上访，监狱疲于应付，造成大量人力、物力、财力的浪费，在一定程度上损害了监狱在社会公众中的形象，监狱面临多方面压力。2011年，此案以监狱妥协，并支付13万元“困难补助金”的形式得到最终处理。①

三是围堵监狱，阻碍正常工作秩序。罪犯死亡后，其家属有的披麻戴孝在监狱打横幅、散发传单；有的聚众围堵领导、占据办公室；更有甚者在监狱办公楼设灵堂、烧纸钱。某监狱罪犯肖某病亡后，因达不成“赔偿”协议，其家属甚至将年近八旬的老人滞留监狱要求赡养。

案例辅读

罪犯王某，因出售非法制造发票罪被判处有期徒刑8个月，入狱后，因呕吐不止住院接受治疗。数天后突然出现血压、心率下降，经抢救无效后死亡。随后，王某30余名家属陆续从安徽、江西和浙江等地来监狱，滞留监狱医院闹访。家属提出对死亡有疑问，又不同意走法律程序，也不同意相关部门的调解，以父母需赡养、智障儿子需照料、儿子婚事欠债等事为由，索要近180万元高额赔偿

① 参见贾晓文、王林：《狱内罪犯死亡处理问题研究》，载《广西政法管理干部学院学报》2013年第2期。

款。闹访过程中，家属多次聚集堵塞医院大门，甚至以跳楼等过激行为相威胁，并不断用手机拍摄，声称要在网上发布消息。虽经监狱多次劝导，告知家属可以通过法律程序等正当途径解决问题，但家属对此置若罔闻。滞留时间长达35天，严重扰乱正常监管秩序，造成恶劣影响。①

四是扰乱公共秩序。有的死亡罪犯家属利用部分地方政府部门领导怕“闹访”、怕“上访”的心理，煽动亲友，雇用社会闲散人员到处上访、闹访，在监狱或者政府机关门前游行示威，甚至拉横幅、造谣言，叫嚣执法不公，扰乱社会秩序。有的罪犯家属越级非法上访，围堵主要交通干道。

案例辅读

罪犯付某，因殴打他犯，受禁闭处罚，在此期间付某不服从管理，扬言自杀。为防范其危险行为，警察使用了强制性措施。2011年10月28日5时，禁闭室执勤警察发现该犯有异常情况，组织人员将其送到监狱医院，后抢救无效死亡。随后，检察机关进行了现场勘验，并委托司法鉴定机关对尸表进行鉴定，结论为：排除外暴力致死，系猝死。检察机关、监狱机关在征求亲属意见，并达成一致意见的情况下，不启动尸体解剖等非正常死亡监督工作程序，于两日后将尸体火化。付某尸体处理结束后，其亲属认为：付某的死亡是监狱管理不善被虐待所致，要求给予巨额经济赔偿。同时向有关部门投递“申诉信”，并声称要到北京上访；多次拦截领导视察车辆喊冤叫屈，给监狱机关施加压力。后经多方努力，反复做工作，半年后付某家属才停止上访、闹访行为。②

五是在网上恶意炒作。近年来，罪犯家属越级信访、借助网络媒体散发各种不实信息的情形增加，通过上级单位和社会舆论给监狱施压，以达到不合理诉求。特别是故意歪曲事实，诽谤监狱，喊冤叫屈，博取同情，企图通过制造舆情事件给监狱施压。

三、罪犯死亡事件证据的收集与固定

罪犯死亡事件发生后，监狱应当立即开展死亡证据的调查和搜集工作。罪犯死亡证据包括：搜集罪犯救治、死亡、善后处理等现场照片、视频资料；刻录罪犯死亡前15日原始录像及通讯、通信、会见记录；罪犯健康档案、心理评估报

---

① 参见窦万山、韦玖东、高云起：《关于罪犯正常死亡善后处理工作的思考和建议》，载《首都监狱与戒毒》2014年第2期。

② 参见李永欣、胡立、孙燕平：《罪犯死亡处理制度完善构想》，载《宁夏监狱》2013年第1期。

告、抢救记录、死亡证明书、尸体检验报告、法医鉴定报告等书证；罪犯服刑期间的重大事件、工种安排等记录；罪犯遗物、遗书等物证、书证；联系、通知和接待罪犯家属的录音录像和书面记载；检察机关调查情况；值班民警及有关罪犯的证人证言；其他证明罪犯死亡原因的证据。

(一) 罪犯死亡现场的勘查

1. 组织现场保护

监狱民警到达现场后，立即组织现场保护。对于非正常死亡的事件要采用三层保护法。第一层保护区范围最大，包含死亡事件发生的场所如整个监管区、生产区，这一区域主要限制无关车辆和人员进入现场；第二层是区域保护，只有到达现场的相关领导、监狱民警、急救人员才允许进入；第三层是现场保护的核心区，必须严格控制，只有调查人员才可以进入该区域。现场保护中要注重尸体、物品、痕迹等证据的保护。

2. 实地勘查

罪犯死亡现场勘查是调查人员为了查明死亡事件事实，收集相关证据，依法对与死亡有关的人和事以及场所、物品、人身、尸体等进行的现场访问和勘验检查工作。现场勘查的主要任务是：查明事件的性质，以确定是否为非正常死亡；查明与罪犯死亡有关的情况；收集事件证据。通过对罪犯死亡现场的勘查，可以了解罪犯死亡事件在客观环境中造成的种种变化，并据以对罪犯死亡事件的有关情况作出初步判断，为死亡事件的处置提供一定的客观依据。现场勘查是罪犯死亡事件的起点和基础，是查明事件过程和获得证据的丰富源泉。

3. 现场物证、书证的提取

现场发现的致死工具、遗书、指印、血迹等要及时提取固定，并填写提取痕迹、物证登记表（如表4-1-1所示）。参照《公安机关刑事案件现场勘验检查规则》第57条第3款的规定：“提取现场痕迹、物品应当填写《提取痕迹、物证登记表》，写明物品、文件的编号、名称、数量、特征和来源等，由侦查人员、见证人和物品、文件持有人分别签名或者盖章。对于物品持有人拒绝签名或者无法查清持有人的，应当在《提取痕迹、物证登记表》上注明。”罪犯自杀通常会采用自缢、割脉或高坠等方式。在罪犯自杀现场，就会发现自缢的绳索，割脉的刀片。自杀的致伤物多遗留在现场，其上可留有死者指印，有时可发现遗书。对于自杀现场的各种物证、书证要按照要求规范提取。

表 4-1-1　提取痕迹、物证登记

序号	名称	基本特征	数量	提取部位	提取方法	提取人	备注
1	血迹样本	暗红色	壹个	东侧距墙 35cm 张犯床上	原物提取	王某某 刘某某	血迹样本编号 1 号
2	自制匕首	报纸和胶带手柄	壹个	三监区 402 监舍门后垃圾桶内	原物提取	王某某 刘某某	染有血迹
3	血迹样本	暗红色	壹个	自制匕首上	原物提取	王某某 刘某某	血迹样本编号 2 号
4	血指印	暗红色	壹个	自制匕首上	原物提取	王某某 刘某某	

见证人：
方某某
2022 年 8 月 28 日

办案单位：某某省某某监狱侦查科
提取人：王某某　刘某某
2022 年 8 月 28 日

4. 尸体检验

勘查有尸体的现场，必须有法医参加。尸体检验要求做到：对尸体的相貌特征，生理、病理特征，以及衣着、携带物品的特征，进行细致检验，详细记载，并一律捺印十指指纹和掌纹；详细检查尸体的外表现象以及伤痕的形状、大小和位置；根据需要，提取血、尿、胃内容等。解剖尸体应按原卫生部《解剖尸体规则》执行。

5. 现场勘查记录

死亡事件，特别是罪犯非正常死亡事件现场勘查必须拍摄现场照片、制作现场笔录和现场图。

（1）现场勘查笔录。罪犯死亡现场勘查笔录应详细记载：报警的时间，事件发生的时间、地点，报警人的情况；保护现场人员的姓名、职业，到达现场的时间和保护现场时发现的情况；现场勘查指挥和勘查人员情况；见证人的情况；

勘查的起止时间，勘查的程序，当时的气候和光线条件；现场的位置、周围环境；现场中心和有关场所的情况，现场变动和变化的情况以及反常现象；发现和提取痕迹、物证和遗留物的情况；拍照的内容、数量以及绘制现场图的种类和数量；现场指挥人员、勘查人员、笔录制作人员以及见证人签名；尸体检验笔录应由法医单独制作；再次勘查现场和检验尸体时，应制作补充笔录。

（2）现场照相。现场照相必须反映罪犯死亡现场的原始状态和勘查过程中发现的各种痕迹、物证。要拍摄方位、概览、中心、细目照片。照片必须影像清晰真实，主题突出。确定勘查范围和勘查顺序后，应进行现场照相。先拍方位照片、全貌照片，然后随着勘查工作的开展，再拍中心照片和细目照片。

依照《法庭科学尸体检验照相规范》的规定，对尸体检验照相的基本内容分为：尸体原始衣着正侧位像（左侧、右侧）；裸体正侧位像（左侧、右侧）；裸体头面像；裸体背侧位像（左侧、右侧）；随身衣、物。尸体检验照相的基本要求为：拍照前应了解案情及需要重点拍照的内容，应先进行尸体原始状况拍照。拍照前应将尸体清洗干净，拍照应遵循“先仰卧后俯卧，自头面、颈、躯干、上肢至下肢，自上而下，自左至右”的原则。损伤拍照应遵循“由外向内，逐层照相”的原则，损伤照相宜放置比例尺。拍照损伤情况，应按定位照相、原位照相和细目照相的顺序进行。损伤定位照相，画框应与损伤部位长轴保持平行，镜头光轴应垂直于损伤部位长轴所在的平面。损伤细目照相，画框应与损伤长轴保持平行，镜头光轴应垂直于损伤，应避免配光不均匀所致损伤及周围或比例尺上产生光斑和阴影。尸体非平面上的损伤，应采用多角度拍照。对尸体穿着的衣、裤、鞋、帽及随身物品等由外向内、正面及背面进行拍照。对衣物上绽裂、损毁、品牌、商标、缺失、附着物等应进行细目照相尸体检验照相的具体要求为：尸体原始衣着正侧位像（左侧、右侧）；裸体正侧位像（左侧、右侧）；裸体背侧位像（左侧、右侧）拍照时，拍照人应与尸体保持适当的距离和高度；尸体头面像拍照，画框长轴与面部长轴方向一致并保持平行，镜头光轴垂直于面部，取景自头顶至乳房，尸体头面垂直向上，两耳郭均匀暴露，以口鼻间为调焦平面；创口拍照，应反映出其形态及特征；头皮损伤，应先将头发剃除后再拍照；颅骨骨折，拍照应使用散射光，多角度拍照；颈部索沟，应进行颈前、颈两侧及项部四面拍照。

缢死的主要特征表象拍照分为：出血点；舌位于或突出于齿列间；颈前索沟；颈两侧索沟；项部索沟；分泌物或排泄物。

（3）现场录像。民警可选用执法记录仪或专用录像设备，将现场勘查过程进行录制。录像过程中重点对罪犯尸体进行拍摄。根据《法庭科学：尸体检验摄像技术规范》的规定，尸体检验摄像的基本要求为：摄像前应先了解案情、确定重点拍摄的部位、合理构图，一般应依照尸体检验的顺序进行拍摄。摄像的内容要客观、全面、详细、准确、规范、连贯。拍摄的画面要清晰、稳定，使用推、拉、摇、移等运动镜头方法拍摄，速度应均匀。拍摄时摄像机一般应保持相对稳定，拍摄的主体及重点部位，应占全部镜头的2/3以上。尸表检验、解剖检验、器官检验的拍摄，应避免被摄物变形；如需反映出损伤情况、组织变化、血管病变时应有特写镜头，并保持5~7s的静止画面。拍摄尸体上的创、损伤、衣物上刺破口、捆绑物、致伤工具等，均应粘贴比例尺；拍摄的用光应做到拍摄主体没有阴影，细目拍摄所反映的主体没有反光。

尸表检验摄像的具体要求及拍摄方法：拍摄尸体特征表象，应遵循自中心至外围，自头部至足部连贯的拍摄原则。尸体检验摄像时静止画面和运动镜头画面应相互结合，灵活运用，摄像角度适宜。拍摄各种尸体特征时，应先推至特征点，保持5~7s的静止画面，再拉并伴摇或移中转到下一特征点。尸体上的个体特征拍摄，应推至特写镜头，保持5~7s的静止画面，再拉至其所在的身体部位。拍摄颈部的索沟或其他损伤，应根据具体情况，剔除干扰毛发、污物，在颈前，颈两侧及项部，采用推、拉及摇或移，反映损伤及其所在的位置。皮下出血部位的拍摄，应注意调整摄像机与摄影光源的角度，准确、全面记录其形态、特征，达到反映出致伤物特点的目的。拍摄死者衣物、商标、标志、破口、遗留物时，如遇有污物不清晰的，先拍摄原始状况，待物证提取等工作完成，清洁整理后放置在与其有反差的衬底上，采用推、拉结合的方法，再次进行正反面拍摄。锐器创或钝器创的拍摄，应反映出创角、创缘、组织间桥等创的形态和特征。同时采用适当的景别，反映创所在的身体部位。

（4）现场图的绘制。对于非正常死亡的现场，调查人员应绘制现场图。现场图必须反映现场的位置、范围，与犯罪活动有关的主要物体、痕迹、遗留物、作案工具、尸体的具体位置以及它们之间的距离和关系。

（二）视频取证

视频取证在广义上是指监狱依法运用各种视频设备和相关技术，特别是利用视频监控系统所记录的动态图像信息，进行提取、处理和分析，从中获取罪犯死亡事件证据的取证活动。它是获取视听资料这一法定证据形式的主要手段之一。实践中，一切能够记录犯罪事实，可以为事件处理提供帮助的视频信息资料，都属于视频取证的对象范畴。例如，监狱视频监控、执法记录仪、移动终端、电脑摄像头、可视电话等摄录的视频图像，只要记录了罪犯活动过程、死亡过程、抢救过程，都可为证实死亡情况提供证据，都属于视频取证的对象。

案例辅读

罪犯贾某，在劳动收工回监舍的途中，突然昏厥倒地，监狱民警立刻将其送至医院，在监狱医院急救后，立即将其转至邻近的某三甲医院进行抢救，最终医治无效死亡。监狱组织调查，当事监狱民警及现场目击证人均证明贾某是在行走中自主昏倒，无任何外力因素。法医鉴定证明贾某是死于急性脑溢血。监狱认定此事件为服刑人员病故。当地检察院独立调查的结论与监狱相同。监狱将事件经过及鉴定意见及时通知了贾某的家属。贾某的家属以事发现场无监控录像为由，拒绝接受监狱的鉴定意见，并多次纠集亲友到监狱闹访，后来纠集社会人员在监狱附近的交通干道上打横幅堵路，造成了恶劣的社会影响。迫于维稳压力，监狱将服刑人员贾某的病故定性为工伤死亡，并参照《工伤保险条例》进行补偿。因贾某的籍贯为东部沿海发达地区，最后的补偿额高达50余万元。①

1. 视频取证内容

（1）抢救罪犯的视频。罪犯死亡后，其家属多是要求监狱说明罪犯死因以及抢救过程，排除关于死者生前受到各种不公正对待以及不恰当的救治的疑虑。因此，罪犯患危重病需要急救时，一方面，监狱要尽量抢救罪犯，对需要转移到地方医院的，要建立急诊绿色通道，从省市监狱管理局到监狱、从医院到武警，简化急诊罪犯就医程序，在确保监管安全的前提下，尽快将罪犯转移到地方医院，一切手续从简，最大限度地压缩罪犯出狱时间。另一方面，监狱要及时收集监舍、监狱医院和社会医院等罪犯就医、诊断、治疗、抢救录像原始记录。在紧急状况下要有证据意识，急救措施尽量在监控视频下施行，抢救方式、方法、行为、态度均不能出现拖沓、冷淡、漠视、无动于衷等现象，规范执法行为。

（2）非正常死亡的过程视频。罪犯非正常死亡的过程视频包括罪犯生前的活动、死亡事件发生过程、死亡后的情况。这些视频能够生动地再现罪犯死亡的过程，如罪犯自杀的过程。作为一种证明手段，这些视频最大的特点是具有直观性和动态性，能够直接记录罪犯在一定场所内的空间状态，逼真地反映罪犯死亡前后状态、运动和发展，再现相关人和事物的现场情况，从而准确地“还原”罪犯非正常死亡的过程事实，在之后的死亡事件处置中，可以清晰地向罪犯家属和检察机关展示罪犯死亡的过程。

（3）罪犯生前15天视频。根据《监狱罪犯死亡处理规定》监狱需要封存保全罪犯生前15天的视频资料。封存保全罪犯生前15天视频的作用有：一是视频

① 参见刘学威：《服刑人员人身损害救济相关问题研究》，东南大学2018年硕士学位论文，第9页。

可以反映死亡罪犯日常生活状态，记录监狱民警执法管理的情况，可以反映出罪犯没有被虐待或监狱民警执法不当情况；二是可以记录有些病犯生前发病的情况，以及监狱民警对罪犯的救治、医治情况，反映监狱尽到对病犯的救治义务；三是可以记录有些非正常死亡如自杀前，罪犯异常自杀迹象或自杀工具的准备、自杀未当场死亡的情况等。

案例辅读

某男，5年吸毒史。某日凌晨3时30分许，被同监房罪犯发现口吐鲜血，遂急送医院，11时20分，抢救无效死亡。据反映，该人曾于5天前吞下牙刷柄（去掉有毛的一端）自杀，当时送医院检查时并未发现咽喉部及胸腔有异物，由于当时该人并未表现出明显异常及不适感，认为牙刷柄并未进入体内，经简单口腔创伤处理后又送回场所，5天来，该人仅诉有喉痛，劳动（手工）、生活都可正常进行。尸体检验：口腔近舌根右下软组织见溃烂，有血性液体溢出，右颈内静脉内侧见一破裂口，于上腔静脉和右心房之间见一长14cm的黄色塑料牙刷柄，牙刷柄于上腔静脉部分，长度为9cm，于右心房内长度为5cm，在牙刷柄下部周围形成血栓，牙刷柄下端为断端，较锋利，牙刷柄上有"某某牙刷"字样。胃内约有100ml黑褐色液体，胃黏膜无出血。余未检见异常。根据案情及解剖所见，分析认为该人系由舌根右侧下近喉部软组织以手将已折断有毛一端的牙刷柄插入右侧颈部软组织，于颈总动脉与颈内静脉之间刺破颈内静脉并进入颈内静脉，在颈部活动及血流冲击等因素的作用下，牙刷柄渐下滑通过头臂静脉、上腔静脉进入右心房，并有血栓形成，最终导致急性循环衰竭死亡。①

在这起案件中，罪犯吞下牙刷柄是在死亡之前5天发生的，并且罪犯5天内没有严重的不良反应，5天后吐血死亡。调取视频监控时，反映罪犯5天前吞食牙刷柄的视频监控对证明这起自杀自残案件具有重要的证据价值。

（4）罪犯生前会见的视频。根据法律规定，罪犯在监狱服刑期间，可以会见亲属、监护人。亲属主要是指与罪犯有血缘、婚姻和收养关系的家庭成员；监护人是指未成年犯的亲属和外籍罪犯的法定代理人。其他人员要求会见的，须经监狱长批准。罪犯生前会见亲属的视频需要及时固定。

（5）罪犯死亡现场勘查视频。罪犯死亡现场勘查视频是指监狱在勘查罪犯死亡现场时，公开制作的录音录像资料。合乎要求的现场勘查录像视频资料既可以弥补文字记录的不足，又可以克服现场勘查照片只有平面而没有层次的缺陷。现场勘查录像的摄制顺序一般是，由远到近，由外到内，由整体到局部，由局部

① 参见孙勇、罗淑琼：《使用牙刷柄自杀1例》，载《法医学杂志》2004年第2期。

到个别。既要反映现场真实情况，又要反映调查人员勘查工作情况，在摄制现场勘查录像中，摄制人员必须在现场勘查指挥的统一领导下，首先，要简要了解案情，做到心中有数。其次，要围绕中心，突出重点搞好摄制。要详细反映现场中心部位及其与附近痕迹、物品之间联系的情况，如自杀现场尸体所在的部位及其自杀工具、血迹的相对位置等。最后，现场勘查录像摄制完毕，要在录像上标注识别标志，附上文字说明，内容应有某某案件摄制的地点、时间、气温、光线条件，参加现场勘查的人员姓名、职务等。

（6）事件处置过程的视频。罪犯死亡后，监狱应成立罪犯死亡善后小组，选派狱政管理、医疗卫生、政策法规和协调能力强的监狱民警进入善后小组，明确职责，发挥善后处置功能。处置过程中要规范接待，全程录音录像。在接待过程中，参与处理的人员要把握好尺度，避免矛盾的升级；与罪犯家属开展沟通、解释的地点尽量在监狱接待室（接待室事先安好监控），不要选在领导办公室或招待所、食堂。

2. 视频取证的规则

（1）调取视频的民警不少于两人。参考《公安机关办理刑事案件程序规定》要求，人民警察调查取证不得少于两人，并向被调查取证人员表明执法身份。

（2）表明身份和出示相关证明。监狱民警在监狱内调取视频证据，属于内部调取证据，只需要表明是警察身份即可。但如果涉及监狱外部的社会监控资料的调取，必须开具调取证据通知书，并出示警官证件。其目的是保证视频监控系统的信息安全，同时表明自己的执法身份和合法执法行为。

（3）尽量提取视频监控资料的原件。根据相关法律规定，监狱调取视听资料应当调取原件。取得原件确有困难或者因保密需要不能调取原件的，可以调取副本或者复制件。调取的视听资料是复制件的，应附有无法调取原件的原因、制作过程和原件存放地点的说明，并由制作人和原视听资料持有人签名或者盖章。

（4）做好取证相关记录。根据《公安机关办理刑事案件程序规定》及《关于办理死刑案件审查判断证据若干问题的规定》的要求，提取视频监控证据应做如下记录，以便审查视频监控资料的合法性和真实性：调取原件的，应当记明案由、对象、内容，监控系统的安装位置、监控范围、传输方式，值机人员以及监控室的管理人员的身份，提供的时间、地点和条件以及制作方法（规格、类别、应用长度、文件格式及长度等）；若是由单位提供的还应加盖单位印章；取得的是拷贝件，则应当记明案由、对象、内容，监控系统的安装位置、监控范围、传输方式，值机人员以及监控室的管理人员的身份，拷贝份数、无法调取原件的原因、制作方法和过程、原件存放地点以及制作人和原件持有人的签名或者盖章。

（三）询问证人及相关人

1. 询问相关罪犯

罪犯病重或非正常死亡，一般发生在监室或生产区。周围的罪犯大多能看到罪犯发病情况，有的还参与罪犯的抢救；在非正常死亡中，罪犯死亡前的活动也在周围罪犯中有所反映，因此调查罪犯死亡事件要对周围的罪犯进行询问，了解事件的经过和相关情况。询问罪犯死亡事件的目击证人，应当重点问明：（1）死亡事件发生、发现的时间、地点、详细经过，造成的后果；（2）死亡罪犯的基本情况，如年龄、衣着、状态、生前异常反映、生前病情等；（3）死亡现场抢救情况，如发现、抢救、报警、送医等情况；（4）现场相关人的活动情况，如在场人情况、相关人活动情况、目击证人所在位置及目击证人与死者的关系等。

询问相关罪犯，应该个别进行，分散或者异地分散关押同监室罪犯并进行询问，防止相互干涉证言。询问过程制作询问笔录，并进行录音录像，保存备查。

2. 询问监狱民警、医生等相关人

罪犯正常死亡的抢救，非正常死亡的现场处置中，监狱管教民警一般直接参与，送医治疗或医院抢救过程中，医院医生也是直接参与者。因此，对罪犯死亡事件的调查，要及时对收押、监控、管教等岗位可能了解死亡罪犯相关情况的监狱民警以及医生等进行询问调查。

询问监狱民警、医生获取死亡事件的相关证据，主要询问内容包括：（1）罪犯死亡事件发生、发现的时间、地点，抢救、送医等详细经过，造成的后果；（2）罪犯生前情况，包括病情、自杀排查和控制情况、就医情况等；（3）家属对罪犯病情了解情况，家属会见罪犯情况，通信情况；（4）事件过程中，相关监狱民警、领导、医生抢救、送医、治疗情况；（5）罪犯抢救过程中有无录像，执法记录仪有无录音录像等。

（四）查询封存各类书证

1. 罪犯健康档案

通过固定罪犯原始健康资料，将罪犯伤残、死亡等突发事件前后的身体健康状况进行对照，有利于避免罪犯死亡纠纷的发生，规范和完善监狱的工作。目前，监狱还没有形成一整套动态而严密的罪犯健康档案管理体系，在工作中遇到因精神疾患所引发的自杀，在监狱内因意外事故所致的伤残、原有疾病加重，因旧病复发导致的死亡等问题，会因罪犯入监体检或动态管理质量不高，缺乏原始的健康资料，难以作出科学鉴定，从而使监狱陷入与罪犯（或罪犯亲属）的司法纠纷之中。因此，监狱在罪犯健康档案管理方面的工作要做到规范化。[①]

① 参见戴学礼：《完善在押犯健康档案制度的思考》，载《中国监狱学刊》2012 年第 2 期。

（1）收押登记、入监健康和体表检查登记。《监狱法》第17条规定，监狱应当对交付执行刑罚的罪犯进行身体检查。在罪犯入监体检时要依法取得和固定原始病史资料。重点掌握以下项目：一是身体健康方面的基本信息，意在防止罪犯在劳动改造过程中故意自伤自残，制造纠纷，杜绝罪犯弄虚作假；二是精神方面的信息，如精神病或人格障碍等严重心理方面的问题，以及有无进行过精神病治疗或专业的心理矫治；三是严格检查并掌握各种急慢性传染病，做到早发现，早预防，早治疗，杜绝传染病在监狱内传播。罪犯入监时的健康工作不能局限于入监体检，还应包括自述材料、健康调查等。

监狱要严格执行入监新犯健康体检制度，详细记录体检情况，仔细询问既往病史，包括外伤史、手术史、家族病史、收监前治疗史、传染病史、性病史等，如有既往医疗资料，必须复印保存。如罪犯连某自幼患先天性心脏病，入监后监区应及时复印监外诊疗材料、对其家属进行病情告知，并建立健康档案继续进行相关治疗，做好教育谈话笔录归入档案管理工作。

（2）患病就医记录。罪犯患病就医包括：门诊记录、住院记录、病情病危告知书等。门诊记录包括医院名称、诊治科室、诊治时间，诊治医生需详细记录患者症状、体征、检查、治疗措施、药品用量、用法等。住院记录应详细记录主诉、入院时情况、查体、入院诊断、诊治经过、出院的理由以及患者或家属的签字。病情病危告知书是医院发出的，在病人病情趋于恶化，有危及生命可能的情况下，发给其家属的病情危急的具体情况通知书。监狱在对罪犯进行治疗过程中，所有医疗文书资料严格按病历书写基本规范执行，要具有科学性、逻辑性、真实性。医疗文书资料具体包括如下几种。

①保存好住院患者的病程记录、死亡病例讨论记录、疑难病例讨论记录、会诊意见、上级医师查房记录等病历资料原件。

②规范填写住院患者的住院志、体温单、医嘱单、化验单（检验报告）、医学影像检查资料、特殊检查同意书、手术同意书、手术及麻醉记录单、病理资料、护理记录等病历资料。

③抢救急危患者，应在规定时间内补记的病历资料；入院死亡的记录，必须详细记录主诉、入院时情况、查体、入院诊断、抢救经过、死亡时间、死亡原因、死亡诊断。

④按规定封存保留的输液、注射用物品和血液、药物等实物，或者依法具有检验资格的检验机构对这些物品、实物作出的检验报告。

⑤与医疗事故技术鉴定有关的其他材料。

罪犯在社会医院治疗的，根据医疗机构病历管理规定，医疗机构可以为申请人复印或者复制门（急）诊病历、住院病历中入院记录、体温单、医嘱单、化验单（检验报告）、医学影像检查资料、特殊检查（治疗）同意书、手术同意书、手术及麻醉记录单、病理报告、护理记录、出院记录等病历资料。但必须按要求履行申请手续，经有关部门批准后执行。[①]

（3）其他健康记录。其他健康记录包括：工伤记录、自伤自残情况、鉴定书、保外就医审批表等。工伤是工作伤害的简称，是指罪犯在生产劳动过程中，由于外部因素直接作用而引起机体组织的突发性意外损伤，如因职业性事故导致的伤亡及其急性化学物中毒。罪犯自伤自残是指罪犯故意损坏自己的身体器官或生理机能的行为。常见的有吞食异物、自损肢体、头撞墙、拍针、往身体某部位注异物、切割静脉血管和绝食等。鉴定书包括伤残鉴定和司法精神病鉴定。有的罪犯自杀身亡可能是由精神疾病引发的。

一些罪犯平时就患有较为严重的慢性病，因某个特殊的诱因致病情恶化医治无效死亡。监狱机关在向其亲属说明死因时，由于没有连续规范的就医记录，不能让人信服。有些罪犯入狱后，由于自伤自残，或由于与他犯斗殴，或由于意外事故在身体上留下明显的外伤痕迹。数年后该犯因其他原因死亡。当其亲属就此外伤痕迹质疑为监狱机关体罚所致要求赔偿时，监狱机关将面临承担举证不能的责任。因此，监狱要建立连续规范的罪犯健康登记档案。

2. 管教民警谈话教育记录

罪犯的患病情况还有一些旁证可以收集，如罪犯所在监区、小组、联号同犯对其生活、医疗、言行等方面的书面反映，分管民警和监区领导的教育谈话记录，狱情分析会内容，执勤交班记录等。

案例辅读

罪犯丁某某患慢性肝炎肝硬化，不服药配合治疗、撕毁病历和检查材料，监狱及时将其情况告知家属并做了笔录和犯医、小组同改旁证材料，当其出现上消化道大出血时，家属能接受病情加重的现实。

管教民警谈话教育是最为关键的一种教育方法，管教民警通过谈话沟通罪犯的思想，根据不同的情况，采取不同的教育措施，避免消极因素、对抗因素、矛盾因素的出现，以增强罪犯的改造积极性。管教民警谈话教育记录中会记录一些与罪犯生病就医、自杀干预等方面的内容，动态显示罪犯生前的一些日常生活、健康、心理、改造等方面的情况，可以作为侧面证据之一。

3. 禁闭或者戒具使用审批表

禁闭是对严重违反监规纪律的罪犯所采用的将其关入禁闭室的一种行政处罚

① 参见柳淑芳、汪艳霞主编：《基本护理技术》，湖北科学技术出版社2018年版，第416页。

措施。戒具是指警绳、手铐、脚镣、警棍等警用器械。警戒具主要用于制止和防范具有现实危险行为的罪犯。对罪犯使用警戒具，必须由所在的监区填写申请使用戒具审批表并附证据材料，报狱政管理科审核，经监狱分管领导批准后执行。有些非正常死亡，如自杀的罪犯，生前有禁闭或戴戒具情况，反映出罪犯有过自杀未遂，监狱采取了加戴戒具予以防范的情况。

案例辅读

罪犯刘某，因组织、利用会道门、邪教组织、利用迷信致人重伤、死亡罪被判刑1年，入监后，刘某听不进任何劝告，拒绝劳动，上过吊、撞过墙、吞过异物、绝过食，寻找一切机会一心求死。监区为防止其自杀，对其加戴戒具，刘某极端不满，叫嚣“死是我的权利，你们凭什么不让我死！”“随你们怎么管都行，把我枪毙都可以，我反正不想活了！”，并放话“3月26日是教主生日，我必须在那天归天！”监区民警反映：每天觉都睡不安稳，怕稍有闪失令刘某得逞，自己受处理。

4. 家属会见、通信等记录

罪犯服刑期间，多数会与家属进行联系，这些联系的信息中可能会反映出罪犯患病情况或流露出自杀意念，监狱要重视这类证据的收集和保全。大致包括：（1）罪犯与家属会见、通信涉及病情或自杀意念情况的记录。（2）病情严重的罪犯与家属会见时，监狱民警或主管医生介绍罪犯病情情况的记录。

5. 监狱告知或征得家属同意的文书和记录

监狱告知义务的履行与否需要有证据予以证明，具体包括：（1）罪犯入监时病情比较严重的，条件允许的监狱应送监狱上级医院或地方县级以上的医院进行鉴定，除有碍罪犯教育改造外应将鉴定结果通知罪犯本人及家属，并做好相关记载。（2）定期或不定期开展伤残鉴定，并按规定将伤残鉴定结果告知罪犯家属，并做好相关记录。（3）在诊疗活动中需要实施手术、特殊检查、特殊治疗的，监狱应当及时向罪犯（除有碍教育改造外）和罪犯家属说明医疗风险、替代医疗方案等情况，并取得其书面同意。（4）罪犯入住医院起，监狱及时向罪犯家属发出病情通知，情况严重的发出病危通知。（5）罪犯在住院期间在不影响监管改造的条件下，允许罪犯家属会见和配合医院诊治工作，并做好记录。

（五）死亡原因鉴定

死亡原因鉴定是法医学鉴定人对于涉及死亡的案件，查清导致死者生命结束的原因从而判明事件的性质所作的鉴别和判定，是法医学死亡鉴定的重要内容。对死亡原因的确定有多种不同的分类，如可分为暴力性的和非暴力性的；也可分为直接死因、间接死因和联合死因。死亡原因鉴定的方法包括：了解案情和死亡经过；进行全面尸体解剖，分清主要死因和次要死因等。死亡原因鉴定要求确定死因措辞准确，并提出充足的科学依据，死因无法判定的要如实说明情况。①

案例辅读

罪犯曾某，因犯非法买卖枪支罪被判处有期徒刑13年。2009年4月5日10时左右，曾某在参加监区罪犯自发组织、自愿参加、由监狱民警现场监管的足球娱乐活动时感到有点儿累，由监狱民警带回监舍休息，当日下午该犯感到不适，同组罪犯随即向监狱民警汇报，在其准备穿外衣就诊时，突然晕倒，经监狱医疗队采取紧急救治措施后，送往社会医院抢救无效死亡。监狱民警于曾某死亡的当日立即电话通知其亲属，说明死亡原因，但其亲属在来监处理此事前，在某论坛发布了《谁都不想过这样的清明节》的帖子，取名为“踢球球”事件，将曾某的死与“躲猫猫”事件相联系，诋毁监狱的声誉。亲属来到监狱后只是一味地吵闹，提出要死亡相关材料、要进监看现场、要提取监控录像、要解决车船费、要解决曾某父母以后的生活费等无理要求，并到监狱办公区哭闹长达1个多小时，扬言要把尸体抬到监狱大门停放，拒绝对话，不看尸体，扬长而去，其后曾某亲属以监狱对曾某的死亡负有监护责任为由，提出给予工伤处理及经济赔偿。在省监狱局联合省检察院、聘请律师现场解释、走司法程序等多方举措下，其家人同意查看尸体，并提出进行医学鉴定的要求，经法医学鉴定：“曾某非外力性致死，系病理性死亡”，曾某亲属认可了该结论，但仍以家庭困难为由，要监狱予以经济救助，后经反复引导说服，支付一定费用后，其亲属最终在死亡鉴定书上签字。②

1. 罪犯死亡鉴定的法律规定

（1）《监狱法》对“罪犯死亡鉴定”的规定。对于罪犯在监狱服刑期间死亡，《监狱法》第4章“狱政管理”第55条作出规定：“罪犯在服刑期间死亡的，监狱应当立即通知罪犯家属和人民检察院、人民法院。罪犯因病死亡的，由监狱作出医疗鉴定。人民检察院对监狱的医疗鉴定有疑义的，可以重新对死亡原因作出鉴定。罪犯家属有疑义的，可以向人民检察院提出。罪犯非正常死亡的，人民检察院应当立即检验，对死亡原因作出鉴定。”

（2）最高人民检察院关于“罪犯死亡鉴定”的规定。最高人民检察院在《关于执行〈监狱法〉有关问题的通知》中对“罪犯死亡鉴定”的规定是：“人

① 参见信春鹰主编、中国社会科学院法学研究所法律辞典编委会编：《法律辞典》，法律出版社2003年版，第1347页。

② 参见陈文德、丁宁：《对监狱处置罪犯正常死亡的思考》，载《青海监狱》2013年第3期。

民检察院接到监狱关于罪犯在服刑期间死亡的通知后，应即派员到现场进行检察，并根据罪犯死亡性质，分别作出以下处理：（一）对罪犯因病死亡的，人民检察院应对监狱的医疗鉴定进行认真的检查，如有疑义，可以重新对死亡原因作出鉴定。死亡罪犯家属对监狱作出的医疗鉴定有疑义，并向人民检察院提出的，人民检察院应当认真地进行调查。经查，认为罪犯家属提出的意见无理的，应予驳回，并配合监狱做好说服教育工作；认为罪犯家属提出的意见有理的，可以重新对死亡原因作出鉴定。（二）对罪犯非正常死亡的，人民检察院应在接到监狱通知后二十四小时内对尸体进行检验，对死亡原因作出鉴定。人民检察院对罪犯死亡原因的鉴定，由担负该罪犯所在监狱检察任务的人民检察院负责，如该人民检察院缺乏鉴定的专门技术，可请上一级人民检察院或聘请有关部门或具有法定资格的专门技术人员作出鉴定。”

（3）《监狱罪犯死亡处理规定》对鉴定的规定。《监狱罪犯死亡处理规定》第12条规定，监狱或者人民检察院组织进行尸检的，应当通知死亡罪犯的近亲属到场，并让其在解剖尸体通知书上签名或者盖章。第13条规定，监狱、人民检察院委托其他具有司法鉴定资质的机构进行尸检的，应当征求死亡罪犯的近亲属的意见；死亡罪犯的近亲属提出另行委托具有司法鉴定资质的机构进行尸检的，监狱、人民检察院应当允许。

2. 鉴定的主体

（1）监狱或人民检察院鉴定。罪犯因病死亡的，由监狱作出医疗鉴定。对罪犯非正常死亡的，由检察机关进行鉴定。有的学者认为：罪犯因病死亡往往在监狱医院住院治疗，死亡后，监狱方作出鉴定，从程序和说服力方面都容易被质疑。“任何人不得成为自己案件的法官”是程序正义的基本要求。《监狱法》规定，“罪犯因病死亡的，由监狱作出医疗鉴定”。这直接违背了程序正义的基本要求。由于不是由人民检察院或人民检察院委托具有司法鉴定资格的机构作出死亡医疗鉴定，不具有客观性，因病死亡罪犯的家属提出疑义是必然的。①

（2）监狱或人民检察院委托鉴定。《监狱罪犯死亡处理规定》明确要求，监狱、人民检察院委托其他具有司法鉴定资质的机构进行尸检的，应当征求死亡罪犯的近亲属的意见。委托其他鉴定机构的方式比较科学，其原因在于受委托的鉴定机构具备“中立性”的属性。受委托的鉴定机构不隶属于监狱或检察机关，在鉴定过程中能够公平公正地对待双方当事人，不偏不倚，遵循科学原理，依照鉴定要求进行鉴定活动，提供鉴定意见。中立的鉴定机构是保证鉴定意见科学客

① 参见刘世恩：《关于修订〈监狱法〉中“罪犯死亡鉴定”规定的研究》，载《法治研究》2009年第10期。

观的基础，是提升鉴定意见证明力的关键，是树立司法权威的保障。独立于第三方鉴定的机制，既有利于分清谁是谁非，又有利于化解矛盾纠纷，让矛盾双方有更大的协商与交流空间，相当于为矛盾纠纷的解决设立了一个“缓冲地带”。

(3) 死亡罪犯近亲属委托鉴定。《监狱罪犯死亡处理规定》中对死亡罪犯的近亲属提出另行委托具有司法鉴定资质的机构进行尸检的情形，明确要求“监狱、人民检察院应当允许”。充分保障死亡罪犯近亲属选择可信任鉴定机构查明死亡原因的权利得以实现。

在开展尸表检验时，法医对罪犯家属的现场解释是很关键的环节，因为大多数人对尸体的尸斑、排泄物、口分泌物等状态不清楚或不理解，在法医的现场科学解释答疑后，罪犯家属多数会接受死亡鉴定。

(六) 罪犯死亡处置过程的记录

监狱要对病重罪犯要提前做好基础工作，包括电话通知家属病情、电话预约亲属会见探望、家属拒绝保外就医有关材料等，为今后可能出现的死亡事件应急处置工作奠定基础。

1. 联系通知和接待罪犯近亲属的录音录像和书面记载

罪犯在服刑期间死亡的，监狱应当及时以电话和信函的方式通知罪犯近亲属和人民检察院。监狱要对接待洽谈现场及火化处理洽谈现场全程进行录音、录像。死亡罪犯近亲属来监狱期间，监狱要做好接待工作，注重做好罪犯近亲属申诉、复议、信访、诉讼等期间相关视频和文字资料收集和整理工作。

2. 死亡处置过程记录

监狱要全面准确地记录现场处置过程，通过电话录音、摄影摄像等，对履行死亡处理程序、现场沟通情况进行客观翔实的记录。罪犯家属来狱闹访处理过程的文字、音像记录要注意保存。做通罪犯亲属工作后，要留下文字证明材料，包括亲属对检察院死亡鉴定无疑义的证明、亲属对监狱处理罪犯死亡及善后表示认可无异议的证明等。

3. 罪犯尸体、遗物处理情况记录

在罪犯死亡的第一时间封存证据，有利于准确判定死因，妥善处理尸体，防止尸体失去鉴定条件，造成纠纷。

案例辅读

某市看守所因与负责治疗的监狱总医院工作衔接出现问题，导致一名被监管人员正常死亡以后没有在事件发生后的第一时间妥善封存尸体，遗体保存不善变质而无法鉴定死因，在家属对死因提出异议以后，最终演变为一起涉法上访事件。

（1）罪犯死亡证明书。罪犯死亡原因确定后，监狱要及时展开鉴定，保存医院出具的死亡证明书、法医出具的尸体检验意见书。

（2）罪犯尸体火化的相关证据。人民检察院、死亡罪犯的近亲属对监狱的调查结论无异议、疑义的，监狱应当及时火化尸体。监狱、死亡罪犯的近亲属对人民检察院调查结论或者复议、复核结论无异议、疑义的，监狱应当及时火化尸体。对经上一级人民检察院复核后，死亡罪犯的近亲属仍不同意火化尸体的，监狱可以按照国家有关规定火化尸体。尸体火化前，监狱应当将火化时间、地点通知死亡罪犯的近亲属，并允许死亡罪犯的近亲属探视。死亡罪犯的近亲属拒绝到场的，不影响尸体火化。尸体火化时，监狱应当到场监督，并固定相关证据。

（3）骨灰和遗物的处理记录。尸体火化后，骨灰由死亡罪犯的近亲属在骨灰领取文书上签字后领回。对尸体火化时死亡罪犯的近亲属不在场的，监狱应当通知其领回骨灰；逾期6个月不领回的，由监狱按照国家有关规定处理。监狱要对死亡罪犯的个人财产、遗物认真做好清理、造册和移交工作。死亡罪犯的遗物由其近亲属领回或者由监狱寄回。死亡罪犯的近亲属接通知后12个月内不领取或者无法投寄的，按照国家有关规定处理。监狱应当将死亡罪犯尸体和遗物处理情况记录在案，并通报承担检察职责的人民检察院。

罪犯死亡善后工作需要注意如下四个方面：一是监狱执法人员应耐心细致地做好罪犯家属的释法说理工作，把家属说懂、说通、说服，帮助解决家属涉法、涉诉问题。在家属激动争辩时，进行冷静处理；家属来人多、意见难统一时，让家属选出代表与监狱沟通，确保沟通效果；对有当地社区（村）领导、当地丧事组织牵头人或律师等随同的，要充分利用他们对犯属说话有影响力、善于做群众工作等的优势，多与他们沟通和释法说理。二是尊重遗体，尊重习俗。在人民检察院、法医鉴定机构进行尸表检验及家属检查遗体的过程中，监狱民警要全力配合，表情庄重肃穆，对悲伤过度的家属进行安慰，逐步化解家属的对立情绪。三是实事求是地解释罪犯家属提出的问题。对罪犯亲属所提问题要给予客观真实的解答，在解释死亡原因等情况时要做到思维清晰、解释口径统一、前后一致。四是科学完整地利用调查取得的证据，客观地向家属展示罪犯死亡过程，明确责任，消除疑义。

（七）检察机关调查情况

人民检察院是国家法律监督机关，所以在罪犯死亡事故处理中，检察机关理应担当重要的监督角色，不能仅充当《监狱法》第55条规定的死亡原因认定或出具的法律机关，还应对监狱处理事故的程序和鉴定机构的鉴定程序进行法律监督，以及做好对实物证据的封存、调查、取证等工作。同时对监狱民警是否存在执法过错责任进行检察，并针对事故中凸显的倾向性、苗头性问题，及时向监狱提出检察建议。驻监检察室介入调查形成的检察机关调查意见等监狱民警要存档备案。

四、罪犯死亡事件证据保全要求

（一）医疗类证据“分类、分级、分工”保全

1. 分类保全

按照服刑罪犯具体情况，对医疗类执法证据分为三大类别予以保全。（1）重大疾病伤残类，如罪犯重大疾病救治、因工致残、保外就医等；（2）老弱病残犯，包括躯体疾病犯、精神异常犯、缠医犯等；（3）其他类，包括罪犯日常就诊病历、化验单据、领用药品登记等。监狱针对上述三类证据，按照相应的标准要求落实保全工作。

2. 分级保全

为了确保高效，监狱执法证据保全需要分级进行。除服刑罪犯非正常死亡、罪犯死亡涉诉涉访等执法证据由监狱证据保全中心统一保全外，其余罪犯日常医疗类、病犯会见、谈话类等执法证据均由各监区按规定及时保全。

3. 分工保全

各功能型监区和监狱职能部门按照各自职能划分进行相关证据保全。

（1）监狱执法证据保全中心，负责指导基层分中心收集各类证据，形成完整的证据收集链。

（2）医院负责对罪犯生理、身体异常类证据收集，包括新犯体检中生理、身体表面异常痕迹照片、检查资料，罪犯就医中外伤处理的原始门诊记录、处理前照片，现场执勤民警处理记录，住院治疗的病历、检查资料，必要的现场抢救监控记录等的证据收集保全。

（3）押犯监区负责保全罪犯有出血、体表伤痕的原始照片、现场照片、提审笔录、现场监控、同监舍罪犯笔录、监狱民警日常管理相关记录、罪犯生前相关资料、就医资料等证据。

（4）入监监区负责对罪犯收押时相关鉴定资料，包括疾病、伤残、精神状态、心理发育水平鉴定等证据进行收集保全。①

（二）取证过程中做到“快、全、精”

1. 及时固定，在时间上求“快”

证据固定对还原事实真相，厘清责任具有不可替代的作用。罪犯正常死亡

① 参见朱扣春、殷灿辉：《监狱服刑人员医疗证据保全探析》，载《江苏警视》2013 年第 11 期。

后，按照“第一时间”的工作要求，启动现场勘查、遗物封存、音像截取、工作记录等。各部门分工合作，围绕罪犯死亡，开展各类证据（如罪犯周记、来往信件、就诊服药记录、罪犯死亡前15天录像等）的收集、审核，力争在最短时间内完成罪犯死亡的证据固定。

2. 全程收集，在内容上求“全”

通过完善“重病研判、病中监测、亡后整理”三环节，收集形成涵盖医疗记录、工作台账、个别教育谈话、证人证言、监控录像、执法记录仪记录、家属意见等在内的内容丰富的“证据库”，确保组卷时形成证明力强的完整的证据链。

案例辅读

如病亡罪犯陆某，生前与家人关系淡薄、疏远。监狱两次对其做笔录并现场录像。陆某均明确表示：如他病亡，全权委托监狱处理后事，骨灰不必保留。这为监狱后续处置工作构筑了证据屏障。

3. 科学筛选，在质量上求“精”

对纷繁复杂的证据进行梳理筛选，科学归类，突出重点，如尽可能通过医院或权威机构等第三方出具的书面材料来证实罪犯的死亡原因等，体现证据力，凸显公信力。特别是处置罪犯猝死事件中，要剔除不必要的录像部分，以防家属抓住旁枝末节大做文章。比如，调研中曾收集到病亡罪犯家属有医学背景，就质疑视频中监狱民警的现场急救方式。

第二节　罪犯自伤自残证据保全

罪犯自伤自残行为是罪犯在服刑期间故意对自己的肌体加以伤害的行为。该类行为不仅对罪犯自身身心健康造成损害，而且严重扰乱了监管秩序。监狱在采取有效措施防控罪犯的自伤自残行为的同时，要积极稳妥处置罪犯自伤自残事件，收集固定证据，做好证据保全工作。

一、罪犯自伤自残概述

（一）罪犯自伤自残界定

关于罪犯自伤自残并没有统一的界定。有学者认为：罪犯自伤自残是指罪犯损坏身体器官或生理机能的行为。[①] 有学者认为：自伤自残是指罪犯在特定的条件下，因某种动因而采用物理的、机械的、化学的等手段，以自己的身体为伤残对象，来达到一定目的的行为。也有学者认为：自伤自残是指罪犯在服刑期间，为达到某种目的，缓解心理失衡，以不正当的手段来抗拒自身心理、生理因素和外部刺激而做出的，以自伤自残自己身体为行为特征的一种抗矫治行为。[②] 还有学者认为：自伤则指体表损伤未达到残的程度；自残指自伤导致人体四肢部分的缺失。[③] 笔者认为，罪犯自伤自残是指监狱服刑罪犯为达到某种目的，刻意的、直接的伤害自身身体的行为。罪犯自杀与自伤自残的区别可见表4－2－1：

表4－2－1 罪犯自杀与自伤自残的区别

类别	心理动机	实施状态	实施手段	精神疾病
自杀	有结束自己生命的决心	往往有严密的自杀计划和预谋，一般不易被人发现	自缢、跳楼、割腕、服毒等	多为抑郁症、精神分裂症、偏执性障碍、脑器质性精神障碍等重性精神病
自伤自残	往往是为了获得同情，发泄不满，表示抗议或达到某种目的而做出的姿态	常在易被发现的场合实施或吞服小量而且来得及救治的药物或毒物或异物	吞食异物、利器刺割、绝食、撞击等	多为神经症、人格障碍、性变态等

罪犯自伤自残是故意的非自杀式伤害，没有结束自己生命的愿望。所谓自伤，就是为伤而伤，自我伤害是其最终目的。自残者也并不是想要通过自残结束自己的生命，相反，他们称这种行为可以帮助他们快速地从各种不舒服的情绪状态中解脱出来，如抑郁、焦虑和愤怒。[④] 通俗来讲，自残就是用生理的痛苦，减轻心理的痛苦。研究表明，在遇到难以调节的压力事件或情绪危机时，4%的成年人、15%的青少年，会用割伤自己或别的方式伤害自己。[⑤] 有时一些长期积累的负情绪也可能转化为自残行为。自残在一定程度上平复了自残者内心的冲突与不安。

① 参见朱广然：《H监狱罪犯自伤自残自杀危机预警管理研究》，苏州大学2020年硕士学位论文，第8页。

② 参见崔光辉：《戒毒人员自伤自残原因及预防对策》，载《山西戒毒矫治研究》2011年第4期。

③ 参见刘迎春：《监狱罪犯自伤司法鉴定和立法研究》，载《犯罪与改造研究》2002年第10期。

④ 参见［美］弗朗西斯·马克·蒙迪莫、［美］帕特里克·凯利：《我的孩子得了抑郁症》，陈洁宇译，上海社会科学院出版社2019年版，第293页。

⑤ 参见胡文婷：《自我心理诊断：101种心理异常揭秘》，北方文艺出版社2020年版，第172页。

案例辅读

英国的霍洛韦女子监狱中许多女囚都受过精神创伤，她们自残及自杀的比例相当高。据统计，英国监狱中，50%的自残自杀案例是女囚所为。随着女囚人数逐渐增加，2002—2003年度，女囚故意自残的案例上升至7400宗，每天至少发生3起自残案例。狱中一名叫路易斯的女囚便是自残者的典型。只要卷起路易斯的衣袖，便能看到她手臂上那一道道交叉着的深深疤痕。由于每天都在增加新的伤口，未愈的旧疤与新伤堆在一起，使手臂肿起了一大块。之所以自残，是因为路易斯从小就被酒鬼母亲灌输这样的观念："真正的女人"是不会哭泣的。不哭泣的路易斯于是便在自己身上割出道道伤口发泄。①

研究表明，自残者通常有以下四种特点②：一是内心充满无能感；二是缺乏情绪调节方法；三是内心有一些不合理的信念；四是疼痛能带来某种刺激。

（二）罪犯自伤自残的方式

自伤自残罪犯大多利用劳动场所的设备、工具、玻璃制品、铁片及有毒液体等作为工具，也有的利用剃须刀、缝衣针、钢笔、调羹、牙刷等，以割、吞、砸、刺、撞等手段致伤，极少数采取跳楼、自缢等形式。有学者统计100例罪犯自伤自残案例，从伤情来看，轻伤占80%，重伤占15%，造成后遗症的为3%，死亡的为2%。绝大多数罪犯"醉翁之意不在酒"，不仅对致伤程度加以控制，而且选择公开或半公开的方式自伤，以求既造成一定影响，又不至于产生严重伤害后果，妨碍出狱后的生活。

1. 吞食异物

吞食异物是监狱罪犯常用的自伤自残方式之一。吞食异物中的"异物"主要包括刮刀、指甲刀、小剪刀、水果刀、针、碎灯泡、玻璃管、温度计、铁钉、碎石子、铅丝、调羹、竹筷、清凉油盒等，也有个别罪犯会吞食剧毒物品、烈性腐蚀物等。曾有学者对605起犯罪嫌疑人吞食异物的类型进行统计发现：排在前三位的是金属铁片、金属针和气体打火机（详见表4－2－2）。大多数情况下，罪犯在吞食异物后都能通过积极抢救治疗而避免死亡后果出现。因此，有的罪犯以"吞食了异物"为由伪装自伤自残来要挟和对抗管教民警；多数罪犯则是企图通过吞食异物造成自伤或自残，以逃避体力劳动或抗拒改造。

---

① 参见《伦敦女子监狱揭秘：女囚犯屡屡自杀撞墙自残》，载新浪网，http：//news. sina. com. cn/w/2005－01－17/15225576016. shtml。

② 参见胡文婷：《自我心理诊断：101种心理异常揭秘》，北方文艺出版社2020年版，第173页。

表 4-2-2 605起犯罪分子吞食异物种类统计①

序号	异物名称	例数	百分比（%）
1	金属铁片（规则、不规则）	102	16.85
2	金属针（胃肠道+软组织）	92	15.31
3	气体打火机	65	10.74
4	硬币	54	8.93
5	金属铁丝（发卡）	44	7.27
6	钥匙	43	7.10
7	打火机金属防风罩	41	6.77
8	金属拉链头	31	5.11
9	金戒指	20	3.30
10	铁钉、螺丝	19	3.13
11	金属刀片	18	2.98
12	回形针	18	2.98
13	纽扣	15	2.47
14	电池	8	1.32
15	指甲钳	7	1.16
16	金项链、耳环	6	0.99
17	玉器挂件	4	0.66
18	皮带金属头	4	0.66
19	圆珠笔	4	0.66
20	折叠式剪刀	3	0.49
21	手表	2	0.32
22	金属搭扣	2	0.32
23	玻璃瓶	2	0.32
24	水银体温计	1	0.16

2. 利器伤

有的罪犯会选择利器伤身，如用刀具、玻璃片等锐器割伤皮肤、血管、神经，刺伤腹部等。一般来说，利器切割类伤不会危及生命。常见的罪犯自伤自残

① 参见岳光辉：《自伤自残和吞食异物犯罪嫌疑人管控研究》，载《福建警察学院学报》2017年第3期。

出现在腹部、四肢、头部及生殖器等自己双手能够触摸到的部位。这些部位一是容易自我形成伤害，二是便于控制力度，三是容易伪装和形成新的伤残。

案例辅读

罪犯林某，犯故意伤害罪判处无期徒刑，2011 年 9 月 25 日下午 5 时左右，林某借监舍、储藏室调整搬迁之机，拾一块铭牌（针织机用铜质）暗藏于身上，趁中午休息时间，在厕所内用铭牌割手腕，后被发现并制止，经监区会议讨论上报狱部后，对该犯进行严管，并加强对该犯进行心理疏导。①

3. 撞击伤

撞击伤是罪犯用头部或身体其他部位撞墙、撞窗户玻璃等行为形成的自我伤害。

案例辅读

罪犯张某，犯强奸罪判处死缓，2005 年 11 月入监，性格内向，沉默寡言，2009 年春节以来经常出现幻想、多疑和无故哭泣，对监狱民警的询问沉默不语。5 月 19 日上午出工后，在流水生产线上突然无故啼哭，监狱民警询问不语，送医院住院。20 日下午，挂完吊瓶，张某在床沿坐了约 2 分钟，突然快步向墙壁方向撞去，被值班护理及时拉住，制止过程中张某极力反抗，手脚乱舞，仍用头撞床架，后用约束带对其进行控制并采取药物治疗。②

4. 绝食

绝食又称绝食抗议，特指为了政治或其他目的进行非暴力抵抗或者抗议的一种方式。绝食是一定期间内停止进食一切食物，少数同时停止饮水，甚至拒绝静脉注射。罪犯绝食更多的是以此为威胁，争取某种权利。及时发现罪犯绝食倾向，是维护监狱稳定的重要措施。

案例辅读

罪犯李某因为颈椎有些毛病总是借故泡病号，还经常和别人发生口角。一次，他从医院看病回来，因为私带的食品被没收，回到监舍就找碴儿用鞋子抽人。受到禁闭处理后，李某以绝食抗拒改造。民警们只好把他送到医院鼻饲。③

---

① 参见陈进明：《罪犯自伤自残原因分析》，载《海南司法》2012 年第 4 期。

② 参见欧渊华：《对自伤自残自杀服刑人员的防控和教育》，载《聊城大学学报（社会科学版）》2010 年第 5 期。

③ 参见颜斐：《拉家常感化绝食罪犯》，载新浪网，http：//news. sina. com. cn/s/2004 - 10 - 11/14153879633s. shtml。

5. 其他类

有的罪犯想用自伤自残的方式来威胁或引起管教民警的注意，但又怕一时的痛苦或担心造成终身残疾，遂采用了注射异物这种比较“文明”的方式来达到自伤自残的目的。例如，有的罪犯往软组织内注射柴油；有的罪犯在伤口处涂抹旧电池水等化学物质；还有的罪犯伙同他人有意制造“意外事件”来损伤身体或在生产中有意自伤自残而以工伤之名实现其目的；甚至有罪犯偷偷让同改罪犯将自己的胳膊、腿等砸伤（断）冒充工伤无理取闹。

（三）罪犯自伤自残的类型

1. 按罪犯心理动因来区分，可以分为情景性和功能性

（1）情景性自伤自残。情景性自伤自残是罪犯无法摆脱外界强大心理压力而采取的一种消极的宣泄方式。[①] 有些罪犯面对近期家庭发生变故，受处理不服，警囚关系紧张，劳动消极、思想压力大等情景，往往不计后果、情绪冲动，而采取自伤自残的行为。罪犯情景自伤自残行为会随着外部情景因素的消失或环境的改善而消失，并且事后罪犯会因该行为产生后悔情绪。

（2）功能性自伤自残。功能性自伤自残是指罪犯惯用自伤自残手段来达到某些目的。[②] 功能性自伤自残是罪犯有目的地实施的，通常希望通过自残来达成某种目的，如迫使监狱民警在某些事情的处理上让步、寻求保外就医或在罪犯群体中扩大自己影响力。为了达到这种功能性目的，罪犯的自伤自残行为可以出现反复性，通过不断的自残来达到自己的目的。如多次吞食异物、连续性绝食等。一旦罪犯通过自残达到自己的目的，就会结束自残行为。功能性自伤自残容易引发心理变态扭曲，导致罪犯对自伤自残行为的克制性越来越差，生理痛觉趋于衰退和消失。

2. 按罪犯行为表现，罪犯自伤自残可分为积极行为型和消极不作为型

（1）积极行为型。积极行为型表现为罪犯主动积极地利用监室内的设施或者自制各类尖锐工具伤害自身，如吞食异物、撞墙、撞地、割腕、拍针等。

案例辅读

罪犯胡某，27岁，犯故意伤害罪，原判15年。2011年1月22日8时28分，胡某在二监区一车间92号织机台劳动过程中，强行从织机上取出脚板压针，刺向脖子，后被互监小组其他罪犯和监狱带班民警制止，监狱带班民警立即组织人员将胡某送往医务所进行抢救，并及时向监狱领导报告。监狱立即安排车辆将胡

① 参见马立骥主编：《罪犯心理与矫正》，中国政法大学出版社2013年版，第80页。

② 参见马立骥主编：《罪犯心理与矫正》，中国政法大学出版社2013年版，第80页。

某押送司法医院救治。[①]

罪犯朱某某，16岁，犯寻衅滋事罪，原判6个月，入所当夜就在监室内声称不想活了，并用头撞墙、撞床板，值班民警经过多次谈话教育，其根本听不进去，并声称恨父母，恨所有穿警服的，要把所有穿警服的都杀了，情绪相当激动。例行检查时，发现其身上藏着塑料喝水杯的残片，自称要割腕自杀，在被巡视民警责问和训斥后，其情绪失控，要死要活，用头撞墙、撞地，后被巡视民警强行控制。

（2）消极不作为型。此类形式表现为罪犯对监狱民警的指令不理不睬，采取不作为的方式伤害自身以达到自身目的，如绝食、有病不就医等。

案例辅读

罪犯张某某，犯妨害公务罪，原判8个月。该犯系有名的上访老户，对公务人员充满不信任感，在看守所期间从不刷牙、洗脸、洗澡，全身上下只穿一条短裤，每天除上厕所外，就是躺在铺位上睡觉。对管教民警的谈话教育不理不睬，发展到后来连续绝食3日。[②]

二、罪犯自伤自残的处置

（一）创伤的处置

监狱民警需要对罪犯采用割、刺身体或撞击墙等物体的方式形成的创伤进行紧急处置。一般来讲，创伤可分为闭合性创伤和开放性创伤，前者受伤部位皮肤与黏膜完整，没有开放伤口或外出血，包括挫伤、扎伤等；后者受伤部位的皮肤黏膜破裂而有开放伤口及外出血，并伴有深部组织损伤，包括割伤、刺伤、裂伤等。对创伤处理的原则是：对大量出血的患者，宜首先采取止血方法；对切割伤、刺伤等小伤口，若能挤出少量血液反而能排出细菌和尘垢；对伤口宜用清洁的水洗净，对无法彻底清洁的伤口，须用清洁的布覆盖其表面，不可直接用棉花、卫生纸覆盖。[③]

1. 切割伤的处置

切割伤出血多的时候，首先要止血。可以用消毒纱布或清洁的手帕直接用力压迫伤口止血；但若出血多，直接压迫也止不住血，可以用类似止血带的方法止血，扎紧出血管处，把割伤处抬高，高出心脏的高度。当然如果切割的伤口大导

---

① 参见陈进明：《罪犯自伤自残原因分析》，载《海南司法》2012年第5期。

② 参见秦飞、黄斌主编：《公安监所管理工作实务》，武汉大学出版社2015年版，第59页。

③ 参见廖卓华主编：《家庭医疗用药完全手册》，新疆人民卫生出版社2004年版，第318页。

致出血量多，或因切到了动脉血流如注时，必须急送去抢救。浅的伤口用温开水或生理盐水冲洗拭干后，以碘酊与酒精消毒、止血，然后包扎，一般多能较好痊愈。对较小伤口外用“创可贴”即可。

2. 刺伤的处置

罪犯使用尖刺物、玻璃、钉子等刺伤时，伤口的出血量虽然不大，但伤口和出血点都比较深，一般的包扎护理可能无法做到100%的消毒，需要交由专业医师处置。此外，受伤严重时，不要试图自行拔出，应当先固定被刺部位，交由专业医生急救，使用经过消毒的针或小镊子拔出，避免感染。不洁物的刺伤要预防破伤风的发生，给罪犯注射破伤风抗毒素。

3. 撞击伤的处置

当发现罪犯用头或其他部位撞击物时，应立即抱住罪犯或迅速用手保护罪犯，以阻止其行为或缓解撞击力度。一旦发生撞击，应立即检查伤情，如有无开放伤口、出血情况，有无颅骨骨折，根据伤情给予相应的处理。重点检查有无急性内出血的征兆，若患者出现呼吸加深、脉搏缓慢、血压升高、瞳孔不等大、意识改变、偏瘫头痛、喷射性呕吐等颅内压增高症状应立转送医院治疗。①

4. 骨折的处置

骨折急救时，对开放性骨折，出现大出血者，应立即用压迫、加压包扎或止血带等方法进行止血。伤口外表有显著异物时一定要去掉，然后用清洁的布类覆盖包扎伤口。对外露的骨折端，不要还纳，以免将污染物带入深层，但要进行保护性包扎。伤肢要即时固定，可减轻疼痛，避免造成对神经、血管的损伤。固定材料可因地制宜，如用木板、树枝等；如无物可用，可将负伤的上肢固定于胸壁，下肢固定于健侧。

（二）吞食异物的处置

罪犯吞食异物种类较多，小的如钉子、碎玻璃、刀片、别针等，大的如体温计、剪刀、牙刷、香皂等：除金属外，还可能是塑料、棉絮等，吞食异物可导致非常严重的后果，需严加防范，及时发现，正确处理。监狱民警发现罪犯吞食异物时不要惊慌，要沉着冷静，立即报告医生，并根据异物的种类进行处置。如罪犯已吞食异物，监狱民警应及时评估吞食异物的种类及吞入时间，判断危险程度。例如，吞下锐利的刀口或尖锐的金属或玻璃片可损伤重要器官或血管，引起胃肠穿孔或大出血；吞下较多的纤维织物可引起肠梗阻；吞食防腐剂、塑料等可引起中毒。

① 参见张跃兰、邢改书、李淑芬主编：《精神科疾病护理》，科学技术文献出版社2008年版，第181页。

1. 分情况处置

吞食异物主要有两种治疗方式：非手术排出和手术排出。有学者统计发现，在收治的吞服异物罪犯28人30次中，男性27人29次，女性1人1次。年龄约为20～38岁。吞服3枚10cm长铁钉1例、6根缝被子针1例（女性）、玻璃碎块3例、旅行剪刀2例、水果刀+调羹柄1例、小锁+钢笔套+调羹柄1例、圆珠笔1例、铁丝1例、调羹柄19例。经手术取出异物7例，经非手术治疗排出异物23例。1例吞服缝被子针病人保守治疗18天后异物全部排出，其余排出异物时间为3～7天。[①] 对于吞食异物罪犯分类处理方法如下：

（1）吞食液体异物者，立即用温水洗胃，防止异物被吸收。

（2）吞食较小异物者，要问清楚异物有没有锐利的尖锋。较小的异物一般可自行从肠道排出，但异物有锐利的尖锋时，需让罪犯卧床休息，进食高纤维蔬菜如韭菜，并给予缓泻剂，以利于异物的排出。同时，安排专人进行严密的观察，尤其注意其腹部异常的症状及体征，监测血压。如吞食异物的罪犯出现急腹症或内出血，应立即手术取出异物。

案例辅读

罪犯陈某某，女，28岁，吞服缝被子针6根，入院时喊叫打滚，经保守治疗服韭菜后，于入院第6天、第10天排出5根针，均与纤维绞在一起，最后一根针于入院第18天排便后横扎在肛门内口，用持针器将其夹出，病人治愈出院。[②]

（3）吞食长形异物者，如牙刷、体温计等，如果长度超过12cm，不能进食韭菜等粗纤维食物，否则容易造成肠梗阻。应带罪犯到外科诊治，通过内镜手术取出。若罪犯咬碎了体温计并吞食了水银，应立即吞食蛋清或牛奶，使蛋白质与汞结合，以延缓汞的吸收。[③]

案例辅读

罪犯吴某某，男，20岁，在其他单位已4次吞服过铁钉、铁片等异物，其中2次手术取出，胃大部切除术后大出血1次，最后1次吞服异物转至医院用内窥镜取出。第5次吞服水果刀一把，调羹柄2把，医院鉴于吴某某的具体情况给

① 参见霍杰、计惠民主编：《当代中国护理荟萃：95全国青年护士论文选》，中国医药科技出版社1995年版，第250页。

② 参见霍杰、计惠民主编：《当代中国护理荟萃：95全国青年护士论文选》，中国医药科技出版社1995年版，第250页。

③ 参见周丽主编：《精神科护理学》，上海交通大学出版社2016年版，第49页。

予保守治疗。经严密观察和护理，定时予服韭菜，于入院后的第 3 天、第 4 天将吞服的水果刀和调羹柄全部排出。

（4）如不能确认是否吞食异物，应及时进行 X 线检查确定，如 X 线阴性，仍需密切观察患者的生命体征和病情变化，防患于未然。

2. 防止再次吞食异物

对有吞食异物倾向的罪犯，应耐心地向其说明吞食异物可导致的严重不良后果，并帮助其改变不良的行为。吞食异物的罪犯是特殊的病人，处于一种需要得到照顾的状态。如果监狱民警不清楚隐藏在背后的心理因素和社会因素，则不能对罪犯进行有效的心理疏导，罪犯可能在异物排出后再次吞服。因此，有吞食异物风险的罪犯进出监区时要做好安全检查，防止其捡拾可吞食异物；有吞食异物风险的罪犯使用剪刀、针线、指甲钳等物品时，应在看护人员的视线范围内，用完及时收回，防止其再次吞食异物。

案例辅读

罪犯肖某，吞食了 3 根调羹柄，于入院第 3 天排出 2 根。X 线显示另 1 根在降结肠部，估计第 4 天排出后便可出院。医生第 4 天上午通知肖某透视。2 小时后进行腹透时，发现胃内又有 1 根调羹柄。经询问他不想出院，在接到透视检查后又吞服了 1 根调羹柄。①

三、罪犯自伤自残证据收集与固定

（一）自伤自残现场记录

1. 记录现场及证据保护情况

自伤自残事件发生后，监狱值班民警应立即采取紧急措施对受伤的罪犯进行现场紧急救治，并尽快送监狱医院进行医治。同时封锁现场，做好现场保护工作。负责保护现场的监狱民警应当根据案件具体情况，划定保护范围，设置警戒线和告示牌，禁止无关人员进入现场。负责保护现场的监狱民警除抢救受伤的罪犯、紧急排险等情况外，不得进入现场，不得触动现场上的痕迹、物品；处理紧急情况时，应当尽可能避免破坏现场上的痕迹、物品，对现场保护情况应当予以记录，对现场原始情况应当拍照或者录像。

2. 拍摄并制作合规的现场照片卷

罪犯自伤自残现场照片卷的内容由现场方位照相、现场概貌照相、现场重点

---

① 参见霍杰、计惠民主编：《当代中国护理荟萃：95 全国青年护士论文选》，中国医药科技出版社 1995 年版，第 250 页。

部位照相和现场细目照相四部分组成。

（1）自伤自残现场方位照相，用于说明罪犯自伤自残的现场位置及其周围的环境状况。拍摄的是大范围的室外情景，宜采用自然光拍照。拍照时，应选择较高、较远而又能显示现场及其环境特点的地方作为拍照点。

（2）自伤自残现场概貌照相，要把罪犯自伤自残现场的范围、内部状况、各种痕迹、物证的分布及其相互间的关系等状况，全面、完整地反映出来。用以说明自伤自残的性质、特点、自残手段和所造成的后果等。

（3）自伤自残现场重点部位照相，要突出与罪犯自伤自残有关的重要情景和对揭露、证实自伤事实具有重要意义的物体，以及遗留痕迹、物证的位置。要拍摄罪犯自伤自残的部位、遗留的致伤工具和附近的血迹、物品等情况。

（4）自伤自残现场细目照相，是拍摄自伤自残现场和人体上存在的具有检验鉴定价值和证据作用的各种痕迹、物证，以反映其形状、大小和特征。自伤自残现场细目照相的内容很多，如创伤、活体上的痕迹，血迹的滴溅或喷溅方向。由于细目照片多用于技术检验、鉴定工作，所以必须按照比例照相的要求进行拍摄。

现场照片卷的制作，可以依照方位、概貌、重点、细目的顺序编排照片成卷，亦可依照时间顺序结合相应的内容组卷。

3. 现场录像

现场录像具有真实、客观、连贯、形象的特点，在现场调查中被广泛运用。现场录像的内容同样包括方位、概貌、重点和细目四个部分。其基本要求除同于现场照相外，还应反映自伤自残现场各部分及各种痕迹之间的空间位置关系。

4. 现场笔录

现场笔录需要载明罪犯自伤自残现场勘查的过程及结果，包括与罪犯自伤自残有关的痕迹和物品的名称、位置、数量、性状、分布等情况，罪犯所处的位置、衣着、姿势、创伤、血迹分布、性状和数量以及提取痕迹、物证的情况等。

5. 人身检查笔录

人身检查笔录是监狱民警在对自伤自残罪犯进行人身检查时，对检查活动的经过和结果等情况依法做出的文字记录。人身检查笔录应重点写明人身检查的过程及结果。首先，应写明，在见证人×××的见证下，由检查人×××（并要说明检查人的身份情况）对被检查罪犯×××进行了人身检查，检查采用的什么方法、手段或仪器。其次，详细记载检查中的所见，即对被检查人的身体的哪些部位进行了何种检查。通过人身检查，确定被检查人是否有伤，是重伤、轻伤还是轻微伤，是否自伤，伤害的具体部位，致伤工具是什么等。最后，以简明的文字作出结论，说明人身检查是否达到预期的目的。如某监狱对自残罪犯的人身检查笔录（见下文）：

人身检查笔录

时　　间：2021 年 5 月 22 日 8 时 35 分至 22 日 9 时 10 分

地　　点：某某监狱医务室

对　　象：罪犯田某某，男，24 岁，5 监区

目　　的：确定罪犯田某某身上是否有自残伤

检验过程及结果：

在本案监狱民警赵某某、李某某的主持下，聘请了本局法医卢某某，在见证人孙某某的见证下，对罪犯田某某进行人身检查。检查前监狱民警赵某某同田某某进行了谈话，询问其身上是否有伤痕，田某某答有伤，是今年 5 月 20 日拾到一块铭牌（针织机用铜质）暗藏于身上，趁中午休息时间，在厕所内用铭牌割手腕的。然后命令其脱掉外衣外裤，对其全身进行了仔细检查，发现其左手腕有三处约 2 厘米的切割伤痕，此伤痕形状与田某某描述的用铭牌割手腕形成的伤痕特征相吻合。身体其他部位未见异常。

检查过程中拍摄照片 3 张，伤痕特征见照片二和照片三。

主持人　侦查员　赵某某　李某某

检查人法医　卢某某

见证人　孙某某

记录人　李某某

2021 年 5 月 22 日

（二）现场监控视频

现场视频监控可以立即捕获罪犯自伤自残现场情况，并且可以动态连续地反映自伤过程中的所有情况，有效地记录和存储自伤自残事件，真实反映自伤自残的情况，并且高度可靠，可以为罪犯自伤自残事件调查提供相对有力的证据。

1. 自伤自残现场视频的采集

为了通过视频监控录像分析来获取罪犯自伤自残调查的线索和证据并有效地发挥视频监控录像证据的作用和价值，必须根据以下要求收集此类证据：

（1）采集范围。监狱内安装的视频监控系统是记录罪犯自伤自残及其相关证据的载体。寻找视频监控时，首先，筛选现场附近的监控点。视频监控点离自伤自残事件越近，记录罪犯自伤自残行为的可能性就越大，对确定事件性质和过程就越有用。其次，采集时尽可能获取完整的视频监控。整个事件前、中、后都

要尽可能采集完整。不仅要反映罪犯之前的行为疑点和准备活动，还要反映事后对罪犯求助活动的救助工作等。最后，要注意各监控点的对比分析。

（2）采集时段。为了更全面地进行收集和比较，罪犯自伤自残调查通常应至少收集罪犯自伤自残前后视频资料。建议在罪犯自伤自残发生前至少12小时内的视频资料进行收集，直到调查人员能够收集所有视频材料为止。

（3）采集的方法。调取视频资料多数情况下需要进行拷贝和复制。如果监控设备本身具有备份导出功能，那么可以通过监控设备的USB接口或网线接口进行复制拷贝，或通过监控系统平台进行下载。如果没有备份导出功能，那么可以在监控系统存储设备中查找相关内容进行拷贝。

2. 自伤自残现场视频的保全

（1）提取视频笔录。视频图像资料作为一种电子型证据，在调取和保存过程中很容易出现被篡改的情形，因此应当严格履行相应的调取保管手续。提取视频资料、监控设备时，应当制作提取笔录。提取自伤自残过程的视频时，在提取笔录中应注明提取的地点、日期，提取的数量、名称、方法，提取视频与北京时间的时间差和视频资料提供单位或个人、提取人等，并要求取证人员与监控设备的管理人员进行签名确认。对于现场提取的视频资料，应当按照有关规定建档管理，存放于专门场所，由专人负责，严格执行存取登记制度。

（2）调取视频清单。罪犯自伤自残事件发生后，监狱民警应向监控中心或分控中心及时调取视频资料，并制作询问笔录，向有关人员了解视频资料的内容、保存情况等，同时监狱民警应当会同证据持有者在场，填写调取证据清单，并详细注明调取的时间、调取的方式、调取视频监控的大小、朝向、时差内容，一式三份，一份交被调取单位、个人，一份交证据保管人，一份附卷备查。

（3）调取视频资料。监狱民警对罪犯自伤自残视频提取后，应及时按照“一案一档”视频资料档案进行保存。将提取的原始视频资料按案件、摄像头建立目录，原文件、原播放器进行存储。然后，将涉案视频资料按照时间要求及时录入相应的数据库，防止拷贝回来的视频资料遗失和无序存放。为了方便视频检索和视频共享，监狱民警应对自伤自残视频进行标注与索引，将涉案视频录入视频平台后，应及时根据“时间、地点、人员、性质、手段、工具”等要素为关键字进行分类，同时根据视频中嫌疑目标的特征仔细做好标注、索引。

（4）关键视频截图。对于罪犯自伤自残的一些重要画面，可以采取抓拍或截图的方法，并进行编号、注释和说明。每一份截图分别标注：图片编号、视频内容、视频位置、视频编号、图片所在视频的准确时间、原视频图片的时间、图片对应的北京时间。

（三）询问笔录

罪犯自伤自残一般有罪犯或监狱民警在现场，对自伤自残的罪犯和现场的知情人，要及时开展询问工作。

1. 询问自伤自残者

询问自伤自残罪犯时，重点要问清：(1) 自伤自残罪犯的基本情况；(2) 自伤自残想要达到的目的，实施自伤自残行为的主观心态，对自我伤害和死亡结果发生的心理状态；(3) 实施自伤自残的时间、地点、手段和过程等；(4) 自伤自残工具的种类、来源和下落；(5) 自伤自残的部位及自残的次数和强度，受伤的情况等；(6) 自伤自残后救治情况；(7) 自伤自残现场人员和活动情况等。

2. 询问目击者和知情人

询问目击者和知情人时，重点要问清：(1) 目击者或知情人的基本情况；(2) 所看到的罪犯自伤自残发生、发现的时间、地点，当时的环境、人群状态等事件发生时的环境状态；(3) 罪犯自伤自残的发生、发现的详细过程等；(4) 所见所闻自伤自残罪犯的基本情况，如罪犯的年龄、衣着、状态，罪犯使用的工具等情况；(5) 所见所闻罪犯自伤自残的后果情况；(6) 自伤自残后救治情况；(7) 自伤自残现场人员和活动情况等。

3. 询问现场管教民警

询问现场管教民警时，重点要问清：(1) 管教民警的基本情况；(2) 所看到的罪犯自伤自残发生、发现的时间、地点，当时的环境、人群状态等事件发生时的环境状态；(3) 罪犯自伤自残的发生、发现的详细过程等；(4) 所见所闻自伤自残罪犯的基本情况，如罪犯的年龄、衣着、状态，罪犯使用的工具等情况；(5) 所见所闻罪犯自伤自残的后果情况；(6) 管教民警展开自伤自残后救治情况；(7) 自伤自残现场人员和活动情况等。

询问情况要制作询问笔录，注明询问证人的时间、地点，证人与当事人的关系，证人、调查民警应在笔录上签名。

（四）自伤自残物证

物证保全是指采用一定的方式方法将已经发现的物证记录、提取、固定，并加以妥善保管，以便司法办案人员认定案件事实时使用的过程。[①] 物证保全是取证过程的重要环节，是收集证据工作中极为重要的内容之一。自伤自残事件调查过程中，一旦发现物证，就应当按照规范的手段、方法及时记录、提取、固定，严格保管，以免出现物证被破坏、丢失或变质等情况。

---

① 参见罗亚平：《关于完善物证保全制度的思考》，载《北京人民警察学院学报》2003 年第 3 期。

自伤自残的物证包括罪犯吞食的物品包括碎玻璃、刀片、体温计、剪刀、牙刷、香皂等；罪犯创伤使用的工具刀片、玻璃、剪刀等以及造成罪犯伤残的其他生活生产物品。参照按照《公安机关刑事案件现场勘验检查规则》第57条规定，“提取现场痕迹、物品应当填写《提取痕迹、物证登记表》，写明物品、文件的编号、名称、数量、特征和来源等，由侦查人员、见证人和物品、文件持有人分别签名或者盖章。对于物品持有人拒绝签名或者无法查清持有人的，应当在《提取痕迹、物证登记表》上注明”。

（五）监狱民警情况说明

“情况说明”不是明确、规范化的法定概念，也不是专门特指某种书面材料，而是有关案件事实情况、程序内容及证据来源的各类材料的总称，是一种习惯化的称谓。从字面含义理解，“情况”即与案件事实有关联性的情节，“说明”即针对刑事案件中存在或需要解释的问题进行的阐释。在刑事诉讼中，理论界普遍认为“情况说明”是指在刑事诉讼中，侦查人员出于办案需要或应其他相关主体的要求，对案件存在的问题或需要解释的事项进行说明，以单位名义或者单位及个人名义出具的一种书面材料。① 自伤自残事件中监狱民警的“情况说明”材料是对自伤自残事件处理过程中某些情节或细节的记录。

监狱民警关于罪犯自伤自残事件的情况说明的内容与询问在场监狱民警的内容一致。民警情况说明需要注意以下三点：（1）监狱民警可以将“情况说明”材料的标题统一为“关于××事件的情况说明”。将该份材料想要说明的核心内容简洁直观地在标题中予以展现，以便在后续开展工作的过程中进行整理和查阅，方便使用。（2）“情况说明”应当有办案人员的签字，一般由办案人员手写自己的签名。（3）应当加盖单位的公章。一般来讲，单位内部机构的公章本身仅在单位内部才具有效力，如果“情况说明”在事件结束后会随收集到的其他证据一起装订成卷宗，而后需要移送到其他政法机关的，“情况说明”由监狱内部走向了外部，这时需要加盖的公章也应当具有外部效力。此外，加盖单位公章也意味着单位内部上级对下级制作的书面材料需要进行审查，这样也能达到促进“情况说明”制作规范的目的。

（六）罪犯心理评估报告和心理档案

1. 罪犯心理评估报告

心理问题是影响罪犯自伤自残的原因之一。自伤自残罪犯常见的如抑郁、焦虑、人格障碍等心理问题，虽然有一定的诊断标准和识别方法，但是对于一般监狱民警来讲，仍然难以完成，需要专业人员来进行罪犯心理评估。罪犯自伤自残

---

① 参见郭晶：《程序类情况说明的证据能力分析》，载《国家检察官学院学报》2013年第4期。

风险评估可以通过访谈、行为观察及心理测量来进行。对于个体的自伤行为和自杀意念，可采用开放式的临床晤谈搜集资料，如询问个体身体状况、情感经历、应对机制、情绪反应，以及是否有过物质滥用，既往是否有过自伤、准自杀行为等，但一般不应涉及自伤自残形式的讨论。罪犯心理评估报告内容一般包括：一般信息、要解决的问题、实施检测及结果的解释、背景信息、行为观察、危险性预测、总结和建议。如某监狱对罪犯的心理评估报告（见下文）：

关于服刑人员李某某的心理评估

一、一般信息

评估者：×××。

被评估者：服刑人员李某某，男，21岁，未婚，入狱前系某某大学三年级学生，因犯故意杀人罪被判处有期徒刑20年。

二、要解决的问题

1. 李某某在认知上或情绪上的具体问题是什么？

2. 李某某的心理问题属什么范围，程度如何？是机能性障碍还是器质性障碍？

3. 李某某对自身心理问题的认识程度如何？

4. 李某某心理问题产生的原因有哪些？

5. 对李某某应选择什么样的心理矫正方法最有效？

三、测验及结果解释

对李某某进行16PF测验，结果如下：

A—6，B—10，C—3，E—7，F—4，G—5，H—5，I－6，L—8，M—6，N—6，O—9，Q1—6，Q2—6，Q3—1，Q4—10。测验结果表明，罪犯李某某在个性上具有高智商、高怀疑、高焦虑、低自律等特点。其他测验如EPQ、MMPI等，也得出类似的结论。

四、背景信息

（略）

五、行为观察

通过观察，发现李某某在心理测验过程中配合很好，并且很想通过测验了解自身的心理问题与心理困扰。在服刑中，李某某对待学习、劳动态度比较积极，没有不良表现。但他很少与人交往，少言寡语，焦虑情绪明显。

六、危险性预测

根据各方面的资料，可以预测李某某在服刑过程中存在自杀危险性（事实上李某某在被逮捕过程中自杀未遂）。如果不对与他有关的各种矛盾作妥善处理，也存在伤害他人的危险性。

七、总结与建议

1. 小结：服刑人员李某某因个性不良而走上杀人犯罪的道路，但他认知能力正常。在监狱中改造表现正常，但抑郁、焦虑情绪明显，应加以重点防范和矫正。

2. 诊断：李某某属偏执型人格障碍。

3. 建议：多用认知疗法挖掘其不良情绪产生的根源；及时有效地化解周围矛盾，避免矛盾激化导致不良后果。[①]

2. 罪犯心理档案

罪犯心理档案，是指监狱通过多种心理评估方法积累起来的有关罪犯人格特点、心理障碍与疾病、行为习惯等内容的记载，以及针对罪犯心理问题制订的矫治方案及实施矫治效果的记载，还有能反映罪犯心理发展轨迹的文字、图表、音像等专门性材料。[②]

在新入监罪犯、重点罪犯中进行心理测试，建立心理档案，已经成为监狱改造的一项日常工作。监狱民警通过对罪犯进行心理测试了解、掌握罪犯的心理健康状况，如在监狱系统广泛使用 COPA - PI 心理测验，对评析罪犯个体心理倾向具有很强的针对性。通过对部分自伤罪犯心理测试结果进行分析，发现 COPA - PI 测试中内外倾向、情绪稳定性、冲动性、自信心和焦虑感等因子都与自伤、自残行为存在关联，尤其是焦虑感因子一项能够较准确地反映个体在一定时期内出现自伤、自杀行为的危险程度。[③] 因此，对心理档案的保全固定，可以反映出罪犯自伤自残的心理状态。

（七）精神疾病鉴定报告

有些罪犯是患抑郁症、癔症、精神分裂症、癫痫病、慢性酒精中毒、毒瘾、药瘾等引发的自伤自残。研究表明：青少年精神障碍患者非自杀性自伤发生率较高，其影响因素包括母亲教育程度为大专及以上、童年虐待、童年家庭功能不全、所患疾病为抑郁障碍或双相障碍、孤独感强烈等。[④] 有学者研究表明：精神

---

① 参见王威宇主编：《罪犯心理矫正》，中国政法大学出版社 2017 年版，第 290 页。

② 参见司法部监狱管理局组织编写：《心理咨询师》，天津科学技术出版社 2008 年版，第 171 页。

③ 参见席跃斌：《罪犯自伤行为分析及心理干预》，载《现代世界警察》2016 年第 1 期。

④ 参见黄少南等：《青少年精神障碍患者非自杀性自伤行为现状及影响因素分析》，载《华南预防医学》2021 年第 12 期。

分裂症患者出现自伤、伤人行为者占所调查病例的42.6%。[①] 由此可见，精神分裂症患者是具有伤害行为的高危人群。

如果自伤自残罪犯有精神疾病的症状，监狱应及时委托司法精神病学专家对其精神状态进行鉴定。鉴定的中心目的是判定罪犯是否患有精神病，以及疾病的性质和程度，从而明确被鉴定人是否具有责任能力和行为能力，包括刑事责任能力、民事行为能力、诉讼能力、作证能力以及服刑能力等。自伤自残罪犯精神疾病鉴定，一方面可以作为解释罪犯自残行为的内在原因，另一方面可以作为证明罪犯自伤自残的证据加以保全。

司法精神病鉴定书是检查和认定诉讼当事人或被告人有无精神病，并确定其是否具有刑事责任能力或民事行为能力的司法文书。内容包括：（1）委托鉴定机关、被鉴定人姓名、性别、年龄、职业、鉴定日期、委托鉴定机关联系人的地址。（2）案情简要情况。（3）鉴定的目的。（4）被鉴定人家族史，既往史，现病史等，以及资料来源，由何人提供等。（5）观察、躯体检查和精神状态检查所见。（6）精神状态证明。（7）结论，包括论断根据、理由、判定责任能力或行为能力的意见。（8）鉴定人签名，鉴定人所在单位盖章。[②]

司法精神病鉴定书的证据审查内容包括：鉴定人是否在鉴定意见上签名；鉴定人的资质；鉴定人据以诊断的文证材料是否真实可靠；对被鉴定人的躯体及精神检查是否符合现代精神医学的理论及技术规范；对被鉴定人的法律能力的评价的依据和方法是否符合法律的规定等。

（八）罪犯通信、会见、亲情电话类证据

罪犯自伤自残的动机和心理活动有时会反映在与家人的联系中，通过会见、亲情电话等方式展示出来，因此，自伤自残事件中，监狱民警要对事件近期的罪犯会见、亲情电话等录音进行证据保全。

1. 监听的保全

目前，监听录音资料本质是一种电子数据。出于监狱安全管理的需要，监狱民警依法对罪犯的会见、通信进行即时监听，同时进行通话的录音，以备后期的复听。参考《电子数据规定》，监狱监听资料的收集要求：

（1）收集主体应当由两名民警进行。收集、提取电子数据，应当由两名以上侦查人员进行。取证方法应当符合相关技术标准。

（2）应该制作笔录和录音清单。录音资料应由两名以上具备相关专业知识

① 参见范新刚、白月先：《精神分裂症患者所致自伤、伤人行为的初步分析》，载《四川精神卫生》2000年第3期。

② 参见李伟民编著：《法学辞源》，黑龙江人民出版社2002年版，第948页。

的民警依照相关技术标准进行提取，并制作提取笔录、清单。提取笔录、清单应当注明电子数据的名称、类别、文件格式，并由提取人员、数据持有人签名或盖章。有条件的，应当对相关活动进行录像。

（3）复制录音资料和翻音材料。罪犯会见、通信中的录音内容，应当转化为一定的媒介储存在案。特别是对能够证明自伤自残心理的核心事实、关键内容的监听录音，应转换成书面材料即翻音材料，① 并标注重要内容的起止时间，由经办人签名并加盖印章，与同步录音光盘一并移送至保全中心进行保全。

2. 信件的保全

对于反映罪犯自伤自残心理状态的通信信件，监狱民警要及时加以保全。信件保全参照书证的保全办法进行。对于提取、扣押的书证应当会同在场见证人和被提取、扣押物证的持有人进行查点确认，当场开列扣押物品清单，写明物品的名称、编号规格、数量、特征及来源，由办案人员、见证人和持有人签名或者盖章，必要时可以拍照、录像固定。

第三节 罪犯违规违纪证据保全

一、罪犯违规违纪概述

（一）罪犯违规违纪的界定

1. 违规违纪

违规违纪是违规和违纪的简称，两者有区别也有联系。

（1）违规是指违反规定。规定是一种具体制度。规有规则、规范的意思。广义的“规”指除了法律之外的一切社会规则、规范。既可以是国家制定的强制性规则，也可以是一个民间团体制定的规范，甚至可以是一个游戏规则等。狭义的规即法规，指除了法律之外的行政法规、部门规章、地方性法规。

（2）违纪是指违反纪律。纪律是一种根本原则。纪律一般是存在于政党或者一般带有政治性的社会团体中的内部行为规则。但是，现在一般将其泛化，任何组织、社团的规章制度均称为纪律。

2. 罪犯违规违纪

关于罪犯违规违纪的使用，实践中比较混乱，有的使用“罪犯违纪”，有的

① 翻音材料是监听人员对监听录音进行整理后形成的记录或摘要。

使用“罪犯违规”和“罪犯违规违纪”。

（1）罪犯违纪。罪犯违纪行为，通常是指罪犯在日常改造中，违反《监狱法》《监狱服刑人员行为规范》及监狱各项纪律制度的行为。[①] 有学者认为，对罪犯重大违纪行为的界定标准是：罪犯自杀或企图自杀、脱逃或预谋脱逃、自伤自残、打架斗殴、顶撞监狱民警、私藏违禁品、破坏生产劳动、哄监闹监等严重违反监规纪律的行为，并被监狱处以警告、记过、严管、禁闭等处分的。[②]

（2）罪犯违规。有的学者认为：罪犯违规是罪犯在监管改造场所由于不适应监狱的规章制度、行为准则、生活方式和价值标准，而出现的一些消极或极端的并触犯了监狱的规定和纪律的行为。[③] 有学者认为：罪犯违规有狭义与广义两种理解。狭义的罪犯违规是指在服刑期间违反监规纪律的行为，包括两种：一是一般性违规。例如，不遵守监规纪律、不服从管理、经常完不成劳动任务、私藏现金等。二是严重的违规。例如，反抗管教、抗拒劳动、自杀等。广义的罪犯违规，除了狭义违规外，还包括罪犯的又犯罪行为。罪犯减刑后的改造倒退行为中的违反监规纪律属于狭义违规，即违规行为没有触犯刑法，不是又犯罪。[④] 也有学者认为：罪犯违规行为有狭义与广义两种理解。狭义的罪犯违规行为，是指罪犯在服刑期间，违反监规纪律的言行。广义的罪犯违规行为，除了罪犯在服刑期间的违规违纪言行外，还包括罪犯的又犯罪行为。[⑤] 还有的学者认为：罪犯违规处罚，是监狱依据《监狱法》《监狱计分考核罪犯工作规定》和地方监狱管理局制定的工作标准，对违反监规的罪犯实施的具体行政处罚行为，也是一种创造性的矫正教育实践活动。具体内容包括警告、记过、禁闭三种类型。[⑥]

（3）罪犯违规违纪。罪犯违规违纪并没有清晰的概念。从以上罪犯违纪和罪犯违规的不同界定来看，两者并没有太大的区别，两者的内涵基本是一致的。罪犯违纪和罪犯违规只是大家称谓习惯不同而已。关于“罪犯违规违纪”概念，其实质与罪犯违规和罪犯违纪基本一致。采用罪犯违规违纪是一种常规性称谓。因此，笔者认为，罪犯违规违纪是指罪犯违反监规纪律的行为。具体来讲，它是

① 参见吴琦主编：《论上海监狱工作》（第7辑）（下），上海社会科学院出版社2019年版，第783页。

② 参见胡晓娟：《对控制及预防罪犯重大违纪行为的思考》，载《犯罪与改造研究》2011年第10期。

③ 参见李恺：《监狱罪犯违规原因分析及对策研究》，载《中国监狱学刊》2015年第6期。

④ 参见张雅凤：《罪犯减刑后改造倒退的因果分析及对策》，知识产权出版社2019年版，第5页。

⑤ 参见王威宇主编：《罪犯心理矫正》，中国政法大学出版社2017年版，第85页。

⑥ 参见任磊、李峰：《对监狱处罚违规罪犯需加大检察监督力度》，载《人民检察》2020年第15期。

指罪犯违反《监狱法》《监狱服刑人员行为规范》及监狱各项纪律制度的行为。罪犯违规违纪的具体内涵包括：首先，罪犯违规违纪的主体是正在监狱服刑的罪犯。其次，罪犯违规违纪的客体是狱内监管安全和狱内正常改造秩序。再次，罪犯违规违纪是罪犯实施了违反监规纪律的各种行为。这些行为具体表现形式不同，但其实质都是破坏了监狱的管理秩序，影响了监狱的正常管教活动。最后，罪犯违规违纪具有危害性。

（二）罪犯违规违纪的类别

1. 按罪犯违规违纪的严重程度划分

根据行为的严重程度不同，罪犯违规违纪可分为轻微、一般、严重和重大四种。①

（1）轻微违规违纪，是指罪犯违规违纪行为较简单，情节轻微，适用处罚较轻的违规违纪行为，如讲粗话、不完成作业、卫生不整洁等。

（2）一般违规违纪，即罪犯实施了违反监规纪律的行为，给狱内改造秩序造成了一定影响，按监狱有关考核制度应予处理，现在狱内罪犯的违规违纪行为大多是一般违纪行为。

（3）严重违规违纪，是指罪犯严重违反监管制度，严重影响监管改造秩序，性质严重，危害较大，应按规定给以严重处罚的行为，如《监狱法》第58条规定，聚众哄闹监狱，扰乱正常秩序的；辱骂或者殴打人民警察的；欺压其他罪犯的；偷窃、赌博、打架斗殴、寻衅滋事的；有劳动能力却拒不参加劳动或者消极怠工，经教育不改的；以自伤、自残手段逃避劳动的；在劳动生产中故意违反操作规程，或者有意损坏生产工具的；有违反监规纪律的其他行为的。

（4）重大违规违纪，是指罪犯实施的行为直接危害监管安全，给狱内改造秩序造成了重大影响，性质恶劣，应对该行为进行特别加重处罚，如罪犯自杀、制造动乱，以及《刑法》第315条、第316条、第317条规定的破坏扰乱正常秩序、脱逃、越狱等违纪、违法，甚至犯罪的行为。

2. 按罪犯违规违纪的性质划分

根据性质不同，罪犯违规违纪可分为习惯型、压力型、突发型、抵触型和预谋型五种。

（1）习惯型。习惯型违规违纪主要是基于罪犯本身的行为恶习造成的。有的罪犯投入监狱服刑前存在各种恶习，这些恶习不会随着进入监狱而消失，有的会伴随整个改造过程。习惯型违规违纪具有经常性、反复性、顽固性的特点。这

① 参见吴琦主编：《论上海监狱工作》（第7辑）（下），上海社会科学院出版社2019年版，第783页。

类违规违纪行为主要表现为大错不犯、小错不断，无视监规纪律的束缚，松散行为习惯已定型，经常性违反监狱的各项规定，如随地吐痰、熄灯看书、集队讲话、乱扔垃圾、着装不规范、单独上厕所、给他犯起绰号等。

（2）压力型。压力型违规违纪多是由于对来自外界的各种变故，短期内无法适应和接受所导致的违规违纪。此类违规违纪多发生在劳动适应困难或是家庭遭遇重大变故，以及减刑假释政策发生变化时，表现为无法完成劳动任务、产品质量不过关、消极怠工等。

案例辅读

罪犯张某因前两天加工的新产品质量屡出问题，受到监狱民警批评，该犯便以无法适应新工序为由，要求调换工序，但未能获准。张某当天下午再次因产品质量问题受到监狱民警批评教育，其不能正确对待，便用固定在针车上的螺丝刀，卸下一颗用于固定梭心盒的、长约6mm的螺丝并吞入体内。依据《罪犯考核和奖惩规定》，建议给予张某一次性扣5分，并送严管集训处理。①

（3）突发型。突发型违规违纪的罪犯事前并没有预谋准备，缺乏违规违纪的动机，只是因为受到突然发生的对个人改造生活至关重要的环境、氛围、言语、肢体、情感等方面的刺激而引发的违规违纪。罪犯在改造的不同时期会遇到不同的影响因素加上自身性格缺陷、犯罪思维模式以及长期监禁造成的潜在心理压力使其内在的思想情绪和外在的行为表现出相对的不稳定性，特别是一些恶习深、性格偏狭固执、心理脆弱敏感的罪犯，遇到不顺其心、不如其意的事情，就抑制不住内心的怒火，进而拳脚相加，从危险意识的产生到危险行为的实施仅一念之间，时间短，过程迅速。

案例辅读

罪犯李某因跑步与罪犯董某发生口角并发生肢体接触，李某随即捡起一块砖头砸向董某并将劝架的罪犯张某头顶右侧砸伤，造成5cm皮肤裂伤缝合5针，李某受到禁闭处分。李某和董某从争执到砸伤人前后仅两三分钟。②

（4）抵触型。此类违规违纪的罪犯大多无悔罪心理，且主观上并不认罪，有的甚至有反社会、反政府的心理。他们恶习深，主观意识上具有反社会性，犯罪思维模式比较固定，反改造思想严重，其纠合性、煽动性强，对监狱和监狱民

① 参见陈银党：《引发狱内罪犯违规典型案例评析》，载《福建监狱》2011年第4期。

② 参见李栋、杨东霖：《惩教罪犯违纪特点及预防违纪对策》，载《犯罪与改造研究》2014年第5期。

警有着强烈的敌对情绪和对立心理。对监狱管理教育往往表现出强烈的对抗性，表现为抗拒劳动、自伤自残、顶撞监狱民警、威胁辱骂甚至是袭警。

案例辅读

罪犯鲁某因晾衣服与同班罪犯发生口角，后鲁某向监狱民警反映班内人欺负他。监狱民警听完该犯述说后，称要找其他罪犯进一步了解情况，让其在筒道内等候。鲁某回筒道过程中，在距离筒道门四五米处，突然加速助跑撞向筒道门，头顶划伤5cm，缝合6针。之后鲁某受到禁闭处分。鲁某采取自伤自残的方式，目的就是对抗监狱民警的管理，出了事情让监狱民警受到处理。①

（5）预谋型。在监狱严格执法的压力下，部分罪犯将真实思想隐藏起来，处于一种非自觉的服从状态，伪装改造表现，特别是惯累犯、诈骗犯等类型罪犯，其人生经历和犯罪经验丰富，思想的复杂性、性格的狡诈性、言行的欺骗性掩饰性较强。此类违规违纪的罪犯大多恶习深，事先有详密的思考与计划，主观上有违规违纪动机，且多是通过较为隐蔽的手段来达到满足自己私欲的目的，如私藏违禁品、干私活、考试作弊、自伤自残、脱逃等。

案例辅读

罪犯曹某认为被同班罪犯刘某欺负，遂于某日凌晨在水房热水器用脸盆接了约400ml热水，回班看到刘某一条腿露在被子外，即将热水倒于刘某裆部，致刘某大腿内侧及臀部烫伤。曹某认为被他犯欺负并蓄谋报复的真实想法不易被民警察觉和掌握，而且作案时间选择在凌晨他犯熟睡之时，隐蔽性强，预谋性突出。②

3. 按罪犯违规违纪行为方式划分

按行为方式不同，罪犯违规违纪可分为打架斗殴、私藏违禁品、不服管理、自伤自残和逃避劳动五种。

（1）打架斗殴。打架斗殴在罪犯违规违纪中占比最高。罪犯打架斗殴是影响监管安全的重要因素，所产生的后果轻则破坏改造秩序，重则构成狱内伤害事件，甚至造成罪犯非正常死亡。罪犯打架斗殴体现出以下几个特点：第一，从原因来看，大多是生活琐事引起的。统计表明：因生活琐事引发狱内斗殴的占

---

① 参见李栋、杨东霖：《惩教罪犯违纪特点及预防违纪对策》，载《犯罪与改造研究》2014年第5期。

② 参见李栋、杨东霖：《惩教罪犯违纪特点及预防违纪对策》，载《犯罪与改造研究》2014年第5期。

64.6%，讲哥们儿义气引发狱内斗殴的占23.1%，因特岗犯管理方法不当，简单粗暴导致狱内斗殴的占7.7%。① 第二，从采取的方式来看，拳脚相加者居多。罪犯打架斗殴采用手脚击打对方的占73.4%，采用劳动工具伤害对方的占18.5%，采用生活用品打击他犯的占7.7%。第三，主要发生在生活区。统计表明，发生打架斗殴事件频率最高的地方是罪犯的生活现场，高达76.9%，另一个场所是劳动现场，占比为19.5%。② 罪犯在生活现场时间相对较长，自由活动时间较长，接触频繁，极易发生各类矛盾，引发打架事件。

案例辅读

2011年3月29日19时许，罪犯向某在监区楼层走廊（9号房门口），用塑料椅子砸了魏某头部左侧两下，被罪犯孙某、黄某等劝开，孙某将魏某带到监狱民警办公室向监狱民警报告，当罪犯魏某从监狱民警办公室出来时，罪犯向某再次冲过去用右拳打了他脑袋两拳，被孙某、黄某、牟某等及时拉开。经查，两犯于前一日因为琐事曾发生矛盾并打架。后向某被送严管处理。③

（2）私藏违禁品。罪犯私藏违禁品是监狱常见和多发的问题，危害监狱安全。其特点表现为：第一，种类繁多，但香烟、现金和酒类等数量最大。其中，香烟（烟丝）和现金分别占61.4%和23.9%。④ 第二，地点主要集中在生活和劳动现场。其中，藏匿在生活现场占74.8%，藏匿在劳动现场占18.2%。⑤ 第三，来自罪犯亲属和外来人员占比较大，分别是21.6%和15.9%。⑥

案例辅读

罪犯吴某，涉黑团伙主犯。据分监区反映，该犯认罪服法，积极劳动，人际关系融洽。2005年11月至2006年3月，吴某通过家属联系其亲友，再通过同学等关系为监狱民警张某提供建行卡一张，并存入现金，由张某为其购买违禁品某

① 参见范俊儒：《狱内罪犯斗殴的特点、原因分析及改造对策》，载《犯罪与改造研究》2010年第2期。

② 参见程辉建、王占兵、李长金：《清河分局近十二年惩教罪犯的违纪调查与分析》，载《犯罪与改造研究》2010年第11期。

③ 参见陈银党：《引发狱内罪犯违规典型案例评析》，载《监狱工作论坛》2011年第4期。

④ 参见程辉建、王占兵、李长金：《清河分局近十二年惩教罪犯的违纪调查与分析》，载《犯罪与改造研究》2010年第11期。

⑤ 参见程辉建、王占兵、李长金：《清河分局近十二年惩教罪犯的违纪调查与分析》，载《犯罪与改造研究》2010年第11期。

⑥ 参见程辉建、王占兵、李长金：《清河分局近十二年惩教罪犯的违纪调查与分析》，载《犯罪与改造研究》2010年第11期。

某牌、某某牌香烟累计约15盒，带入监狱供该犯使用，该犯还将香烟分发给其他多名罪犯，在监狱内造成极坏的影响。该犯因私藏违禁品受到记大过处分，监狱民警张某也因违反监狱民警工作纪律被行政记过处分。[①]

（3）不服管理。罪犯不服管理的主要表现形式为语言顶撞、不听指令和辱骂监狱民警等行为。罪犯不服管理的特点表现为：第一，多发生在罪犯的集体活动中，占比高达79.6%。[②] 第二，行为主要是语言顶撞和不听指令，其中语言顶撞占40%，不听指令占到38.8%，[③] 这两种行为合计占比近八成。第三，从产生的原因来看，多数与监狱民警的执勤、执法工作有关。按照程辉建课题组的研究：罪犯对监狱民警管理不满的占67.5%，罪犯对监狱民警处理不满的占15.3%，罪犯由于认知问题造成不服管理的占到17.2%。[④] 由此可以看出，八成以上的罪犯不服管理与监狱民警执勤和执法活动相关联。究其原因有两方面：一方面，有的罪犯特别要"面子"，对于监狱民警对自己的否定评价不能接受，公开反驳、顶撞监狱民警；另一方面，个别监狱民警工作不讲方法，不顾及罪犯的感受，对其当众直接批评，导致其出现激情的言语和行为。

案例辅读

某年3月18日晚上8时许，监狱民警要求罪犯林某将3个热水瓶收起两个，林某拒不执行，回楼层后将3个热水瓶砸碎在地板上，声响较大，影响恶劣。在狱内110对其教育后，林某认识到行为的过错，态度较好。根据事情情节与《罪犯考核和奖惩规定》等相关规定，建议对该犯一次性扣3分并报严管处理，但缓期6个月执行，先予林某暂扣2分并责令其在罪犯大会上作书面检讨，以观后效。[⑤]

（4）自伤自残。（详见本章第二节）

（5）逃避劳动。部分罪犯在社会上游手好闲、不劳而获的思想严重，进入监狱后想尽办法逃避劳动。罪犯逃避劳动的方式主要有：消极怠工。该方法简单，不需要付出太多痛苦，不易被察觉和发现；伪装疾病；破坏生产等。随着监

① 参见马立骥主编：《罪犯心理与矫正》，中国政法大学出版社2013年版，第88页。

② 参见程辉建、王占兵、李长金：《清河分局近十二年惩教罪犯的违纪调查与分析》，载《犯罪与改造研究》2010年第11期。

③ 参见程辉建、王占兵、李长金：《清河分局近十二年惩教罪犯的违纪调查与分析》，载《犯罪与改造研究》2010年第11期。

④ 参见程辉建、王占兵、李长金：《清河分局近十二年惩教罪犯的违纪调查与分析》，载《犯罪与改造研究》2010年第11期。

⑤ 参见陈银党：《引发狱内罪犯违规典型案例评析》，载《监狱工作论坛》2011年第4期。

狱罪犯劳动强度的下降以及减刑、假释力度的加大，罪犯逃避劳动的违规违纪现象在下降。

二、罪犯违规违纪调查处理

《监狱法》对罪犯违规违纪案件处理程序并没有作详细的规定。各地监狱民警对罪犯违规违纪案件的处理随意性比较大。实际操作中，一般走的程序是“立案—调查—取证—审批—执行”，与《行政处罚法》所规定的“立案—调查—取证—权利告知—听证—申辩—执行”程序比较，相对简单。

（一）立案

监狱民警发现罪犯有应当遭受处罚的违规违纪情形，以口头或书面形式及时报知监区，监区审查后认为符合处罚条件并决定着手处理，罪犯违规处罚程序即启动。违纪违规案件立案须具备两个基本条件：明确的违规违纪行为或后果、来源可靠的事实依据。

（二）调查取证

监狱机关发现罪犯违规违纪行为的，必须全面、客观、公正地调查，收集有关证据，必要时可依法进行搜查、检查。对违规违纪行为进行调查，或对罪犯的人身、物品进行搜查、检查时，调查、检查的人员不应少于2人。对搜查、检查所取得的证据应该加以固定。调查开始时，应告知罪犯对其展开调查的理由，以及他（她）所享有的权利。调查人员与违规违纪罪犯存有直接利害关系的，应当回避。当违规违纪事实调查终结后，应当根据不同情况，作出相应的处理决定。罪犯违规违纪行为的认定，由监狱指定专人收集证据——不仅要收集应给予处罚的证据，还要收集反证，切忌主观、片面。经过调查取证，未取得充分证据证明罪犯有违规违纪行为的，应当终止违规处罚程序。

（三）审批决定

1. 提出处罚建议

考虑到实际管理需要，对罪犯的处罚建议可由罪犯所在监区提出后报狱政管理科复核。除日常性且有明确条款规定应由监狱民警个人临机断然处理的情形外，对罪犯的违规违纪行为尽量由监区集体讨论后提出处罚建议。

2. 复核

罪犯违规违纪处罚复核的内容主要包括：认定的证据是否客观真实；证据与事实是否存有联系，各证据是否相互印证；适用处罚条款是否正确。

3. 决定

经过复核，视不同情况作出处理决定：违规违纪事实清楚、证据确凿，适用处罚条款正确，符合法定程序，作出处分决定；违规违纪事实清楚，情节显著轻微或影响不大，罪犯认错态度诚恳，可以酌情免予处分；查无实证，不予处罚。监狱制定的处罚决定书应载明下列事项：罪犯的姓名、年龄、罪名、刑期、所属监区等基本情况；认定的违反监规纪律事实；适用处罚的理由和依据；监狱作出的处罚决定。

（四）执行

罪犯违规违纪处罚决定一旦作出，即具法律效力，不管被处罚对象是否表示接受或是否提出申诉。①

罪犯的申诉处理，涉及五个问题：一是申诉处理至少包括监区层和分管狱政业务的副监狱长两个层次，申诉请求尽可能在监区层予以解决。二是明确罪犯申诉处理时间限制，督促相关人员（部门）及时处理。三是罪犯要用书面形式提出申诉请求，申诉处理结果亦要书面答复。四是无论罪犯处于什么样的处遇级别、受到什么性质的处罚都要保证其申诉渠道畅通。五是明文规定并强调避免报复的防护性措施。

三、罪犯违规违纪证据收集与固定

（一）现场记录

罪犯违规违纪现场记录包括现场笔录、现场照相、现场摄像和现场绘图。工作实践中，制作现场记录的监狱民警应根据现场调查的具体情况，固定现场状况。

1. 现场笔录

现场笔录的内容包括：（1）接到报案的时间、罪犯违规违纪发生和发现的时间、地点、当时的气候、报案人与当事人的情况。（2）现场保护人员的情况、到达现场时间和采用的保护措施及保护过程中发现的情况。（3）现场调查工作开始和结束的时间，当时的情况（气候、光线）。（4）现场所在地点的位置及周围环境。（5）记录现场情况属于哪一类违规违纪现场。（6）记录现场丈量情况。（7）说明现场拍照的内容、拍摄的数量等。（8）说明绘制现场图的情况。（9）现场物证的提取情况。（10）调查现场的领导人、工作人员和法医签字。

2. 现场照相

（1）方位照相。拍照的范围应包括现场的建筑或环境等。方位照相反映整个罪犯违规违纪现场和现场周围的环境状况，借以表明违规违纪现场所处的位置和周边的环境等。

---

① 参见张斌、郑杰：《罪犯违规处罚的法理审视和程序保障》，载《犯罪与改造研究》2018 年第 12 期。

（2）概览照相。这是以罪犯违规违纪现场中心作为主题的拍照，所拍照片要能够反映罪犯违规违纪现场所发生事件的状况。在能全面反映违规违纪现场的客观状况的基础上，还要对重要物体重点拍摄，包括其特点、状况、痕迹、与物体的联系等，这类照片对分析罪犯违规违纪的发生等具有重要的意义。

（3）中心照相。中心照相就是拍摄违规违纪发生现场的最中心地段。照相的目的也主要是说明违规违纪行为造成的现场特点、状况及痕迹等。这类照片是以后综合分析罪犯违规违纪的重要证据。拍摄照片的人员必须要全面认真、仔细，真正做到一丝不苟。

（4）细目照相。这类照片主要是拍摄现场上发现的各种细微痕迹和物证，用以反映这些痕迹、物证的大小、形状、特征等，其照片对鉴定罪犯损伤等具有重要的现实意义。

3. 现场摄像

（1）全景摄影。这是以现场为中心的周边地区的全景摄影，从大的景观中了解罪犯违规违纪发生的环境状况，以便了解违规违纪行为发生的环境关系。在拍摄全景时，光圈应调整好，防止曝光过大或过小。

（2）局部摄影。主要拍摄特定的局部地区，如违规违纪发生的地点，监舍、生产车间的环境，周边环境等。要求局部摄影须清晰。

（3）违规违纪行为点及物证的拍摄。主要是拍摄违纪违纪行为造成的后果，如现场血迹、物证和伤口等。这种摄影可以有效地回放现场物证的大小、形状和特征等，对认定违规违纪性质等起到重要的作用。

4. 现场绘图

现场绘图是用制图学的原理和方法，记录现场上罪犯违规违纪活动的空间位置，各种痕迹、物品的分布状态和相互关系，具有生动、细致、全面的特点。

（二）问话笔录

1. 询问被害人

重点向被害人问明违规违纪罪犯的主体信息。打架斗殴案件中，还要特别问清伤害行为发生的时间、地点、原因、经过，伤害工具、伤害方式、伤害部位，伤情，与违规违纪罪犯是否存在矛盾、事前有无纠纷等。

2. 询问证人

询问目击证人要重点问明罪犯违规违纪行为发生的时间、地点、经过，打架斗殴案件中要问清双方当事人人数及各自所处位置、持有的凶器，实施行凶、伤害行为的先后顺序，作案工具、作案方式、伤害部位，衣着、体貌特征，目击证人所处位置及目击证人与双方当事人之间的关系等。询问其他证人应当问清其听到、看到的与违规违纪行为有关的情况。

3. 讯问违规违纪罪犯

重点问明违规违纪罪犯的主体信息，违规违纪行为的动机、目的、起意、策划过程，发生的时间、地点、原因、经过，使用工具（工具的来源、特征、去向等）、实施方式、打击部位等具体情节，与被害人是否存在矛盾。多人参与的，还应当问明参与人员的情况，所持凶器，所处位置，伤害的先后顺序、作案工具、作案方式、伤害部位及预谋、分工情况等。

（三）教育谈话记录

教育谈话是教育改造罪犯过程中极具效果的一种教育手段。对于违规违纪罪犯开展谈话教育要把握好三个节点：（1）罪犯违规违纪后。通过谈话教育让其认识自己的错误及自身违规违纪行为造成的不良影响，为其接受处罚做好思想铺垫。（2）罪犯禁闭或严管期间。监区民警尤其是分管民警要坚持开展个别谈话教育，既要关心其思想状况，又要关心其身体与生活状况，及时传递信件、物资、衣物以及药品等，配合禁闭室或严管队做好教育工作。（3）解除行政处罚后。罪犯解除禁闭或严管后，监区安排专人做好相应的接茬教育，巩固惩教效果，彻底化解矛盾，让罪犯轻装上阵，重新开始改造。监狱民警在与违规违纪罪犯教育谈话前要列好提纲、做好准备，切忌语言简单、语气生硬。对于短期内发生两次以上重大违纪行为的罪犯，监区与监狱应当将其列入顽固犯名单进行控管和转化，并制定相应的管理措施和教育方案。①

教育谈话记录是将监狱管教民警对罪犯进行个别谈话的具体内容整理记载下来的一种常用文体，是监狱民警对罪犯实施教育改造措施，考察改造教育效果，反映罪犯改造情况的工作笔记。教育谈话记录，一般包括：（1）首部，包括罪犯姓名、谈话时间、地点和目的。（2）谈话内容，是教育谈话记录的重要内容，要求把通过谈话教育后对罪犯的思想和表现的分析评价，需要采取的相应措施，以及对问题的处理意见记录进去，以便检查、落实、总结。

记录教育谈话要注意以下几点：（1）要真实、准确地记载个别谈话的具体情况，确保它的客观真实性和参考价值；（2）记录要工整、清晰；（3）要注意保密；（4）对某些重要的个别谈话，应由两名监狱民警参加，其中一名主要做记录。

案例辅读

罪犯陈某，辱骂威胁监狱民警，喊叫滋事。为确保做好对该犯的教育工作，

---

① 参见彭辉：《对高戒备度监狱罪犯重大违纪现象的实证研究》，载《犯罪与改造研究》2007年第8期。

监狱民警制订了个别教育计划，采取由浅入深的方法，分步分阶段对该犯进行教育。第一步，查阅该犯档案及心理测试资料掌握罪犯的背景信息。第二步，从该犯的日常行为入手，分析该犯违纪的症结并寻找突破口。第三步，监狱民警从法与情两方面入手实施批评教育。一方面，讲解法律及监规纪律，使其认清行为的错误之处；另一方面，亲情感化，使该犯深深认识到违规违纪行为给自己和亲人带来的伤害，并因势利导，指出其思维认识层面存在的问题，促使其思想上有触动，态度上转为认错反省。第四步，趁热打铁，与监区其他监狱民警沟通共同对陈某进行引导教育，使其感受到政府、监狱民警对他的良苦用心。通过分步耐心地实施个别教育，陈某逐步认识到自己的错误思想，认清面对现实、踏实改造才是出路，该犯解除隔离审查后思想稳定，改造的主动性、自觉性都有所加强。

（四）监区长办公会议集体研究签字记录

罪犯违规违纪的处罚，必须由监区集体讨论通过后，报请监狱主管部门（狱政管理科）及主管领导审核批准才能实施。任何人都无权擅自决定对罪犯的处罚。对罪犯的处罚应当在一定范围内公示，并将奖惩作为对罪犯进行教育的一种方式。如果受到处罚的罪犯对处罚决定所认定的事实或者处罚方式持有异议，可以向监狱或者监狱的上级主管机关提出申诉，但不能因罪犯的申诉而中止处罚决定的执行。受到处罚的罪犯如果在行动中确有显著的悔改表现，监狱可以根据罪犯的悔改程度，减轻或者撤销对罪犯的处罚。对罪犯的奖惩情况应当如实地记入罪犯的服刑档案。

一般情况下，对违纪事实确凿，情节轻微的，监狱民警可以当场作出惩戒决定，包括：训斥、口头警告、静坐反省、面壁思过等。对于违规违纪事实复杂，不便于当场查清的，或者是情节较重，不便于当场作出惩戒决定的违纪行为，监狱机关发现罪犯有依法应当给予行刑惩戒行为的，必须全面、客观、公正地调查，收集有关证据，必要时可依法进行搜查、检查。对违纪行为进行调查，或对罪犯的人身、物品进行搜查、检查时，调查、检查的人员不应少于两人。对搜查、检查所取得的证据应该加以固定。[①] 当罪犯违规违纪事实调查终结后，由监区长办公会议或监区处罚罪犯工作小组召开评议会，办案民警陈述拟处罚罪犯的违法违纪事实、证据、处罚依据、有无从重、从轻处罚的情形，提出给予处罚的意见；监区长办公会议 2/3 以上成员研究同意后，将处罚罪犯审批表或禁闭罪犯审批表、严管教育罪犯审批表等相关材料，报狱政管理部门审核。狱政管理部门应及时审核相关材料。事实清楚、证据确凿、适用规定准确的，给予罪犯处罚，

① 参见施东华、孟庆松等：《对完善行刑惩戒制度的构想》，载《犯罪与改造研究》2004 年第 7 期。

报分管副监狱长审批；事实不清或适用规定不当的，退回监区补充调查，也可由狱政管理部门直接查处。

监区长办公会议集体研究签字记录大致包括：案由，罪犯情况，会议时间，会议地点，主持人，参加人，记录人，办案民警陈述汇报，会议讨论记录，会议研究决定，主持人签字，参加人签字，记录人签字。

（五）违规违纪物证

1. 违规违纪的物证范围

（1）查获的私藏违禁品物证。监狱内的违禁品一般指法律法规和监管制度明文规定禁止，有妨碍或可能妨碍罪犯正常改造，危及或可能危及罪犯个人和监管场所安全，禁止罪犯个人持有的物品。大致包括：①各种武器弹药，各类易燃易爆物品和有毒、有害物品以及有放射性、腐蚀性的物品；②各类利器刀具和钢丝钳、锉刀、钢锯条、螺丝刀、电工笔等工具；③各类登高、攀高和绝缘物品；④各类毒品、麻醉剂，香烟和酒类；⑤各类通信工具；⑥各类货币、可以在社会上流通使用的金融卡、有价票证和金银首饰等贵重物品；⑦各类不利于罪犯改造的读物、图片及光盘、录音或录像等音像制品；⑧各种收（放）音机、计时器具、商务通和掌上电脑；⑨个人身份证；⑩未经监狱同意带入狱内的便服，监狱认为对罪犯改造不利、对监管安全带来隐患的其他物品。

（2）打架斗殴的工具。一般认为，刀、剪等利器会成为罪犯打架斗殴的工具，调查中发现，其实任何物品皆有可能成为罪犯打架斗殴的工具，引发监管安全事故。用于打架的工具不仅有锤子、纱剪，还可以包括塑料凳子、水笔、开水、热粥等。

（3）自伤自残工具。罪犯自伤自残除了使用刀片、纱剪等工具，还有可能通过吞食异物、撞墙等方式进行。

2. 违规违纪物证的收集固定

违规违纪的物证，由于时间过久或其他原因，常有消失、腐坏或难以提取的可能。为了便于利用这些证据，以保证正确处理案件，必须设法把它们固定和提取下来。

（1）违规违纪物证的固定。违规违纪物证的固定，是指监狱执法民警采用技术手段提取或制作收集物证的笔录、绘图、照片的专门活动，固定主要适用于不便于移动、保存或者提取的物品或者痕迹。按照法定程序作好物证的固定工作，目的是确保物证的客观性、真实性，使物证在执法过程中能够发挥它的证明作用。常用的方法有两种：

其一，照相录像法。采用照相或录像法提取违规违纪物证，具有能反映相关物证的真实情况和便于长期保存的特点，是固定和提取各种违规违纪物证的最重要的做法和手段。在采用其他方法进行提取之前，必须首先进行照相或录像。为便于对相关物证后期进行检验和鉴定，采用照相或录像法提取的痕迹物证必须完整和清晰，物证特征尽量保持原状，拍照时要按照规定在被拍物证旁加放比例尺。

其二，笔录法。固定提取物证时，要制作提取笔录。在提取笔录中要注意写明提取物证的具体情况，包括提取的时间、原放何处，在何处发现以及如何发现等，这是证明物证关联性的重要方法。笔录中，还要着重写明物证的主要特征，以便对其进行研究和运用。

（2）违规违纪物证的提取。对体积较小的物证，采用将物证全部或部分直接提取。这种提取方法可以保留物证的全部特征，便于分析研究事件经过和进行检验鉴定。对于各种物证，坚持原物直接提取原则，即凡是可以直接提取的物证，应尽量采用直接提取法进行提取。只有在确实无法或不便提取原物时，才可以使用其他方法进行提取。在罪犯违规违纪事件调查中，对查获的罪犯私藏的违禁品，以及罪犯自伤自残的工具等，均应直接提取原物。

3. 违规违纪物证的保全

违规违纪物证的保全是指将用作违规违纪证据的物品和痕迹固定后妥善加以保管和封存的活动。物证保全的方法包括原物保全、复制保全、照相保全、封存保全等。所谓原物保全，即采用提取和保管原物的方法保全证据的证明价值，主要适用于体积不大的物证。所谓复制保全，即采用复制和制作模型等方法保全物证的证明价值，主要适用于各种痕迹物证。所谓照相保全，即采用照相的方法保全证据的证明价值，主要适用于各种不宜提取原物的物证和不易长期保存的物证。所谓封存保全，即采用封存财物等方法保全物证的证明价值，主要适用于容易转移、灭失的大宗物证和与案件有关的金钱等证据。

（1）违规违纪物证保全应该遵守以下规则：第一，原地拍照规则。对于各种实物证据，无论使用何种方法进行保全，都应当先在发现或提取该实物证据的地点进行拍照，客观地记录该实物证据的原始状态和特征，以及与案件事实的原始性联系。第二，物证标签规则。执法人员在提取每件物证的时候，都应当为其制作“物证标签”。标签上一般应当写明下列情况：事件的名称或编号；提取的日期和场所；物证的编号；提取人的姓名；物证的基本特征或主要特征。标签应当以恰当的、不会损坏证据证明价值的方式固定在物证上。第三，物证保管链规则。物证的每个保管环节都应当有专人负责，而且每次移交都应当有完备的手续。每个保管人都应当把自己的姓名和接管该物证的日期写在物证标签上，并且在有关的移交文书上签名或盖章。每件物证的所有保管环节应当构成一个完整的链条，不应有间断或短缺。①

（2）违规违纪物证的保全方法。物证的种类不同，保全的具体方法也不同：①对于一般物证，如凶器、手机等，应当使用密封条、密封袋、密封签，统一编号，密封保管；②对于缴获的现金等财物，应当如实登记，妥善保管，以供核查，严禁私分、变卖、调换和挪用；③对于体积大、笨重不易搬动的物证，应当拍成照片，并注明实物存放的地点；④对易损坏、消失、变质的物证，应当复制模型、照片、绘图、记录，并且迅速处理；⑤对于易燃、易爆物品，将照片、鉴定意见等保存下来，把实物交有关部门处理；⑥对于缴获的枪支、弹药、毒品等，将照片及鉴定意见等保管好，然后把原物交执法证据保全中心保存；⑦黄色书刊、淫秽照片、画片等，应当由专人保管，不准扩散，结案后应当在专人的监督之下销毁，并在原案卷中载明。

（六）伤病救治及鉴定资料

罪犯违规违纪事件中，如打架斗殴可能会造成其他罪犯受伤，自伤自残案件中会伤及自身。对于罪犯受伤情况，监狱民警应该及时加以救治。监狱民警应组织周围人员对受伤罪犯实施有效、紧急的救护措施，以挽救生命，减轻伤残和痛苦。在采取急救措施前，先要保证自己和伤员处在安全的环境中。监狱民警要迅速判断伤员的状况，分清轻重缓急，以“先救命，后治伤”的原则，果断实施救护措施。在送至监狱医院过程中，严密观察伤者的神志和生命体征变化，病情发生变化要及时处理。到达医院后，要做好伤者病情变化、所用药物等交接工作。

1. 救治病历

受伤罪犯在医治过程中，监狱要做好病历记录并在治愈后存档保管。病历具有据以实施鉴定、判别是非、明确责任、解决争议等法律意义上的证据属性。根据《医疗机构病历管理规定（2013年版）》，病历是指医务人员在医疗活动过程中形成的文字、符号、图表、影像、切片等资料的总和，包括门（急）诊病历和住院病历。一份客观、完整的病历是受伤罪犯住院期间全部病情变化及诊断治疗过程的记录，是医护人员检查分析、诊断用药、手术治疗等医疗活动的记录，是重要的书证。

2. 伤情照片

在罪犯打架斗殴涉及伤害案件以及自伤自残时，伤情照片无疑能够直观反映受伤部位，创口或疤痕大小、长度、方向，受伤状况及严重程度等。它是对于人

① 《新编纪检监察工作实务手册》编写组主编：《新编纪检监察工作实务手册》（上），中国言实出版社2016年版，第626页。

体伤害（外伤）后果的直接影像固定。这种固定，对于办案人员形成对案件事实的内心确认，应对涉案人员的事后辩解以及其他种类证据可能出现的矛盾，无疑具有重要的价值。此外，由于诊治进程与人体康复机能，不同阶段的伤情照片必然无法重现，因此，在提取伤情照片时应注意以下几个方面：

其一，要及时、准确拍摄伤情照片对伤情加以固定。以下几种情况下，要特别注意伤情照片的提取：（1）伤情涉及人体损伤程度鉴定标准所规定的创口或愈合瘢痕长度、创伤或者挫伤面积，导致明显变形、畸形，以及发生在特殊部位的；（2）案情复杂，伤害手段多样，除拳脚外，作案工具中锐器、钝器并存的；（3）烧伤、烫伤等特殊原因致伤的；（4）案件事实存在一定争议，对于致伤原因或伤害后果存在异议或相关辩解的。

其二，针对案件具体情况，伤情照片需要收集全面。不仅是在受伤或就诊之时收集，还需要收集损伤恢复之后的照片，这有利于正确反映伤情的发展变化。

其三，办案人员要注明照片的主体、拍摄时间并签名盖章，保证画面清晰，防止内容模糊或者其他证据瑕疵。

其四，涉及外伤创口的照片，拍摄时应附上比例尺以准确反映其大小。

其五，对于已经住院治疗的伤者，拍摄照片的要求：（1）医院外景；（2）病床房号；（3）床号；（4）床头卡；（5）患者全身照片（遵循从头、躯干、上肢、下肢顺序）；（6）受伤部位（清楚显示受伤部位及伤情，如有敷料包扎者不需打开敷料）；（7）单证，如医疗清单、输液卡等。

3. 鉴定意见

罪犯违规违纪事件中，涉及的司法鉴定包括：伤情鉴定和司法精神病鉴定。

（1）伤情鉴定。罪犯打架斗殴涉及伤残鉴定。一般由监狱委托伤残鉴定机构来做。罪犯打架斗殴致伤的，在监狱民警做完笔录后，要及时与鉴定机构沟通作伤情鉴定或损伤程度鉴定。伤情鉴定是指轻微伤、轻伤、重伤的鉴定，结果直接决定侵权人是否负有刑事责任。伤残等级鉴定是在罪犯病情稳定出院后才能做的。鉴定时，注意携带门诊（急诊）病历、住院病历及各种片子。

（2）司法精神病鉴定。精神病犯在发病时往往不计后果，行为具有破坏性和突发性，常见的有自伤自残、殴打他犯、冲撞监狱民警，毁坏监管设施等，具有极大人身危险性，而且发病先兆不明显，防不胜防。违规违纪罪犯中，有些可能患有精神疾病，有关统计表明：精神疾病患者的自杀危险性比一般人群高3～12倍，50%以上抑郁症患者产生自杀念头并实施自杀行为，自杀成功者占到15%。①司法精神病鉴定涉及违规违纪罪犯的事件定性、刑事责任能力认定、罪

① 参见芮振军：《监狱精神病罪犯问题及法律规制》，载《中国卫生法制》2012年第6期。

犯矫治方法实施等问题。监狱怀疑违规违纪罪犯可能有精神疾病的，可以委托有资质的机构进行鉴定。主要鉴定其精神状态、刑事责任能力和服刑能力。鉴定人通过调阅监狱副档，包括监狱民警和同改罪犯提供的书面证言、监狱民警介绍的相关情况、被鉴定人精神检查，对照鉴定诊断标准讨论，确定鉴定意见，撰写鉴定意见书。

（七）惩罚性法律文书

经监区处罚罪犯工作小组评议后，将罪犯处罚审批表或罪犯禁闭审批表、严管教育罪犯审批表等相关材料，报狱政管理部门审核。狱政管理部门应及时审核相关材料。事实清楚、证据确凿、适用规定准确的，给予罪犯处罚，报分管副监狱长审批；事实不清或适用规定不当的，退回监区补充调查，也可由狱政管理部门直接查处。监狱作出处罚决定后，狱政管理部门填写罪犯处罚决定书一式二份，一份与罪犯处罚审批表或罪犯禁闭审批表、严管教育罪犯审批表存入罪犯档案，一份交给罪犯本人。

1. 罪犯处罚审批表

罪犯处罚审批表（见表4－3－1），是监狱对罪犯进行警告、记过处罚时所制作的审批文书。该表适用于对罪犯实施警告、记过两种情况；对罪犯适用禁闭，则需要另行制作相应文书。从格式和要求上看，罪犯处罚审批表要写处罚依据。“处罚依据”要根据《监狱法》的规定组织材料。处罚依据包括事实依据和法律依据。叙述事实依据应着重叙述典型事实或主要情节，将事实的时间、地点、人物、情节和结果填写清楚，力求真实、客观、准确、恰当。

表4－3－1　罪犯处罚审批表①

单位：×监区×分监区　　　　罪犯编号：××××

姓名	兰××	性别	男	出生日期	1978年4月26日
民族	汉族	文化程度	高中	罪名	故意杀人罪
刑种	有期徒刑	刑期	18年	刑期起止	自2001年10月10日至2019年10月9日
处罚依据	2003年6月13日早上在监内餐厅就餐期间，罪犯兰××与同改罪犯林×因琐事发生口角，被其他罪犯劝阻后，罪犯兰××突然用菜盆朝林×头上砸去，造成林×头部受伤，伤口长约1.2cm，深约0.4cm，缝合两针。罪犯兰××对违规事实供认不讳。 综上所述，罪犯兰××无视监规监纪，寻衅滋事，殴打其他被监管人员，破坏监管秩序，其行为触犯了《监狱法》第58条第1款第4项之规定				

① 参见严庆芳主编：《监狱执法文书制作》，中国政法大学出版社2020年版，第209－210页。

续表

分监区意见	经2003年6月14日分监区民警会议集体讨论，提请给予记过处罚 分监区长：李×× 指导员：杨× 2003年6月14日
监区意见	情况属实，同意给予记过处罚 监区长：吴× 教导员：汪×× 2003年6月14日
狱政科意见	经审核，同意给予记过处罚 科长：姜× 2003年6月16日
监狱意见	同意给予记过处罚 监狱长：张×× 2003年6月18日

2. 罪犯禁闭审批表

罪犯禁闭审批表，是监狱在依法对罪犯实施禁闭时制作的文书。禁闭是对严重违反监规纪律的罪犯最为严厉的处罚措施。罪犯禁闭审批表（见表4－3－2）的栏目，可分为表头、罪犯个人情况、申请依据和期限、各级单位意见、禁闭期间的表现及解除禁闭的情况。其中，申请依据事实部分是重点。审批表申请事实依据要把罪犯具有何种严重违规违纪行为及造成的危害叙述清楚，把违规行为发生的时间、地点、人物、经过、情节和危害后果表述完整，力求真实客观。作为行政处罚措施申请使用禁闭，依照《监狱法》第58条规定来组织材料。禁闭是一种严厉的行政处罚措施，只适用于严重违反监规纪律的情形，所以叙述时必须指明罪犯违规违纪行为的严重性。

表4－3－2 罪犯禁闭审批表①

单位：×监区×分监区　　　　编号：××××

姓名	许××	性别	女	出生日期	1983年2月22日		
罪名	运输毒品罪	刑种	有期徒刑	刑期	6年	健康状况	良好

① 参见严庆芳主编：《监狱执法文书制作》，中国政法大学出版社2020年版，第216－217页。

续表

申请依据	罪犯许××自入监以来，认为新入监监区管理过于严格，抗拒背诵监规，以监内行为规范严为由而抗拒管理，经常与组内安全岗争吵。该犯因为自己之前是警察就要求监狱民警对其宽松对待，觉得自己身份特殊指使同监舍罪犯为其服务，对不听从的同改罪犯拳脚相加，甚至对监狱新警无礼，对其教育谈话毫无悔改，仍然我行我素。2011 年 6 月 15 日下午 3 时 30 分，该犯在监区 3 楼罪犯通道内，故意借头晕躺在地上无故要赖，对安全岗罪犯的制止也不予理睬，监狱民警及时赶到询问后，该犯嘴里说就是抗改，情绪消极。罪犯许××欺压他犯、抗改行为对监区正常改造秩序造成了恶劣的影响。 综上所述，罪犯许××的行为已经符合《监狱法》第 58 条第 1 款第 3 项及第 8 项禁闭的情形
申请期限	经 2011 年 6 月 16 日分监区民警会议讨论，提请对罪犯许××禁闭 7 天，自 2011 年 6 月 17 日起至 2011 年 6 月 23 日止 分监区长：李×× 2011 年 6 月 16 日
监区意见	情况属实，同意禁闭 7 天 监区长：孙×× 2011 年 6 月 16 日
主管科室意见	经审核，同意禁闭 7 天，自 2011 年 6 月 17 日起至 2011 年 6 月 23 日止 科长：姜× 2011 年 6 月 16 日
监狱意见	同意禁闭 7 天，自 2011 年 6 月 17 日起至 2011 年 6 月 23 日止 监狱长：张×× 2011 年 6 月 16 日
罪犯禁闭期间表现	该犯禁闭期间经过自我反思及民警谈话教育，能够认识自己行为严重扰乱了监规秩序，表示要服从管教，踏踏实实改造。该犯基本达到禁闭处罚的目的，可以按期解除禁闭 指导员：邱×× 2011 年 6 月 23 日
解除禁闭情况	对罪犯许××已于 2011 年 6 月 23 日解除禁闭 批准人：张××　执行人：邱×× 2011 年 6 月 23 日

第四节　罪犯意外伤害证据保全

罪犯在监狱服刑期间，可能会发生因意外导致身体受到伤害的事件，如摔伤、烫伤等，或劳动期间意外发生的工伤等。在处理罪犯意外伤害补偿过程中，由于监狱与罪犯及家属达不成一致意见，容易形成涉访涉诉案件，影响监狱形象。究其原因主要是相应的法律法规体系不健全，伤害鉴定程序不合理，补偿标准低，罪犯劳动保障体系缺乏，甚至缺乏法律救济途径。

一、罪犯意外伤害的概述

（一）罪犯意外伤害的界定

意外伤害包含两个因素，意外和伤害。这里的“意外”是意料之外的事件。“伤害”是指凡由于能量（机械能、热能、化学能等）的传递或干扰超过人体的耐受性造成组织损伤，或窒息导致缺氧，影响了正常活动，需要医治或看护。伤害是指突然发生的各种事件或事故对人体所造成的损伤，包括各种物理、化学和生物因素。当机体急性暴露于物理介质，如机械能、热量、电流、化学能和电离辐射，并与之发生作用，作用数量或速度超过机体的耐受水平就会导致机体损伤。在某些情况下，伤害是由于突然缺乏基本介质如氧气或热量而引起的。意外伤害也称意外事故，是指突然发生的各种事故对人体所造成的损伤或者死亡，分为非致命伤和意外死亡。据世界卫生组织统计，全世界每年有3亿人遭受伤害，由伤害造成的死亡人数为700万，1500万人遗留功能障碍，800万人终身残疾。在很多国家伤害是造成人群死亡的首要原因。我国每年有7000万人遭受伤害，死亡70万人，200万人遗留功能障碍，190万人终身残疾。① 意外伤害主要应用在保险业比较多，研究也比较深入。一般认为，意外伤害是指生活中对人的健康和生命安全有严重威胁的突然发生的危险事件，而自杀不属于意外伤害。② 国际疾病分类标准（ICD－10E）已将意外伤害单列为一类疾病，其中包括跌落、烧烫伤、交通相关损伤等，但不包括自杀、他杀和虐待。

罪犯意外伤害是指罪犯在监狱服刑期间，由于非主观突发的各类事故对罪犯

---

① 参见赵斯君主编：《儿童呼吸道异物紧急救治》，湖南科学技术出版社2010年版，第1页。

② 参见杨蕊：《吉林省城市学龄前留守儿童意外伤害现状及影响因素分析》，吉林大学2017年硕士学位论文，第4页。

身体所造成的损伤或死亡。

（二）罪犯意外伤害的含义

1. 伤害必须是罪犯身体的伤害

意外伤害中，意外伤害对象是罪犯的身体。这里的身体是指人的天然躯体，意外伤害所伤害的就是这种人的天然躯体。如撞车折断手臂，操纵机械损伤脚等。

2. 罪犯伤害是意外事故所致

所谓意外事故是指外来的、剧烈的、突然发生的事故。一般认为意外事故同时具备“非本意”、“外来”、“偶然性”或“突然性”三个条件。

3. 罪犯伤害是非故意诱发的

罪犯意外伤害指的是偶然的、突然发生的意外事件，是罪犯主观上不曾预见或违背其主观意愿而发生的身体上的伤害事实。罪犯故意自我伤害即故意使自己的身体遭受伤害，如自残、自伤行为，不属于罪犯意外伤害的范畴。

综上所述，所谓罪犯意外伤害是指由于外来的、剧烈的、突然的事故所造成的罪犯人身伤害，它包括意外和伤害两个必要条件。例如，爆炸、倒塌、烫灼、碰撞、扭折、雷击、触电、中毒、冻伤、淹溺、窒息、急性中毒、坠跌、车辆撞击，以及劳动操作使用机器时发生的工伤事故等。

（三）罪犯意外伤害的特征

罪犯意外伤害包含三个要素：非本意、外来性、突然性，此三要素互相统一、互相联系，缺一都不能构成意外事件。三要素中尤其以非本意的偶然为核心，外来、突然仅仅是对非本意的限定。现将三要素的含义分别解释如下：

1. 非本意

非本意，是指意外事件的发生非罪犯的主观愿望，也不是罪犯所能遇见的。“非本意”一词是对罪犯的心理状态而言。所谓本意应理解为两个方面：一方面，罪犯希望某一事件的发生或说追求某一目的的达成；另一方面，罪犯预见到了或应当预见到某一结果的发生仍然放任、不去阻止此种结果的发生。有专家认为，当事人应当预见损失后果而因其疏忽大意、过于轻信而未能预见的，仍应排除在意外事故范围之外。①

2. 外来性

外来性的直接含义是指致损原因源于罪犯身体之外而非源自罪犯的身体疾病因素。部分学者也将意外伤害特征中的外来性总结为非疾病性特征，如罪犯遭遇的物理碰撞、电能及化学能损害。只要出现意外事件是由罪犯身体外部的因素所引起的，如工伤、摔伤、食物中毒等，这些人体以外的因素所导致的事件均视为意外。

---

① 参见王卫国、凌湄：《正确理解意外伤害的含义》，载《保险研究》2005 年第 2 期。

3. 突然性

突然性，是指伤害事件的发生对罪犯来讲，来不及预防，即指伤害事件发生的原因和结果之间仅具有直接瞬间的关系。例如，突然摔倒、触电、空中坠落物体等引起的人身伤亡均属于意外。值得注意的是，有些事件造成的结果不一定立即显示，即伤害后发生继发症所致，而对人体的损伤却是外来剧烈因素所造成的，亦可称为意外伤害。例如，发生坠落以致出现内出血，虽然当时没有发现，后来因内伤致死也可作为意外伤害。[①]

（四）罪犯意外伤害的类别

1. 根据意外伤害的原因划分

根据《疾病和有关健康问题的国际统计分类》的规定，意外伤害包括车祸、溺水、中毒（食物、动植物、气体中毒等）、机械损伤（跌坠伤、砸伤、切割伤、穿刺伤、爆裂伤）、烧烫伤、运动性伤害、医源性伤害（药物反应、医疗事故、手术并发症）、环境性伤害（中暑、雷击、冻伤、辐射、噪声）等。

案例辅读

2006年8月某日中午，罪犯王某在监狱厂房午休醒来上厕所不慎摔倒致腰椎骨折，治疗后效果不理想（有后遗症，但没有具体作伤残鉴定），之后，王某（包括王某亲属）对监狱没提任何要求。2008年3月，王某接到最后一次减刑裁定后，便开始向监狱索赔，要求按照《工伤保险条例》进行赔偿，刑满后，王某及其亲属便经常到监狱吵闹，并到有关部门上访，严重影响监狱工作正常开展，最后经多次协商，监狱最终还是补偿了王某7万余元。[②]

在该案例中，罪犯王某意外摔伤，监狱给予积极治疗，但疗效不理想。罪犯及家属在最后一次减刑后，开始向监狱索赔，由于监狱没有保全相关证据、没有作伤残鉴定，无法证明当时情况，最后不得已补偿王某7万余元。

2. 根据意外伤害的性质划分

（1）物理性伤害。例如，意外窒息、溺水、割伤、摔伤、坠落伤、交通事故、烧伤、烫伤、鞭炮炸伤、电击伤以及洪水和地震等自然灾害造成的伤害。

（2）化学性伤害。常遇到的有：强酸或强碱灼伤、一氧化碳中毒、食物中毒、农药中毒和有毒物质中毒等。

（3）生物性伤害。例如，狗、猫、蛇咬伤，蜂、蝎、毒虫蜇伤，以及食物

① 参见许桂红主编：《保险学》，东南大学出版社2010年版，第127页。

② 参见刘兵华：《试论我国罪犯工伤补偿制度的缺陷与完善》，湘潭大学2011年硕士学位论文，第1页。

变质中毒等。

3. 根据意外伤害的受伤程度划分

（1）轻伤。一般的撕裂伤，在门诊处理，无须住院治疗。例如，刺伤、割伤、皮外伤等。

（2）中等伤。包括四肢长骨骨折、广泛软组织损伤等，需住院治疗。例如，罪犯动作不当，不小心导致了四肢长骨骨折。

（3）重伤。包括严重休克、内脏器官损伤和脑损伤等，有生命危险，必须接受紧急治疗，如生产活动中罪犯意外导致的脑损伤等。

二、罪犯意外伤害的处置

（一）罪犯意外伤害的现场急救

罪犯发生意外伤害后，现场情况紧急，要准确作出伤情判断。遇到意外伤害发生时，不要惊慌失措，要保持镇静。安排警力将无关的罪犯带回监舍，对受伤的罪犯分情况处置。受伤人员较多时，处理的原则是“先重后轻、先急后缓、先近后远”。

1. 现场分情况处置

（1）呼吸道不畅的处置。对于颅脑损伤的伤员，急救的首要问题是保持伤员呼吸道畅通，否则会加重脑水肿，因窒息致命。清除伤者口、鼻、咽喉部的异物。在伤者陷入昏迷的情况下，可用手指将咽喉部的异物，如血块、黏痰等抠出，必要时可以用口吸。

如果伤者颈椎没有损伤，可用手将其颈部略微托起，使头尽量后仰。必要时，另一手可轻压其上颈部，使其呼吸道开放，然后采取清除口、鼻、咽喉异物的措施。如怀疑或确认伤员的颈椎同时受到损伤，造成其深度昏迷，对此情况的急救处置是不要搬动伤员颈部，可以让伤员仰卧，用手抬起其下颌骨，使伤员的下齿错位在上齿前方，以保持其呼吸道的畅通。

（2）心脏骤停的处置。清除患者口、鼻、咽喉部异物后，如果伤员已暂停呼吸，应立即进行人工呼吸。一旦伤员的心脏停止跳动，血液循环随即中断，意味着其生命活动即将停止。此时，应立即采取心脏按压法，即用人为的外部力量按压心脏，使伤员的心脏重新进行工作，恢复血液循环。

（3）休克的处置。伤者出现脉搏微弱、神智淡漠、面色苍白、手足冰凉等症状，表明其已陷入休克。在无任何抗休克药物的情况下，可使伤员平卧并将下肢抬高，以加速血液向心脏回流，保证心、脑供血送氧。可用拇指掐伤员人中、十宣、涌泉等穴位，使其呼吸和循环系统兴奋并得以调节。

（4）出血的处置。意外伤害导致罪犯出血后，首要的任务是有效止血。常用的现场止血方法主要有指压动脉止血法、加压包扎止血法、填塞止血法、止血带止血法等。其中，加压包扎止血法是目前最常用的止血方法。监狱民警应根据罪犯的出血情况选择合适的方法尽快止血。

2. 运送的注意事项

罪犯意外伤害现场紧急救护注意以下问题：

（1）除非十分必要，应减少或不要搬动伤员。因为如果伤员是内伤或脊椎骨折，不必要的搬动可能致死或致残。

（2）对伤情稳定、估计转运不会加重伤情的罪犯，迅速组织人力送往监狱医院或监狱总医院进行急救。

（3）对颅脑损伤后神志尚清醒或意识障碍不严重的伤员，转送时的体位可取平卧位。对已陷入昏迷的伤员，如无颈椎折断的危险，转送时应采取侧俯卧位，并将其头、颈位固定，这样可保持伤员呼吸道畅通。①

（4）对休克者保持头低脚高姿态和身体平稳，要尽可能减轻休克者身上的重量，并有专人护理，随时观察病情变化，最好给休克者采取吸氧和静脉输液等急救措施。

（二）罪犯意外伤害的事故调查

罪犯意外伤害事故，特别是工伤事故发生之后，要迅速展开事故的调查，查清事故原因，明确事故责任。事故调查要实事求是，严格按照科学的流程进行。具体流程如图 4－4－1 所示。

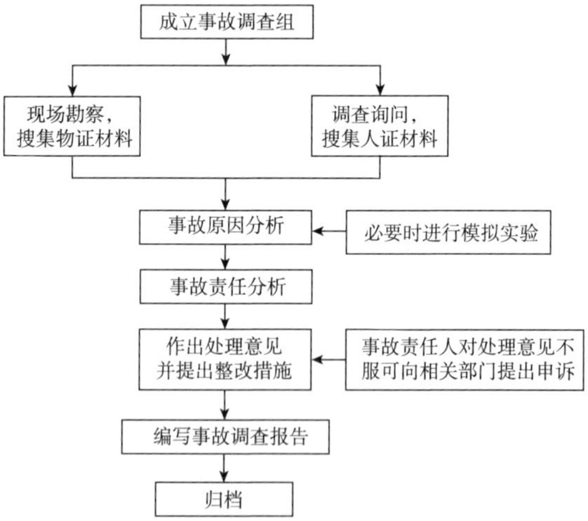

图 4－4－1　事故调查流程

① 参见程立军、赵博琼主编：《校园安全教育》，国家行政学院出版社 2019 年版，第 162 页。

1. 成立罪犯意外伤害事故调查组

罪犯意外伤害事故，特别是涉及生产劳动安全事故的，应成立事故调查组。根据国务院《生产安全事故报告和调查处理条例》的规定，重大事故、较大事故、一般事故分别由事故发生地省级人民政府、设区的市级人民政府、县级人民政府负责调查。省级人民政府、设区的市级人民政府、县级人民政府可以直接组织事故调查组进行调查，也可以授权或者委托有关部门组织事故调查组进行调查。未造成人员伤亡的一般事故，县级人民政府也可以委托事故发生单位组织事故调查组进行调查。因此，罪犯伤害事故调查组由监狱组织成立即可。

2. 罪犯意外伤害事故调查

（1）罪犯意外伤害事故调查的目的主要包括：①弄清罪犯意外伤害事故的性质、类型、程度，并收集人员伤亡及经济损失资料，以估计其所造成的后果；②寻找酿成意外伤害事故的直接、间接原因及其相互关系；③分析有关“危险因素”，预测类似意外伤害事故再现的可能性，为杜绝类似事故的防范措施提供理论和实践依据；④查明事故的责任者。

（2）罪犯意外伤害事故调查的内容包括：①制订调查计划；②收集有关事故资料，包括事故涉及人员、有关设备和环境条件、管理制度，以及事故经过和后果；③取证、检测、验证和分析有关资料；④作出判断和结论，写出事故报告；⑤提出整改建议。

3. 罪犯意外伤亡事故分析与处理

（1）罪犯意外伤害事故的伤害分析。意外伤害分析是指从受伤部位、受伤性质、起因物、致害物、伤害方式、不安全状态和不安全行为等方面进行分析。

（2）事故分析与处理。事故分析步骤是先整理和阅读调查资料，按伤害分析的七项内容进行分析，找出事故发生的直接原因（物质或环境的不安全状态和人的不安全行为）和间接原因（技术设计上的缺陷，教育培训不善，劳动组织、现场管理不力等），从而掌握事故的全部原因，进而分清主次，进行责任的划分，确定事故中的直接责任者和间接责任者，根据事故的后果和事故责任者应负的责任提出处理意见。①

（三）罪犯意外伤害的事后处置

罪犯意外伤害的种类较多，处置方式也不相同，其中工伤处置难度较大，因此，下文以罪犯工伤的事后处置为例说明罪犯意外伤害的基本处置方法。

我国《监狱法》第72条规定：“监狱对参加劳动的罪犯，应当按照有关规定给予报酬并执行国家有关劳动保护的规定。”第73条规定：“罪犯在劳动中致

---

① 参见叶刚主编：《建筑工程安全员必读》，金盾出版社2002年版，第37页。

伤、致残或者死亡的，由监狱参照国家劳动保险的有关规定处理。”一旦发生伤害事故，监狱等关押机关，一般先派负责安全的人员赶到现场，经过简单现场查看后，如果发现情节不是太严重，就让受伤罪犯自己叙述一下事情的经过，书写一份事件经过材料，根据伤残程度，填写劳动伤残补助申请表，上报监狱领导，经监狱领导批准，到财务部门领取一定数额的补偿金，放到专有账户上，等到罪犯刑满释放时，一并交给该受伤罪犯，由受伤罪犯签字认可，就算处理完毕。[①] 罪犯在监狱生产劳动中的意外伤害，属于一种特殊关系的工伤，监狱是参照而不是直接依照国家劳动保险的有关规定处理罪犯工伤事故。

1. 罪犯工伤的认定

根据司法部《罪犯工伤补偿办法（试行）》第9条的规定，罪犯的工伤认定结论由监狱作出。罪犯在劳动过程中发生伤、残或死亡事故，罪犯所在监区应当及时向监狱提出工伤申请报告。监狱应当在收到报告的30日内完成调查取证工作，作出是否定为工伤的决定，并通知罪犯本人或家属。

《罪犯工伤补偿办法（试行）》第7条明确规定了认定罪犯工伤的六种情形。同时，第8条列明罪犯自杀或自残、打架斗殴、酗酒、违犯监规纪律、犯罪、蓄意违章或故意损坏生产工具、经监狱确认不应认定为工伤的其他行为等七种情况导致的负伤、残疾或死亡的，不得认定为工伤。

案例辅读

2008年4月某日，罪犯张某在操作机器过程中，左手手指被冲压车床碾碎，虽经全力救治，仍致中指、无名指缺失。对于是否应认定为工伤，监狱机关出现了两种截然不同的观点：第一种观点认为，根据《罪犯工伤补偿办法（试行）》第7条的规定，张某从事监狱机关安排的生产劳动，在劳动过程中受到伤害，应认定为工伤；第二种观点认为，张某在劳动过程中违反操作规程，以致在操作机床时发生伤害事故，属于违章操作，根据《罪犯工伤补偿办法（试行）》第8条的相关规定，张某受伤不应认定为工伤事故。两种观点分歧较大，通过多次协调选择了一个折中的处理方法，即不认定张某受伤为工伤事故，但给予张某按照工伤待遇进行补偿。[②]

---

① 参见郑春田：《罪犯劳动期间的伤亡待遇问题初探》，苏州大学2010年硕士学位论文，第8页。

② 参见刘兵华：《试论我国罪犯工伤补偿制度的缺陷与完善》，湘潭大学2011年硕士学位论文，第1页。

2. 罪犯工伤的鉴定

司法部印发的《罪犯工伤补偿办法（试行）》第10条规定：罪犯因工负伤，由监狱组织生产安全、劳动管理和医疗部门的人员按照国家有关标准和程序，对因工伤残罪犯的劳动能力和伤残等级进行鉴定。罪犯对鉴定意见不服的，可以向监狱的上级机关申请重新鉴定，监狱的上级机关应该委托当地省级劳动鉴定委员会或聘请有关专家进行重新鉴定，重新鉴定后的结论为罪犯劳动鉴定的最终结论。在实际操作中，也有由当地检察院法医进行伤残等级鉴定的情况，虽然这在一定程度上体现了第三方的公正，在权威性上也有更大程度上的提高，但这种做法和法律的规定不相符，存在实质上缺陷。

有的学者认为，对罪犯伤残后劳动能力和伤残等级的鉴定，监狱更是难以作出客观公正的评价，这不仅是因为监狱是一方当事人，更是因为监狱缺乏鉴定的专门人才，从2002年原卫生部《职业病诊断与鉴定管理办法》到2003年4月国务院颁布的《工伤保险条例》，对鉴定人员的要求都规定有“具有高级卫生专业技术职务任职资格”条件。因此，《罪犯工伤补偿办法（试行）》对罪犯工伤认定和罪犯劳动能力及伤残等级鉴定的制度设置是不科学的。[①] 关于罪犯伤残等级的鉴定，考虑到监狱内专业人员的状况及保证结果的客观公正，有的学者认为宜委托当地劳动鉴定委员会依照评残标准进行鉴定。[②]

3. 罪犯工伤的补偿

（1）罪犯工伤补偿依据

根据司法部《罪犯工伤补偿办法（试行）》的规定，罪犯因工负伤，监狱应当及时抢救治疗。治疗期间，实行劳动报酬制度的，照发本人劳动酬金。罪犯因工负伤医疗终结后，按照确定的伤残等级享受下列待遇。①因工伤残的罪犯，被评残为1～4级的，服刑期间，劳动酬金照发。办理保外就医、假释和刑满释放手续的，发给一次性伤残补助金。标准为：一级伤残相当于36个月、二级32个月、三级28个月、四级24个月的本人劳动酬金加基本生活费。②因工伤残的罪犯，被评残为5～10级的，服刑期间，安排适当的劳动，按规定享受相应的劳动酬金待遇。刑满释放时，发给一次性伤残补助金。标准为：五级伤残相当于16个月、六级14个月、七级12个月、八级10个月、九级8个月、十级6个月的本人劳动酬金加基本生活费。罪犯因工负伤，治疗未终结就已刑满释放的，应继续在指定医院治疗。治疗终结后，按规定评定伤残等级，发给一次性伤残补助金。罪犯因工死亡的，由监狱负责处理丧葬事宜，丧葬费用由监狱负担。罪犯因工死

① 参见吴建军：《罪犯工伤的权利保护》，吉林大学2007年硕士学位论文，第39页。

② 参见冯玉忠：《浅议罪犯工伤的处理》，载《人民检察》2000年第8期。

亡，发给直系亲属一次性死亡补助金。标准为：相当于48个月本人劳动酬金加基本生活费。有供养直系亲属的，根据供养人数，酌情增发，增发数额最多不超过12个月本人劳动酬金加基本生活费。

（2）罪犯工伤补偿标准争议

罪犯工伤补偿标准明显低于社会普通劳动者工伤赔偿标准。因此，罪犯及其家属对工伤补偿的金额不满时，常与监狱发生冲突也是在所难免的。在对认定为工伤的罪犯进行补偿时，罪犯及其家属往往会要求按照《工伤保险条例》的标准进行补偿，有的甚至要求按照《最高人民法院关于审理人身损害赔偿案件适用法律若干问题的解释》的具体赔偿标准来进行赔偿，由于两者在补偿标准上差异较大，罪犯及其家属对于《罪犯工伤补偿办法（试行）》往往不能接受，双方很难达成一致协议，从而使监狱陷入矛盾冲突方而产生涉访涉诉事件。①

案例辅读

罪犯王某，在2005年3月某日早上6：00开始参加劳动改造维修机器，因其本人工作疏忽未在机器房立警示标志，便进入机器中维修，结果被不知情的其他服刑人员推上电闸而绞死。事后，家属要求按《工伤保险条例》或《最高人民法院关于审理人身损害赔偿案件适用法律若干问题的解释》予以10余万元的赔偿，监狱方则依据司法部颁发的《罪犯工伤补偿办法（试行）》给予最高补偿4万元。因赔偿数额差距太大，不能达成一致，家属申诉到劳动仲裁机构被驳回，诉至法院不予立案。家属四处上访、告状，造成了很坏的社会影响。②

4. 罪犯工伤矛盾纠纷的解决

监狱是国家的刑罚执行机关，监狱依法对罪犯进行监管改造。而罪犯身份的特殊性导致监狱与服刑人员之间的关系既不属于行政隶属关系，也不属于劳动雇佣关系。罪犯不能成为《劳动法》和《工伤保险条例》调整的适格主体。因此，罪犯在服刑期间发生工伤事故后，既不能依据《劳动法》向劳动人事争议仲裁委员会提起劳动仲裁，也不能依据《工伤保险条例》向人力资源和社会保障部门申请工伤认定。另外，根据《安全生产法》第2条、第56条对其调整范围和适用人群进行了明确规定，未赋予罪犯主体资格。《行政诉讼法》第12条规定了人民法院行政案件受案范围，《行政诉讼法》第13条规定了人民法院不应当

① 参见浙江省监狱局课题组：《监狱依法调处涉访涉诉事件的实践与思考》，载《犯罪与改造研究》2015年第10期。

② 参见赵霞：《监狱服刑人员工伤救济法律问题探析》，内蒙古大学2010年硕士学位论文，第13页。

受理的行政行为的范围。因此，罪犯发生工伤事故后无法依据《安全生产法》和《行政诉讼法》向法院提起行政诉讼。

根据法律规定，罪犯在监狱劳动中致伤、致残所引起的国家赔偿，应当按照《国家赔偿法》规定的程序处理。

（1）按照《罪犯工伤补偿办法（试行）》的规定，由罪犯所在监区向监狱提出工伤申请报告，监狱在30日内作出是否认定为工伤的决定。

（2）如果监狱拒不作出工伤认定的，当事人可以向其上级主管部门提出申诉，如果仍不予以理会的。属于行政不作为，可以依法提出行政诉讼，并可以要求进行赔偿。

（3）如果该行政诉讼不被受理，按照最高人民法院行政审判庭2005年作出的《关于罪犯在监狱劳动中致伤、致残所引起的国家赔偿如何救济问题的答复》执行。该答复明确：罪犯在监狱劳动中致伤、致残所引起的国家赔偿，应当按照《国家赔偿法》规定的程序处理。

如酒泉监狱罪犯李某某工伤提起的行政诉讼最终没有被受理，详见下文案例：

罪犯诉监狱法院能否受理

一、罪犯工伤及补偿情况

2002年11月27日，酒泉监狱罪犯李某某在劳动时因违反操作规程，造成工伤事故，致小臂伤残，后肘下截肢。监狱在积极为其治疗的同时，组织生产安全、劳动管理和医疗卫生部门，对照国家技术监督局于1996年10月1日发布实施的《职工工伤与职业病致残程度鉴定》（国家标准GB 51618－1996）的标准，认定李某某属四级伤残，并按照司法部《罪犯工伤补偿办法（试行）》第13条和《甘肃省监狱财务制度实施细则》第11条之规定，对李某某进行了一次性工伤补偿6264元。

二、法院缺乏依据受理了李某某的行政诉讼

2004年8月，李某某假释考验期满，以“酒泉监狱行政不作为、严重侵犯其合法权益”为由将酒泉监狱起诉至肃州区人民法院。人民法院受理了此案，开庭审理认为：被告完全履行了应当履行的行政行为。原告起诉被告行政不作为的理由不能成立。司法部《罪犯工伤补偿办法（试行）》系参照国家劳动保险法律规定制定的规范性文件，无违反上位法规定之处，属合法有效的规范性文件，原告的诉讼理由不能成立。驳回原告李某某的诉讼请求。李某某及其委托代理人上诉至酒泉市中级人民法院，经法庭调解，酒泉监狱重新对李某某进行伤残认定和补偿，李某某撤回上诉。

> 三、罪犯工伤及补偿不属于行政诉讼受案范围
>
> 2006年8月7日，兰州市城关区人民法院向省监狱局送达两份应诉通知书、两份传票。省监狱局依照现行法律规定，向城关区人民法院致专函说明：省监狱管理局行使监狱管理职权不是行政行为，在刑罚执行过程中出现的问题，不能用行政法规调整，此类问题不属于行政诉讼的受案范围。又向城关区人民法院送去关于行政诉讼不受理刑罚执行中出现的问题的补充建议，从监狱管理机关担负的工作任务，围绕刑罚执行这一主体进行的一系列管理活动再次说明省监狱管理局行使监狱管理职权不是行政行为，请城关区人民法院按现行法律、法规办事，建议不应开庭。城关区人民法院坚持开庭审理。省监狱局于2006年9月5日9时出庭。法庭上，省监狱局仅依据上述法律法规陈述了法院不应受理此案的理由。庭审结束后，省监狱局请求城关区人民法院不要盲目下裁判，应逐级向上级法院请示，以寻求更高一级法院直至最高人民法院的支持。2008年8月29日，省高级人民法院向省监狱局提出司法建议中称："经我院审判委员会讨论认为，监狱机关对被监管罪犯进行的工伤认定、伤残鉴定以及伤残补偿等行为不属行政行为，对该行为不服向人民法院提起诉讼的，不属人民法院行政诉讼受案范围。"①

三、罪犯意外伤害证据收集与固定

罪犯一旦发生意外伤害事故，监狱在场民警应当立即采取措施保护第一现场。对于可能迅速消失的物证或者现场，可以通过录像、拍照等方式来保护。对于物证或现场的录像和拍照应当尽量详细和全面，以免遗漏或疏忽有关的事实或者细节，造成证明力的降低。例如，对监狱受到工伤罪犯受伤的部位进行不同角度、不同比例的拍照，以便尽可能全面准确地反映受伤情况。

（一）意外伤害现场勘查记录

罪犯意外伤害事故现场的环境各不相同，易遭到破坏。特别在工伤事故调查中，监狱应会同相关部门、安全监督和技术鉴定等多部门共同进行现场勘查。在勘查中，重点应解决是意外事故、重大责任事故还是重大劳动安全事故；事故发生的时间、地点、怎样发生的；事故发生的原因和经过；事故的直接经济损失情况。调查中，应当向当事人或目击者了解事故发生经过情况。在事故现场调查中，搜集物证时要仔细，防止遗漏，特别是事故源点的物证要详细勘查。现场调

① 郭建中：《罪犯服刑期间劳动工伤的处理不适用行政诉讼调整之浅议》，载《犯罪与改造研究》2009年第S1期。

查结束后应制作“现场调查记录”。事故“现场调查记录”通常是把与事故有关联的事实和现场调查的情况记录下来，与绘制的事故现场图、摄录的影像资料等形成事故现场客观的真实写照。

1. 意外伤害事故现场照相

要用现场照相的方法记录罪犯意外伤害现场的情况：(1) 事故现场的全貌。(2) 事故中心现场的重点照相。包括事故发生的具体位置、状态等，受伤的罪犯的身体状况等。(3) 事故现场的细目照片，包括受伤罪犯的伤情照片，现场的各类痕迹物证等。(4) 显示残骸和受害者原始存息地的所有照片。

2. 意外伤害事故现场绘图

根据现场调查和现场取证情况，绘制事故现场有关图纸，包括现场图、流程图、受害者位置图等。

3. 意外伤害事故现场记录

现场勘查完毕后，向调查组提交事故现场勘查记录。事故勘查记录通常是把与事故有关联的事实和现场调查的情况记录下来，与绘制的事故现场图、摄录的影像资料等形成事故现场客观的真实写照。事故现场勘查记录应当记载事故勘查人员、勘查时间、勘查路线、说明事故地点情况和与事故相关的情况，认定事故类别，附有相应的事故图纸、照片等。事故现场勘查记录一般分三部分编写：(1) 事故现场概况。①事故单位、时间、地点、事故类别；②伤亡者姓名、性别、年龄、工种、工龄、本工种工龄、技术等级、用工形式；③事故现场保护人员姓名、职业，现场保护情况；④调查起止时间、当时的自然环境情况。(2) 事故现场事实描述。①事故发生前伤者作业情况、设备状态；②有关工艺流程、工作指令、操作规程方面的资料及执行情况；③个人防护措施情况；④事故当事人健康情况；⑤与事故发生有关的事实情况；⑥调查过程及采取技术手段的描述；⑦调查成果的描述（物证的品种、数量、状态等）；⑧进行化学、物理分析物品的名称、数量和需进行技术鉴定的要求等。(3) 事故现场清除前后有关受害人、物的处置情况及勘查人、见证人的签名。①

（二）意外伤害现场的物证

显示事故残迹的物品、痕迹都是重要的物证，是保证对事故进行正确分析的重要依据。在事故现场调查中，搜集物证时要仔细，防止遗漏，特别是对事故源点的物证要详细勘查。提取事故现场存留的有关痕迹物证，封存与事故相关的物件，并用摄影、照相的方法予以固定。对无法搬运或事故发生单位确需立即使用的物件，由勘查人员现场认定，并由事故发生的监区负责人当场签字认可后，交

① 参见杨士俱：《工伤事故调查一二三》，载《劳动保护》2004 年第 5 期。

付事发监区或有关科室保管或使用。按照《企业职工伤亡事故调查分析规则》要求，物证搜集要注意：

（1）搜集的现场物证包括：破损部件、碎片、残留物、致害物的位置等。

（2）在现场搜集到的所有物件均应贴上标签，注明地点、时间、管理者。

（3）所有物件应保持原样，不准冲洗擦拭。

（4）对健康有危害的物品，应采取不损坏原始证据的安全防护措施。

（三）意外伤害现场监控视频

为了确保监管安全，监狱在监房、车间、教室、谈话室，甚至监狱民警值班室等各个角落都安装了大量视频监控设备，并且要求指挥中心、分控平台值班民警24小时值守，确保第一时间发现监管安全隐患。因此，罪犯意外伤害发生后，监狱应第一时间查看监控视频，寻找和固定罪犯意外伤害发生时，以及意外伤害前后时间段的监控视频资料。

（四）调查询问笔录

罪犯意外伤害事故的调查工作十分重要，事故的调查过程，就是查明事故性质、原因、经过和事故责任的过程，也是广泛、深入收集案件证据的过程。根据国家标准《企业职工伤亡事故调查分析规则》中，涉及证人材料搜集的条款内容为："要尽快找被调查者搜集资料。对证人的口述材料，应认真考证其真实程度。"

1. 询问的对象

（1）询问受伤的罪犯。事故发生后，个别受伤罪犯可能伤情较重，不能言语，或者被转入监狱医院或送到社会医院进行救治，这就要求监狱调查民警待罪犯伤情稳定后，及时询问受伤罪犯，了解事故经过。对受伤罪犯的调查，应掌握方法，表现出真诚关心的态度，创造一种轻松的调查环境。调查人员询问应仔细，不放过任何蛛丝马迹，并做好详细的询问笔录。

（2）询问值班及相关民警。在调查中，应根据监狱的具体情况，在监狱民警、技术员、监狱管理人员等不同层面和角度的人员中进行。这样可以从不同角度和层面调查监狱的生产、作业情况，劳动安全设施的隐患情况，以及劳动安全事故的发生情况、发生事故的经过和原因等。

（3）询问目击者。通常，罪犯意外伤害事故发生之时都会有其他的罪犯在场，他们是目击证人，应当与他们沟通获取证人证言。因此，一旦发生意外伤害事故，监狱民警应当在第一时间请有关目击证人书写证词或制作询问笔录。对于证词的书写，可以制作调查笔录，以问答的形式记录证词，然后让证人签字确认，也可以让证人自己书写证词。

2. 询问的内容

针对罪犯意外伤害事故，询问的内容主要有：事发监区的生产、作业情况，劳动安全设施的隐患情况以及安全事故的发生情况、发生经过和原因等。结合《企业职工伤亡事故调查分析规则》，询问内容大致包括三个部分。一是事故发生情况：发生事故的单位、地点、时间；受害人和肇事者的姓名、性别、年龄、文化程度、职业、技术等级、工龄、本工种工龄；受害人和肇事者的技术状况、接受安全教育情况；出事当天，受害人和肇事者什么时间开始工作、工作内容、工作量、作业程序、操作时的动作（或位置）；受害人和肇事者过去的事故记录。二是事故发生的其他相关事实：事故发生前设备、设施等的性能和质量状况；使用的材料，必要时进行物理性能或化学性能实验与分析；有关设计和工艺方面的技术文件、工作指令和规章制度方面的资料及执行情况；关于工作环境方面的状况，包括照明、湿度、温度、通风、声响、色彩度、道路工作面状况以及工作环境中的有毒、有害物质取样分析记录；个人防护措施状况，应注意它的有效性、质量、使用范围；出事前受害人和肇事者的健康状况；其他可能与事故致因有关的细节或因素。三是受伤罪犯伤情情况：罪犯受伤部位、受伤性质、起因物、致害物、伤害方式、伤害结果。

3. 询问的要求

（1）询问要及时。罪犯意外伤害事故发生后，除了尽快地勘查现场，搜集物证材料，还要尽快地组织人员收集人证材料。随着时间的推移，调查对象的心理发生变化、受外界因素的影响、想推卸责任、对现场的记忆淡漠，都可能影响调查材料的真实性和准确性。因此，时间对人证材料的真实程度有重要影响。① 事故调查人员在与在场值班民警接触的同时，应尽快访问受害人和目击者，趁其未被外界干扰，对事故处于记忆清晰的状态获得可信证据。

（2）记录要客观。调查人员在制作笔录时不可掺入自己对案情的主观判断，必须全面反映当事人的真实意思。在制作笔录时，不能只记有利于证实案件的内容，而不去记或少记不利于证实案件的内容。② 在笔录的结尾一定要加上“以上笔录我看过（或者我已听过），和我说的相符”的字样，并由被询问者签字捺指印确认。

（3）内容要完整。询问过程中，要详细询问罪犯意外伤害的发生经过和结果。第一，要做到五要素齐全（时间、地点、人物、过程、结果），时间要具体

① 参见吴传东、彭冬芝：《工伤事故调查中应注意人证材料的真实性》，载《水利电力劳动保护》1998 年第 3 期。

② 参见陈国林：《关于工伤调查的实践和思考》，载《人才资源开发》2017 年第 5 期。

到某年某月某日几时几分，地点要具体到什么车间、什么地段、什么岗位，人物要具体到姓甚名谁。第二，要中心突出、重点明确，特别是对于可能影响工伤认定的重要环节务必精确表述，记录清楚。第三，要注重细节，从看似无关的细节入手，来核实案件发生的真伪。

（4）制作要规范。询问笔录是对调查人员询问过程的真实记录，其内容必须符合法律规定，具有规范性。如依据有关规定，工伤调查必须由两个以上工作人员共同来实施，那么在询问笔录中填写的调查人员在人数上就必须符合这一规定；询问笔录开始时应当体现出示证件表明身份的内容。实践中，有些询问笔录不够规范，如有的在询问笔录修改处未经被询问人捺指印确认，有的未编制页码并在页码上让被询问人捺指印确认，有的未让被询问人逐页签名并捺指印确认，还有的在笔录结尾没有全部调查人员的签字并捺指印确认等。① 询问笔录存在的漏洞和瑕疵会为后期事故的处置留下隐患，发生争议时陷入被动。

罪犯意外伤害事故调查中，对受伤罪犯、监狱民警、现场亲历者分别采集证词证言，对证词证言认真比对，对于存在前后不一致、不合情理等情况时，要认真分析查找原因，对于存在不能解释的矛盾时，需要再次调查取证。只有认真调查、细心查证，全面把握，认定的结论才能经得起推敲。

（五）罪犯“三违”情况记载

有些工伤是罪犯在生产中有“三违”行为引起的。所谓“三违”，是指生产中违章指挥、违章作业、违反劳动纪律。对于罪犯在生产中的“三违”行为要按照规定做好记录（见表4－4－1）。

1. 违章指挥

违章指挥是指罪犯在劳动改造过程中，违反国家和监狱的安全生产方针、政策、法律、条例、规程、标准、制度及生产经营单位规章制度的指挥行为。现实中罪犯违章指挥的表现常有：（1）不从实际出发，盲目追求完成生产任务，不落实、不执行安全生产责任制；（2）未采取安全防护设施和落实安全管理规定进行生产活动；（3）在未取得相关资质资格，未执行审批许可备案等手续的情况下，擅自实施相关生产活动；（4）在设备、人员、方法等条件不具备的情况下组织实施作业；（5）安全意识淡薄，不懂安全技术和规程，强令或指挥他人冒险作业或是违章作业；（6）发现违章作业行为和事故隐患，不及时采取措施，放任自流。

2. 违章作业

违章作业是指罪犯在劳动过程中违反国家法律法规、标准规程和生产经营单

① 参见陈国林：《关于工伤调查的实践和思考》，载《人才资源开发》2017年第5期。

位制定的各项规章制度，不执行工艺技术、生产操作、劳动保护、安全管理等方面的规程、规则、章程、条例、办法和制度，以及有关安全生产的通知、决定等而实施作业行为。罪犯违章作业的表现主要有：（1）不按规定正确佩戴和使用劳动防护用品；（2）发现设备或安全防护装置缺损，不采取措施，继续操作“带病”设备；（3）不执行安全防范措施，在无安全保障的情况下实施作业；（4）不按操作规程、工艺要求操作设备；（5）不执行审批程序，擅自实施作业；（6）未取得相应资质、资格擅自进行作业；（7）无视安全，忽视警告，冒险进入危险区域。

3. 违反劳动纪律

违反劳动纪律是指罪犯违反劳动生产过程中为维护集体利益并保证工作的正常进行而制定的，要求每个劳动者遵守的规章制度的行为。劳动纪律包括：组织纪律、工作纪律、技术纪律，以及规章制度等。罪犯生产中违反劳动纪律的表现有：（1）脱岗、串岗、睡岗；（2）劳动时间干私活、办私事；（3）不服从分配，消极怠工；（4）不听从指挥，无理取闹、肆意纠缠、影响正常劳动秩序；（5）从事与工作无关的活动；（6）不遵守各项规章制度。

表4－4－1　罪犯“三违”活动记录

时间	年　月　日　时　分	单位	
“三违”类别	违章指挥□　违章作业□　违反劳动纪律□	单位负责人	
检查方式	自查□　部门检查□　上级检查□　其他□	“三违”人员	
“三违”现象及危害分析：			
处理结果			
结案批准人签字		经办人签字	

（六）危险工种劳动保护审批、出工记录和职业健康档案

1. 危险工种劳动保护审批

危险工种是指煤矿、非煤矿山、建筑施工行业；生产、经营、运输、储存危险化学品和烟花爆竹，以及民用爆破器材的企业；交通运输等行业危险系数较高

且事故频发的行业。从事此类企业中有30多种属于高危工种，需取得国家职业四级（中级）资格证书方可上岗。特殊工种指对操作者本人和周围设施的安全有重大危害因素的工种，有害健康的及危险性较强的工种，特殊工种大致包括：电工作业、锅炉司炉、压力容器操作、起重机械作业、金属焊接（气割）作业、机动车辆驾驶、机动船舶驾驶、轮机操作、建筑登高架设作业、爆破作业、煤矿井下瓦斯检验等，均需取得特种工作资格证书方可上岗。

监狱发展进程中，罪犯劳动已退出煤矿等高风险工种。但在罪犯劳动改造过程中，仍存在少量的危险工种需要罪犯进行，如锅炉、焊接、切割、裁剪等工种，从事这些工种劳动的罪犯要定期进行专门的安全技术训练和严格考核，取得安全合格证后，才准许上岗操作。罪犯劳动凡属要从事危险作业，都应事先由下达任务部门会同具体作业部门，填写“危险作业审批表”报有关部门和领导审批，经分管安全的领导审批后方可进行作业。“危险作业审批表”由生产部门备案并监督实施。

2. 出工记录

监狱罪犯劳动出工记录是监狱管理罪犯生产劳动，通过某种方式来记录罪犯在生产场所及特定的时间段内的出工劳动情况的书证。它包括出工、收工、迟到、早退、病假、工作时间、加班情况等。

3. 职业健康档案

在罪犯工伤事件中，职业健康档案也是重要的档案证据。职业健康档案是记录职业暴露因素对个体健康所产生的影响的文件，为分析、评价和治理职业危害提供依据。[①] 在监狱生产过程中，职业健康档案是参加劳动生产的罪犯的健康记录，是根据罪犯接触不同有害因素进行的定期健康检查记录。职业健康档案主要记录和分析职业暴露和健康的关系，其格式、记录方式、内容等方面都有一定的规范要求，要使用规定的记录表格。表格中的栏目包括一般项目，如姓名、性别、种族、出生年月、出生地、所在监区等一般情况，还包括罪犯职业史、既往史和职业病危害接触史，相应作业场所职业病危害因素监测结果，职业健康检查结果及处理情况，职业病诊疗等劳动者健康资料。

职业健康档案主要是基本情况资料和定期健康体检记录及原始材料，如体检表、X线胸片、各种特殊检查和实验室检查报告、各种调查记录等。为便于管理，要建立索引卡，每人一卡。档案设计最好把个人基础资料和体检表分开，因为个人基础资料是不变的或很少变动的，有一张表格即可长期使用，而体检表、职业史是要不断补充和更新的。设计一份体检情况汇总表，包括体检日期、检查

① 参见郑心等主编：《中西医结合职业病学》，山东科学技术出版社2017年版，第479页。

结果（诊断）、处理意见等主要项目。罪犯职业健康档案所有资料统一归档，专人保管并建立数据库，以保证档案的完整、准确、连续。

（七）救治记录及伤残鉴定

1. 救治记录

罪犯意外伤害后，应及时将罪犯送医治疗，最好送往监狱总医院进行治疗。治疗期间，相关的病历、手术记录、检查报告、诊断证明、住院记录等文件的内容，包括受伤罪犯的姓名、性别、监狱、监区、入院陈述等都要检查核对，若有误，应当及时指出，要求医院重新出具，或者进行修改后在修改的地方加盖医院公章。需要复印病案材料时，应当尽量复印齐全，并要求医院在每张复印件上加盖印章。

2. 劳动能力鉴定

罪犯意外伤害后，经治疗伤情相对稳定后存在残疾、影响劳动能力的，应当进行劳动能力鉴定。罪犯工伤和职业病鉴定的核心问题都是劳动能力的鉴定，因此又称为劳动鉴定。劳动者劳动能力丧失分为部分、大部分或者完全丧失三大类，由有关部门作出鉴别和评定。

3. 工伤鉴定与工伤补偿

根据《工伤保险条例》第22条的规定，劳动功能障碍分为十个伤残等级，最重的为一级，最轻的为十级；生活自理障碍分为三个等级，生活完全不能自理、生活大部分不能自理和生活部分不能自理。根据《劳动能力鉴定　职工工伤与职业病致残等级》（国家标准GB/T 16180－2014）的规定，对工伤、职业病致残等级的划分依据主要有：器官部分缺损，形态异常，功能障碍，医疗依赖或者存在一般医疗依赖，护理依赖。从实践来看，申请工伤鉴定的程序一般为：凡需要进行人身伤残鉴定的案件，由监狱委托具备鉴定资质的鉴定机构进行鉴定。鉴定应当采用书面委托形式，提出鉴定目的、要求，提供必要的案情材料和鉴定材料。由于工伤补偿是根据丧失劳动能力或谋生能力的程度来提供的，有伤害就给补偿，无伤害不补偿，伤害重多补偿，伤害轻少补偿，伤残补偿以评定的伤残等级为主要依据。

（八）安全生产事故鉴定报告

监狱接到罪犯意外伤害事故信息后，应立即赶赴事故现场，如果经初步认定为生产安全事故工伤后，应保护现场并通知安全生产监管部门，同时对受伤罪犯采取措施进行救治。安全生产监管部门接到事故报告后，立即赶赴事故现场开展初步调查取证，通知负有安全生产监管职责的部门、工会、监察机关，必要时邀请检察机关参加。

根据《生产安全事故报告和调查处理条例》的规定，特别重大事故由国务院或者国务院授权有关部门组织事故调查组进行调查。重大事故、较大事故、一般事故分别由事故发生地省级人民政府、设区的市级人民政府、县级人民政府负责调查。监狱可以根据安全生产事故的性质和危害后果，组成事故调查组开展调查。监狱应根据牵头部门的要求，向调查组提供安全生产事故相关人员的询问笔录和相关证据复印件，为调查组及时询问相关责任人员提供方便。事故调查牵头单位于事故发生5个工作日内发布正式成立事故调查组的通知，明确事故调查组组长、副组长及成员名单和分工。调查组成员在调查组组长的领导下，根据分工开展进一步的调查取证工作。调查组成员一般应在20日内完成调查取证工作，并将调查取证材料整体移交牵头单位。涉及行政责任追究的，监察机关如不能在20日内提出处理意见，经调查组组长同意，可以适当延长。

安全生产事故调查过程中需要专业技术分析鉴定的，由事故调查组依法委托有相应专业技术资质的单位或组织专家组进行，鉴定费用由事故发生单位承担。法律、法规明确规定由技术鉴定部门提供技术鉴定意见的，应当委托技术鉴定部门进行事故原因技术鉴定。被委托的单位或专家应具有与事故性质相应的资质或专家证书，且不得与事故单位有利害关系。①

（九）事故调查报告、事故责任认定书

罪犯意外伤害事故发生之后，特别是涉及生产安全事故，如何划分事故责任和提出处理意见是很重要的两个方面，事故责任的分析和划分必须在查清事故原因的基础上进行。确定事故责任者之前，必须根据事故调查所确定的事实，分析出事故发生的直接原因和间接原因，找出与这些原因相对应的人员及其与事故的关系，最后确定事故责任者并提出处理意见。

1. 事故调查报告

事故调查组应当自事故发生之日起60日内提交事故调查报告：特殊情况下，可以适当延长，但延长的期限最长不超过60日。事故调查报告应当包括下列内容：（1）事故发生单位概况；（2）事故发生经过和事故救援情况；（3）事故造成的人员伤亡和直接经济损失；（4）事故发生的原因和事故性质；（5）事故责任的认定以及对事故责任者的处理建议；（6）事故防范和整改措施。事故调查报告应当附具有关证据材料。事故调查组成员应当在事故调查报告上签名。事故调查报告报送负责事故调查的监狱及监狱局后，事故调查工作即告结束。事故调查的有关资料应当归档保存。

---

① 冯冠园主编：《城市轨道交通工程建设安全管理指南》，暨南大学出版社2013年版，第245页。

2. 事故责任认定书

事故责任者分为三类，即直接责任者、主要责任者、领导责任者（如图4－4－2所示）。直接责任者指其行为与事故的发生有直接关系的人员，即其行为直接造成机械、物质或环境的不安全状态，直接发生不安全行为。主要责任者指对事故的发生起主要作用的人员。领导责任者指对事故的发生负有领导责任的人员。

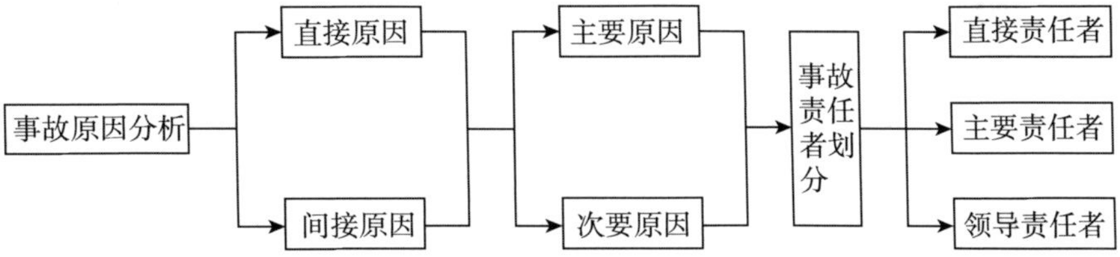

图4－4－2　改进事故责任者的划分流程[①]

根据事故的大小和性质，对事故责任者给予不同程度的处罚。处罚的形式分行政处罚、经济处罚和刑事处罚。划分事故责任前，首先要掌握有关人员对安全生产应负的责任。对没有尽职尽责或违反法律、法规、规章的应给予适当处罚。[②] 事故责任认定书直接关系到发生罪犯意外伤害事故后相应的事故赔偿、事故处理以及事故责任追究等结果，因此它直接涉及相对人的实质权利和义务。事故认定书作为一种行政确认行为，一经作出确认就会对行政相对人的权利、义务带来直接影响。

第五节　罪犯医疗执法证据保全

病有所医是基本人权的重要组成部分，罪犯群体享有与普通公民同等的医疗权利。罪犯作为在监狱接受刑罚的自然人，在服刑期间疾病需要得到诊治，保障其健康权利。罪犯医疗工作，既是确保监狱对罪犯顺利行刑的执法需要，也是对罪犯实行“救死扶伤”人道主义的重要体现。《监狱法》第54条规定：“监狱应当设立医疗机构和生活、卫生设施，建立罪犯生活、卫生制度。罪犯的医疗保健

---

① 参见张争艳：《生产安全事故责任认定量化方法及伤亡赔偿的研究》，武汉科技大学2012年硕士学位论文，第12页。

② 参见张安顺编著：《新编基层工会劳动保护与监督检查工作实务》，中国言实出版社2019年版，第61页。

列入监狱所在地区的卫生、防疫计划。”近年来，监狱关于工伤、医疗等信访案件呈上升趋势。监狱处在新形势，面对新情况，要求各项工作越来越细，越来越规范。为了规范罪犯就医管理工作，应对信访矛盾，在罪犯入监时必须进行严格体检。对罪犯以往病史、损伤史要求通过监狱民警的询问做好笔录，进行文字证据固定；对身体健康状况，通过照相、录像、X 光片、CT 片等技术进行影像证据固定；对罪犯每次监内就诊病历，外出就诊审批表、离监审批表、病历，以及相关检查材料和费用发票复印件等资料，进行收集建档，刑释后移交监狱执法证据保全中心统一保存。做到一人一档，规范管理。这些罪犯就医证据的保全，有利于对罪犯疾病的系统治疗，有利于刑释后对监狱管理环节信访矛盾的处理，有利于规范监狱民警的执法行为，提高监狱的管理水平。

一、罪犯医疗概述

（一）罪犯疾病的种类

1. 根据罪犯疾病的表现方式划分

罪犯疾病的发生有多种表现方式，但归纳起来主要有以下几类：

（1）原发性疾病，指生理机能或免疫功能发生病变诱发的疾病。

（2）外部原因导致的伤残，包括因罪犯劳动事故而造成的工伤、打架斗殴、自伤自残。

（3）传染性疾病，如性病、流感。

（4）心理疾病，包括精神分裂症、间歇性精神病等心理疾病。

（5）伪病又称诈病，是指罪犯出于抗拒或逃避改造的动机，谎称有病或伪装病态，故意夸大心理或躯体方面的症状，企图蒙骗监狱机关的行为。诈病大致可以分为两种类型：一种是用一些不合乎常理的言行伪装成精神性或神经性疾病，另一种是用其他的手段伪装各种疾病的症状。

案例辅读

2001 年 7 月上旬的一天，在某监狱四监区服刑改造（该监区近两年的任务主要是建筑新监舍）的罪犯袁某突然左腿红肿腿痛不能出工，经监狱医院诊断是被蚊子咬了后用手抓挠感染所致，治疗 7 天后已经痊愈，医生建议再休息三天后出工。可是，到了第三天袁某的右腿也同样出现了和左腿一样的情况，经过 10 多天治疗后右腿也痊愈。可是没几天，该犯左腿又在不同的部位出现同样的情况。分监区民警认为此事很蹊跷，在治疗的同时也在观察袁某，发现该犯在监狱医院病情恢复得很快，出院回监舍后感染的程度加大。分监区决定让同宿舍的服刑人员许某，在照顾袁某时一定要仔细观察、监视。结果时间不长，许某发现袁某偷偷用床下藏的水泥（硅酸盐）涂擦患处。经监狱民警调查发现罪犯袁某，是害怕天热不愿意参加劳动，用大头针扎破腿部将水泥涂到患部所致的腿部红肿。

2. 根据罪犯疾病轻重程度可分为轻度、中度及重度

（1）罪犯的轻度疾病，指的是疾病程度很轻，不需要去医院便可痊愈的疾病。有些罪犯生病是身体疲惫、虚弱等原因导致的，只需要休息调理就能自行修复。

（2）罪犯的重度疾病，需要到医院去进行一次全面的、专业的检查才能确定病因进行系统治疗。比如，身体器官的功能受损；不能忍受的疼痛；反复发作的不适；已经有好转的病情，突然恶化。

（3）罪犯的中度疾病是介于轻度和重度之间的，一般需要到医院由医生进行诊疗，确定病因开药方回监舍服药或在医院住院治疗，通常治疗周期明确，痊愈快。

3. 根据罪犯发病急缓可分为急性病和慢性病

急性病具有发病急的特点，有些病可能还很严重。如急性消化不良和急性阑尾炎就属于急性病，前者经药物治疗症状会很快消退，而后者则要赶紧到医院去诊治。罪犯患急性病通常需要急诊，进行紧急救治，使病人在短时间内脱离危险。急诊配备的药物都是应急的、速效的。检查手段也是基本的，能够快速作出疾病诊断的。比如，遇到一些突然发作的腹痛、胸痛、眼痛、头痛等需要到急诊科看的病，切忌拖延，否则就耽误了最佳治疗时机。慢性病具有病情发展缓慢、呈渐变的特点，当然也有一些疾病可能经年不愈，如关节炎或动脉粥样硬化等。有些急性病会转化为慢性病，如病毒性肝炎；有些慢性病又会急性发作，如严重的糖尿病人可能会突然昏迷。

4. 根据罪犯患病时间不同分为入监前已患疾病、入监后患有疾病和入监前已患疾病入监后出现并发症

这种分类方式对于确定罪犯发病的时间，分析罪犯发病的原因意义重大。在监狱工作实践中，要对罪犯患病的时间进行准确记录。尤其是入监前已患有的基础病、慢性病的名称、病史和程度等。罪犯患病时间和病因确定的原始记载是监狱与犯属矛盾纠纷解决中的有力证据。

（二）罪犯医疗的特点

罪犯医疗表面上同社会医疗无两样，生病、取药、服药、康复之类事务也相同，但由于罪犯身份的特殊性，其医疗权利的同等性存在刑罚执行障碍与刑事人类学障碍。定位为基本治疗的监狱医疗具有其自身特点。

1. 罪犯医疗的特定性

监狱服刑的罪犯是依法被剥夺人身自由权利的特殊群体。罪犯的医疗是发生在监狱这一特殊场所的医疗，受到监狱医疗水平的限制。一般来讲，监狱为罪犯提供基本医疗，当罪犯的病情危重或病情达到超出监狱医疗救治范围时，罪犯会被送至监狱局中心医院或送协作的社会医院进一步治疗。有罪犯需要外出就诊时，罪犯外诊受监狱狱政管理约束，监狱民警押解看管。当罪犯的病情严重达到保外就医时，通过层层把控才能获得资格。总之，罪犯的医疗受限于特定的监狱历史文化、经济水平、道德、国家政策、法律法规、文明程度等，具有特定性。

2. 罪犯医疗的有限性

尽管我国监狱罪犯医疗保障水平随着法规制度不断完善、专项资金投入保障、社会医疗资源支持等稳步提升，但罪犯医疗与社会医疗相比仍存在差距。根据《监狱法》及相关法规，监狱大多设定三级医疗服务体系，但受限于国家政治、经济、社会、文化发展水平，监狱不可能建立一座三甲级别的综合性医院，这决定了罪犯享有的医疗保障具有限制性。罪犯作为在监狱服刑的特定人群，其人身自由受到限制，不能和社会自由人一样，可以根据经济能力及对疾病康复追求目的自由选择医院进行诊治。罪犯患病后，监狱医务民警根据病情，结合监管对病情进行分级处置。

3. 罪犯医疗的被动性

监狱是政治机关，是讲政治，讲规矩的。罪犯失去自由，就医要向监狱民警汇报，获得允许下才可到医务民警处看病，病情较重时需到监狱医院或省局中心医院，或社会医院诊治，但都要按流程履行审批手续，受监狱规章制度约束，并且进行严格的安全管理。在一定的时空实现罪犯就医，受制于监狱的安全管理和监狱民警的判断与决定，体现其一定的被动性。

4. 罪犯医疗的强制性

监狱为刑罚执行场所，每一名罪犯必须遵守监规纪律进行医疗救治。监狱规定根据病情进行分级管理诊疗，普通病在监区分监区医务室解决，其他病到监狱医院，不能越级直接到社会医院诊治。对于一些传染病、精神异常，有可能自伤自残或他伤的罪犯，监狱医疗必须采取强制措施进行干预，有利于病情控制，保护集体生活的罪犯不受感染，维持监管秩序的稳定。

5. 罪犯医疗的不均衡性

由于监狱所处的地区、性质、层次不同，监狱的医疗设备、医疗人员等也不相同，因此，各个监狱为罪犯提供的医疗救治水平差别也很大。即使同一地区的监狱，由于不同的领导、不同医务民警在把控监狱医疗服务度上也是有差别的。另外，目前监狱医疗定位不清，无相应的医疗服务标准，医疗设备配置不一，医疗人才也没有进行人力资源配置等问题致监狱医疗存在不均衡性。

(三) 罪犯就医的特点

1. 就医意识上的当然性

随着监狱的不断发展，监狱医疗设施和就医条件在不断地改善。不少罪犯想当然地认为，只要自身有病或怀疑自己得了病，就应当得到治疗，特别是刑期在5年以上的罪犯，这种当然性的意识更加强烈。

2. 就医要求上的高标性

有些罪犯在心理认识上存在误区和扭曲，片面追求所谓的就医“平等权”和标准统一，在就医要求上存在高标性、攀比性。罪犯就医过程中存在非常严重的攀比心理。有些罪犯认为监区医务室没有监狱医院医疗条件好，监狱医院没有社会医院医疗条件好，就医过程中，不断提出要去条件好的医院就诊。

案例辅读

罪犯王某在服刑期间为逃避劳动假装不会走路，久而久之双下肢出现肌肉萎缩以致不能行走。之后王某在服刑期间多次到监狱医院就诊，被诊断为双下肢功能性障碍，并被告知加强双下肢功能锻炼。王某不听劝告并要求外诊，医院后送其至某知名医院诊断为双下肢功能性障碍。该犯出狱后接连到地方有关部门上访、信访，认为是监狱没有及时给他诊疗造成他的双下肢瘫痪。①

3. 患病症状上的夸大性

罪犯在就医过程中，为了引起监狱民警的重视或达到个人不良目的，会夸大自己的病情。实践中，在夜间巡逻、监狱值勤民警查岗时，罪犯往往放大自身病症，以求得到立即治疗的目的。监区民警接到夜间就医通知的时候，吃不准、把握不住病情，生怕耽误病情，在简单询问后几乎无一例外地选择立即送往监狱医院。

案例辅读

罪犯葛某在监狱服刑期间以自己有高血压疾病为由抗拒改造，并多次夸大疾病症状认为监狱会给予其办理保外就医。在目的无法达成的情况下，葛某拒绝进行高血压病治疗，并多次写信给监狱领导、驻监检察室、局领导，认为监狱医院根本没有执业许可证，医犯给他量血压、发药给他吃是违法行为，因为医犯没有

① 参见杭州市法学会组织编写：《社会矛盾多元化解决机制理论与实践》，知识产权出版社2009年版，第413页。

执业资格，因此没有资格给其看病，并声称出狱后要告上法庭。①

4. 就医门类上的多样性

监狱内罪犯患有的疾病各类各样，罪犯患有感冒、肺结核、牙病、关节炎、肠胃病、皮肤病、痔疮、肢体残疾、生殖器疾病，严重的还有心脏病、内科疾病等，因此罪犯就医门类上呈现多样性，也是罪犯就医群体庞大的现实情况。②

二、罪犯医疗纠纷

近年来，随着各地监狱押犯规模不断攀升，罪犯的医疗纠纷或“医闹”事件的数量也同步呈上升趋势。这些罪犯医疗事件，大部分通过合法的途径和监狱一贯施行的制度规定比较顺利解决了，但也有部分医疗纠纷演变为较为严重的纠纷事件。这些纠纷事件在发生和发展过程中产生的负面影响严重地扰乱了监狱正常的执法秩序，影响了监狱的安全稳定。监狱常见的罪犯医疗问题有：

（一）牟取利益型

罪犯死亡或刑满释放后，家属或罪犯以监狱医治无效或不予医治等为借口，组织人员来监狱进行“医闹”，其“闹事”的根本目的就是要获得利益的最大化，主要是希望通过“闹一闹”，得到额外的利益和好处。在监狱“医闹”事件中，这类比例占90%以上。更有甚者，罪犯刑满释放几年后，罪犯及亲属编造种种理由，“迫使”监狱给钱了事。③

案例辅读

罪犯刘某，2007年因患慢性肾炎、尿毒症保外就医一年，在其保外就医期间，监狱主动与地方政府联系，帮助其解决了医保、医药费等问题，累计补助刘某18,500元。刘父签下保证书，表示不再上访。但2008年4月，其父前往全国人大、当地政府、省司法厅、监狱局上访，控告监狱及地方公安机关，提出罪犯刘某所患疾病是监狱方造成的，故索要精神损失费30万元作为换肾的手术费用及刘某服刑期间的“最低工资”，在其无理要求得不到满足的情况下，拒绝为其

① 参见杭州市法学会组织编写：《社会矛盾多元化解决机制理论与实践》，知识产权出版社2009年版，第412页。

② 参见蔡俊豪、何翔：《浅议罪犯医疗过程中的几个问题》，载《犯罪与改造研究》2006年第6期。

③ 参见马岩：《监狱“医闹”事件的发生机理与危机处置》，载《犯罪与改造研究》2011年第8期。

儿子担保，该犯从2009年4月被收监。[①]

（二）小病大养型

少数罪犯小病大养，抗拒日常的管理教育。一是个别罪犯小病大养甚至无病呻吟，打着“需要就医”的幌子，逃避劳动改造，如得不到满足，不是死磨烂缠，就是诬告监狱不给治疗。二是有的罪犯家属一旦得知罪犯患病，就提出要到社会医院进行治疗，并提出要用最好的药进行治疗。有的罪犯已处于病危状态且没有任何抢救的希望，家属依然提出过高要求，甚至动辄以上访或闹事等相要挟。

（三）寻衅滋事型

有的罪犯家属将监狱看作“人间地狱”，片面地认为监狱对待罪犯不够人道，罪犯患病，监狱不作为，不予积极治疗。加上有关监狱罪犯死亡的一些负面报道如“躲猫猫”“喝开水死”“冲澡死”等，导致一些罪犯家属在遇到罪犯医疗问题时，偏听偏信，造谣生事，滋事生非，通过闹事上访等方式给监狱施压。特别是有些罪犯患有较重疾病的，监狱会及时告知其家属，有的罪犯家属到场后见花钱多或疗程长，怕惹责任，则千方百计一走了之；有的罪犯家属面对可以保外就医的情况，却拒绝保外就医；有的罪犯家属根本不出现，甚至说罪犯没有亲人。等罪犯死亡后，其家属就纠集社会人员到监狱闹事，要监狱承担不予医治或医治不及时的责任。

（四）逃避处罚型

有的罪犯患病后，过分夸大病情，伪装成不能出工劳动等，通过这种方式借机逃避监狱的劳动改造。有的罪犯想通过患病达到保外就医的目的，从而脱离监狱的管理。因此，罪犯联合家属，多方打听罪犯保外就医的条件，对罪犯疾病的治疗也争取到社会医院进行检查，通过走关系等方式，试图将罪犯保外就医。一旦保外就医的目的达不到，会采取诬告监狱或上访等方式进行“医闹”。

三、罪犯就医的基本流程

（一）狱内就医

监狱内设医疗机构是罪犯就医首诊医疗机构，负责常见病、多发病诊治，实行门诊、巡诊、急诊和远程医疗相结合的日常诊疗制度。

1. 就医流程

罪犯日常就诊由本人向监区提出申请，经监区审核同意后，安排监狱民警送

① 参见马岩：《监狱“医闹”事件的发生机理与危机处置》，载《犯罪与改造研究》2011年第8期。

至监狱内设医疗机构就诊。罪犯突发疾病的，应及时送诊。罪犯就诊时，必须如实陈述病情，遵从医嘱，配合治疗。罪犯就诊回监区后，监狱民警应注意观察病情，发现异常及时送诊。

2. 转诊流程

罪犯出现急重症可转诊至监狱总医院。罪犯有下列情况之一的，监狱内设医疗机构可转诊至监狱总医院：（1）病情严重且监狱内设医疗机构无法处理的；（2）门诊多次仍未能明确诊断的；（3）经治疗病情无明显改善的；（4）需专科检查治疗或需进一步检查治疗的。罪犯需转诊监狱总医院的，应当由监狱及时通知监狱总医院。监狱总医院对转诊的罪犯应给予及时处置。对符合住院标准的应收治住院。罪犯就诊回监后，监狱内设医疗机构及时了解掌握诊治情况，落实医嘱，做好随访。

（二）社会医院就医

罪犯外出就医是指经批准由武警和监狱民警送罪犯去社会医院，开展疾病救治。

1. 罪犯外出就医情况

罪犯病情需要且监狱内设医疗机构、监狱总医院无法诊治的，可转诊至社会医院或请社会医院专家入监会诊。罪犯有下列情况之一的，监狱可转诊至社会医院：（1）病情危重且监狱总医院无法处理的；（2）需就诊科室或进行的检查项目为监狱总医院尚未设立或开展的；（3）因监狱总医院的专业、技术和设施条件有限仍需专科检查治疗或需进一步检查治疗的；（4）突发疾病需要急救的。

2. 罪犯外出就医程序

第一类：外出普通流程

罪犯转诊社会医院的，按以下程序进行：（1）除急诊外应由监狱总医院同意并开具会诊单；（2）监狱总医院或监狱落实相关医院后，监狱负责送诊；（3）监狱按照罪犯离监管理有关规定履行报批手续，落实安保措施；（4）经社会医院诊治后需回监狱总医院继续治疗的，监狱应提前联系监狱总医院。

第二类：外出急诊流程

罪犯出现突发疾病需急救转诊的，监狱可直接转诊至社会医院。对突发性危及生命的罪犯，实施现场急救并呼叫120急救中心快速转诊抢救。监狱应就近联系二级及以上具备急诊救治能力的社会医院，达成协议确定为社会协作医院，建立急救绿色通道，保障急重症罪犯得到及时救治。

3. 外出就医执行

（1）警力配置。根据罪犯外出就医必须配足警力的要求，1名罪犯外出就医

（或医疗鉴定）应配备3名监狱民警（其中要有1名监狱民警医生、1名监区或监狱管教部门干事）；2名以上罪犯外出就医（或医疗鉴定）在3名监狱民警的基础上，再按超出人数1∶1的比例配备警力。

（2）械具要求。凡有行动能力的罪犯，出监时应加戴手铐与脚镣。2名以上罪犯同时外出的应戴连铐，非就诊需要不得解铐。监狱民警配备警棍等警械具。

（3）着装要求。押解民警必须着统一制式警服，罪犯一律着囚服。

（4）检查要求。罪犯出监狱前，监狱民警要对其进行严格的搜身检查，搜缴一切与就医无关的物品。

（5）通行要求。罪犯外出就医（或医疗鉴定）必须有监狱医院派出救护车或警车押送。

（6）看护要求。在罪犯外出就医（或医疗鉴定）期间，监狱民警必须保持高度警惕，严格监管，做到寸步不离。

（7）留院要求。病情需要住院治疗的，一般应在省级监狱管理局设立的医院住院。确需在地方专科医院住院的，要采取严格的监管措施。①

四、罪犯医疗执法证据收集与固定

罪犯医疗执法证据是指按照相关法律规定，在罪犯疾病诊疗过程中，涉及医疗诊疗、医疗管理、医疗事故、医疗纠纷、医疗涉诉等具体事实的各类法定证明材料。它包括书证、物证、证人证言、视听资料、当事人陈述、鉴定意见、勘验笔录、现场笔录、诊断证明等资料。②

（一）新入监罪犯健康和体检证据

罪犯获刑前判决的人民法院可以收集罪犯前期的相关病史等健康资料，在案件审理过程中，将以往有关身心健康的资料建立成健康档案，尤其是精神病和严重心理障碍等，在健康档案中要有明确的表述，并将其所建立的健康资料同其他法律文书一起交付给监狱，以固定罪犯入监前的身心健康档案资料。③

《监狱法》第17条规定："罪犯被交付执行刑罚，符合本法第十六条规定的，应当予以收监。罪犯收监后，监狱应当对其进行身体检查。经检查，对于具有暂予监外执行情形的，监狱可以提出书面意见，报省级以上监狱管理机关批准。"收监时，监狱应当对交付执行刑罚的罪犯进行身体检查。身体健康检查的

① 参见廖土生主编：《分监区标准化建设实务》，上海交通大学出版社2017年版，第309页。

② 参见新疆第四监狱课题组：《罪犯医疗执法证据体系建设研究》，载《犯罪与改造研究》2018年第7期。

③ 参见戴学礼：《完善在押犯健康档案制度的思考》，载《中国监狱学刊》2012年第2期。

目的：一是可以防止把一些患有严重疾病或有生命危险的罪犯收押进监，造成疾病传染或病犯死亡现象。二是使监狱对新收的入监罪犯的身体健康状况有全面了解，以便根据罪犯体力强弱，安排适当的生产劳动。三是做好入监罪犯的健康档案管理，固定罪犯身体健康的证据，防止医疗纠纷。四是在健康检查中，如发现被判处无期徒刑、有期徒刑的罪犯具有严重疾病需要保外就医的，怀孕或者正在哺乳自己婴儿的妇女，可以暂不收监。

在罪犯入监体检时，要依法取得和固定原始病史资料，搜集新入监罪犯的既往病史、器官移植或摘除、伤残等健康信息，拍照固定残疾、外伤、疤痕等明显体表特征等情况记载。重点掌握以下项目：一是身体健康方面的基本信息，意在防止罪犯在劳动改造过程中故意自伤自残，制造纠纷，杜绝罪犯弄虚作假；二是精神方面的信息，如精神病或人格障碍等严重心理方面的问题，以及有无进行过精神病治疗或专业的心理矫治；三是严格检查并掌握各种急慢性传染病，做到早发现，早预防，早治疗，杜绝传染病在监狱内的传播。①

1. 新入监罪犯健康和体检

（1）罪犯既往病史

①遗传病史。遗传病是遗传物质改变，包括染色体畸形以及在染色体水平上看不到的基因突变而导致的疾病。常见的家族遗传病有先天性听障、高度近视、白化病、多指、并指、原发性青光眼、红绿色盲、哮喘病、精神分裂症、高血压、高血糖、糖尿病等。

②既往病史。既往病史包括既往健康状况，曾患过何种主要疾病，其诊治的主要情况，现在是否痊愈，或留有何种后遗症，是否患过传染病，有无药物或其他过敏史，做过何种手术治疗等，都应加以询问。有些疾病如哮喘病、痫证、中风等，经治疗之后，症状虽已消失，但尚未根除，某些诱因常可导致旧病复发。由此可见，入监罪犯健康状况记录时，要重视对既往病史的询问。

③职业病史。职业病是指企业、事业单位和个体经济组织的劳动者在职业活动中，因接触粉尘、放射性物质和其他有毒、有害物质等而引起的疾病。② 各国对职业病的预防都有一定的规定，一般来说，在法律规定范围内被指定的疾病可以称作职业病。按照《职业病防治法》的规定，职业病包括十大类，分别是：尘肺、职业性放射病、职业中毒、物理因素职业病、生物因素所致职业病、职业性皮肤病、职业性眼病、职业性耳鼻喉疾病、职业性肿瘤和其他。

---

① 参见戴学礼：《完善在押犯健康档案制度的思考》，载《中国监狱学刊》2012 年第 2 期。

② 参见秦虎、刑峰、姚证主编：《高职体育教程》（第 5 版），重庆大学出版社 2020 年版，第 94 页。

(2) 罪犯器官移植或摘除

器官移植，就是将一个健康器官移植到另一个个体体内，并使之迅速恢复功能的手术。器官移植能把那些因病变而导致功能缺失的器官，用新的健康器官所替代，并担负起相应的功能任务。《人体器官移植条例》中规定，人体器官移植是指摘取人体器官捐献人具有特定功能的心脏、肺脏、肝脏、肾脏或者胰腺等器官的全部或者部分，将其植入接受人身体以代替其病损器官的过程。器官移植大致包括心、肺、肝、肾、胰腺、小肠等移植。

人体器官的摘除从对生命的威胁程度上可以分为两种：一种是常规器官的摘除，另一种是生命器官的摘除。常规器官的摘除对人体不会造成生命威胁（如一侧的肾脏），但会严重损害人体健康。生命器官的摘除则必定危及生命，如摘取心脏、完整的肝脏、两侧全部的肾脏等。

罪犯入监人身检查过程中，监狱民警要有意识询问新犯的身体状况。注意发现罪犯器官移植和器官缺失的情况，及时做好体检记录和询问笔录，也可以让罪犯自己写出详细的器官移植和摘除的情况，作为原始材料加以保存，以备不时之需。

(3) 罪犯伤残情况

伤残，是指损伤所致的人体残疾，包括精神、生理和解剖结构的异常，并导致不同程度的日常生活、工作、学习，以及社会交往能力部分或完全丧失的一种状态。[①] 伤残是人体生理上或功能上存在的缺陷或障碍，一般也称为残疾或残废。一般伤残的等级分为一级到十级，一级伤残最重。

罪犯入狱后，通过体检和询问，要掌握罪犯的伤残情况和残疾状况，并固定相关证据。通过拍照的方法固定残疾、外伤、疤痕等明显体表特征。伤残状况既可能是生理的或心理的，也可能是生理或心理中任何类别的组合，如生理缺陷、智力迟钝、情绪障碍、认知障碍等。根据《残疾人保障法》的规定，中国残疾人可以分为肢体残疾、视力残疾、听力残疾、语言残疾、智力残疾、精神残疾、多重残疾和其他残疾的人。罪犯伤残情况大致可分为视力残疾、听力残疾、言语残疾、肢体残疾、精神残疾、智力残疾和多重残疾七类。

①视力残疾。它是指由于各种原因导致双眼视力障碍或视野缩小，通过各种药物、手术及其他疗法均不能恢复视力功能者（或暂时不能通过上述疗法恢复视力功能者），以致不能进行一般人所从事的工作、学习或其他活动。视力残疾包括“盲”以及“低视力”两类。

②听力残疾。它是指由于各种原因导致双耳不同程度的听力丧失，听不到或

① 参见范利华、吴军、牛伟新主编：《损伤与疾病》，复旦大学出版社2014年版，第4页。

听不清周围环境声及言语声（经治疗一年以上不能治愈者）。听力残疾包括：听力完全丧失及有残留听力但辨音不清、不能进行听说交往两类。

③言语残疾。它是指由于各种原因导致的言语障碍（经治疗一年以上不能治愈者），而不能进行正常的言语交往活动。言语残疾包括：言语能力完全丧失以及言语能力部分丧失、不能进行正常言语交往两类。言语残疾共有四级。

④肢体残疾。肢体残疾是指人的肢体残疾、畸形、麻痹所导致人体运动功能障碍。根据残疾者在无辅助器具帮助下，对日常生活活动的能力进行评定，可将肢体残疾划分为三个等级。重度（一级）：完全不能或基本上不能完成日常生活活动。中度（二级）：能够部分完成日常生活活动。轻度（三级）：基本上能够完成日常生活活动。

⑤精神残疾。它是指精神疾病患者患病持续一年以上未痊愈，同时导致其对家庭、社会应尽职能出现一定程度的障碍。精神残疾可由以下精神疾病引起：精神分裂，情感性、反应性精神障碍，脑器质性与躯体疾病所致的精神障碍，精神活性物质所致的精神障碍，儿童少年期精神障碍，其他精神障碍。

⑥智力残疾。智力残疾是指人的智力明显低于一般人的水平，并显示适应行为障碍。智力残疾包括：在智力发育期间，由于各种原因导致的智力低下；智力发育成熟后，由于各种原因引起的智力损伤和老年期的智力明显衰退导致的痴呆。根据世界卫生组织和美国智力低下协会（AAMD）的智力残疾的分级标准，按其智力商数（IQ）及社会适应行为来划分智力残疾的等级。[①]

（4）罪犯体表特征情况

罪犯体表体征包括：衣物、身体特征和人像。罪犯衣物统一着囚服，一般不用记录。罪犯的身体特征包括：其一，一般特征，如身高、体重、体型、发育和营养状况、颈围、足长、畸形等。其二，容貌，如脸型、口部、耳部、毛发、皮肤（各种瘢痕：手术痕、种痘痕、灸痕）、牙齿、各种皮纹（如指纹、掌纹、足纹、唇纹）等。其三，人像。拍照人像可以反映个人容貌特征，以便个人识别。最好拍照正面像及左、右侧面像。

2. 新入监罪犯身体健康证据固定

（1）询问笔录。新入监的罪犯要进行详细询问和检查，询问罪犯身体健康情况，既往病史包括疾病的名称和患病时间、残疾情况、曾经手术情况等。

（2）执法记录仪记录。罪犯入监当日，狱政管理科要在现场通过走步、跑步、点名、报姓名等检查罪犯是否基本正常。然后对罪犯进行身体检查，询问是

① 参见赵辉主编：《残障人士心理辅导员培训手册》，西北大学出版社2014年版，第33－34页。

否有残疾、文身、手术等，并对以上特征进行记录。这些活动监狱都要使用执法记录仪进行记录，记录的音像资料收集后作为档案材料妥善保存。

（3）拍照记录。罪犯入监后的身体检查中，特别是对有残疾或器官摘除手术的，除了询问和登记之外，对罪犯的检查情况要进行拍照固定，包括照片、X片、CT片、MRI片，都一一进行固定。这些照片全部收集齐全，制成一套完整的罪犯入监身体检查照片。

（4）罪犯收监身体检查表。罪犯收监身体检查表是监狱用于记录新收罪犯身体检查情况结果的文书。该文书是由监狱从事医务工作的监狱民警填写的，是对罪犯的身体健康状况和体貌特征等进行记录形成的文字资料（见表4-5-1），[①]监狱在收押过程中，罪犯身体检查表的作用有两个方面：一是对罪犯入监时的健康状况进行原始记载，以避免日后可能发生的病情争议。二是为建立罪犯体貌特征卡提供信息来源，为狱内侦查提供重要的信息资料。所以，务必保证新收罪犯身体检查情况记录的真实性。

表4-5-1　罪犯收监身体检查[②]

单位：×××省×××监狱　　　　编号：37××××××××××

姓名	×××	性别		男	出生日期	
民族	汉族	婚否	未婚	家庭住址	××省××市××区梧桐街11号	
罪名	故意伤害罪	刑种	有期徒刑	刑期	10年6个月	
身高	178cm	体重	75kg	血型	A型	
体貌特征	头部	前额较高，后脑勺左上部有一条5cm长的疤痕。左耳根下部有一5cm见方的紫色胎记				
	发须	头发浓密，发质较硬，发际线较低				
	脸部	圆脸，双眼皮，眼睛较大，眼眶微凹，三角耳，鼻梁较挺				
	四肢	左手小指断掉一节，左手手腕有伤，有缝合痕迹。右上臂文有一条环绕手臂的青龙				
	其他	体形偏胖，皮肤较黑，背部中间有陈旧性刀伤，有长约5cm的缝合痕迹，操山东口音				

① 参见严庆芳主编：《监狱执法文书制作》，中国政法大学出版社2020年版，第67页。
② 参见严庆芳主编：《监狱执法文书制作》，中国政法大学出版社2020年版，第70页。

续表

<table>
<tr><td rowspan="2">既往病史</td><td>病名</td><td>肝炎</td><td>痢疾</td><td>伤寒</td><td>肺结核</td><td>皮肤病</td><td>性病</td><td>精神病</td><td>其他</td></tr>
<tr><td>患病时间</td><td>无</td><td>无</td><td>无</td><td>无</td><td>无</td><td>无</td><td>无</td><td>无</td></tr>
<tr><td rowspan="9">体检项目</td><td colspan="2">一般状态</td><td colspan="2">正常</td><td colspan="3">血压</td><td colspan="2">126/85mmHg</td></tr>
<tr><td colspan="2">内科</td><td colspan="7">双肺（一），心率齐，72 次/分，无杂音，腹柔软，肝脾未及</td></tr>
<tr><td colspan="2">外科</td><td colspan="7">头颅、脊椎、四肢无畸形，各关节活动正常</td></tr>
<tr><td colspan="2">五官科</td><td colspan="7">左右裸视力均为 1.5</td></tr>
<tr><td colspan="2">皮肤科</td><td colspan="7">无殊</td></tr>
<tr><td colspan="2">妇科</td><td colspan="7">/</td></tr>
<tr><td colspan="2">X 射线</td><td colspan="7">两肺清晰，心隔正常</td></tr>
<tr><td colspan="2">化验</td><td colspan="7">正常</td></tr>
<tr><td colspan="2">其他</td><td colspan="7">/</td></tr>
<tr><td>主检医师意见</td><td colspan="4">健康，体检结果符合收押
签字：× ×
2011 年 8 月 13 日</td><td>医院意见</td><td colspan="4">同意主检医师意见
（公章）
2011 年 8 月 30 日</td></tr>
<tr><td>罪犯签字</td><td colspan="9">情况属实
签字：× × ×
2011 年 8 月 30 日</td></tr>
</table>

（二）患有重大疾病罪犯的历次就诊记录

罪犯患疾病时，监区民警应及时带领罪犯到监区医务室（所）诊治。一般情况下，罪犯提出就医要求后，经监区值班领导批准，由监区当班民警及时带领其到监区医务室（所）就诊。罪犯发生紧急病情时，监区民警应将患病罪犯的病情和症状及时用内部电话告知监区医务室（所），并通知监狱民警医生做好抢救准备，同时组织人员将病人及时送往医务室（所）治疗。

罪犯患有重大疾病，通常会多次到监狱医院进行诊治。罪犯的就诊记录主要以病历的形式呈现。病历是医务人员对患病罪犯疾病及诊疗过程的记录，也是对采集到的资料加以归纳、整理、综合分析，按规定的格式和要求书写的患者医疗健康档案。

（三）日常服药记录

对于就诊后的罪犯和长期服药的罪犯，要督促其按时服药，养成定时用药的习惯。监狱民警需要制作一张表格，将药物名称、用药时间和每天服用的次数，都详细记录在表格上，服药后要有罪犯的签名。

1. 急救药品服用记录

为了有效救治罪犯的突发疾病，监狱医院在一般情况下，会在监区配备急救药箱和部分急救药品。监区除应当要求监狱民警掌握常规的急救知识外，还要定期派员参加上级卫生部门组织的急救药箱管理和急救药品使用等相关业务培训。培训合格后才有资格管理急救药箱和使用急救药品。遇有罪犯突发疾病，必须使用急救药品时，监狱管理民警应当在专业医生的电话（或其他跨空间方法的）指导下，严格按照突发疾病症状，依据急救药品的使用说明书配发适当的剂量，采用正确的方法给患病的罪犯送药。同时，做好相关用药记录和运用执法记录仪录制抢救过程视（音）频等证据固定工作。①

2. 一般药品服用记录

监狱医务部门会根据罪犯的一般病情，配发给短期疗程的一般性口服类药品。监区民警在替罪犯领取和发放该类药品时，应根据有关规定做好以下几方面的工作：一是登记用药罪犯姓名和药品的名称、规格、数量、批号、有效期等；二是根据处方核对单次给药剂量和每天给药时间，并要求医务人员在药品包装盒（袋）上书写清楚；三是及时将药品归入分监区的药箱管理；四是及时建立罪犯服药记录台账，要求罪犯按时按剂量领药，要有领药时间、领药数量和签名登记；五是要做实监狱民警直接发放药品，罪犯即时服用，看到罪犯下喉咙的给药管理流程。②

对于一些特殊药品，如麻醉类、精神类、放射类及医用有毒性的药品。一般情况下，监区不能存放此类药品，如罪犯患有特殊疾病，必须使用该类药品，监区民警应当按时带领罪犯到医务室（所）等医疗场所，在专业医生和监狱管理民警的双重督导下，按单次适用剂量给药。必要时还应留观，直到医务民警确认用药安全后，才能将罪犯带离医疗场所，严禁一次性给发（或让罪犯独自收藏）多次的剂量。给药情况要详细记录。

（四）发病情况登记

罪犯患病后，监狱民警应及时将罪犯发病情况登记在册。罪犯发病情况登记可以及时发现、管理罪犯疾病情况，掌握罪犯疾病发病动态和流行趋势，规范治疗和登记报告行为，提高罪犯疾病救治质量。登记内容包括：罪犯基本信息（姓名、性别、年龄、罪名、刑期等），发病信息（本次疾病的发生、发展过程

---

① 参见廖土生：《分监区标准化建设实务》，上海交通大学出版社 2017 年版，第 310 页。

② 参见廖土生：《分监区标准化建设实务》，上海交通大学出版社 2017 年版，第 311 页。

及治疗过程）等。对于被确诊疾病的，应及时建档。

（五）外出就诊病历

1. 病历

所谓病历，是指医务人员在医疗活动过程中形成的文字、符号、图表、影像、切片等资料的总和，是对患者的疾病发生、发展情况和医务人员对患者的疾病诊断、治疗及护理医疗活动情况的客观记录。[①] 罪犯外出就诊通常有两种情况：一种是外出到监狱总医院就诊，另一种是离开监狱去地方卫生医疗机构二级甲等以上医院（实践中一般选择三级甲等医院）就诊。罪犯外出就诊生成的病历既是诊治疾病的重要依据，也是具有法律效力的证据。

病历是一种重要的书证。在医患之间就就诊罪犯的诊断、治疗和护理等问题发生争议时，病历对于认定医疗机构是否存在医疗过错具有难以替代的证明作用。卫生部印发的《病历书写基本规范》旨在规范医务人员的病历书写行为，提高病历和医疗服务质量，防范医疗纠纷和医疗事故的发生。

关于电子病历的证据效力，从证据学角度来看，电子病历成为法律所认可的证据，应首先符合证据的合法性标准，包括主体合法、形式合法和程序合法。根据《电子签名法》的规定，电子病历应属“以电子、光学，磁或者类似手段生成、发送、接收或者储存的信息”，即数据电文。电子病历作为证据，还应符合该法所规定的书面形式要求，即能够有效地表现所载内容并可供随时调取查用，且能够可靠地保证自最终形成时起，内容保持完整、未被更改。同时，电子病历的保存还应符合该法的文件保存要求：（1）能够有效地表现所载内容并可供随时调取查用。（2）数据电文的格式与其生成、发送或者接收时的格式相同，或者格式不相同但是能够准确表现原来生成、发送或者接收的内容。（3）能够识别数据电文的发件人、收件人及发送、接收的时间。[②]

2. 病历的分类

罪犯外出就诊的病历可以有多种分类方法。

（1）门（急）诊病历和住院病历

根据是否住院将病历分为门（急）诊病历和住院病历，这是实践中最常见的一种分类。

门（急）诊病历内容包括门（急）诊病历首页［门（急）诊手册封面］、病历记录、化验单（检验报告）、医学影像学检查资料等。

住院病历内容包括住院病历首页、住院志、院病案首页、入院记录、病程记

① 参见陈志华主编：《医疗纠纷案件律师业务》，法律出版社2007年版，第163页。
② 参见陈志华主编：《医疗纠纷案件律师业务》，法律出版社2007年版，第165页。

录、体温单、医嘱单、化验单（检验报告）、医学影像检查资料、特殊检查（特殊治疗）同意书、手术同意书、麻醉同意书、输血治疗知情同意书、病危（重）通知书、麻醉记录单、手术及手术护理记录单、助检查报告单、体温单、医学影像检查资料、病理资料、医嘱单、[1] 护理记录、出院记录（或死亡记录）、病程记录（含抢救记录）、疑难病例讨论记录、会诊意见、上级医师查房记录、死亡病例讨论记录等。

（2）主观性病历和客观性病历

主观性病历，是指在医疗活动中医务人员通过对罪犯病情发展、治疗过程进行观察、分析、讨论并提出诊疗意见等而记录的资料，多反映医务人员对罪犯疾病及其诊治情况的主观认识，不同的医师、病程的不同时期均可能会出现不同结果，甚至出现相反的观点或意见。主观性病历资料包括死亡病例讨论记录、疑难病例讨论记录、上级医师查房记录、会诊意见、病程记录。

客观性病历，是指记录患病罪犯的症状、体征、病史、辅助检查结果、医嘱等客观情况的资料，还包括为患病罪犯患者进行手术、特殊检查及其他特殊治疗时向罪犯交代情况、罪犯或其近亲属签字的医学文书资料。客观性病历包括门诊病历、住院志、体温单、医嘱单、化验单（检验报告）、医学影像检查资料、特殊检查同意书、手术同意书、手术及麻醉记录单、病理资料、护理记录，以及国务院药品监督管理部门规定的其他病历资料。

（六）病情（危）通知书

罪犯病危通知书是监狱遇到服刑罪犯生命垂危的情况，需要及时告知其近亲属时所制作的文书。其功能主要是及时告知近亲属罪犯病危的实情，让近亲属对病危罪犯随时可能发生的情况有思想及心理的准备。[2]

罪犯患有严重疾病时，监狱在接到监狱（或上级）医院的罪犯病危、病重通知书、地方专科医院的病危、病重通知书或医务所的危重病情报告后，应当立即通知罪犯家属，并将上级转送的依照司法部监狱管理局《监狱执法文书格式》相关表格开具的罪犯病危（重）通知书，邮寄或当面交给罪犯家属，同时向所在监狱的分管领导与主管科室报告，并做好相应的登记记录工作。监狱在接到罪犯病危（重）告知后，应立即启动罪犯病危（重）应急预案。一是立即按照预案要求，整理出全面的罪犯救治前后的各类记录文档、音（视）频资料的副本，提供给上级部门审查；二是在上级有关部门的协助下，做好与罪犯家属的沟通工

① 参见陈云芳主编：《住院医师法律能力与职业道德实践》，上海交通大学出版社 2016 年版，第 21 页。

② 参见严庆芳主编：《监狱执法文书制作》，中国政法大学出版社 2020 年版，第 236 页。

作；三是如果符合罪犯保外就医法定条件的，启动罪犯保外就医工作程序。[①]

罪犯病危通知书是罪犯死亡前置处理的重要形式之一，运用于在监狱服刑罪犯因病情严重，或出现工伤，或其他原因，确有死亡危险的特殊情形。以病危通知书的形式及时通知罪犯家属，这充分体现了监狱对罪犯生命的重视以及对罪犯家属亲情权、知情权的尊重，也为随后可能出现的罪犯死亡的善后事宜处理赢得话语权与主动权。

（七）病情告知材料

充分适当地履行告知义务和尊重、维护患者的知情同意权，是依法行医的重要内容，也是预防纠纷、减少诉讼和避免败诉的有效做法。在大量的医疗纠纷诉讼中，因医方不履行告知义务或不完全履行告知义务被判赔偿的案件占有相当大的比例。[②]《医师法》第 25 条规定：医师在诊疗活动中应当向患者说明病情、医疗措施和其他需要告知的事项。需要实施手术、特殊检查、特殊治疗的，医师应当及时向患者具体说明医疗风险、替代医疗方案等情况，并取得其明确同意；不能或者不宜向患者说明的，应当向患者的近亲属说明，并取得其明确同意。《医疗事故处理条例》第 11 条规定："在医疗活动中，医疗机构及其医务人员应当将患者的病情、医疗措施、医疗风险等如实告知患者，及时解答其咨询……"

1. 病情告知书

罪犯在服刑期间享有对自己病情的知情权，监狱应根据相关要求规范建立罪犯病情告知制度。一是罪犯病情告知的内容。罪犯病情告知的内容为临床诊断、目前病情、疾病预后及治疗方案的情况。二是罪犯医疗告知的时间、方式及对象。监狱医疗机构实行病情告知的首选对象是罪犯本人，若患者无完全民事行为能力（如无民事行为能力的精神病人），则向患者家属或者监区民警告知。在向罪犯本人告知病情时要注意方式方法，不仅要考虑罪犯本人对自己病情的承受能力，而且要维护罪犯正当的隐私。罪犯病重或者病危时，监狱应当以最快捷的方式告知其家属。住院治疗罪犯会见时，罪犯家属提出要了解病情的，会见管理民警应与医生取得联系，在不影响监管安全和不违反制度的前提下，医生可以酌情将病情告知，并做好记录。三是知情不同意的处理。遇到患病罪犯或者其家属知情但不同意治疗时，医院要与患方进行充分、细致的沟通，患方仍不同意的，医院要尊重患者的决定，但一定要履行医疗文书签字手续，并做好相应的笔录；争议较大而拒绝签字的，应邀请第三方调解并做好记录。对于国家规定需要强制治

① 参见廖土生：《分监区标准化建设实务》，上海交通大学出版社 2017 年版，第 307 页。

② 参见王东等编著：《医务人员职业素质修养与执业法律知识》，科学技术文献出版社 2010 年版，第 229 页。

疗的情况，如法定传染病、精神病等，即使患者或者家属拒绝治疗，监狱仍有权按照国家的法律法规，对患者实施强制治疗。①

在履行告知义务时，对一般事项可用口头告知，对重要事项必须用书面的形式告知，并应取得患者或其家属的知情（同意）证据，如向患者发放“病情告知书”“病危通知书”，签订手术同意书、麻醉同意书、有创检查知情同意书等。如果罪犯必须手术治疗时，要建立手术前的签字机制。应明确规定：普通手术，罪犯本人有签字能力的，由罪犯本人签字；开颅、开腔等大的手术，由罪犯本人申请，监狱批准后通知罪犯家人签字；危、急情况，罪犯无签字能力，通知罪犯家人来不及的情况下，监狱民警代为签字，同时告知其家人。并在制度上明确规定监狱民警签字只是为了病犯及时治疗，对治疗后果不予负责②。

2. 病情告知记录

病情告知伴随罪犯诊疗的整个过程，既是医患双方共同决策的过程、主动交流的过程，也是建立相互信任和尊重的过程。监狱及其医务人员应当及时有效地通过书面文字记录、录音录像等形式，记载病情告知过程，并取得罪犯的认可和确认。目前医疗机构习惯与患者或其家属签订某些协议，如输血协议、麻醉同意书、手术同意书等，这些协议无一例外地均以免责或限制责任条款为主。但这种条款本身除了能够证明已经尽了告知义务，满足了患方的知情同意权之外，并没有什么法律意义。③ 事实上，具有说服力和证明力的是病情告知的详细记录，包括各种知情同意书的签订过程，即医务人员是怎样告知的，告知了些什么，什么时间、什么地点告知的等。因此，对罪犯病情的告知，监狱及医务人员应做详细的记录，病情告知记录应详细记录医护人员对罪犯病情作了哪些具体分析、解释和说明，采取的是以座谈交流、全程录音录像等正式形式告知，还是随口而说的简便方式告知，患方是否予以认可和确认。

3. 病情告知电话录音

对普通病犯的病情经监区医务所医生诊断复查，开具病情告知书后，一周内用固定电话通知家属，并将通话内容运用电话录音的形式进行证据锁定。

对病情相对严重或者复杂、患有精神疾病等需到监狱医院或社会医院就诊治疗的罪犯，在监区医务所医生开具病情告知书后，24 小时内用固定电话通知家属，并将通话内容运用电话录音的形式进行证据锁定。

① 参见徐红云、姜勇：《新形势下罪犯疾病“三预”机制的构建——兼论监狱医疗保障管理的模式创新》，载《河南司法警官职业学院学报》2018 年第 4 期。

② 参见梁春雷、祝宗伙：《精细化管理罪犯外出就诊》，载《浙江监狱》2012 年第 4 期。

③ 参见王萍、邓虹主编：《医事程序法律实务》，浙江工商大学出版社 2012 年版，第 137 页。

（八）住院及外诊期间的音视频资料

音视频资料是指能够作为证据的，足以反映案（事）件事实的录音、录像、电脑储存的模拟信号与数字信号等电子数据。它是一种已被初步固定的证据。罪犯住院期间，以及罪犯外出就诊期间，要及时收集、固定、保存音视频资料。

1. 音视频的范围

（1）罪犯发病的音视频资料。

（2）罪犯就诊及住院的音视频资料。

（3）罪犯外出就诊及住院的音视频资料。

2. 音视频的类型

（1）监狱的视频监控资料。监狱生活区、生产区等场所基本安装了监控设备，罪犯从发病到就医及住院的过程基本都可以被已安装的监控拍摄到，监狱民警应及时提取这些监控资料，形成从发病到就医、再到住院的全程的视频监控证据体系。

（2）监狱民警的执法记录仪资料。监狱民警在遇到罪犯发病情况时，应第一时间开启执法记录仪，记录罪犯发病、现场急救以及送去就医的过程。另外，罪犯患病严重，需要到监狱医院或社会医院就医时，送诊的监狱民警应开启执法记录仪，记录送罪犯外出就医的过程。由于有的社会医院可能没有监控设备，因此，在社会就医期间，监狱民警应开启执法记录仪，记录罪犯就医的一些关键环节。

（3）社会医院的监控资料。罪犯需要在社会医院就医和住院治疗的，最好在社会医院留有监控资料。监狱可以和可靠的某家社会医院开展协作，设定专用病区或专用病房，根据需要在通道和病房内安装监控设备，以便于罪犯需要住院治疗期间及时固定相应的视听资料。

（九）符合条件但无法保外就医罪犯的相关资料

1. 保外就医

根据我国《刑事诉讼法》等相关法律的规定，保外就医是指被判处拘役、有期徒刑的罪犯，因为身患严重疾病，不再适合继续在封闭的监禁条件下执行刑罚，经法定手续后，交付到社会上由社区矫正机构继续执行刑罚。[①] 罪犯适用保外就医必须满足两个条件：一是罪犯身患严重疾病，这是适用保外就医的基本条件。二是所患疾病只能到监外接受治疗。罪犯在改造期间，有下列情形之一，亲属又有抚养条件的，可以准许监外执行（保外就医）。罪犯身患严重疾病，短期内有死亡危险的；罪犯患有严重慢性疾病，长期医治无效的；罪犯身体残疾，失

---

① 参见游恩清：《保外就医制度的完善》，华中师范大学2019年硕士学位论文，第6页。

去劳动能力的。如果罪犯在保外就医期间，病情已经康复就将回到监狱继续执行剩余刑期。如果在保外就医期间服满刑期予以释放。

对需要保外就医的罪犯，由所在监狱讨论通过，报单位狱政管理科讨论并邀请驻监狱的检察院（组）人员列席参加，狱政管理科同意后，进行病残鉴定。根据《刑事诉讼法》的规定，对于罪犯确有严重疾病，必须保外就医的，由省级人民政府指定的医院开具证明文件，按照法规程序走审批流程。我国大多数省级人民政府都已经专门发布文件，指定了有资格开具保外就医病情证明的医院。鉴定意见应经医院业务院长签字，加盖公章，并附化验单、照片等有关病历档案。对符合保外就医条件的罪犯，监狱应当填写罪犯保外就医征求意见书，征求罪犯家属所在地公安机关的意见，并与罪犯家属联系，办理取保手续。罪犯保外就医需要有具保人，具保人必须具备管束和教育保外就医罪犯的能力，并有一定的经济条件。具保人的资格由公安机关负责审查。取保人和具保人应当在罪犯保外就医取保书上签名或者盖章。对需要保外就医的罪犯，办完上述手续后，由监狱、少管所填写罪犯保外就医审批表，连同罪犯保外就医征求意见书、有关病残鉴定和当地公安机关意见，报省、自治区、直辖市监狱管理局审批，同时将上述副本送给担负检察任务的派出机构。批准保外就医的，应将罪犯保外就医审批表副本3份送达报请审批单位。对批准保外就医的罪犯，监狱应当办理出监手续，发给罪犯保外就医证明书，并对罪犯进行遵纪守法和接受公安机关监督的教育。同时，应将罪犯保外就医审批表、保外就医罪犯出监（所）鉴定表、人民法院判决书复印件或者抄件，及时送达罪犯家属所在地的县级公安机关和人民检察院。然后保外就医罪犯由取保人领回到当地公安机关报到。①

2. 不适用保外就医

根据最高人民法院、最高人民检察院、公安部、司法部、原国家卫生计生委印发的《暂予监外执行规定》第6条的规定，对需要保外就医或者属于生活不能自理，但适用暂予监外执行可能有社会危险性，或者自伤自残，或者不配合治疗的罪犯，不得暂予监外执行。罪犯存在以下几个方面的情况，不得适用暂予监外执行：一是罪犯虽然患有某种严重疾病，但在短时间内不会发生生命危险；二是出现了身患严重疾病或者生活不能自理的情况，但却具有一定的社会危险性；三是罪犯有自伤自残行为；四是不积极配合治疗。这样的规定一方面是为了防止罪犯采用自残、拒绝治疗等手段，从而获取暂予监外执行的现象发生；另一方面是从维护社会公共安全的方面考虑。如果对具有社会危险性的罪犯适用暂予监外执行，罪犯一旦放在开放的社区进行矫正，就可能再次犯罪或者对社会安全

① 参见王克峰主编：《法医法学》，中国人民公安大学出版社2002年版，第86页。

造成威胁。

（1）严重疾病但不会发生生命危险。这种情况监狱一般会组织多名医生对罪犯病情鉴定情况进行会审，用罪犯病情鉴定的诊断情况作为证据证实罪犯不能保外就医。

（2）罪犯具有一定的社会危险性。为了科学判断罪犯是否具有“一定的社会危险性”，我国监狱推行了罪犯危险性评估。但目前评估工具不统一，如广东监狱系统采用的是MIRAS工具样本，福建、江苏等省份使用的是江苏省监狱管理局J3C工具。[①] 建议全国采用统一的危险性评估工具，辅助审批或决定机关分析罪犯的社会危险等级和类别。罪犯“具有一定的社会危险性”类证据保全应当包括：从罪犯过往的社会经历、犯罪经历和监狱服刑经历去考察他是否真诚认罪悔罪，改造期间有无违规违纪，有无顶撞监狱民警管理，对管理的依从性，出狱后生活是否有保障等实质性危险指标内容资料，用于证实罪犯不能保外就医。

（3）罪犯自伤自残行为。罪犯有自伤自残行为的不适用保外就医，这类证据材料主要有：自伤自残现场照片等资料；钝锐器等自伤自残物证；罪犯心理评估报告；精神疾病鉴定报告；录音录像、监控视频、本人及其他罪犯询问笔录；监狱民警情况说明等。

（4）不积极配合治疗。罪犯不积极配合治疗也不能保外就医，对这种情况，监狱应积极收集监狱民警的询问笔录、治疗医护人员的证言、现场视频监控资料等证据予以证实。

3. 限制保外就医

（1）对“三类犯罪”要严格审批。根据《暂予监外执行规定》第6条的规定，对职务犯罪、破坏金融管理秩序和金融诈骗犯罪、组织（领导、参加、包庇、纵容）黑社会性质组织犯罪的罪犯适用保外就医应当从严审批，对患有高血压、糖尿病、心脏病等严重疾病，但经诊断短期内没有生命危险的，不得暂予监外执行。这类需保全的证据材料主要有：一是属于“三类罪犯”的判决书，判决书中会说明该罪犯是否属于三类特殊罪犯；二是罪犯患有的疾病没有短期生命危险的医疗证据，主要是疾病的诊断书。

（2）对严重犯罪和累犯要严格审批。《暂予监外执行规定》第7条规定，对需要保外就医或者属于生活不能自理的累犯以及故意杀人、强奸、抢劫、绑架、放火、爆炸、投放危险物质或者有组织的暴力性犯罪的罪犯，原被判处死刑缓期2年执行或者无期徒刑的，应当在减为有期徒刑后执行有期徒刑7年以上方可适用暂予监外执行；原被判处10年以上有期徒刑的，应当执行原判刑期1/3以上

① 参见游恩清：《保外就医制度的完善》，华中师范大学2019年硕士学位论文，第212页。

方可适用暂予监外执行。但对那些身患严重疾病可以不受执行刑期的限制。这也充分体现了刑罚执行的人道性。这类不能保外就医的证据材料主要是罪犯涉及的严重犯罪和累犯的证据，主要是判决书。

（3）对再次申请暂予监外执行的要严格审批。尤其是对因再次犯罪、被判处刑罚而申请适用暂予监外执行的情况，要进行严格限制。这类不能保外就医的罪犯的证据材料是第一次暂予监外执行的审批表。

（十）精神疾病鉴定书

近年来，狱内经司法鉴定为各类精神疾病的罪犯呈逐年明显增多趋势。有调查数据表明，有些地区罪犯中精神病患病率为14.73‰，其中精神分裂症患病率达11.09‰。[①] 除少数病犯被保外就医外，大部分病犯仍在监狱服刑。此类罪犯虽总体数量不多，但常规教育控制措施很难有效开展，牵涉监狱民警大量时间和精力，直接威胁到监管安全和稳定。这些精神疾病的罪犯需要进行医治和鉴定，以开展相应的管教工作。

对于监狱内疑似精神病的服刑罪犯，为了保护他们的合法权益，维护司法公正，了解其精神状态，确定其服刑能力，需要对疑似精神病服刑罪犯进行司法精神病鉴定。根据《全国人大常委会关于司法鉴定管理问题的决定》的规定，对法医类鉴定应由有资质的司法鉴定机构承担。按照此法精神，对在押的精神病犯所作的司法鉴定应一律由司法鉴定机构作出。现在监狱一般在省级人民政府指定的医院作司法精神病鉴定，包括省内或地区较大医院，专业精神病医院、监狱内部医院，以及公安机关辖下的安康医院。

精神疾病鉴定书主要是检查和认定罪犯有无精神病，并确定其是否具有刑事责任能力或民事行为能力的司法文书。其内容包括：（1）委托鉴定机关，被鉴定人姓名、性别、年龄、职业，鉴定日期，委托鉴定机关联系人的地址。（2）案情的简要情况。（3）鉴定目的。（4）被鉴定人的家族史、既往史、现病史等。上述有关材料应注明来源，指明系由何人、何处取得。必要时，可要求其同事、亲友、家属提供情况。（5）观察。躯体检查和精神状态检查所见。（6）对精神状态的说明。（7）结论，包括诊断根据和理由，判定责任能力或行为能力的意见。（8）鉴定人签名，鉴定小组或鉴定人所在单位盖章。

---

① 参见芮振军：《监狱精神病罪犯问题及法律规制》，载《中国卫生法制》2012年第6期。

第五章

狱内刑事案件证据的收集与保全

第一节 狱内故意杀人案件证据的收集与保全

一、狱内故意杀人案件概述

（一）狱内故意杀人案件界定

狱内故意杀人案件是由罪犯出于抗拒改造、报复、脱逃等动机，故意非法剥夺他人生命而被立案侦查的案件。故意杀人行为触犯了《刑法》第232条，危害极大，影响恶劣，后果严重，直接威胁监狱民警、其他罪犯等人的生命安全，严重破坏正常的监管秩序。故意杀人案件是监狱预防和侦破的重点案件。故意杀人行为人主观上须有非法剥夺他人生命的故意，包括直接故意和间接故意，即明知自己的行为会发生他人死亡的危害后果，并且希望或者放任这种结果的发生。根据《狱内刑事案件立案标准》的规定，故意非法剥夺他人生命的立为故意杀人案；故意杀人致死或致重伤的立为重大案件；案件中一次杀死2名以上罪犯，或者重伤4名以上罪犯，或者杀害监狱民警、武装警察、工人及其家属的立为特别重大案件。

（二）狱内故意杀人案件的特点

1. 案发起因较为简单

罪犯杀害罪犯的动机多起源于改造生活中的矛盾，有的是积怨已久，有的则是现场冲突。前者犯罪嫌疑人大多有准备犯罪工具、寻找作案时机的预谋过程，而后者则是临时起意，就地取材。罪犯杀害监狱民警的动机常见的有不服从管教实施报复，或为了脱逃排除障碍。

2. 杀人方式单一，工具多为就地取材

由于监狱严密的安防制度和措施，罪犯实施杀人的条件较为有限。大多数是利用劳动生产工具或利用生产材料自制杀人工具以暴力方式直接侵害被害人。现场和犯罪嫌疑人身体上往往留有大量血迹。有的则是徒手杀人，被害人身上可能会留下犯罪嫌疑人接触时的痕迹，如掐痕。

3. 犯罪暴露快，有明显的杀人现场

由于监管环境的特殊性，正常情况下杀人行为一旦发生，很快就会暴露，作案人基本上来不及处理尸体、破坏和伪装现场。因此，只要能及时妥当加以保护，现场较为明显和完整。

二、狱内故意杀人罪的犯罪构成

罪犯在狱内故意杀人构成故意杀人罪。故意杀人罪是指故意非法剥夺他人生命的行为。《刑法》第232条规定，故意杀人的，处死刑、无期徒刑或者10年以上有期徒刑；情节较轻的，处3年以上10年以下有期徒刑。故意杀人罪的四个构成要件分别是犯罪主体、犯罪主观要件、犯罪客观要件、犯罪客体。

（一）犯罪主体

故意杀人罪的主体是一般主体，无特殊身份要求，只要是年满14周岁具备刑事责任能力的自然人均可成为该罪的主体。已满12周岁不满14周岁的人，犯故意杀人罪，致人死亡或以特别残忍的手段致人重伤或造成严重残疾，情节恶劣，经最高人民检察院核准，应该负刑事责任。狱内故意杀人案件中的犯罪主体特指监狱服刑的罪犯。

（二）犯罪主观要件

故意杀人罪在主观上须有非法剥夺他人生命的故意，包括直接故意和间接故意，即明知自己的行为会产生他人死亡的危害后果，并且希望或者放任这种结果的发生。是否具有剥夺他人生命的故意是区分故意杀人与故意伤害（致死）的关键，因而在侦查中要特别注意对行为人主观方面证据的收集。无论杀人的动机如何，均不影响定罪，但动机可以反映行为人主观恶性程度，因而查明动机有利于正确量刑。

（三）犯罪客观要件

故意杀人罪的客观要件是实施了非法剥夺他人生命的行为。对此应从三个方面进行把握：一是实施了剥夺他人生命的行为。行为方式既可以是作为，也可以是不作为。实践中常见的是作为。剥夺他人生命的方法、手段和工具多种多样，法律没有限制。但如果采用放火、爆炸、投放危险物质等危险方法杀人且危害公共安全的，以危害公共安全罪论处。二是剥夺他人生命的行为是非法的。法律明确规定属于合法剥夺他人生命的行为不构成故意杀人罪，如正当防卫。三是在死亡结果发生的情况下，杀害行为与死亡结果之间必须有因果关系，否则不构成本罪的既遂。

（四）犯罪客体

故意杀人罪所侵犯的客体是他人的生命权。所谓他人生命权，是指己身以外的自然人非经法律规定不得非法剥夺其生存的权利。人的生命始于出生（通说为独立呼吸说），终于死亡（通说为心死说），因此，危及生命尚未开始的胎儿，以及生命已经结束的尸体，均不能构成故意杀人罪。

三、狱内故意杀人案件的证据形式

（一）物证

1. 罪证物品及其照片，包括作案人作案时所使用的凶器，如罪犯自制刀具、匕首、斧头、棍、棒、毒物、爆炸物、交通工具、通信工具、血衣，以及其他能够证明狱内故意杀人事实的实物及照片。

2. 各种痕迹及其照片，包括遗留在犯罪现场或者与案件有关的指纹、足迹血痕、汗液、唾液等痕迹、生物物证及照片。

（二）书证

书证包括：罪犯本人的身份证件、罪犯判决书、起诉书、执行通知书、结案登记表；入监登记表、监区（分监区）罪犯花名册（复印件）；出警记录、受案登记表、医院的诊断及病历资料、抢救记录、死亡证明、到案经过，以及犯罪嫌疑人的前科劣迹材料等。

（三）证人证言

1. 目击证人证言。应当重点询问和记录狱内杀人行为发生的时间、地点、经过，双方当事人的人数及各自所处的位置，持有的凶器，实施杀人行为的先后顺序，作案工具、作案方式、打击部位、衣着、体貌特征、目击证人所处位置及目击证人与双方当事人之间的关系等。

2. 其他证人证言。其他证人证言主要来自案发现场的监狱民警、罪犯及与受害人、犯罪嫌疑人关系密切的知情人。询问上述知情人的目的是获取案发前后的情况。例如犯罪嫌疑人的日常改造情况，犯罪嫌疑人与被害人的仇怨关系、利害冲突等。

（四）被害人陈述

如果被害人未死且有陈述能力，应及时询问被害人，重点问明狱内杀人行为发生的时间、地点，原因、经过、作案工具、方式、部位、伤情、与行为人是否存在矛盾，事前有无纠纷，以及双方的基本信息等。整个询问过程要打开执法记录仪进行规范录制，并制作询问笔录。

（五）犯罪嫌疑人供述与辩解

犯罪嫌疑人的供述与辩解常用讯问笔录方式呈现，也有自书供词的。除了笔录外，还有全程录音录像资料予以辅助。在讯问笔录中，要重点记录如下内容。

1. 罪犯杀人动机，如矛盾纠纷杀人、义愤杀人、激情杀人等，并进行查证核实。

2. 作案手段，确定是刀杀（伤）、勒死（伤）、拍死（伤），还是撞死（伤）、毒死（伤）等。

3. 作案的事实情节，如实施过程中的详细情况（起意、策划的过程，时间、地点，原因、经过、作案工具、作案方式、打击部位等）、处罚时可减轻或加重的情节，以及旁证情况等。

4. 共同犯罪的，应当问清各嫌疑人在策划和实施犯罪过程中的具体分工和所起的作用，以正确认定责任。

5. 凶器下落及来源。

（六）勘验、检查、辨认、侦查实验等笔录

故意杀人案件中的笔录类证据主要包括：勘验、检查案件相关场所或人身时制作的勘验、检查笔录，提取痕迹、物证时的提取笔录，犯罪嫌疑人、被害人或其他知情人对作案凶器及其他涉案物品的辨认笔录，记录侦查实验的笔录等。

（七）鉴定意见

在狱内故意杀人案件侦查中，可能涉及的鉴定意见主要有五种。

1. 法医学尸体检验鉴定意见。确定死亡时间、伤口位置、损伤程度、致伤工具、致死原因等。

2. 伤情鉴定意见。通过提取被害人病历，人身检查，确定受伤程度、致伤工具、形成原因等。

3. 司法精神病鉴定意见。怀疑患有精神病的罪犯应当由指定的医院对刑事责任能力进行鉴定。

4. 文痕鉴定意见。通过对狱内故意杀人案件现场提取的文书、指纹、足迹、工具痕迹、枪弹痕迹和各类特征痕迹的检验、鉴定，进行人身识别类的同一认定或物质归属类的种属认定，形成结论后都需要规范制作鉴定意见书。

5. 毒物、毒品检测报告书。对于现场提取的生物物证，如血迹、毛发、唾液、尿液、排泄物等可能需要做毒物、毒品检测；对于现场提取的不明粉末、斑迹也可能需要做毒物、毒品检测，检测结果要按规范制作检测报告书。

此外，对于尸体腐烂或碎尸的，应做颅像重合鉴定或DNA同一认定。[1]

（八）视听资料、电子数据

侦查中要注意发现和提取案发现场及相关场所的监控录音录像，与犯罪事实相关的罪犯通话、会见录音录像，以及其他与案件事实相关的视听资料、电子数据。

四、狱内故意杀人案件的证据体系

狱内故意杀人案件的证据体系是由故意杀人案件的证明对象（待证事实）所决定的应当收集的所有证据的总和。狱内故意杀人案件应收集以下证据。

（一）证明犯罪主体事实的证据

与犯罪主体相关的事实包括犯罪嫌疑人的个人身份识别信息（姓名、性别、年龄、户籍所在地、身份证号码等）；刑事责任能力信息（年龄、精神状况等）；影响量刑的个人经历信息（违法犯罪经历、改造表现等）。能证明狱内故意杀人案件犯罪嫌疑人上述信息的证据有："三书一表"（起诉书副本、判决书、执行通知书、结案登记表）；入监登记表；罪犯健康检查表；刑事责任能力鉴定意见（必要时）；服刑期间减刑、假释的裁定，暂予监外执行的决定；服刑期间受行政奖惩的决定；能证明犯罪嫌疑人身份及一贯表现的其他监管信息资料。

在证明故意杀人犯罪主体的证据中，特别要关注对定罪量刑有较大影响的如下证据：年龄是否满12周岁、14周岁，是否达到18周岁或超过75周岁；是否存在精神疾病等影响其刑事责任能力的情况；是否构成累犯；犯罪时是否处于死刑缓期执行期间，等等。

（二）证明犯罪客观方面事实的证据

故意杀人罪的客观方面事实包括故意杀人行为存在的事实；故意杀人行为是犯罪嫌疑人所为的事实；故意杀人的时间、地点、方法（手段）、后果及其他情节事实；被害人身份事实。相关证据主要包括：

1. 故意杀人行为存在的证据

故意杀人行为存在的证据包括：现场勘查笔录；尸体检验报告；受案登记表；报案人、未死被害人和其他知情人的询问笔录；犯罪嫌疑人供述；现场监控视听资料；被害人死亡原因鉴定意见；其他能证明杀人事实存在的证据。其中，死亡原因鉴定是证明杀人行为与死亡结果有因果关系的证据。

2. 故意杀人的行为是犯罪嫌疑人所为的证据

故意杀人行为是犯罪嫌疑人所为的证据，具体包括：目击犯罪过程的报案

---

[1] 参见吴照美：《常见刑事案件取证指引》，中国人民公安大学出版社2018年版，第6－7页。

人、未死被害人和其他知情人的询问笔录及他们对犯罪嫌疑人的人身辨认笔录；犯罪嫌疑人的供述及他对犯罪现场、作案工具的辨认笔录；现场监控视听资料；犯罪嫌疑人出现在犯罪现场、接触被害人身体、触摸犯罪工具等情况下遗留的指纹、足迹、血迹、毛发、皮屑等痕迹物证及鉴定意见；犯罪嫌疑人身体、衣物上提取到的被害人留下的抓痕、血迹等痕迹物证及鉴定意见；其他能证明杀人行为系犯罪嫌疑人所为的证据。

3. 故意杀人的时间、地点、方法、后果及其他情节的证据

能证明故意杀人时间、地点、方法、后果等情节的证据主要包括：报案人、未死被害人和其他案件知情人的证人证言，被害人陈述，以及他们对现场的辨认笔录；犯罪嫌疑人供述，以及他对犯罪现场、作案工具的辨认笔录；现场视频监控资料；现场勘验笔录；尸体、人身、物品检查笔录；作案工具搜查笔录及扣押清单；被害人伤亡时间、伤亡原因、受伤程度（被害人未死亡的）、杀人工具痕迹、血迹、指纹、足迹等犯罪相关痕迹物证的鉴定意见等。

4. 证明被害人身份的证据

被害人是故意杀人案件的犯罪对象，是被非法剥夺的生命权的所有者，因而被害人身份也属于待证事实。狱内故意杀人案件的被害人多是罪犯或监管民警。罪犯的身份证据有入监时的“三书一表”、入监登记表、健康体检表，以及能证明被害人身份的其他证据。监狱民警的身份证据有身份证、警官证等。

（三）证明犯罪主观方面的证据

故意杀人罪主观方面包括杀人的罪过（直接故意和间接故意）、动机和目的。证明犯罪主观方面的证据有：犯罪嫌疑人对杀人的动机、目的及其对行为后果所持心态的供述；未死亡被害人和其他知情人关于犯罪嫌疑人杀人的动机、目的的证言；能反映杀害工具、杀害部位、杀害次数等杀害行为过程及细节的现场勘验、尸体检查笔录，相关痕迹物证鉴定意见；能反映杀人过程、被害人躲避及犯罪嫌疑人追赶等过程的监控视听资料、犯罪嫌疑人供述、未死被害人陈述及证人证言，等等。

需要注意的是，故意杀人既遂与故意伤害致死、过失致人死亡均有造成被害人死亡的结果，区分的关键在于行为人是否具有剥夺他人生命的故意。因此，故意杀人案件行为人主观方面的事实是证明的重点。侦查人员除通过讯问犯罪嫌疑人的杀人动机、目的和所持心态以外，还要注意通过现场勘查、尸体检验、痕迹鉴定、询问知情人等方式收集能证明犯罪嫌疑人主观方面的证据。例如，犯罪嫌疑人辩解称只是想教训被害人并不是想杀死被害人，是失手把对方打死，但尸检报告和痕迹鉴定显示，被害人头部被铁锤打击十余下，死于头部机械性损伤；知情人反映犯罪嫌疑人与被害人仇怨已久，曾多次扬言要杀死被害人；现场目击者

或监控录像反映犯罪嫌疑人不顾他人的劝阻和被害人求饶，直到打死被害人才住手，等等。上述证据都能证明犯罪嫌疑人具有剥夺被害人生命的直接故意。

（四）证明客体事实的证据

故意杀人罪的客体是他人的生命权，因此要证明被害人的死亡由故意杀人行为造成，即故意杀人行为与被害人的死亡结果之间存在因果关系。相关证据主要有：被害人死因鉴定意见；被害人致命伤与杀人工具痕迹同一的鉴定意见等。此外，被害人是犯罪对象，是故意杀人行为所侵害的生命权的所有者。因此被害人身份的证据也是证明客体事实的证据。

（五）证明量刑事实的证据

故意杀人罪的量刑情节有犯罪嫌疑人的年龄、刑事责任能力、违法犯罪经历和日常表现；在共同犯罪中所处的地位和作用；杀人动机、手段、后果、社会影响；犯罪完成形态（中止、未遂或既遂）；认罪悔罪态度，自首、立功表现、赔偿被害人情况，等等。上述大部分量刑事实证据本身就是定罪事实证据，伴随着案件事实的查清多能得以收集。但犯罪嫌疑人的日常表现、认罪态度等犯罪前后的量刑事实证据容易被忽略。因此需要加以注意。例如，要调取犯罪嫌疑人服刑改造表现的相关材料；讯问笔录要反映出犯罪嫌疑人在讯问中的表现及认罪悔罪态度等。

（六）排除行为违法性的证据

实践中，有的罪犯杀人是出于正当防卫的需要。因此，狱侦人员要注意收集是否存在正当防卫可能性的证据。尤其当犯罪嫌疑人辩解称其杀死被害人是出于防卫需要时，侦查人员不要妄加否定，而应加强对相关证据的收集与审查，包括防卫事实是否存在，防卫是否过当等。

案例辅读

2015年5月19日18时许，罪犯邓某因未完成生产任务，监狱民警雷某某找其到办公室进行批评教育。邓某对此心怀不满，意欲报复雷某某，并于当晚写下遗书。次日9时许，邓某找雷某某讨说法，发生争吵。随后，雷某某安排相关人员继续对邓某谈话教育。9时50分许，邓某走出监区办公室后返身一拳击碎办公室窗户玻璃，取下一块玻璃片冲向正在车间巡查的雷某某，意欲刺杀雷某某。邓某在冲向雷某某的过程中被其他人制伏。监狱民警侦查后，认定罪犯邓某实施故意杀人犯罪，并收集了案件证据：狱内案件报案表、立案表、现场勘验笔录、现场方位图及相关照片、辨认笔录、作案工具照片、视听资料、电子数据、证人刘某某和钟某某及邓某甲等人的证言、被害人雷某某的陈述、刑事判决书、刑事裁定书、被告人邓某的供述及身份证明等证据予以证明。邓某犯故意杀人未遂犯罪事实清楚，证据充分，足以认定。①

五、狱内故意杀人案件的取证思路

狱内故意杀人案件取证要紧扣故意杀人罪犯罪构成，并结合狱内故意杀人案件的特点进行。鉴于狱内故意杀人案件的特点，侦查取证的思路和方法如下。

（一）妥善做好前期处置

对正在发生的狱内故意杀人案件，最先到达现场的监狱民警应当做好以下处置工作：制止罪犯行凶行为；组织救治伤员；紧急封控其他在场罪犯；采取措施控制犯罪嫌疑人；及时登记在场其他罪犯，询问当事人和目击证人；保护现场。

对已经发生的故意杀人案件，现场监狱民警应当做好以下处置工作：组织救治伤员；了解狱内杀人发生经过和受伤、死亡情况；查明尸体身份；及时登记在场的罪犯情况，询问当事人和访问现场目击证人；控制犯罪嫌疑人；保护现场。

（二）细致勘验、检查现场

狱内故意杀人案件现场会相对集中遗留大量的痕迹物证，是查清犯罪事实，收集犯罪证据的主阵地。因此，在场监管民警在尽力组织抢救被害人、控制犯罪嫌疑人的同时，要隔离无关人员，及时妥善保护好现场，等待狱侦人员到来。狱侦人员会同驻监检察人员迅速到达犯罪现场后，应当询问在场监管民警关于现场原始状况及保护情况，展开现场勘查工作。一是根据案件具体情况划定勘验范围，确定勘验起点，认真细致勘验现场，发现、提取、固定遗留在犯罪现场的杀人工具；被害人和作案人的指纹、足迹、唾液、毛发、血迹等与杀人犯罪事实相关的物品和痕迹。特别注意发现、固定和提取不显眼处的细小的擦痕、血迹、纤维等。按规范制作现场勘查记录，包括现场勘验检查笔录、现场图、现场照片卷、现场录像。要全面客观详细记录现场情况，包括现场上尸体、痕迹物品所处的位置、形状、大小、状态等；客观记录现场勘查过程，注意物证在现场所处的位置及提取过程。二是协助法医检验尸体。通过尸表检验明确被害人体貌特征，固定被害人身份证据；固定和提取尸体上的伤痕、血迹等物证。必要时对尸体进行解剖，以进一步明确死亡原因。法医尸检报告要能全面客观反映检验过程、检验情况及检验结果。

对未死亡的被害人在不耽误抢救的情况下要进行身体检查，明确伤情，固定和提取身体上的伤痕、血迹等痕迹物证。对犯罪嫌疑人进行人身检查，固定和提取其身上的伤痕、血迹等。规范制作检查笔录，全面客观记录检查过程、检查内

① 参见湖南省郴州市北湖区人民法院（2015）郴北刑初字第276号刑事判决书。

容和检查结果，尤其是伤痕、血迹等物证所处的位置及固定提取的过程。依法提取被害人及犯罪嫌疑人的生物样本，以便进行人身同一鉴定。

（三）全面调查取证

1. 询问

询问未死亡的被害人（在不影响救治的前提下）和目击证人，重点询问谁是作案人，案件的起因、时间、地点、方法（手段）、经过、结果等。询问过程同步录音录像。

2. 搜查、扣押

对可能隐藏犯罪证据的犯罪嫌疑人的身体、监舍、床铺等进行搜查，扣押与案件相关的物品。规范制作搜查笔录和扣押物品清单。搜查、扣押过程同步录音录像。

3. 调取视听资料

一是调取案发现场及案件可能涉及场所的监控录像，并制作笔录写明该视听资料形成的时间、地点，原件储存方式及内容等。二是鉴于狱内故意杀人案件性质重大，为了客观收集和固定证据，提高取证质量，同时证明侦查取证程序和方法的合法性，除讯问应当同步录音录像外，对抓捕、勘查、辨认、询问等过程也进行同步录音录像。

4. 组织辨认

依法组织犯罪嫌疑人、未死亡被害人和证人对与案件有关的场所、物品和人身进行辨认。一是组织犯罪嫌疑人辨认犯罪现场和犯罪工具；二是组织未死亡被害人辨认犯罪嫌疑人；三是组织目击证人辨认犯罪嫌疑人。辨认过程同步录音录像。

5. 委托鉴定

办理狱内故意杀人案件，应尽快通知家属解剖尸体并对尸体进行检验鉴定，确定死亡原因。办理狱内故意杀人未遂案件，应根据国家有关部门颁布的人身损伤程度鉴定标准和被害人当时的伤情及医院诊断证明，进行伤情鉴定。对侦查中提取的作案工具、血迹、指纹、足迹、犯罪嫌疑人和被害人的生物检材要妥当保管，并及时送检，形成鉴定意见。

（四）做好讯问工作

对被控制的犯罪嫌疑人，在经过身体搜查和人身检查后，及时展开讯问。讯问围绕杀人的动机、目的、方法（手段）、工具、经过、结果等犯罪的主客观方面展开。多人作案的，要分别讯问，问清各犯罪嫌疑人在犯意提起、计划准备、实施等过程中的分工和作用。讯问中注意记录犯罪嫌疑人的供述态度。狱内杀人犯罪性质严重，犯罪嫌疑人虚假供述和翻供的可能性较大。因此，狱侦人员一是要严格依法讯问。严禁使用刑讯逼供、威胁、引诱、欺骗等非法方法讯问。在讯问中要依法保障犯罪嫌疑人的合法权利，如权利义务告知，对听障人士和不通晓当地语言文字的犯罪嫌疑人提供翻译。讯问应当全程录音录像。规范客观记录并核对笔录，等等。二是要及时提取和固定供述中交代的实物证据，使供（口供）证（实物证据）相互印证。三是严格审查口供的真实性，注意发现和分析供述中存在的矛盾。

第二节　狱内故意伤害案件证据的收集与保全

狱内故意伤害案件是指监狱服刑罪犯故意非法伤害他人身体健康而被立案侦查的案件。具体来讲，狱内故意伤害案件是罪犯在监狱内故意损害他人身体健康致轻伤二级及以上的损伤（或死亡），依照《刑法》规定应当受到刑事处罚的案件。

一、狱内故意伤害案件的特点

（一）案件发生率较高

当前，在监狱押犯中惯犯、累犯、暴力犯、危安犯、涉黑涉恶犯，以及限制减刑犯呈不断上升趋势。这些罪犯往往具有强烈的反社会心理和犯罪动因，内心抗拒改造。罪犯之间交集程度深、独自活动的范围较小、利益冲突比较直接，这使狱内伤害行为时有发生。对比狱内脱逃、破坏监管秩序、盗窃、诈骗、故意杀人等犯罪案件，狱内故意伤害案件的发案率较高，是目前发生率最高的狱内犯罪案件。

（二）起因简单

监狱内每个罪犯所拥有的社会资源和发展机会远远少于一般社会成员，生活圈子狭小，生存竞争大。罪犯群体的文化素质远低于社会成员，缺少与人为善的品德和协商解决纠纷的习惯，依靠拳头解决问题，所以，低级的武力争斗多见。狱内故意伤害案件发生的主要诱因是生活琐事引发殴斗或报复。特别是少数罪犯受暴力性格、自控力差等因素影响，遇事不能冷静，冲动性强，因生产劳动和日常生活中的琐事发生口角之争进而升级为殴斗。有的甚至故意挑衅，引发事端。

（三）激情犯罪居多

罪犯群体相对消极，群体内部相互容忍、谦让的氛围不足，极易因小事冲动，爆发激情。在性格上，他们是自负和自卑的结合体，非常在意别人对他的态度，追求畸形的精神满足。一些性格暴躁的罪犯，在受到监狱民警批评或生活挫折后，便找碴儿辱骂、殴打他犯，将愤怒迁移到别的罪犯身上。还有一些罪犯，别人对他微不足道的冒犯，就可能使其产生自尊心受辱的强烈反应；如果认为遭到他犯的戏弄、嘲笑，或被人说出隐私，揭了疮疤，马上会恼羞成怒，大打出手。

二、故意伤害罪的犯罪构成

《刑法》第234条规定，故意伤害他人身体的，处3年以下有期徒刑、拘役或者管制。犯前款罪，致人重伤的，处3年以上10年以下有期徒刑；致人死亡或者以特别残忍手段致人重伤造成严重残疾的，处10年以上有期徒刑、无期徒刑或者死刑。本法另有规定的，依照规定。

（一）犯罪主体

故意伤害罪主体是一般主体。其中，致轻伤的，主体是年满16周岁具有刑事责任能力的自然人；致人重伤或死亡的，主体是年满14周具有刑事责任能力的自然人；致人死亡或者以特别残忍的手段致人重伤造成严重残疾，情节恶劣的，主体是年满12周岁具有刑事责任能力的自然人。但须经最高人民检察院核准追诉。

（二）犯罪主观方面

故意伤害罪主观方面是非法伤害他人身体的故意，包括直接故意和间接故意。无论属于哪种故意，均只对伤害结果，如果希望或放任死亡结果的发生，则构成故意杀人罪。犯罪主观方面是区分故意伤害罪与故意杀人罪、过失致人重伤或死亡罪的关键。具体而言，主观上有无伤害的故意是区分故意伤害与过失致人重伤、故意伤害致人死亡与过失致人死亡的关键；故意的内容是损害他人的健康还是剥夺他人的生命是区分故意伤害致死与故意杀人，故意伤害与故意杀人未遂的关键。因此，与故意杀人案件一样，对故意伤害案件的侦查，尤其要重点收集能证明行为人主观方面的证据。不仅要查清有无伤害的故意，而且要查清故意的内容（是损害他人健康还是剥夺他人生命）。故意伤害的动机不影响定罪，但影响量刑，因而也要收集相关证据。

（三）犯罪客观方面

故意伤害罪的客观方面表现为非法损害他人身体健康的行为。具体包括两个方面，一是必须具有损害他人身体健康的行为。损害行为以作为的方式和暴力方法最为常见。二是损害他人身体健康的行为必须是非法的。因正当防卫而损害他人健康不构成此罪。故意伤害以损害他人肢体、器官、组织的完整和正常机能为要件。如果只是造成一定程度的肉体疼痛，并不构成故意伤害罪。

（四）犯罪客体

本罪的客体是他人的身体健康权。身体健康权是指人对于保护其肢体、器官、组织完整性和正常机能的权利。犯罪对象是他人。一般情况下，伤害自己身体的行为不构成犯罪。因此罪犯自伤行为不属于犯罪，但属于违纪行为。

三、狱内故意伤害案件的取证思路和方法

（一）规范接警出警，打好侦查取证基础

监狱发生故意伤害案件后，一线监管民警要同步打开执法记录仪进行紧急处置，并及时报警。狱内侦查科接到报警后，一是应当按照有关规定，询问故意伤害案件发生的时间、地点、起因、作案方式、参与人数、使用工具、人员伤亡、财产损失等情况。同时依照规定填写案件登记表，记录报警时间、地点、警情性质、现场情况、现场物品等情况。二是及时向值班领导、指挥中心报告现场情况。三是初步判定案件性质，立即组织相关人员赶赴案发现场。

（二）先期科学处置，保护犯罪现场证据

故意伤害案件发生后，监区的在场民警应当迅速判明情况，沉着果断，因案施策，立即实施先期处置，保护好犯罪现场。首先，制止伤害行为，控制行凶的罪犯。其次，有人受伤的，要根据伤势危急程度和所掌握的救护知识，迅速对受伤人员采取临时救治措施，并根据需要立即通知医院派人到场救治。监区在场民警需要用执法记录仪记录案发情况和现场处置情况，还应当对人员伤情和致伤工具等进行拍照或录像；监狱办案民警应当在24小时内赶到医院询问案件情况和受伤情况，对伤情进行拍照固定，必要时，可以对被伤害人进行检查并制作检查笔录。

保护现场，应当划定保护区域，减少无关人员进入造成对现场破坏的可能性；对易流失的现场痕迹物证采取必要的保护措施，保证其不受破坏。要及时登记在场人员、现场证人等的姓名、编号、所在监区等信息，询问当事人和目击证人，了解案件发生的起因和经过。

（三）细致勘查现场，获取犯罪证据

故意伤害案件现场勘验、检查的任务是发现、固定、提取与伤害行为有关的痕迹、物证及其他信息，确定伤害状态，分析伤害过程，为查处故意伤害案件提供线索和证据。对提取的痕迹、物证和致伤工具等应当按照有关规定妥善保管。监狱对故意伤害案件现场进行勘验、检查不得少于两人。勘验、检查现场时，要全程录音录像。勘验、检查故意伤害案件现场，应制作现场勘验、检查笔录，绘制现场图，对现场情况和被害人的伤情进行照相，并将上述材料订成案卷。狱内侦查部门对现场的勘验、检查可参照《公安机关刑事案件现场勘验检查规则》

进行。[①]

首先，如果被伤害人在现场，应当立即对其进行拍照，重点拍照其全身概貌、受伤部位、衣着破损情况等。拍照受伤部位等细目照片时应当使用比例尺，进行垂直拍照；初步勘查现场，对致伤工具、血迹、附着有血迹的物品进行拍照固定、提取；详细勘查现场，重点发现和提取现场遗留的痕迹、遗留或抛弃的有关物品；现场痕迹、物品，应当分别提取，分开包装，统一编号，注明提取的地点、部位、日期，提取的数量、名称、方法和提取人。对特殊检材，应当采取相应的方法提取和包装，防止损坏或者污染；对现场提取的痕迹、物证，应当及时送相关部门进行检验鉴定。

其次，查找致伤原因及凶器。故意伤害案件的致伤手段一般有三种，证据情况也各不相同。寻找致害器具主要是通过伤痕特征判断凶器种类，并注意在现场环境中尽可能寻找作案工具，如刀、棍棒、石块、砖头、绳索等物品。故意伤害案件中，除了致伤凶器以外，其他如血迹、血衣等物证也能够证明伤害情况的存在，尤其是被害人进行反抗时对致害人造成损伤所留下的血迹，对证实案件可能会起到关键的作用。对于搏斗痕迹应仔细观察，用以判断是否与创口相符，观察是否有反常现象，特别注意对创口上的工具残留物的提取检验，为直接确定凶器类型寻找依据。此外，现场所留下的各种痕迹尤其是对微量物证痕迹的收集也是重点，如擦拭过的血迹，现场上留有的毛发、血迹、脚印、指纹、唾液等。

最后，要做好现场勘验检查记录。勘查故意伤害案件现场，应当及时制作现场勘验、检查工作记录。现场勘验、检查工作记录包括现场勘验检查笔录、现场图、现场照片、现场录像、现场录音。其中，现场勘验检查笔录和现场绘图、现场照应相互一致。

（四）展开调查取证，获取犯罪证据

1. 询问被害人、证人

（1）询问被害人。重点问清被害人的基本情况；伤害行为发生的时间、地点、起因、具体经过、致伤工具、方式、部位、伤情；被害人自身是否存在过错，是否也有伤害对方的行为；现场的目击者、知情者及犯罪嫌疑人情况等；是否要求法医鉴定。

（2）询问目击证人。应当重点问明伤害行为发生的时间、地点、经过，双方当事人人数及各自所处位置、持有的凶器，实施伤害行为的先后顺序，致伤工具、方式、部位，衣着、体貌特征，目击证人所处位置及目击证人与双方当事人

① 参见孙延庆、徐为霞、蔡培新：《狱内侦查规范化研究》，法律出版社 2019 年版，第 421 - 423 页。

之间的关系等。

（3）询问其他证人。重点问清其听到、看到的与伤害行为有关的情况。

2. 调取视频监控

故意伤害案件发生后，狱侦人员应及时搜集现场的监控视频资料，固定证据。由于监舍、生产区等部位都安装有监控探头，罪犯激情伤害行为的过程基本被监控探头拍摄到。因此，狱侦人员应及时到监区的分控中心或监狱的指挥中心查找反映故意伤害案件发生经过的视频资料。故意伤害案件中的视听资料由狱侦人员制作、提取或调取。取证人员不得少于两人。

3. 调取相关的医院诊断及病历资料

监狱民警应将受伤人员紧急送至医院进行救治。伤者就医的相关诊断证明及病历资料是查明伤害事实的重要依据。侦查人员应当及时调取医院诊断证明和相关病历证明，包括X光片、CT片、心脑电图等原始证据。有的案件，还需要调取伤者伤愈后的伤害后果证明，包括伤残等级的鉴定证明，其可以作为伤害后果的佐证，也可以作为伤残补助赔偿的依据。

4. 搜查取证

狱内故意伤害案件中，相关的物证如血迹、血衣、作案工具等具有重要的证据价值。案发后，除现场勘查外，狱侦人员还要组织搜查，获取相关证据。如通过检查犯罪嫌疑人身上是否有损伤、损伤程度、受伤部位判断其与被害人发生接触的情况；对犯罪嫌疑人身上的血迹进行检查、提取，并将其与犯罪嫌疑人的DNA进行比对；对犯罪嫌疑人携带的物品或其床铺、柜子、劳动座位处进行搜查，扣押可以证明实施伤害所使用的工具来源等证据。

5. 委托伤情鉴定

伤情鉴定，指的是人体损害程度鉴定，即鉴定是否构成轻微伤、轻伤或者重伤。狱内故意伤害案件中伤情鉴定具有重要的法律意义，伤情构成轻微伤的，监狱可以给予加害人行政处罚；构成轻伤或者重伤的，可以依法追究加害人的刑事责任。狱内故意伤害案件发生后，需要伤情鉴定的，监狱应当委托有资质的司法鉴定机构进行伤情鉴定。监狱应当向鉴定人送交有关伤情鉴定所需的材料，介绍鉴定有关的情况，明确提出鉴定要求。禁止暗示或者强迫鉴定人作出某种鉴定意见。需要进行专业医学检验的，监狱民警可以陪同被检验人到指定地点进行医学检验，并将取得的医学检验结果提供给受委托的鉴定机构。

（五）讯问犯罪嫌疑人，固定证据

讯问犯罪嫌疑人，应当在标准化审讯室内进行，重点问清下列情况：

（1）伤害行为的具体过程，主要是伤害行为发生的具体时间、地点、伤害的对象、事情的起因、后果等要素及故意伤害预谋、准备、实施故意伤害行为的基本过程；（2）实施伤害的主观故意和动机，主要是产生伤害故意、目的和动机的缘由，区别该行为与过失伤害行为及寻衅滋事行为；（3）伤害行为的环境和细节，主要是实施伤害行为现场的环境、伤害行为过程中被伤害人的反应，击打的部位、次数；（4）作案工具的基本情况，主要是作案工具的特征、来源和去向，若有被扣押的，应当注意与扣押清单对应；（5）被伤害对象的基本情况，主要是被伤害人的特征、伤害的具体部位，伤害部位的伤势等基本情况；（6）共同犯罪的合谋或合意过程、分工情况及其他同案人员在伤害过程中的具体行为（包括具体的伤害对象、使用工具、打击部位、次数等），直接（主要）伤害行为、辅助伤害行为，多个违法嫌疑人、犯罪嫌疑人合作、共同伤害的故意及行为。

案例辅读

2016年4月12日15时30分许，罪犯段某与董某在四监区二楼生产车间因生产下料发生口角，罪犯段某从自己的劳动岗位跳到董某机台干活处，二人厮打在一起。厮打过程中，段某将董某推倒在生产车间过道处，并用右手按在董某胸部，同时用左拳打其面部和身体，致董某鼻子出血受伤，随即被其他罪犯拉开。2016年5月11日，经某司法鉴定中心（2016）伤鉴字第135号司法鉴定书鉴定意见为：董某双侧鼻骨骨折，鼻中隔骨折属于轻伤二级。罪犯段某于4月13日被关禁闭。

上述事实，监狱收集了下列证据予以证实。

（1）书证：刑事案件发案报告表、立案审查审批表、狱内案件立案报告表、狱内案件结案报告表、发案结案报告、抓捕经过，证明本案的发案、立案及侦破情况。

（2）证人李某、王某、于某、王某2、孙某、李某2、赵某（均系服刑罪犯）证言，证实本案发生的起因、时间、地点及经过。

（3）司法鉴定意见书，证明被害人的伤情程度属轻伤二级。

（4）现场勘验检查笔录、现场平面图、现场照片，证明案发时现场的情况。

（5）被告人段某供述，对自己殴打董某的时间、地点、起因等情节供认不讳。

（6）被害人董某陈述，证实自己被打的时间、地点、起因及受伤的程度。

（7）某市人民法院刑事附带民事判决书、罪犯入监登记表、某市人民法院执行通知书、某市中级人民法院刑事裁定书，证实被告人段某的前科材料、入监服刑及减刑情况。①

① 参见段某犯故意伤害罪案一审刑事判决书，辽宁省锦州市太和区人民法院（2016）辽0711刑初54号。

四、狱内故意伤害案件的证据清单[①]

狱内故意伤害案件的证据清单有：可以用于证明案件事实的、必须经过查证属实的物证；书证；证人证言；被害人陈述；犯罪嫌疑人、被告人供述和辩解；鉴定意见；勘验、检查、辨认、侦查实验等笔录；视听资料、电子数据（见表5－2－1）。

表5－2－1　狱内故意伤害案件证据清单

证据类型	证据名称	证明内容	证据标准	注意事项
物证	（1）刀具、棍棒等作案工具原物或照片	作案工具和现场物品情况	收集程序、方式要符合法律规定；物证的特征、数量、质量应当与扣押清单一致	注意遗留在物证上的生物检材的提取和鉴定；安眠药等药品或残留物须进行成分鉴定
	（2）安眠药等药品的原物、残留物或照片			
	（3）手机等通信工具			
	（4）现场遗留的衣物、鞋袜、记录本、烟头、纽扣、毛发等物品			
书证	（1）受案材料、立案文书、破案经过	是否有管辖权；线索来源、发案经过、侦破经过	相关文书应加盖公章，报案、控告等应形成笔录	受案时间与立案时间的衔接；对于报案、控告、举报可能招致打击报复的，应及时采取保护、保密措施
	（2）身份证明	犯罪嫌疑人和被害人的身份信息；刑事责任年龄	户籍证明、罪犯入监登记表、执行通知书	未成年人犯罪要注意收集出生证明、户口簿复印件等相关材料，必要时可以进行骨龄鉴定

① 参见防城港市人民检察院编写：《常见刑事犯罪侦查取证工作指引》，中国检察出版社2021年版，第77－81页。

续表

证据类型	证据名称	证明内容	证据标准	注意事项
书证	(3)刑事犯罪、违法前科材料	前科劣迹及是否有累犯情节	刑事判决书、刑满释放证明	
	(4)到案经过、监狱证明材料、立案等法律文书	犯罪嫌疑人到案的真实详细过程;犯罪嫌疑人是否具有自首、立功情节	到案经过包括到案时间、地点、经过及是否抗拒抓捕、是否自行投案;到案后是否如实供述犯罪事实;由两名以上参与抓捕或接受投案的办案人员书写、签名,并加盖单位公章	检举揭发的,应当收集笔录或自述材料,被检举揭发案件的相关文书如立案决定书、判决书等
	(5)隔离审查等强制措施文书	采取强制措施的合法性、羁押期限时长	依法告知、加盖公章、注意法定羁押期限	注意隔离审查时间,以及隔离审查后讯问时间
	(6)书信、日记、记账本等材料	真实犯罪动机和起因、作案时间、地点、经过等	原件提取,手续齐全,标注来源或持有人与双方当事人的关系	注意内容的真实性和持有人
	(7)病历、诊断书、抢救记录、住院治疗记录	给被害人身体、精神造成损害的情况	满足一般证据的证据标准	注意被害人是否存在其他相关疾病的诊断,以及是否因疾病引发伤残或死亡
	(8)赔偿情况、收条、谅解书	赔偿情况;犯罪嫌疑人认罪、悔罪及刑事和解情况	核实赔偿款支付情况及谅解书的真实性	

续表

证据类型	证据名称	证明内容	证据标准	注意事项
犯罪嫌疑人供述和辩解	(1) 自书材料	作案的动机、目的，犯罪的起因、犯意的提起；准备工具和确定作案方式、地点的情况；实施伤害行为的时间、地点、人物、方法手段；犯罪经过和结果；作案工具去向；共同犯罪预谋的过程、商定的分工、具体的分工、联络方式；作案后的思想和逃跑或投案情况	自书材料应证明来源、提取时间；须制作三份以上综合笔录，清晰明了阐述案发经过；对讯问过程同步录音录像；注意讯问程序的合法性和笔录符合法定要求	犯罪嫌疑人对伤害结果的心理状态，是直接故意还是间接故意，注意与故意杀人（未遂）的区分；注意是否存在正当防卫、防卫挑拨、防卫过当或被害人过错的情况；每次讯问应同步录音录像
	(2) 讯问笔录			
被害人陈述	被害人的询问笔录	与犯罪嫌疑人之间的关系，是否有过节；案发的时间、地点、起因；犯罪嫌疑人的体貌特征；案发经过；被害人的反抗情况；共同犯罪行为人在实施犯罪中的具体行为，以及犯罪嫌疑人和被害人的受伤情况等	询问过程符合法定程序	注重收集被害人性别、年龄、身体状况的相关证据
证人证言	(1) 目击证人的询问笔录	案件的起因、作案过程和后果、犯罪嫌疑人的体貌特征、抓获经过	询问过程符合法定程序	
	(2) 报案人、抓获人、现场发现人的询问笔录			
	(3) 其知情人的询问笔录			

续表

证据类型	证据名称	证明内容	证据标准	注意事项
鉴定意见	(1) 痕迹鉴定	提取的指纹、足迹、工具痕迹等进行鉴定	满足一般证据的证明标准	检材的提取、送检应当符合法定程序，鉴定意见应在法定时限内作出；鉴定机构、人员资质必须符合法定条件；鉴定意见应有2名鉴定人签名、机构签章。无鉴定人签名的，应对鉴定人进行询问或进行说明；鉴定意见须及时告知；注意是否有导致他人残疾、精神失常等严重后果
	(2) 死因鉴定	鉴定被害人死亡的原因；是否存在影响死亡的其他因素，如疾病介入	多因一果情况下注意分析各因素对死亡的参与度和致死作用程度	
	(3) 伤情鉴定	被害人、犯罪嫌疑人等涉案人受伤情况、程度或残疾等级	注意核实伤情形成时间与原因、行为与结果之间的因果关系，排除意外因素介入	
	(4) DNA 鉴定	(1) 犯罪嫌疑人、被害人是否遗留血迹等生物物证在涉案物品上或犯罪现场 (2) 犯罪嫌疑人衣物、身体是否留有被害人的生物物证 (3) 被害人的血迹是否留在犯罪嫌疑人身上或所持物品处		
	(5) 司法精神鉴定	犯罪嫌疑人的刑事责任能力或被害人的精神状态	满足一般证据的证明标准	
	(6) 药物成分鉴定	毒药、麻醉药物、胃存物、排泄物分析鉴定	注意检材的提取时间、程序及送检程序	

续表

证据类型	证据名称	证明内容	证据标准	注意事项
勘查、检查、辨认、侦查实验等笔录	(1) 现场勘查笔录及照片	案发现场情况；犯罪工具来源、丢弃现场；提取物证现场	应当拍摄现场照片或录像、绘制现场图、制作现场勘查及提取物证笔录；制作搜查、检查笔录和扣押物品、文件清单；严格见证人制度，必要时进行同步录音录像	注重组织犯罪嫌疑人对被害人的辨认；注意“以特别残忍手段致人重伤造成严重残疾”的证据的收集
	(2) 搜查、检查笔录、照片及扣押物品、文件清单	人身检查情况、涉案物品、作案工具情况		
	(3) 辨认笔录	犯罪嫌疑人、被害人、相关证人之间身份确认情况；辨认作案工具		
	(4) 指认笔录	指认现场、指认涉案物品		
	(5) 侦查实验	还原案发过程	满足一般证据的证明标准	
视听资料	音频、视频	证明案发过程及案发现场情况	应注意视频监控收集的全面性，如案发前、作案来去路线、中途停留、离开现场情况；附上与案件关联性的说明	提供录音录像单位、个人的盖章或签章；注意时间的核对与校正；组织犯罪嫌疑人及相关证人、被害人对视频、音频内容进行辨认
电子数据	电子数据勘验、检查笔录及载体	手机、电脑等电子设备数据存储、恢复情况；社交软件、金融平台、网络交易平台、邮箱等资料	案发经过；组织犯罪嫌疑人、被害人及相关证人对电子数据内容进行辨认	可根据办案需要将部分电子数据打印出来经犯罪嫌疑人签字确认后附卷

第三节 脱逃案件证据的收集与保全

脱逃是指依法被关押的罪犯、被告人、犯罪嫌疑人从被关押的处所逃逸的行为。这里的脱逃案件是指在押罪犯在服刑期间为逃避惩罚和改造，逃离监管场所，非法获得人身自由的案件。脱逃和预谋脱逃案件是监狱重点关注的犯罪案件。

一、罪犯脱逃案件的特点

（一）脱逃罪犯多罪重刑长且年轻体壮

从生理特点上看，年轻力壮是罪犯实施脱逃犯罪的基础。21 岁到 40 岁的脱逃罪犯占绝大多数。这些罪犯具有脱逃所具备的身体条件，而且年纪较轻易感情用事，胆大妄为，不计后果。尤其是年纪轻轻犯下重罪被判重刑的，容易自认为通过改造获得自由无望，选择铤而走险。侵犯财产型的有盗窃、抢劫、绑架三类，在脱逃罪犯中占比高。这些罪犯脱逃后容易获得钱财或者得到同伙的帮助和接济。

（二）脱逃方式多种多样

脱逃的行为多种多样，罪犯会根据自身特点和监管情形，选择适合自身的方式。目前常见的脱逃方式包括：一是从监狱大门脱逃。从监狱大门脱逃的方式大致有三类：驾驶车辆强行冲出监狱大门；化装逃出监狱大门；藏匿在车辆内逃出监狱大门。二是翻越监狱围墙脱逃。罪犯选择用绳索、自制降落伞、从高的建筑物上跳跃等方式翻越围墙脱逃。三是从监狱排污口脱逃。如有罪犯利用钢锯条将焊接在污水口处的钢筋锯断后钻出逃离。四是从监狱会见室门窗脱逃。五是从社会医院脱逃。罪犯在社会医院救治期间的脱逃方式有两种：一是罪犯独自脱逃；二是罪犯被外来人员暴力强行劫走而脱逃。①

（三）脱逃前多有异常

罪犯脱逃前，多有一些异常表现，如有的罪犯在脱逃前顶格采买消费品；有的将生活日用品、衣服和行李送给他人；有的罪犯对监狱民警过分温顺，言听计从，骗取好感和信任；有的罪犯私藏便服和现金，以备脱逃时用。

---

① 参见韩高林：《监狱内脱逃犯罪案件实证分析》，载《犯罪与改造研究》2022 年第 7 期。

二、脱逃罪的犯罪构成

《刑法》第316条第1款规定，依法被关押的罪犯、被告人、犯罪嫌疑人脱逃的，处5年以下有期徒刑或者拘役。具体到监狱，脱逃罪是指被依法关押的罪犯从监狱或其他羁押、改造场所逃脱的行为。下面仅从监狱脱逃案件来分析脱逃罪的犯罪构成。

（一）脱逃罪的主体

脱逃罪主体是特殊主体，即年满16周岁且被依法关押的罪犯。罪犯构成本罪，必须处于依法被关押的状态，未被依法关押的罪犯不是本罪的主体。[①] 需要强调的是，只要司法机关在实施关押行为时是合法的，就应当认定为依法关押，而不论被关押的罪犯事实上是否确实有罪。因此事实上无罪而被关押的罪犯可以成为本罪的主体。[②] 故而只要监狱的关押具有合法依据（“三书一表”），且依法定程序（入监登记表等）进行收监关押的罪犯实施脱逃行为，即可构成本罪。

（二）脱逃罪的主观方面

脱逃罪在主观方面表现为直接故意。行为人脱逃的目的是逃避羁押与刑罚的处罚。如果没有逃避羁押或刑罚处罚的目的，则不构成此罪。例如，罪犯获准回家办理丧葬事宜，确实因故未能按时返回监狱，不认定为脱逃罪。

（三）脱逃罪的客观方面

脱逃罪的客观方面表现为行为人实施了脱逃行为。所谓脱逃是指行为人实施了逃离羁押场所或摆脱监押人员控制的逃逸行为。罪犯脱逃不仅包括从监狱逃跑，在押解途中或狱外就医等过程中逃跑等摆脱监押人员控制的行为，也属于脱逃。

罪犯脱逃的方式多种多样，可以分为：公开脱逃和秘密脱逃；暴力脱逃和非暴力脱逃；单人脱逃和多人脱逃。无论使用何种方式，均不影响本罪的成立。但以暴力方式实施脱逃的，其暴力程度应以轻伤为限。倘若其暴力手段造成了监管人员或其他制止人员重伤或死亡的，则属于牵连犯，对行为人应按从一重罪处断

① 脱逃罪中的依法关押，既包括依据刑事法律已被实际关押的，也包括在解押途中即将关押的，以及因某种原因中断关押的和超期关押的。理论和实践中，对于被实际关押及解押途中的人员可以构成脱逃罪的主体并无争议。问题是因某种原因暂时中断关押或错误关押、超期关押的人，能否成为脱逃罪的主体，则存在较大争议……处于保外就医的人员，一般不宜列入脱逃罪的主体。当然，对于那些超出保外就医期限，长期不归，且有其他严重情节的，可以考虑认定为脱逃罪。参见龚培华：《论脱逃罪认定中的几个问题》，载《政治与法律》2002年第6期。

② 参见高铭暄、马克昌主编：《刑法学》（第8版），北京大学出版社2017年版，第566页。该书观点同时认为，在某些特殊情况下，如事实上无罪却被错判死刑立即执行的人在刑罚执行之前脱逃，只要未造成其他严重后果的，就不宜认定为脱逃罪。

的原则以故意伤害罪、故意杀人罪论处。[1] 多人脱逃的，如果是行为人勾结在一起，在首要分子的指挥、策划下，有组织、有计划地集体逃跑，则构成组织越狱罪。如果多名罪犯相互勾结，且使用暴力手段集体越狱逃跑的，则构成暴动越狱罪。因此，在脱逃案件的侦查取证过程中，要注意查清脱逃的人数、方式方法，暴力程度及所造成的后果等事实，并收集相关证据。脱逃罪以行为人脱离看守人员的监视控制为既遂标准。已经逃离羁押或改造场所的范围，摆脱了看守人员监视控制的，就是脱逃既遂；实施脱逃，如果在羁押改造场所内被发现，或者虽然逃出了羁押改造场所的范围，但在看守人员直接监视下被抓回的，是脱逃未遂。

（四）脱逃罪的客体

脱逃罪的客体是监狱对罪犯正常的监管秩序。接受依法羁押监管是罪犯必须遵守的义务。如罪犯不遵守义务而脱逃，就直接破坏了正常的监管秩序，因而构成了犯罪。

三、脱逃案件的证据体系

（一）证明脱逃主体事实的证据

监狱在押犯脱逃的犯罪主体必须是被依法关押的罪犯。“依法关押”主要包括两点：一是关押的对象合法，即关押的是被法院生效判决确定有罪且决定送交监狱执行刑罚的罪犯。相关证据有罪犯的“三书一表”。二是监狱收监程序合法，即依照《刑事诉讼法》《监狱法》规定的程序实施收监。相关证据除罪犯“三书一表”外，还有罪犯入监登记表等证明收监程序合法的材料。

（二）证明脱逃客观方面事实的证据

客观方面事实，包括犯罪嫌疑人脱逃行为存在的事实；脱逃的时间、地点、方式方法、后果，以及其他情节；脱逃的动机、目的；多人脱逃的，各自在脱逃中所起的作用，是否存在组织、策划，有无指挥者、组织者和策划者等（区分脱逃罪与组织越狱罪）。证明上述客观要件事实的证据包括：报案人陈述，罪犯脱逃情况报告，受理案件登记表，立案报告，罪犯脱逃当日定时点名、押犯人数等台账，追捕材料（通缉令、协查通报等），脱逃现场、逃跑沿途相关场所的勘验、检查笔录及录像；与脱逃事实相关的物品、痕迹提取笔录和录像，鉴定意见；被打伤监管民警或其他阻拦人员人身检查笔录及拍照或录像、伤情鉴定意见；现场值班民警、门卫、看押武警、目击罪犯、同监舍罪犯等知情人员、逃跑沿途目击群众或其他知情人员、脱逃人员亲属（若协助脱逃则属于共犯）等知情人员的证人证言及录音或录像；犯罪嫌疑人讯问笔录及录音或录像；脱逃现场

① 参见高铭暄、马克昌主编：《刑法学》（第8版），北京大学出版社2017年版，第566页。

及沿途等相关场所的视频录像；目击者手机拍摄的相关视频；对脱逃人员身体、可能藏匿脱逃罪犯的场所，以及其他相关场所、物品和人身的搜查笔录及录像；对脱逃罪犯用于脱逃，以及与脱逃行为相关物品的扣押清单（用于脱逃的现金、手机、银行卡、便服、地图、脱逃计划书等）；脱逃罪犯在脱逃前或脱逃后与狱外人员联系的通话清单，短信、微信聊天电子数据；脱逃成功后上网的电子数据；犯罪嫌疑人对脱逃现场及相关现场的辨认笔录及录像；验证脱逃可能性的侦查实验笔录及录像，等等。

（三）证明脱逃主观方面事实的证据

脱逃罪在主观方面表现为直接故意，即以逃避羁押和刑罚的处罚为目的。实践中，只要处于羁押或监管下的罪犯逃离羁押场所，或有意摆脱监管，则可推定为有脱逃的直接故意。因此只要脱逃的客观方面事实得到证明，则犯罪嫌疑人脱逃的主观故意就无须刻意进行证明。但在特殊情况下，需要通过查清行为人脱离监管的动机和目的来证明其是否有脱逃的主观故意。这主要有两种情况：一是罪犯因正当理由暂时离监，未及时归监，或暂时离开监管人员监管。例如，罪犯离监探亲，未及时归监，有脱逃的可能，但如果是确因客观原因（突发疾病、交通事故等）未及时归监，则不属于脱逃。二是在脱逃处于预备或未遂阶段，对是否脱逃还无法判断时，就需要查明行为人实施相关行为的动机和目的，才能确定是否具有脱逃的故意。例如，罪犯未经报告，离开监舍进入警戒隔离带，但还未离开监狱，该犯具有脱逃的可能，在其动机查明前，无法认定其是否构成脱逃罪。又如，罪犯破坏监管设施，可能是为脱逃排除障碍，也可能是为了发泄对监管的不满。如果是前者，则属于脱逃的预备行为，而后者则视情节轻重属于破坏监管秩序罪或破坏监管秩序的违纪行为。此时，只有查清罪犯破坏行为的动机和目的才能判断其是否涉嫌脱逃罪。要查清行为的动机和目的，不能仅凭行为人的陈述，而要通过其他证据审查其陈述的真实性，并结合行为特点、现场条件等进行综合的分析判断。例如，行为人离开监舍进入警戒隔离带谎称要去监狱医院看病，但又无法说出具体的病情。在此类情况下，狱侦人员在讯问时应尽量取得犯罪嫌疑人对行为动机和目的的如实供述，同时结合证人证言，现场勘验笔录、监控视频、日常改造思想动态和表现材料、脱逃前科材料等证据证明犯罪嫌疑人是否有脱逃的主观故意。

对脱逃犯罪事实证明需要注意以下问题：一是关于此罪与彼罪的证明。当罪犯以暴力方式脱逃时，被伤害的监管人员或其他阻止人员的伤情程度关系脱逃人构成脱逃罪还是故意伤害罪。因此，要通过及时委托鉴定获取鉴定意见来证明被伤害人的伤情程度。二是关于脱逃既遂与未遂的证明。行为人脱离看守人员的监视控制为脱逃罪既遂。因此，要通过监管民警或其他人员发现罪犯脱逃的时间、追逃和抓捕的过程、被抓获时所处的地点等来证明行为人是否脱离了看守人员的监视控制，即是否达到了脱逃的既遂。三是对量刑事实的证明。狱侦人员不仅要收集影响脱逃人定罪的证据，还要注意收集影响脱逃人量刑的证据。例如，行为人是否有自首情节、被抓捕时是否反抗、被捕后的悔罪表现、是否具有协助抓获同案犯等立功情节、日常的改造表现、违法犯罪前科、是否属于死缓考验期间，等等。此外，如果罪犯脱逃过程中实施了其他违法犯罪行为（如抢劫、盗窃等），监狱在侦查脱逃案件过程中要注意同时收集相关证据材料，根据管辖原则来侦破或协助公安机关侦破案件。

案例辅读

罪犯黄某趁监狱民警在操场上打篮球之机，溜出三大队监区大门，穿过三大队与四大队监区之间的隔离门，经监狱民警通道进入三大队管教办公室后，走进监狱民警休息室，看到室内床铺的铁架上有两套警服，就脱下囚服扔到床铺下，穿上监狱民警谢某的警服，佩戴上监狱民警谢某的上岗证，混过四、五大队的电动门、监狱二道门、一道门后，逃出监狱。为逃避公安机关的追捕，黄某流窜至福建、广东、浙江等地。2009 年 9 月 5 日，黄某在某镇文化街的“东方网吧”被公安机关抓获归案。该案中，侦查机关收集的证据包括：黄某的供述与辩解、证人陈某某、林某、郑某某、邱某某、黄某某等人的证言、辨认笔录、提取笔录及照片、现场照片、脱逃线路图、刑事判决书、执行通知书、罪犯入监登记表、抓获经过等证据证实，足以认定黄某脱逃犯罪成立。①

四、脱逃案件的取证思路和方法

在当前的监管环境和条件下，脱逃案件以有预谋的为主。脱逃案件大多暴露较快，利于查清事实。实践中，追逃情况紧急，可能会忽略证据的收集和固定，甚至会因追捕而破坏脱逃遗留下的痕迹物证。此外，脱逃既遂案件涉及的时间较长、空间和人员范围较广，增加了取证的难度。为了提高脱逃案件的侦查取证效能，监狱民警在强化防脱意识和提升处置脱逃事件能力的同时，要强化证据意识和提高取证能力，将侦查取证作为监狱脱逃应急处置预案的有机部分。具体而言，脱逃案件取证的思路和方法如下。

（一）勘验现场和相关场所

当发现罪犯脱逃后，要尽快查清其逃跑的方式、方向及路线，在组织追逃的同时，按分工及时勘验相关现场。有的案件有比较明显的脱逃现场，现场会留下

① 参见黄某脱逃案刑事判决书，福建省莆田市涵江区人民法院（2010）涵刑初字第 4 号。

攀爬、蹬踏、撬砸等相关的痕迹，以及破坏工具、攀爬工具等物品。有的案件虽然没有明显的脱逃现场，但在脱逃的沿线或多或少也会留下痕迹物证。例如，足迹、血迹、食物或包装、抛弃的衣物等。狱侦人员要对罪犯脱逃的相关现场进行认真勘验，并注意发现和提取相关的痕迹物证。

（二）询问知情人

罪犯脱逃后，要询问监狱带班民警、在场罪犯等知情人及时了解罪犯脱逃情况，以调整追逃方案，要注意围绕着脱逃人、脱逃时间、地点、方式、方法、过程、结果等问题展开询问。在追逃过程中，询问知情人员，收集关于脱逃人特征、脱逃方向、脱逃路线、脱逃中的行为活动等情况的证言。询问监狱管教民警和同监舍罪犯，收集关于脱逃前的预备行为，日常改造表现等证据。询问脱逃罪犯家属、亲戚、朋友或其他人员，收集罪犯脱逃后的活动情况证据。

（三）搜查和扣押

对脱逃罪犯的床铺、物品进行搜查，发现和提取与脱逃相关的物证、书证；搜查可能隐藏罪犯的场所；对抓捕归案的罪犯进行人身和物品搜查。扣押与案件相关的物品。

（四）提取或调取相关证据

提取监狱视频监控录像中与案件事实相关的视听资料；向罪犯外逃过程中所涉足场所的相关单位或个人调取视听资料；向电信部门或相关个人调取罪犯与他人的通话记录，短信、微信、QQ 聊天记录等实物证据。

（五）组织辨认和侦查实验

组织犯罪嫌疑人对脱逃现场和其他主要涉足场所进行辨认；组织受害人对犯罪嫌疑人进行人身辨认；组织知情人对犯罪嫌疑人照片进行辨认等。在必要时，为了查清案件事实，可对案件中相关行为或现象进行侦查实验。例如，犯罪嫌疑人徒手攀爬高大围墙、从狭窄排污口实施脱逃，现场刚好处于监控盲区时，为验证行为是否能够完成，可进行侦查实验，但要严禁足以造成危险的情况发生。

（六）检查、鉴定

在以暴力方式脱逃的案件中，对受伤人员进行人身检查，制作检查笔录、固定和提取相关痕迹物证。对受伤人员伤情及时委托鉴定；对案件中需要鉴定的痕迹物证及时送检。

（七）讯问并完善证据体系

犯罪嫌疑人被捕后，要围绕着脱逃的动机、目的、时间、地点、方式方法、工具，经过，脱逃途中所作所为，造成的结果等问题展开及时讯问。对多人一起脱逃的，要分别讯问，查清各嫌疑人在脱逃计划制订、实施脱逃过程中的分工和作用，是否存在组织脱逃等情况。在获取犯罪嫌疑人口供后，要审查口供与其他证据是否相互印证、协调一致，然后再视情况进一步收集证据，完善证据体系。

第四节　破坏监管秩序案件证据的收集与保全

破坏监管秩序案件是指罪犯实施《刑法》所规定的破坏监管秩序行为而被监狱立案侦查的案件。理论上讲，罪犯实施的一切违反监规监纪的行为都属于破坏监管秩序的行为，但是依据罪刑法定原则，罪犯只有实施了《刑法》规定的破坏监管秩序的行为才构成破坏监管秩序罪。因此，尽管学界和实践部门普遍认为现行破坏监管秩序罪未能充分反映实践中破坏监管秩序的行为，适用范围过窄，但在法律作出修改前，监狱对破对坏监管秩序行为的刑事立案仍要遵循现行规定的标准。

一、破坏监管秩序罪的犯罪构成

破坏监管秩序罪是指依法被关押的罪犯，故意破坏监管秩序，情节严重的行为。《刑法》第315条规定："依法被关押的罪犯，有下列破坏监管秩序行为之一，情节严重的，处三年以下有期徒刑：（一）殴打监管人员的；（二）组织其他被监管人破坏监管秩序的；（三）聚众闹事，扰乱正常监管秩序的；（四）殴打、体罚或者指使他人殴打、体罚其他被监管人的。"

（一）犯罪主体

破坏监管秩序罪的主体为特殊主体，即年满16周岁，具备刑事责任能力，且被依法关押的罪犯。破坏监管秩序罪的主体要同时满足两个条件：一是身份条件，即被人民法院依法判决有罪的人；二是状态条件，即处于被依法关押的状态。

（二）犯罪主观方面

本罪在主观方面表现为故意，即行为人明知自己的行为是危害监押管理秩序的行为，而故意实施该行为以追求对监管秩序之危害的心理状态。犯罪动机多种多样，一般不会直接影响定罪，但可作为"情节是否严重"的参考因素，因此对定罪有间接影响，当然也会影响量刑。

（三）犯罪客观方面

本罪的客观方面表现为行为人实施了破坏监管秩序，情节严重的行为。客观方面主要有以下几个特征：一是时间特征。破坏监管秩序的行为必须是发生在罪犯被羁押监管期间。二是空间特征。破坏监管秩序的行为必须发生在法定的羁押监管处所，即罪犯处于被监管状态的处所，包括监狱、被押解途中、狱外的其他劳动作业场所等。三是行为特征。破坏监管秩序是该罪行为的本质特征，是对国家有关监狱管理法律、法规、规章制度的公然违反。行为人通过实施组织、聚众闹事以及殴打体罚监管人员和被监管人员的行为，破坏、扰乱监狱机关及其监管人员依法对罪犯进行监禁羁押、强制劳动、教育改造等管理活动的正常进行。行为必须达到情节严重的程度。《刑法》对“情节严重”并没有进行明确的界定，一般是指行为造成的后果严重或影响恶劣。例如，多次殴打监管人员或被监管人员；殴打监管人员或被监管人员在监狱里影响极坏；长期体罚殴打其他被监管人员导致对方不堪忍受而自杀、精神失常；组织被监管人员抗拒改造，拒绝参加劳动、破坏生产工具或机械设备；聚众闹事，导致监管场所秩序严重混乱，致使人员伤亡、罪犯脱逃，等等。[①] 总之，“情节是否严重”要结合破坏监管秩序行为的动机、人数、方式方法、结果、影响等因素综合评价。

（四）犯罪客体

本罪的客体是国家监管机关的监押管理秩序。发生在监狱的破坏监管秩序罪侵犯的客体是监狱的监押管理秩序，是监狱在《监狱法》《监狱服刑人员行为规范》等法律、法规的调节下，形成的监押、管理罪犯的一种正常的社会状态。

二、破坏监管秩序案件的证据体系

（一）证明主体事实的证据

通过罪犯的“三书一表”即人民检察院的起诉书副本、人民法院的判决书、执行通知书、结案登记表，入监登记表等材料来证明行为人是被依法关押的罪犯。

（二）证明主观方面事实的证据

破坏监管秩序罪的主观方面表现为直接故意，即必须具有抗拒改造的犯罪意图。如果行为人实施《刑法》第 315 条所规定的行为，但不是出于抗拒改造的意图，而是出于其他意图的，其行为可能构成其他犯罪而不是破坏监管秩序罪。例如，出于报复而故意殴打监管民警或其他被监管人员，并造成轻伤以上后果的，则涉嫌故意伤害罪而非破坏监管秩序罪。因此，需要结合案发的起因、经过、犯罪嫌疑人的行为方式、改造表现及其与被殴打对象的关系等情况来分析实施《刑法》第 315 条规定行为的真实动机和目的。与此相关的证据有犯罪嫌疑人关于行为动机和目的的供述；关于犯罪嫌疑人实施破坏监管秩序行为的时间、

① 参见王志辉：《论破坏监管秩序罪的几个问题》，载《法学评论》1998 年第 4 期。

地点、方式方法，犯罪后的言行表现等能反映行为动机和目的的证人证言、被害人（被殴打的监管人员或其他服刑人员）陈述、监控录像等证据。

（三）证明客观方面事实的证据

破坏监管秩序罪属于“情节犯”，即行为必须达到“情节严重”的程度，才构成犯罪。因此，对破坏监管秩序罪的客观方面事实的证明，不仅要证明实施了《刑法》第315条所规定的四类破坏监管秩序行为，还要证明实施上述行为的“情节严重”。也就是说，在对破坏监管秩序罪的客观事实进行证明时，除要证明《刑法》第315条规定的破坏行为客观存在，且为犯罪嫌疑人实施的事实外，还要特别证明破坏行为的情节是否严重，包括单次行为所造成的危害后果和影响（如被殴打人的伤情、聚众绝食在服刑人员中所造成的影响等），以及实施行为的次数等。当然，许多证明破坏秩序行为客观存在且为犯罪嫌疑人所为的证据，同时也是证明其行为“情节严重”的证据，如行为的人数、时间、地点、方式方法、殴打对象、结果。由于《刑法》第315条规定了四类破坏行为，行为不同，则具体证据就有所差异，具体分析如下：

1. 殴打监管人员

所谓殴打，是指犯罪嫌疑人对监管人员实施拳打脚踢等轻微的暴力，其意在造成监管人员的肉体痛苦，一般不会造成被殴打者身体组织完整及身体器官功能的破坏。即使造成破坏，也只限于轻伤的范围。如果致人重伤甚至死亡的，则应以故意伤害罪、故意杀人罪等论处。监管人员不仅包括监狱民警，还包括其他依法履行监管职责的警务辅助人员。证明上述事实的证据具体包括：受案登记表、立案报告书；现场勘查笔录及录像；被殴打人身体检查笔录和伤情鉴定报告；现场监控录像、执法记录仪录像；被殴打人关于案件事实的陈述；目击证人关于事发经过的证言；犯罪嫌疑人对犯罪行为的供述；犯罪嫌疑人对打人工具及现场的辨认笔录；被打人员对犯罪嫌疑人的辨认笔录；被害人身份证、警官证等身份证据，等等。

案例辅读

2016年2月16日16时14分，罪犯王某在七监区厂房与罪犯贾某某因琐事发生口角，王某顺手拿起一个空玻璃瓶欲殴打贾某某，被监狱民警彭某某和其他罪犯制止，并将王某推向生产区过道。王某撞到前来进行处置的监狱民警段某某，王某不服从监狱民警的管理，手持玻璃瓶击打段某某头部，致段某某头皮挫裂伤。监狱以破坏监管改造秩序案件立案侦查，获取了物证玻璃瓶照片，书证是第一人民医院门诊诊断书、刑事判决书、刑事裁定书、执行通知书、监狱政治处证明，证人贾某某、彭某某的证言，被害人段某某的陈述，犯罪嫌疑人王某供述、视听资料等证据。[①]

2. 组织其他被监管人破坏监管秩序

所谓组织，是指以公开或秘密的方式授意、指使和策动。《刑法》关于组织其他被监管人破坏监管秩序的行为的规定，是对“组织犯”的“组织”行为进行处罚的规定。组织犯是指为了达到某种犯罪目的将被组织者纠合聚集在一起，策划、分工并指挥实施犯罪行为的人。只要组织犯实施了纠合、策划和指挥其他被监管人员破坏监管秩序的行为就构成本罪。至于组织者本身是否实施破坏行为的实行行为，以及被组织者是否实施了破坏行为，则不影响本罪成立。[②] 被组织者实施的破坏行为不仅包括《刑法》第315条所列行为，还包括《监狱法》第58条所列的其他违纪行为，诸如拒不参加劳动或者消极怠工，以自伤自残方式逃避劳动，故意违反操作规程或者有意破坏生产工具等。

对以组织方式破坏监管秩序的犯罪行为的证明，重点要证明犯罪嫌疑人基于破坏监管秩序的主观意识，实施了“组织”的行为，具体包括组织时间、地点、方式方法、具体内容等。尽管被组织者是否按组织者的意图实施了具体的破坏行为，并不影响组织者的行为构成犯罪，但可以作为“情节是否严重”的考量因素。具体而言，组织其他被监管人破坏监管秩序客观方面事实的证据包括：被组织者的陈述；组织者（犯罪嫌疑人）的供述；其他知情人的陈述；能证明组织行为的视听资料、书证（授意、指使、策动的字条等）等。不难发现，大多数情况下，此类案件的证据基本为言词证据，实物证据较少。[③] 言词证据具有虚假风险性高和不稳定性强的特点。一旦组织者和被组织者不如实供述或陈述，或翻供、翻证，就难以形成完整的证据链。这也是监狱难以打击此类破坏监管秩序行为的重要原因。因此，除要尽量收集与案件事实相关的视听资料、书证等实物证据外，规范讯问和询问程序，讲究讯问策略，同步录音录像也十分关键。具体来说，规范讯问和询问程序，并同时录音录像，能有效防止组织者和被组织者翻供、翻证。讲究讯问策略，如根据讯问和询问对象、具体案件情况选准突破口，促使其如实供述，对授意、指使、策动等组织行为发生的具体时间、地点、方式、内容，在场人员等问清问细，并全面记录。注意审查组织者与被组织者陈述内容是否一致，如果不一致或存在较大差异，要补充讯问和询问，直到言词证据之间相互印证为止。

---

① 参见王某犯破坏监管秩序罪案一审刑事判决书，黑龙江省五大连池市人民法院（2016）黑1182刑初28号。

② 参见王志辉：《论破坏监管秩序罪的几个问题》，载《法学评论》1998年第4期。

③ 组织者大多以语言的方式来授意，指使或策动被组织者。

3. 聚众闹事，扰乱正常监管秩序

所谓聚众闹事指聚集、纠合多名被监管人员哄闹、制造事端，如围攻监管人员、绝食、罢工、要挟监狱民警等。对于聚众闹事扰乱正常监管秩序的，《刑法》只处罚煽动聚众闹事的聚众者和积极参加的骨干分子，对一般参与闹事的人员不以共同犯罪论处，不追究刑事责任，只是由监狱机关进行行政处罚。[①] 对此类破坏监管秩序行为，要重点证明聚众者实施了聚集、纠合行为（如语言煽动）；聚集、纠合产生了实际效果，即实际发生了绝食、罢工、围攻监管人员等闹事行为。相关证据有：监狱民警和未参与闹事的罪犯的证言；聚众者和积极参加的骨干分子的供述；其他一般参与人员的证言；闹事现场视频录像、执法记录仪录像；现场管理日志；监狱值班民警向上级的报告记录；被破坏现场的勘验笔录或拍照录像；破坏行为产生的痕迹物证（如被摔坏的餐具、生产工具等）；犯罪嫌疑人对闹事现场的辨认笔录；监狱民警和目击罪犯、一般参与人员对聚众者和骨干分子的辨认笔录等。

4. 殴打体罚或者指使他人殴打体罚其他被监管人的行为

以此种方式破坏监管秩序的犯罪嫌疑人，具体犯罪行为分为两种情况：一是亲自殴打或体罚其他被监管人员；二是指使他人殴打或体罚其他被监管人员。对第一种情况，要证明犯罪嫌疑人实施了殴打、体罚行为。相关证据包括：能证明“殴打或体罚的时间、地点、方式方法、对象、结果等事实”的被殴打人员和其他知情人员的证言；犯罪嫌疑人供述；现场监控录像；殴打工具、伤痕等痕迹物证；被殴打、体罚人的身体检查笔录、伤情鉴定意见；被殴打、体罚人对犯罪嫌疑人的辨认笔录等；被殴打、体罚人的身份证据。第二种情况，相关证据分为两个层次：第一个层次是犯罪嫌疑人指使他人的事实；第二个层次是被指使者实施殴打体罚其他被监管人员的事实。其中第二个层次的证据同第一种情况的证据一致。第一个层次，即“犯罪嫌疑人指使他人的事实”是证明的重点。相关证据包括，能证明“指使时间、地点、方式方法、内容等事实”的下列材料：犯罪嫌疑人（指使者）的供述；被指使者的陈述；视听资料（指使现场的监控录像）；被殴打、体罚人员及其他知情人员的证言等。对“指使”行为的证明与对“组织”行为的证明具有一定的相似性，即言词证据多，而实物证据少。因而同样需要加强询问和讯问的规范性，讲究讯问和询问的策略，及时固定证言和口供中的细节，注意证据间的相互印证等。

---

① 参见王志辉：《论破坏监管秩序罪的几个问题》，载《法学评论》1998 年第 4 期。

案例辅读

2018年6月13日7时58分许，在某监狱二号监舍楼8号监舍内，罪犯孙某因琐事与贾某发生争执，孙某用拳击打贾某头面部，致贾某受伤。经市人民检察院司法鉴定中心法医学人体损伤程度鉴定：贾某被打伤颌面部，造成双侧鼻骨骨折，左侧鼻骨呈粉碎性，损伤程度为轻伤二级。贾某右上中切牙约1/5缺损，损伤程度为轻微伤。另查实，案发后罪犯孙某如实供述犯罪事实，且向蚌埠监狱医院支付被害人贾某治疗费用1736.8元。上述事实，被告人孙某在开庭审理过程中亦无异议，并有现场及伤情照片、现场平面示意图、病历、收据、刑事判决书及裁定书、执行通知书、罪犯入监登记表，证人徐某、冯某、赵某、马某、李某2、彭某的证言，被害人贾某的陈述，法医学人体损伤程度鉴定书，现场勘查笔录，现场监控视频等证据证实，足以认定。[①]

（四）证明量刑事实的证据

对破坏监管秩序罪量刑有影响的事实主要有：犯罪情节，犯罪嫌疑人在犯罪中所起的作用[②]、违法犯罪经历、一贯改造表现、认罪悔罪态度等。证明犯罪情节的证据大多是证明犯罪客观方面事实的证据。证明犯罪嫌疑人违法犯罪经历、一贯改造表现、认罪悔罪态度、赔偿被害人情况等事实的证据主要包括：罪犯“三书一表”；罪犯在改造期间的奖惩材料；监管民警和同监舍或监区罪犯的证言；能反映认罪悔罪态度的讯问笔录等。

三、破坏监管改造秩序案件的取证思路和方法

（一）仔细勘查现场，搜集物证

破坏监管秩序案件一般有原始的破坏现场，但由于犯罪的手段不同，案件的发现方式不同，有的现场比较隐蔽，有的发案现场不止一处，且多为变动现场。现场勘查的重点是：其一，现场痕迹。室内殴打现场，往往可见器物家具被冲撞移位的痕迹，有些物体翻倒，有些物品散落，上面有破损现象，留有血迹、打击痕迹等。室外现场可见地面有被踩踏的不规则脚印，有时还能发现膝、肘关节形成的凹陷痕迹，动态血迹等。其二，凶器及遗留物。在罪犯使用工具伤害他人时，现场往往遗留棍棒、石块、铁器、工具等物品，也可能遗留厮打过程中掉落的纽扣、手套和罪犯个人随身携带的物品。对于破坏监管改造秩序的中心现场要

---

① 参见安徽省蚌埠市龙子湖区人民法院（2019）皖0302刑初38号刑事判决书。

② 在组织他人破坏监管秩序和聚众闹事，以扰乱监管秩序的案件中，行为人在犯罪过程中的地位和作用既是定罪事实，也是量刑事实。

反复勘查，认真记录、拍照，对细微的破坏痕迹，要仔细发现和提取。在实地勘验时应会同相关方面的专家或专业人员共同进行。①

（二）全面调查询问，固定证人证言

罪犯在监狱服刑期间实施破坏监管改造秩序的行为，通常发生在监舍或生产区，现场周围有大量的目击者，这些目击者可以证实罪犯实施了犯罪行为。在罪犯殴打监管人员和其他罪犯的案件中，被害人是证据的重要来源之一。破坏监管改造秩序案件发生后，狱侦人员应及时组织调查询问，对目击者、被害人、和其他知情人进行询问，重点查明罪犯破坏监管改造秩序行为的时间、地点、动机、过程、方式、后果等案件情况。为了高效取证，在询问前，侦查人员要明确询问的目的，以及要重点了解的问题。要遵循个别询问的要求。要尽可能穷尽一切对知悉案情的证人、被害人进行调查，将众多的证词作比对，去伪存真，使判断更加接近事实。

（三）查看监控，提取视频监控资料

对于罪犯在监狱内实施的破坏监管改造秩序行为来讲，视频监控资料可以形象生动、准确可靠地再现案发前的情况、案件发生原因、案件发展过程、案件结果和犯罪过程等关键细节，甚至可以清晰地提供罪犯的相貌，这样就可以还原事实真相、查明犯罪事实。

狱侦人员在搜集破坏监管秩序案件的视频监控资料时，可以通过拷贝、下载和采集进行，并应当详细记录案由、监控对象、监控内容、监控探头的安装位置、监控的范围、传输方式，还要记录当时的值班人员、监控室的管理人员的身份和联系方式，视频提取的时间、地点和条件，以及制作方法（规格、类别、应用长度、文件格式及长度等）。对于有多个视频监控探头采集的图像，需要绘制视频监控探头的分布图，并进行文字说明。对视频监控图像画面上显示的日期和时间，如果时间有误差，要进行校正。时间校正要记录原来的时间，也要记录校正后的时间，校正的时间必须要有记录人和证人的签名。提取视频的侦查人员要在视频监控图像收集表上签名，同时，还要有见证人员的签名。②

（四）委托鉴定，收集鉴定意见

破坏监管改造秩序案件发生后，特别是殴打监管人员、殴打被监管人员的暴力行为会导致人员受伤。在侦查过程中，被害人的伤情程度认定是案件处理的关键环节和依据。在鉴定中着重弄清以下问题：伤痕的性状、受伤的时间、致伤工具、伤口附着物的属性、来自何处等。监狱应委托法医对被害人进行伤情鉴定，

---

① 参见孙延庆主编：《狱内侦查学》（第 2 版），法律出版社 2020 年版，第 325 页。

② 参见程勇：《论视频监控图像证据的证明力》，载《湖北警官学院学报》2017 年第 4 期。

做出伤情鉴定（意见）法律文书。另外，在现场勘查和调查摸底中，发现、提取的破坏痕迹、物证和有关的工艺技术资料等，要及时地送请有关的技术部门进行鉴定，有的要组织辨认，以获得具有法律效力的证据。

（五）讯问犯罪嫌疑人，固定口供

口供是证明破坏监管秩序犯罪事实的重要证据，尤其是在以“组织、聚众”的方式破坏监管秩序的案件中，犯罪嫌疑人的供述是证明犯罪事实的关键证据。因此，在侦查中，应重视和加强对犯罪嫌疑的讯问。一是要依法讯问，保证讯问程序和方法的合法性。二是要讲究讯问的策略和方法。灵活使用证据、利用共犯矛盾等促使犯罪嫌疑人如实供述。三是规范制作讯问笔录和讯问录音录像，全面有效地固定口供。

（六）注重行刑衔接和证据转化

破坏监管秩序罪属于情节犯，即行为人实施法律规定的四种破坏监管秩序的行为，必须情节严重，才可能被追究刑事责任。法律并没有对“情节严重”作出明确的界定，而实践中主要包括两种情况：一是单次实施情节较重的破坏监管秩序的行为；二是单次实施的破坏监管秩序行为情节较轻，但因行为次数较多而达到情节严重。对于第一种情况，狱侦部门可直接立案侦查，收集犯罪证据，追诉率较高；而对于第二种情况，因单次行为情节较轻，达不到刑事立案标准，监狱只能对行为人处以警告、记过、关禁闭、扣考核分等行政处罚。对于部分主观恶性深，抗改意志强的服刑人员，上述处罚措施的惩戒作用十分有限。行为人往往因此更加恣意妄为，屡教屡犯。更有甚者，故意钻法律的空子，“大错不犯，小错不断”，在服刑人员中造成了极为恶劣的影响，严重破坏了正常的监管改造秩序。要以破坏监管秩序罪追究此类行为人的刑事责任，则必须证明其多次实施破坏监管秩序行为的事实，已具备“情节严重”的条件。倘若按照一般刑事案件的侦查取证程序，当狱侦部门刑事立案后，才着手收集行为人以往多次实施破坏监管秩序行为的事实证据，因时过境迁，大多已无可能。由于缺乏证据，此类案件难以达到移送起诉条件，往往不了了之，监狱也因此对行为人感到束手无策。倘若能将监狱日常调查处理服刑人员多次实施情节较轻的破坏监管秩序行为过程中所收集的证据材料，即行政处罚证据作为刑事追诉证据使用，实现行政处罚与刑事追诉的有效衔接，则不仅可以解决此类案件事后取证不能的难题，提高追诉率，还能节约取证资源，提高办案效率，大大增强打击破坏监管秩序行为的力度。

《刑事诉讼法》第54条第2款规定，行政机关在行政执法和查办案件过程中收集的物证、书证、视听资料、电子数据等证据材料，在刑事诉讼中可作为证据使用。这为破坏监管秩序案件中行政证据作为刑事诉讼证据提供了法律依据。监狱既是执行刑罚的行政机关，也具有狱内刑事案件侦查权。这为行刑证据的衔接使用提供了实际操作上的便利。

为了更好地实现行刑证据的衔接以提高打击破坏监管秩序行为的力度，监管民警需要强化证据意识，对“大错不犯、小错不断”的抗改顽固分子所实施的违规违纪行为，加强证据的收集和固定，尤其是对物证、书证、视听资料等实物证据的收集和固定。同时注意规范取证程序和方法，确保证据具有真实性、关联性和合法性。监管民警与狱侦民警要加强交流和合作，适时整理和完善证据材料，待条件成熟时，狱侦部门应及时立案，追究多次破坏监管秩序行为人的刑事责任。

第六章

监狱执法证据保全的支持体系

第一节　监狱执法证据保全中心

监狱应该设立执法证据保全中心（室）。2021年贵州省监狱管理局凯里监狱等6家单位的证据保全室建成。[①] 对于证据保全中心的空间大小，山东海旭物联网有限公司研制的“执法证据保全系统”（产品编号：2019428105626）中要求面积应不低于$20m^2$。[②] G省监狱管理局《物证保全室建设规范（试行）》中要求：“拥有独立用房，使用面积不低于$30m^2$。”实践中，贵州省兴义监狱在监狱部7楼建设执法证据保全中心一间，面积为$41m^2$；[③] 北斗山监狱执法证据保全中心面积为$41m^2$；甘肃省天水监狱专门腾出一间$30m^2$的业务用房作为证据保全中心；[④] 调研得知，甘肃省白银监狱执法证据保全中心面积在$80m^2$以上。由此可以看出，监狱执法证据保全中心的面积目前只有最低要求，各单位在设置时，因地制宜，根据实际工作需要选择确定其位置、结构和具体面积。

---

① 参见《回顾·2021‖发挥预测预警预防功能　助力监狱持续安全稳定》，载微博网2021年1月29日，https：//weibo. com/ttarticle/p/show？id＝2309404730991213412847。

② 参见《山东海旭物联网有限公司执法证据保全系统》，载山东海旭物联网有限公司，http：//www. 1stiot. com/products/146. html。

③ 《贵州省兴义监狱执法证据保全中心标准审讯室建设工程招标公告》，载贵州省监狱管理局网2018年10月31日，http：//jyglj. guizhou. gov. cn/xy/gzdt/tzgg/201811/t20181108 _ 25647574. htm。

④ 参见龚利芳、贠小斌：《天水监狱建立证据保全中心》，载法治甘肃网2017年10月19日，https：//www. gsfzb. com/content－194－36353－1. html。

一、监狱执法证据保全中心的建设任务

（一）建成标准化的执法证据保管室

牢固树立证据保全意识，建成标准化的证据保管室，实现科学合理分区，配备监狱执法证据保全系统软硬件设备，符合防火、防盗、防潮（霉变）、防虫、防尘、排风、消毒等安全要求，同时配备必要的冷藏、除湿、计量和包装存储等设备。

（二）明确证据保全主体

根据当前监狱执法证据保全工作的实际情况，监狱应配备专职人员负责此项工作，具体承担监区、各业务科室在执法过程中获取的各类证据的接收、登记、归档、使用、保管、移交、销毁等管理工作职责，做到保管与办案分离，确保问责有人。

（三）建立健全证据保全规范和制度

监狱按照规范执法的要求，结合办案工作实际，建立健全证据保全工作规范和制度，并采取切实有效的监督措施，确保各项规范和制度落到实处，实现证据来源清晰、去向明确，不丢失、不损坏、不污染、不变质。

（四）实现证据保全的信息化

要开发或引进监狱执法证据保全系统，把证据保全工作与物联网技术结合，实现全流程管理与追溯，确保证据在采集、检验、保管、移交、销毁等环节可控，并能有效追溯，做到证据“来源清晰、去向明了、保管位置即时查询”。将大数据、人工智能与执法证据保全系统融合，实现对监狱可能面临的罪犯违规违纪、罪犯违法犯罪行为的实时预警。将区块链 + 与执法证据保全系统融合，确保监狱执法证据的安全性、可靠性。

二、监狱执法证据保全中心的基本要求

监狱执法证据保全中心工作的开展，应该选择标准化的道路。有国家标准的依照国家标准进行，没有国家标准的依照行业标准开展。强制性标准或标准中的强制性条款必须要做到。在监狱执法证据保全中心（室）建设中需要遵循的标准具体包括：GA/T 55 - 2011《物证通用标签》，GA/T 966 - 2011《物证的封装要求》，YDB 059 - 2011《下一代网络（NGN）中基于标签识别的应用和业务需求》，GB 50016 - 2014《建筑设计防火规范》，JGJ/T 16 - 2008《民用建筑电气设计规范》，GB 50222 - 2017《建筑内部装修设计防火规范》，GB/T 18883 - 2002《室内空气质量标准》，GB/T 18220 - 2012《信息技术　手持式信息处理设备通用规范》，GB/T 12060. 3 - 2011《声系统设备　第 3 部分：声频放大器测量

方法》，SJ/T 10406－2016《声频功率放大器通用规范》，GA/T 326－2001《刑事案件声像档案资料保存要求与方法》，GA/T 1197－2014《法庭科学人体损伤检验照相规范》，GA/T 1198－2014《法庭科学尸体检验照相规范》，GA/T 1585－2019《法庭科学　尸体检验摄像技术规范》，GA/T 1200－2014《法庭科学物证照相配光检验方法》，GA/T 1436－2017《法庭科学刑事案件现场图示符号规范》，GA/T 1509－2018《法庭科学现场制图规范》，GA/T 1478－2018《法庭科学网站数据获取技术规范》，GA/T 1554－2019《法庭科学　电子物证检验材料保存技术规范》，GB/T 18894－2016《电子文件归档与电子档案管理规范》，GB/T 33189－2016《电子文件管理装备规范》。

（一）证据保全设备条件达标

根据业务需要，监狱应为执法证据保全的各环节和具体参与人员配备证据搜集、固定、存储和保管所需要的各种设备。设备可以分为取证类、存证类和保证类。

1. 前端取证设备质量要过关

（1）视频监控设备。为确保影像质量，监狱需要将模拟信号的监控镜头更换为数字信号的，并根据取证的需要检查调整监控镜头的位置和角度。

（2）会见监听设备。监狱民警开展会见监听、电话监听工作所需要的录音和监听设备。

（3）现场取证设备。监狱民警现场取证设备由两大部分组成：第一部分是监狱一线民警必备的执法记录仪；第二部分是专用的现场取证设备。具体包括现场勘查箱、多波段光源、宽幅足迹勘查箱、紫外勘查系统、现场勘查灯、台式13波段光源、具有微距功能的数码照相设备、录音笔等。

（4）证据转化设备。负责证据数据转化的科室需要配备信息采集台、高清扫描仪、高清翻拍仪等。

2. 存证区及设备要符合要求

（1）存储空间和存储能力的要求。根据证据存放的数量需要，既可以建设多个证据保管室，也可以建设一个大的证据保管室划分为不同区域。证据保存应遵循“分类存放，防止交叉污染，确保安全”的原则。证据保管室（区）面积除满足近2年储存能力外，应预留出年物证存储量2倍的备用存储空间。

（2）房间中物证保管柜的配置。物证保管柜有常规物证柜、物证暂存柜、生物物证柜、毒品毒物物证柜、电子防磁物证柜、枪弹物证柜、危爆物品物证柜、异形物证柜、档案柜等多种类型。监狱应根据工作需要，划分区间分类配置，应与存放的物证种类、性状和要求相适应。

①常规物证智能密集柜。该柜用于一般性的常规物证存放，为金属柜体，内

部隔断可调，配有相应的物证存放箱方便存放管理和防止交叉污染。监狱执法证据保全系统可远程控制密集柜的开/合、通风等操作，方便管理人员取拿物证。

②常规物证智能暂存柜。该柜为金属柜体，门数可根据需求选择8/10/12/16门等。

③生物物证保管柜。主要为冰箱或冰柜，提供5℃～40℃的保存环境。

④毒物物证保管柜。该柜为金属柜体，设置有安全锁或密码锁，提供保管的必要设置和环境。

⑤电子防磁物证保管柜。该柜为金属柜体，有必备的防磁设计，提供符合标准的磁介质物证。

⑥一体化受理工作台。物证受理区应设置一体化管理工作台，金属或木质结构，工作台应在明显位置放置“监狱证据”相关标识。

（二）确保存储服务器满足要求

监狱成千上万的监控镜头和监狱民警手中打开的执法记录仪都在时刻生产数据，根据证据保全的要求需要将一些重要的文字证据扫描成PDF格式、实物证据拍成照片予以保全。监狱证据存储的能力是需要解决的基础问题，建议在指挥中心机房，配备由光纤交换机、大容量硬盘等硬件设备组建的存储服务器和备用服务器，确保停电或机器故障时证据的完整性和安全性。对于存储服务器的容量设置可以参照《规范执法程序　强化证据保全——吉林省监狱执法证据保全工作探索与实践》一文中提出的标准：“按每名罪犯存储电子数据500M，每年收押400名罪犯计算，服务器所保存证据信息可存储30年。”①

（三）做好证据备份存储工作

“安全重于泰山”，给证据库带来安全威胁的既可能是不法攻击、人为破坏，也可能是机器损坏、自然灾害，且时间、地点、方式不定。为确保监狱执法证据在关键时刻能派上用场，建议“在距离监狱指挥中心100米外的武警办公楼内，设置同样容量硬盘的备份一体机，经光纤交换机进行实时备份存储”②，也可以把备份存储的设备放置在监狱办公楼负一层或负二层的隐蔽处。

三、监狱执法证据保全中心的分区建议

监狱执法证据保全中心的核心功能之一就是证据保管。保管的第一步是存放

---

① 郭琦琳、张志胜：《规范执法程序　强化证据保全——吉林省监狱执法证据保全工作探索与实践》，载《刑罚执行》2017年第3期。

② 郭琦琳、张志胜：《规范执法程序　强化证据保全——吉林省监狱执法证据保全工作探索与实践》，载《刑罚执行》2017年第3期。

或存储。监狱执法证据要“分区保管”。监狱执法证据保全中心应参照档案库房建设要求进行设计和布置，结合具体工作需要可以分为六大功能区，分别是进出库管理区（兼证据暂存区）、贵重物品保管区、实物证据保管区、文件证据存放区、数字类证据放置区和保密材料存放区。各区的分布建议如图 6－1－1 所示。在证据保管区需要配备防潮、防霉、防鼠、防窃、防火、防辐射等设施设备。

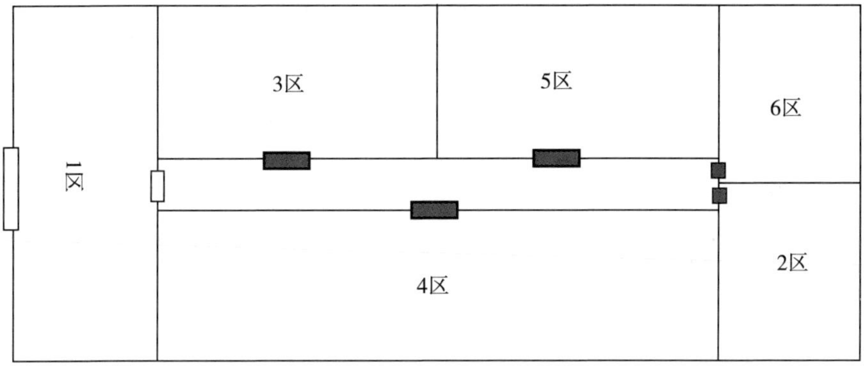

图 6－1－1　监狱执法证据保全中心各功能区分布建议

1 区：进出库管理区（证据暂存区），该区域是证据保全中心的核心工作区。其可以根据需要划分为受理区和查询区。G 省监狱管理局《物证保全室建设规范（试行）》中要求：“物证受理区域不小于 5㎡。”进出库管理区主要用于办理证据进、出库的交接手续，存录电子数据类证据和实物证据转化的数字证据。该区域应配备工作电脑、打印机、复印机、扫描仪、高拍仪、照相机、录像机、光盘刻录机、移动硬盘、档案消毒机、档案装订设备、碎纸机等设备。在此区域要完成执法证据基础信息登记，包含电子标签分配、打印、拍照、密封，二次包装，以及存放位置分配等。

进出库管理区同时兼具证据暂存功能。暂存的实物证据有以下几种情况：其一，需要进一步检验鉴定的痕迹物证；其二，容易腐败变质需要低温保存的物证；其三，需要定期销毁的物品；其四，涉及国家秘密等待按规定移交的物证。

2 区：贵重物品保管区，主要用于存放罪犯入监或服刑期间转来的未转交或无法转交其家属的随身财物。贵重物品的保存条件要求较高，需要专人清点，及时上锁。

3 区：实物证据保管区，主要存放不能转化为文字证据或不能完全转化为音、像证据或者需要长期保存的实物证据。该区的物证分为常规物证、易变质物证和危险物证三大类。常规物证如刀具、钥匙、绳索等；易变质物证包括生物物证、食物药物等；危险物证包括易燃物、爆炸物、剧毒化学品等。对于不同类别的实物证据需要按规定分开存放。

4 区：文件证据存放区，文件证据的存放分类有多种方式，可以依照案件或者人员分类编号，做好的文件证据类案卷需要分类存放的档案盒和文件柜。

5 区：数字类证据放置区，该区存放电子数据和转化为数据的文字或图像类证据，数字证据需要合理的分类编码存储，以便于快速检索。数字证据存储还需要相应的存储设备，且需按要求做好数据备份工作。

6 区：保密材料存放区，该区需要配备密码文件柜和密码保险柜。

在 1 区与其他区之间应使用隔断隔离，加装隔断门，保证证据存储环境相对独立。

第二节　监狱执法证据保全专业平台

监狱执法证据保全系统是按照“分类别、分场所、分区域、分方法、分时限、分目录”的保管要求，使执法证据“件件有登记、个个有着落”进行设计，利用射频技术、感知技术、数据技术等研发技术，集证据追溯、登记、入库、出库、送检、移交、盘点、物证照片采集、保存、查询、统计分析等功能于一体的软硬件相结合的管理系统。该系统主要由智能证据保全软件、RFID 物联网数据采集系统管理服务器、证据射频采集影像软件、证据出入高清影像采集区、高清全方位物证翻拍设备、扫描设备、打印设备、身份识别盘库设备、电子标签等设备组成。该系统可以构建省局、监狱、监区、分监区一体化，证据保全规范化的工作模式，可以提供图形化的物证存放位置和查找功能，可以通过接口与公检法等部门对接并开展工作。

一、监企合作：开发监狱执法证据保全信息平台

（一）监狱为主，与地方企业合作开发阶段

江苏省浦口监狱在 2013 年就与地方信息技术公司合作，开发了国内首个电子证据保全系统。该系统中每名罪犯都有一张电子资料卡片，卡片中包括基本资料、入监档案、入监信息、各类奖惩、已审批相关证据、相关案件、变动轨迹等内容。当时开发的模块有：罪犯就医模块、高危人群模块、重点人头模块、入监人群模块、狱内案件模块、监狱长信箱模块、通信异常模块、笔录管理模块等。

该系统很好地解决了传统纸质和实物证据容易丢失、破损、查找不便等弊端。[①] 2017年郭琦琳、张志胜在《规范执法程序　强化证据保全——吉林省监狱执法证据保全工作探索与实践》一文中提出要"研发吉林省监狱执法证据保全管理系统，建立证据保全网络平台"[②]。同年，江苏省高淳监狱首批证据保全中心被省局命名为标准化证据保全中心。[③] 但实践中，监狱因分散、分批招标采购设备建设执法证据保全平台，前后批次数据升级衔接不通畅；不同公司开发的证据保全数据库"数据兼容性差、共享性差、系统集成难"[④] 等原因，执法证据保全平台与原有的业务科室数据系统对接不畅等问题逐渐显露，监狱执法证据保全平台"只建不用"、功效不能发挥的问题难以解决。

（二）监狱直接购买成品阶段

购买成品是目前监狱执法证据保全中心平台建设的主要形式。如表6-2-1所示，19家监狱单位既有省属监狱又有市属监狱，既有监狱又有监狱管理局，具有一定的代表性。从监狱执法证据保全中心建设的时间来看，采集到的数据中2019—2021年的数量大，占比为78.9%。从执法证据保全中心建设项目的预算价或成交价来看，在16万~80万元变化幅度较大，30万~50万元的占比为63.2%。说明从2019年开始监狱执法证据保全系统购置进入高峰期。从购置的产品的厂家来看，山东海旭产品的监狱适用性较好，笔者从其官方网站上统计显示，山东省女子监狱、鲁中监狱、烟台监狱、潍坊监狱、滕州监狱、鲁中监狱、鲁北监狱、临沂监狱、运河监狱、邹城监狱、聊城监狱、湖南省女子监狱等12家监狱单位都启用了山东海旭物联网有限公司研制的"执法证据保全系统"（产品编号：2019428105626）。该系统具有保管安全无死角、全程智能化管理、远程管理、信息共享和执法证据信息数字化存储等特点。该系统除了实现日常业务科室管理证据同步录入外，还可实现执法证据出入库自动识别记录、执法证据轨迹追溯，上级部门对下级部门数据异地共享，远程查看柜内执法证据存储状态、开关存储设备、控制温湿度等，可以通过手持设备实现快速盘点和巡检。

---

① 卢健民：《在监狱工作中运用电子证据保全系统的探讨》，载《犯罪与改造研究》2013年第9期。

② 郭琦琳、张志胜：《规范执法程序　强化证据保全——吉林省监狱执法证据保全工作探索与实践》，载《刑罚执行》2017年第3期。

③ 参见张晨：《高淳监狱证据保全中心、讯问室首批被省局命名为标准化证据保全中心、讯问室》，载江苏省监狱管理局，http://jsppa.jiangsu.gov.cn/art/2017/11/14/art_48197_6471796.html。

④ 周小凤、吴楚彬、李敏：《智慧监狱背景下监狱执法证据保全的实践与探索》，载《法制与社会》2019年第24期。

表 6－2－1 部分监狱（局）采购执法证据保全系统情况

序号	单位名	项目名称	预算金额（万元）	磋商时间
1	微湖监狱	证据保全中心建设	55.70	2022 年 1 月 6 日
2	山东省第二女子监狱	执法证据保全中心装修改造及设备采购项目	48.93（成交价）	2019 年 9 月 29 日
3	聊城监狱	执法证据保全中心改造升级项目	49.60（成交价）	2019 年 9 月 3 日
4	运河监狱	执法证据保全中心建设项目	49.51（成交价）	2019 年 8 月 13 日
5	湖西监狱	执法证据保全中心设备采购	47.94（成交价）	2019 年 8 月 7 日
6	泰安监狱	执法证据保全中心设备	49.60（成交价）	2019 年 7 月 12 日
7	历山监狱	执法证据保全中心设备采购	45.00	2019 年 6 月 30 日
8	鲁北监狱	执法证据保全中心建设项目	50.00	2019 年 5 月 30 日
9	山东省女子监狱	执法证据保全中心计算机网络集成采购项目	46.00（中标价）	2019 年 2 月 28 日
10	菏泽监狱	执法证据保全系统采购项目	30.00	2018 年 7 月 30 日
11	临沧监狱	执法证据保全中心建设项目	39.99	2020 年 5 月 11 日
12	梅州监狱	证据保全中心证据保全管理系统采购项目	33.70	2021 年 10 月 19 日
13	津市监狱	证据保全中心建设项目	79.58	2021 年 12 月 28 日
14	边城监狱	证据保全系统建设项目	20.00	2021 年 8 月 4 日
15	马鞍山监狱	证据保全与数据备份系统采购项目	/	2020 年 12 月 28 日
16	沈阳造化监狱	购置证据保全系统	16.00	2021 年 10 月 22 日
17	沈阳新入监犯监狱	证据保全系统	16.00	2021 年 4 月 20 日
18	上海市监狱管理局	执法证据保全系统	80.81	2017 年 7 月 3 日
19	十里丰监狱	执法证据保全管理系统	16.90	2015 月 10 月 27 日

（三）对成品的进一步升级改造

“提高和精简证据查阅流程、加快证据流转速度是提高证据使用率的必然要求。”① 实践中发现，由公司开发的监狱执法证据保全系统功能强大、内容丰富，但问题就在于有太多无用的模块和部分，给监狱民警使用时设置了不必要的障碍。对现有监狱执法证据保全系统升级改造的主要任务是精简模块，有用的、常用的与有用的、不常用的分开，无用的直接删除；对于使用过程中发现的执法证据分类问题予以调整，升级改造围绕使用的便利性展开。对于执法证据保全系统的操作方法可以通过视频介绍和 PPT 演示教学等简单易学的方式呈现，便于监狱民警实际操作时对照查阅。

二、政法云：监狱与公、检、法证据数据信息共享

监狱与公安机关、检察院、法院、司法局都保持着密切的工作业务关系。通过现代技术构建一个政法云平台，实现监狱与公检法及司法局工作信息联网和业务协同办理。利用数据技术搭建一个证据数据信息安全共享、具体工作业务无缝对接的功能强大的云平台，“罪犯从入监到减刑假释工作直至刑释后的帮教和安置实现全程网上管理”②，充分发挥监狱执法证据的作用。下面以公安信息系统为例，说明共享的内容和作用。监狱与公安系统信息对接的作用可以分为三个方面：

其一，罪犯入监时，“三书一表”电子版通过系统转交，避免了再度数据化的重复劳动；罪犯在看守所羁押情况信息的对接，便于了解其羁押状态下的表现，为危险性识别提供重要参考。

其二，罪犯身份识别信息的共享。罪犯的指纹、脚印、DNA 等重要的身份信息通过安全接口传递给监狱。对于欠缺的部分由监狱采集后传递给公安入库，实现共建共享的目的。目前监狱使用的“采集指纹、足迹工具为公安部统一指定产品，可实现与公安数据的无损对接功能”③。将罪犯的身份信息，尤其是照片、指纹、脚印、DNA 等信息录入公安网，在后期网上追逃的时候甄别、比对非常便利。

其三，信息共享方便管教民警了解罪犯服刑前在社会上的表现，为制订改造

① 康志文：《我国监狱执法证据收集保全问题研究》，华中师范大学 2019 年硕士学位论文，第 38 页。

② 康志文：《我国监狱执法证据收集保全问题研究》，华中师范大学 2019 年硕士学位论文，第 38 页。

③ 高明：《电子证据保全系统在监狱执法过程中的应用》，载《犯罪与改造研究》2014 年第 12 期。

方案提供依据；公安机关可以根据工作需要，查阅刑满释放人员在监狱服刑时的改造情况，对问题人员针对性地改进管控措施。

三、技术助力：证据平台与监狱各业务自动对接

监狱内部对于执法证据信息“自由”共享，可以避免各部门重复录入，各科室可以及时发现并纠正监区证据录入延迟问题，有效发挥已保全执法证据的作用。

执法证据保全系统平台与狱政管理、狱内侦查、刑罚执行、应急处置、罪犯医疗、会见监听等业务平台进行对接，真正实现“一次录入，全监共享”。录入时只要统一编号就能快速检索使用。在具体使用时，要借力各种先进技术手段。

（一）AI 智能抓取

监狱的研究人员要和技术企业合作开发，实现利用人工智能技术完成各部门证据的自动组合，实现事件证据的智能组卷等功能。

（二）区块链 + 确保安全

监狱执法证据保全大多采用数据形式，因“操作不当、非法访问篡改、木马病毒、硬件故障、突然断电等都可能导致数据被篡改、丢失”[①]，使证据的真实性遭受怀疑。据案例统计显示，在法庭上对电子证据明确作出采信判断的仅占7.2%，对电子证据作出进一步采信决定的仅占68.8%，[②] 主要原因是证据的真实性及关联性无法保证。区块链 + 技术要求“节点掌握全网51%以上的算力时才有可能实现，但要掌控全网51%以上的算力所需的成本远远大于篡改数据后所能获得的收益”[③]。监狱可以利用区块链 + 技术确保执法证据的安全性和可靠性，提升证据的采信率。

（三）大数据深度挖掘

利用大数据技术，“推动证据保全由静态信息留存向动态数据应用升级，打造‘大数据 + 证据保全’模式，提高证据保全的应用价值”[④]。通过数据分析、研判，及时发现监狱潜藏的各类隐患、风险、征兆，提升监狱预测预警能力，助力监管安全。监狱通过将大数据、云计算、物联网、人工智能等技术与具体业务

---

① 樊崇义、李思远：《论电子证据时代的到来》，载《苏州大学学报（哲学社会科学版）》2016年第2期。

② 参见张玉洁：《区块链技术的司法适用、体系难题与证据法革新》，载《东方法学》2019年第3期。

③ 袁勇、王飞跃：《区块链技术发展现状与展望》，载《自动化学报》2016年第4期。

④ 周小凤、吴楚彬、李敏：《智慧监狱背景下监狱执法证据保全的实践与探索》，载《法制与社会》2019年第24期。

工作不断融合，逐步实现安全防控“预警化”、教育改造“精准化”、刑罚执行“协同化”、劳动改造“个性化”，最终实现民警管理的“高效化”。下面是无锡监狱打造的“大数据＋证据保全”新模式的具体内容，供参考。

案例辅读

无锡监狱打造“大数据＋证据保全”新模式①

2018 年，江苏省无锡监狱以自主开发应用的证据信息管理系统为基础，利用大数据技术，推进证据保全信息采集全覆盖、动态数据全共享、智能研判全激活，推动证据保全由静态信息留存向动态数据应用升级，打造“大数据＋证据保全”的证据保全新模式。

一是信息采集全覆盖。推进监区证据采集点、监狱证据制作室和证据保全库等建设，通过执法记录仪采集站、电脑监控视频截图、现场照片拍摄录入、文档资料转换导入等，依托证据信息管理系统，系统数据与案卷归档同步生成，将所有可能灭失或今后难以取得的证据全部网上传输操作，确保证据数据源头高质高量。

二是动态数据全共享。列明证据指引管理操作目录清单，将零星、散落的证据信息整合起来，并对内存数据提供精准筛选、智能匹配服务，实现证据保全与规范执法、安全防控、教育管理的精准对接。

三是智能研判全激活。通过证据保全数据库建设，坚持用数据说话、用数据分析、用数据决策。建立防范执法风险分级预警机制，管理部门可以随时监测到有关事件数据、涉及人头动态信息，有利于及时科学作出分析研判，提升超前防控工作预见性和高效性。

第三节　监狱视频监控系统的智能化

经过近 20 年的推进，监狱信息化水平不断提升。监狱日常工作对数据技术、网络技术、共享技术的依赖越来越强。20 世纪末 21 世纪初我国监狱开始了监控系统的探索与尝试，如浙江金华监狱在 21 世纪初安装了少量的黑白摄像机和简

① 孙克强主编：《长三角年鉴·2019 年》（第 14 卷），河海大学出版社 2020 年版，第 966 页。

单的录像进行监控。[1] 2007 年，江苏省实现了省监狱管理局应急指挥中心与省 17 个监所的 1000 多个监控摄像头远程图像集成联网。[2] 2010 年，全国 68% 的监狱建立了视频监控系统。[3] 2012 年，全国 70% 以上的监狱建立了应急指挥中心、智能报警系统和综合门禁系统，80% 以上的监狱建立了视频监控系统。[4] 2016 年，司法部指挥中心已与各省监狱管理局、监狱互联互通，随时调动、监控、指挥，30 个省（区、市）监狱管理局完成了省级网络联通，直接掌控指挥各监狱，全国 80% 以上的监狱建立了指挥中心、智能报警系统和综合门禁系统，90% 以上的监狱建立了视频监控系统，全国监狱信息网络平台基本建成，监狱信息化水平明显提高。[5] 截至 2019 年年底，全国有 638 所监狱建成信息化办案平台，有 601 所监狱建成狱内法庭，有 422 所监狱能进行远程视频开庭。[6] 如今，监控系统成为监狱执法活动开展的重要组成部分，在维护监管安全与秩序稳定方面的作用不可替代。

一、监狱监控系统现状及问题梳理

视频监控技术的发展与应用水平标志着监狱的安全层级。监狱的视频监控系统发展经历了模拟监控、半数字监控和全数字监控三次迭代升级。第一代：模拟监控系统，又称闭路电视监控系统。实践应用主要在 20 世纪 90 年代初以前，该系统由前端设备和监控中心组成。前端设备包括摄像机、云台、解码器等。监控中心设备包括监视器（电视端）、视频分配器、切换矩阵、控制键盘、录像机等，一般采用模拟方式传输。其缺点是系统组网困难，施工难度大，需要铺设视频、音频、控制等线路，不易扩容，系统功能单一，升级困难，录像资料不易保存和查找，模拟信号传输衰减大，不适于远距离。第二代：半数字监控系统。这是一种基于 PC 机的多媒体主控系统，又称数字化本地视频监控系统。行业应用

---

① 参见管罗滨：《浙江省金华监狱信息化管理研究》，新疆农业大学 2019 硕士学位论文，第 18 页。

② 参见朱晓露：《我省监狱新增监控摄像头 1000 多个》，载搜狐网，http：//news. sohu. com/20070119/n247706049. shtml。

③ 参见崔清新：《我国 68% 监狱建立视频监控系统》，载平安浙江网，https：//zjnews. zjol. com. cn/system/2010/12/21/017180293. shtml。

④ 参见《司法部长：全国 80% 以上监狱建立了视频监控系统》，载中国新闻网，https：//www. chinanews. com. cn/fz/2012/04 – 26/3846542. shtml。

⑤ 参见李豫黔：《中国监狱改革发展 40 周年回顾与思考（上）》，载《犯罪与改造研究》2019 年第 1 期。

⑥ 《全国 638 所监狱建成信息化办案平台》，载最高人民检察院网，https：//www. spp. gov. cn/spp/c107228chdfgmcgge/202006/t20200603_ 464056. shtml，最后访问时间：2022 年 10 月 25 日。

主要在20世纪90年代中期。监控中心由PC机加视频卡构成，监控现场由摄像机、报警探头与数据设备组成。其信号是模拟信号，传输利用局域网。“一般长延时录像机录像的清晰度在240～280电视线左右”[①]，图像质量和画面稳定性较差，传输过程中有压缩损耗等技术方面的问题，不能满足监狱监控的现实需要。例如，吉林省各监狱的视频监控技术在2010年前均为第二代“半数字化”技术阶段，前端应用模拟摄像机，后端应用计算机硬盘存储，不能互联、清晰度差、缺少数据保护措施等。[②] 第三代：全数字监控系统。20世纪90年代末，远程数字视频监控系统将视频监控的强大功能充分释放。它以网络为依托，以数字视频的压缩、传输、存储和播放为核心，以智能实用的图像分析为特色。[③] 例如，吉林省从2017年开始新建的N监狱采用了第三代视频技术，前端应用数码摄像机，后端应用网络存储，画质清晰、网络互连。[④] 2020年12月底，甘肃省监狱系统10所监狱全部建成网络高清监控。[⑤] 全数字监控系统的智能化发展必然成为监狱监控技术革新的主攻方向。

（一）监控设施和环境不能满足工作需要

1. 硬件数量不足

监狱的监控镜头数量不断增加，从最开始在监舍通道安装，到每个监舍安装1个监控镜头，发展到在劳动车间、大门、围墙、岗楼安装，监控镜头数量越来越多。例如，江苏省从2007年全省17家单位安装1000个监控镜头到金华监狱为实现监控全覆盖一家安装了6000多个监控镜头。[⑥] 随着监狱工作标准的不断提升，即便安装了几千个监控镜头的单位，仍然存在监控镜头数量不足的问题。在此，以福建省泉州监狱为例予以说明：根据张达彬的统计数据可以看出，泉州监狱1～8监区监控设备的需求量为53、61、57、67、62、66、54、55；而1～8监区实际安装监控镜头的数量分别为40、46、43、51、47、50、41、42；1～8监区监控镜头的实际安装和需求数量差分别是13、15、14、16、15、16、13、13。“泉州市监狱监控设备实际数量只达到了需求量的76%左右，而且其中高清红外

---

① 张化龙：《浅析现代监狱三级视频监控系统的构建》，载《司法警官学界》2016年第6期。

② 参见王维秩：《吉林省智慧监狱建设研究》，中共吉林省委党校（吉林省行政学院）2020年硕士学位论文，第14页。

③ 参见张化龙：《浅析现代监狱三级视频监控系统的构建》，载《司法警官学界》2016年第6期。

④ 参见王维秩：《吉林省智慧监狱建设研究》，中共吉林省委党校（吉林省行政学院）2020年硕士学位论文，第14页。

⑤ 参见张文伟：《甘肃省监狱系统信息化建设调研报告》，载《中国司法》2021年第3期。

⑥ 参见管罗滨：《浙江省金华监狱信息化管理研究》，新疆农业大学2019年硕士学位论文，第18页。

监控设备数量占比仅为25%”。[①] 监控镜头数量不能满足工作需要的现实问题急需解决。

除了监控镜头的数量外，监控镜头的清晰度、视角和是否可旋转、可追踪等性能直接影响着监视的效果和监控系统后期的迭代升级。吉林省长春北郊监狱课题组研究成果表明：我国监狱近70%的视频监控点仍是前端应用模拟摄像机，后端应用计算机硬盘存储的硬盘刻录机监控，只有不到30%的视频监控点属于前端应用数码摄像机，后端应用网络存储的“网络监控”，而且“监狱系统普遍采用分辨率低于百万像素或720p的标清监控设备”[②]。无法适应视频监控“大联网、大平台”的发展趋势，[③] 亦不能适应监狱进行风险的快速甄别、狱情数据分析、事件预测预警的工作需要。

2. 监控环境不能满足工作要求

监控环境主要指监控室的硬件和软件环境。首先，监狱监控室的设施设备陈旧、落后，计算机基础网络设施较差，造成监控经常性死机、图像模糊、主动控制失灵等问题，引发监控系统崩溃，导致监管漏洞。其次，有的监区计算机配备不足，不能满足视频巡查工作的需要。再次，监控硬件与软件长期缺乏维护，出现老化或故障时，没有及时进行维修和更新，导致系统无法用。[④] 例如，黑龙江省东风监狱视频“监控设备年久失修，经常有各种失灵现象，监控的画面不清，很容易发生错失，监控的力度不高”[⑤]。最后，部分购置的新设备和开发的新系统实用性差、操作复杂，监狱民警不愿意用，造成设备闲置，甚至长期搁置至落后。

（二）数字信号与模拟信号并存，画质不清晰有死角

1. 模拟监控仍然占有较大比重

早在2012年，孙加君在《高清视频监控系统在监狱管理中的应用》一文中指出：监狱安防发展的趋势是图像分辨率由CIF、2CIF提升到D1、720P、1080P和监控点位规模逐步增加，实现无死角、全覆盖应用。[⑥] 近10年，各地监狱模拟镜头的数量占比依然较大，模拟信号的画质模糊，监控死角多，导致监视人员无法快速识别身份，埋下众多隐患，民警巡查负担也很重。例如，青海省东川监

---

① 张达彬：《泉州监狱信息化管理研究》，华侨大学2020年硕士学位论文，第29页。

② 吉林省长春北郊监狱课题组：《法治环境下监狱核心区视频监控系统价值路径的优化与规范》，载《刑罚执行》2017年第3期。

③ 参见邵雷：《中外监狱管理比较研究》，吉林人民出版社2015年版，第298－300页。

④ 参见高翔：《关于监狱监控系统智能化运用的思考》，载《青海监狱》2020年第3期。

⑤ 赵微：《东风监狱信息化建设对策研究》，哈尔滨工业大学2015年硕士学位论文，第23页。

⑥ 参见孙加君：《高清视频监控系统在监狱管理中的应用》，载《中国安防》2012年第5期。

狱2019年成立监控指挥中心，截至2020年3月，该监狱视频监控系统共接入1277路视频监控前端摄像机。其中模拟摄像机894台，[①] 占已接入系统的监控镜头的70%。河北B监狱目前共有3500多路摄像头，其中数字监控仅有1500路，模拟监控占比高达57%。[②] 再如，甘肃省监狱系统中模拟监控1832路，占所有监控总和的11.5%。[③] 上述数据充分显示了一部分监狱中模拟监控镜头将与数字监控镜头并存较长时间的现状，必须予以重视。

2. 监控死角问题难以有效解决

监控死角又称监控盲区，有狭义和广义之分。狭义的监控死角仅指监控器在技术上无法达到的区域，侧重于监控设备技术层面的空间局限性。广义的监控死角是指由于人为因素或时间因素形成的监控盲区，强调监控过程中人和时间的局限性。广义的监控死角由空间死角、时间死角和监控视频与人眼叠加视角共同构成。具体来讲，有如下几种情况：第一种，监控数量不足导致的死角。监舍环境特殊，"普遍采用长纵深、短开间、高屋顶的建筑设计，易形成监控盲区"[④]。有些单位监舍里面只有一个监控镜头，劳动现场监控镜头也不足，导致重点区域监控死角过多，暗藏隐患。比如，凌源第三监狱"10·04"罪犯脱逃事件调查显示，该监狱大部分监舍内的摄像头仅安装了一个，留有较大空间的监控死角。[⑤] 第二种，房中墙遮挡形成监控盲区。监狱为了减轻早晚洗漱高峰罪犯因拥挤引发的矛盾和冲突，将靠近窗户的部分改造成盥洗区，为防止洗漱时水喷溅到床铺，在床铺和洗漱台之间或者洗漱区和淋浴区之间加一个矮墙，这就形成了房中墙。全球头号毒枭古斯曼于2015年7月11日晚从墨西哥联邦高原监狱出逃就利用了淋浴区和卫生区的这道矮墙形成的监控死角。[⑥] 第三种，监控画面间隔时间长，形成时间上的死角。有些单位监控数量庞大、显示屏数量有限，导致同一监控视频两次显示的时间间隔较长，可能错过对重要事件画面的显示。

（三）科技助力意识不足，影响监控功能的发挥

监狱大部分监控只具有监视和视频存储功能，不具备控制功能。目前探索和

---

① 参见高翔：《关于监狱监控系统智能化运用的思考》，载《青海监狱》2020年第3期。

② 参见王冠智：《河北省监狱人民警察职业倦怠研究》，河北大学2021年硕士学位论文，第44页。

③ 参见张文伟：《甘肃省监狱系统信息化建设调研报告》，载《中国司法》2021年第3期。

④ 吉林省长春北郊监狱课题组：《法治环境下监狱核心区视频监控系统价值路径的优化与规范》，载《刑罚执行》2017年第3期。

⑤ 参见段睿超、孙旗：《辽宁凌源越狱事件调查》，载人民政协网，http：//www. rmzxb. com. cn/c/2018-10-17/2192254. shtml。

⑥ 参见《毒枭古斯曼的越狱风云》，载新浪网，http：//news. sina. com. cn/o/2015-07-19/023932122728. shtmlh。

尝试适用的主要是区域报警（见图6－3－1）、聚众报警（见图6－3－2）等，不能进行有效的联动控制。

1. 人工监看导致监狱民警工作量和监管风险不降反增

全国大部分监狱基本完成监控全覆盖的要求，有的还大幅增加了部署数量。监狱有了视频监控，仍然主要靠肉眼观察、人工报警，智能化水平低。但实验结果表明，在盯着视频画面仅20分钟之后，人眼将对视频画面里95%以上的活动信息视而不见。[①] 监狱目前这种主要依靠人工监看视频监控画面的方式，导致视频监控图像数量庞大与值班民警精力有限的矛盾剧增，极易出现异常情况漏看、突发事件得不到及时处理等问题，很可能酿成严重后果。急需研制更多的智能视频监控技术，来缓解盯监控带给监狱民警的压力。

2. 监视与报警、控制联动差，影响处置效果

目前，大多数监狱的视频监控系统相对落后，不同程度的存在图像不清、设备无法正常使用、智能化程度低、巡检方式落后、设备利用率低、系统安全风险较大等问题。“大多数监狱、戒毒所还停留在以监狱民警巡查加摄像机监视报警的阶段”[②]，监控系统的运行中对监狱民警的依赖严重；监控范围严重依赖摄像头数量[③]的问题依然突出；监控与报警不能联动、个别监狱虽能够联动，但“漏报、误报问题突出，且报警响应时间长、效果差问题突出”[④]；监控系统只能监视，不能控制，对AI技术在监狱监控系统中的应用大多停留在探讨和研发阶段；通过视频监控，从发现警情到处警环节过多，人为因素影响较大，导致处突反应的速度无法保证，影响处突效果。

3. 缺乏数据挖掘和分析应用，预警功能不能充分发挥

监狱监控系统与各业务系统数据库的兼容性差、存储器的容量小、网络的传输效果差等问题的普遍存在，影响了数据传输、聚集的速度。加之，监狱细分场景对监控系统的个性化需求与传统安防科技企业缺乏深入研究监狱业务应用的耐心之间的矛盾问题越来越突出。市场上甚至出现对通用产品简单改造包装后替代监狱行业专用产品的做法，严重阻碍了监狱监控系统作用的发挥。虽然部分监狱现有的“视频监控系统能够预警，但由于设计缺陷，预警精准度较差”[⑤]。监狱

---

① 参见孙延庆、任希全、李凯瑞：《论视频监控在监狱安全中的功能期待与实现》，载《犯罪与改造研究》2013年第9期。

② 邓美容：《智能视频监控推动智慧监狱建设迈向“智慧化应用”》，载《中国安防》2021年第Z1期。

③ 参见刘宏涛：《监狱视频监控系统智能化分析及解决方案》，载《价值工程》2016年第5期。

④ 刘宏涛：《监狱视频监控系统智能化分析及解决方案》，载《价值工程》2016年第5期。

⑤ 刘宏涛：《监狱视频监控系统智能化分析及解决方案》，载《价值工程》2016年第5期。

在监控视频数据精准抓取、高效检索、归类分析、深度挖掘、实战应用等方面还有很多课题等待研究。监狱视频监控数据挖掘与分析，数据预警功能的发挥还有很长一段路要走。

图 6－3－1　重点区域报警①

图 6－3－2　聚众检测报警②

二、智能视频监控系统的完善方案

2019 年 1 月，司法部印发了《关于加快推进“智慧监狱”建设的实施意见》。同年 6 月，司法部行业标准《监管场所异常事件视频智能分析系统技术规范》（SF/T 0051－2019）发布，该规范对监管场所的视频智能分析系统的总体架构、总体要求、视频图像采集、异常事件视频智能分析、视频智能分析管理等内容进行了统一的规定③。为监狱视频监控数据的智能化应用做好了铺垫。

① 参见孙加君：《高清视频监控系统在监狱管理中的应用》，载《中国安防》2012 年第 5 期。

② 参见孙加君：《高清视频监控系统在监狱管理中的应用》，载《中国安防》2012 年第 5 期。

③ 邓美容：《智能视频监控推动智慧监狱建设迈向“智慧化应用”》，载《中国安防》2021 年第 Z1 期。

（一）做强监狱网络基础设施

1. 海量数据传输和存储需求

“视频监控数据可以说是目前监狱最大的物联网感知数据生成器。”[①] 监狱的视频监控镜头有模拟监控和数字监控两大类别。数字监控根据分辨率分为标清和高清两大类。每种监控镜头每天录制的数据量不同。监狱一台标清摄像机一天产生 7GB 的数据量。[②] 高清摄像头一天的视频存储空间跟编码方式有关，最少要产生 10GB 的数据量，多的可达 42GB。[③] 在此，为了更为直观地予以说明，以四川省 A 监狱为例，截至 2020 年该单位共“建成了 1 个数据中心、1 个应急指挥中心，5 个分控中心，1400 多个监控点位、全面覆盖高清网络摄像头，140 多个门禁、170 多个报警点位，300 余个对讲和 180 余个广播集成联动全高清安防体系”[④]。监控点、报警点、对讲等都会产生相应的数据。仅 1400 多个高清网络摄像头监控点位，每天就能产生至少 14,000GB 的数据，每个月至少 420,000GB 的数据，每年约 5,110,000GB 的数据。如果汇集到省级单位那数据量就更大了，以甘肃省监狱系统为例，截至 2020 年 12 月底，全省监狱系统共建成监控 15,912 路，其中高清数字监控 14,080 路。[⑤] 仅高清数字监控头每天的数据量为 140,800GB，每年的数据量为 51,392,000GB。东部某省监狱系统共有“数据中心 26 个，服务器 1200 台，计算单元（CPU）3500 路、1.62 万核，数据存储量达 1.1PB、视频云存储 37.5PB”。截至 2018 年年底，该省监狱系统的“元数据 3000 余项，汇聚结构化数据 50TB、半结构化数据 500TB、非结构化数据 30.4PB；全省监狱日均实施采集流程化业务数据 30 余万条、自动汇聚结构化数据 760 余万条”[⑥]。从上述数据可以看出，监狱系统日常产生的包括视频监控数据在内的数据量巨大，而且每天累积，这就要求监狱和监狱管理局的网络传输能力和系统存储能力要有足够的冗余，能满足不断智能化的监狱安防系统的需要。

---

① 祝燕妤：《A 监狱智慧监狱建设存在的问题与对策研究》，四川大学 2021 年硕士学位论文，第 31 页。

② 参见魏润华：《大数据背景下监狱信息化建设面临问题及对策研究》，河南大学 2019 年硕士学位论文，第 11 页。

③ 200 万像素的海康高清摄像头一天的视频存储空间跟编码技术有关，在 smart 265 编码技术下，存储容量约为 10.55G；在 H.265 编码技术下，存储容量为 21G；在 H.264 编码技术下，存储容量大概为 42.19G。

④ 祝燕妤：《A 监狱智慧监狱建设存在的问题与对策研究》，四川大学 2021 年硕士学位论文，第 21 页。

⑤ 参见张文伟：《甘肃省监狱系统信息化建设调研报告》，载《中国司法》2021 年第 3 期。

⑥ 徐华水：《以走在前列的意识扎实推进“智慧监狱”建设》，载《中国司法》2019 年第 3 期。

2. 网络传输能力和速度要在满足需求的前提下体现冗余性

视频监控数据传输的网络可选用的有：有线内网、无线外网、外部互联网和政法系统内网（如图6－3－3所示）。为了监狱数据安全，一般选用有线内网和政法系统内网。监狱的主控电脑采用“全时、多区域”监控，且司法部监狱管理局、省监狱管理局、监狱可能多方同时介入观看特定监控画面。因此，监狱指挥中心的电脑硬件及网络配置应以高峰数据处理能力为标准，① 充分考虑监控系统智能化发展趋势进行增配，体现冗余性。S省政法网分配给S省监狱管理局主干带宽100M，基层各主带宽8M，由于带宽不足，视频监控经常性地无法稳定接入省级总指挥平台。② 这样的传输能力无法满足监狱工作的需要。那么，监狱的网络传输能力定为多少合适？

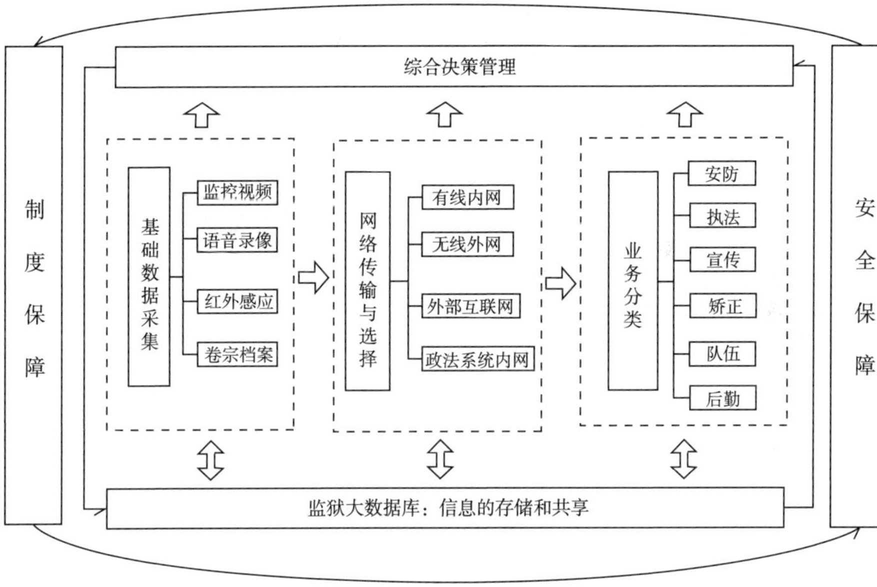

图6－3－3 智慧监狱架构设计③

有学者认为，监狱机关应建立一个可以全覆盖监狱范围内超过1000M（1G）

① 参见吉林省长春北郊监狱课题组：《法治环境下监狱核心区视频监控系统价值路径的优化与规范》，载《刑罚执行》2017年第3期。

② 参见牛凯宇：《S省智慧监狱建设研究》，山西大学2021年硕士学位论文，第19页。

③ 参见何宇：《浙江“智慧监狱”建设问题研究》，浙江工商大学2021年硕士学位论文，第11页。

的快速以太网,[1] 确保监狱的各种数字化网络监控画面能快速传递到各级指挥中心，并与预测预警系统、报警反应系统、决策指挥系统、应急处突系统高效联动。同时，监狱还需要与武警的“磐石系统”互通以便高效处突，与公检法系统进行业务数据共享进行网上办案。山东省微湖监狱湖西矿井早在2007年已建成和应用了1000M主干局域网。[2] 2019年，湖南省对省级智慧监狱建设网络状况的基本要求是：应以局域内网为主，辅以政法专网、政务专网等。网络传输容量至少要达到1G[3]。同年，四川省信息化二期工程全面推进，使主干网络能够到达几万兆。[4] 资料显示：浙江省Q监狱信息化建设时期，已经建成了一套万兆级骨干网络，总运行数达到上百公里。[5] 综上所述，笔者认为：监狱的局域内网运行传输能力至少要达到1G，根据监狱规模、监狱数字监控的数量逐级提升。

（二）与监狱安全工作适配的监控设备

监狱监控系统需要做到数据传送实时性、报警触发多样性、监控方式灵活性和数据信息共享性。尤为重要的是报警规则的设置。以朗驰公司的视频服务器为例，具备多达10级的动态检测灵感度可调，同时对于摄像范围内的图像可以细分280（20×14）格小区域进行动态区域检测,[6] 通过设置异常侦测规则，对人员活动所引起的异常画面，可以自动切换至分控中心或监控中心主屏进行大画面显示。

1. 设备的选用与安装

监狱监控设备由硬件和软件两个部分构成。硬件主要由前端设备和显示设备组成。对于前端的监控镜头主要是根据工作场景的需要选择其性能。

（1）新监控设备依需求选择其性能。监控设备的性能中需要特别予以关注的有分辨率、视场角、可旋转性、跟踪功能等，下面分述之：

其一，分辨率。安防行业借用电视领域的高清划分标准，以百万像素或

---

① 参见冼剑明：《监狱机关数字化网络监控系统的规划》，载《中国管理信息化》2016年第4期。

② 参见刘善坤：《监狱机关数字化网络监控系统的规划与实现》，山东大学2007年硕士学位论文，第5页。

③ 流量计算单位有T/G/MB/KB，流量换算关系为1T = 1024G，1G = 1024MB，1MB = 1024KB，1KB = 1024B，10,000M流量就是10000/1024≈9.77GB。

④ 参见祝燕妤：《A监狱智慧监狱建设存在的问题与对策研究》，四川大学2021年硕士学位论文，第20页。

⑤ 参见何宇：《浙江“智慧监狱”建设问题研究》，浙江工商大学2021年硕士学位论文，第11页。

⑥ 参见于涛：《朗驰欣创：监控技术在监狱系统中的应用》，载中国安防行业网2008年7月2日，http：//news.21csp.com.cn/c15/200807/964.html。

720P为分界线将数字监控镜头的图像清晰度分为标清和高清。高清监控的优势是图像显示更清晰，视频流畅度大幅提高，监狱民警监控的现场感增强。2017年以前，“监狱系统普遍采用分辨率低于百万像素或720P的标清监控设备”[①]。监狱在选择确定监控镜头的分辨率时，可以参考下列数据[②]：清晰度≥480线的标清日夜型半球适用于生活区监舍、卫生间、楼梯间、仓库、民警值班室和武警值班岗楼。720P高清球机或高清枪机适用于监区入口及主干道、监舍走廊、监舍大院、厂房。注意：食堂出入口需要选用高清枪机。1080P高清球机或高清枪机适用于围墙及周界、监区入口及主干道。其中，球机部署在武警值班岗楼外，枪机部署按照50m或100m为一个单元同向部署。

其二，视场角。根据监舍监控需要，监控镜头的最佳视场角应达到水平180°，垂直120°。这样的大视场角可以解决狭义监控盲区的问题。

其三，可旋转性。根据监狱周界、空旷场地及重点区域监控的需要，可以安装具有水平和垂直转动轴的监控器。监区入口及主干道、监舍走廊、接见室、禁闭室均需要安装带云台控制的摄像机，[③] 以覆盖整个空间，实现大范围区域巡视的需要。

其四，跟踪感应功能。跟踪感应监控功能解决了警察如何能在“第一时间”进行现场监控的问题，使监控工作变被动为主动。

对于监狱原有的模拟信号的监控镜头，要加快其高清化改造进程，“彻底改变部分监控模拟信号弱、图像像素低、特殊场所易模糊等相关问题”[④]，为监狱监控系统智能化打牢基础。

（2）监控镜头的数量和位置选择。为避免“过犹不及”，监狱监控镜头的数量要根据具体环境和工作需要予以确定。在宏观设计时，本着监控镜头的数量在确保满足工作需求的前提下越少越好的原则进行。部分监狱目前采用的“打补丁”式的监控完善思路是不可取的，没有对监控镜头市场进行深入了解和对监控系统研发进展进行实时跟踪，盲目推进的升级改造工程只能选择从公司利润最大化的角度设计方案。形象地看，就如同在款式老旧的衣服上打补丁的效果。在实地调研中，笔者发现监舍内普遍采用双层铺构造，上铺遮挡导致下铺近墙侧出现较大监控盲区。多数监狱在监舍监控升级改造中，选择在原有的模拟监控镜头

---

① 吉林省长春北郊监狱课题组：《法治环境下监狱核心区视频监控系统价值路径的优化与规范》，载《刑罚执行》2017年第3期。

② 参见孙加君：《高清视频监控系统在监狱管理中的应用》，载《中国安防》2012年第5期。

③ 参见张化龙：《浅析现代监狱三级视频监控系统的构建》，载《司法警官学界》2016年第6期。

④ 羊伟杰：《关于监狱智慧化联勤指挥部建设的思考》，载《中国司法》2022年第5期。

的相对一侧加装一个数字监控镜头，以此方式来减少监控盲区，随着监狱监控智能化工作推进，淘汰模拟监控镜头是大势所趋。对于此问题，推荐参考吉林省长春北郊监狱课题组的研究成果，具体表述列于下方：

课题组应用几何学方法绘图，通过床铺宽度、监舍宽度、上铺与下铺间距离、监控器与下铺间距离四个参数间的几何关系调整相应数据，构建监舍监控无盲区模型（如图6－3－4）。

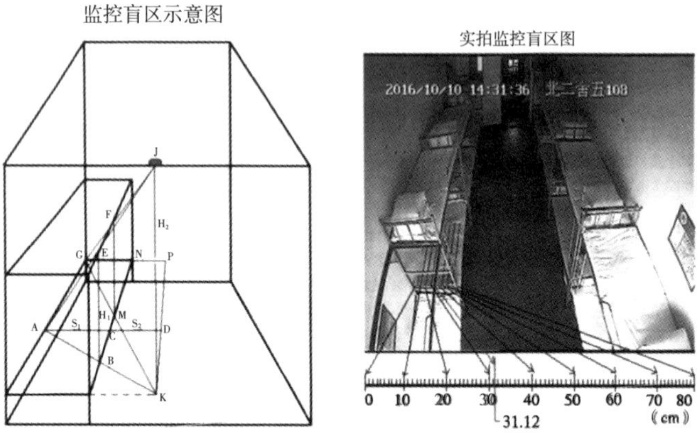

图6－3－4　四要素几何关系

通过计算，得到监控无盲区模型，表示为：$\frac{H_1-e}{H_2-e} \geqslant \frac{S_1}{\frac{1}{2}S_2}$

并推导出下铺监控盲区占床铺面积公式：$\frac{S_1-\frac{S_2}{2}\cdot\frac{H_1-e}{H_2-e}}{S_1}$

且：$H_2 \geqslant H_1+\triangle$

H_1：上铺与下铺间垂直距离（示例中监舍为1.02m）

H_2：监控器与下铺间垂直距离（示例中监舍为3.32m）

S_1：床铺宽度（示例中监舍为0.80m）

S_2：监舍宽度（示例中监舍为3.32m）

$\triangle$：监控器与上铺间垂直距离，且$\triangle>0$

e：床垫厚度（示例中监舍为0.06m）

在实际工作中，可通过调整模型中的某一个或几个数值，实现减少或消除监控盲区的目标。以某监舍为研究对象，建立监控无盲区模型，计算得到监控盲区面积占床铺面积的38.9%，监控盲区分界线与墙面距离0.31m，与实际测量结果相符，如图6－3－4所示。改进方案：调整监控器高度（H_2），即将监控器安装于距地面2.52m的位置，消除了监控盲区。[①]

截至2019年6月，M省Y监狱共安装数字监控摄像机约2600台，“主要为室内半球网络摄像机约1800台，高清枪机约600台，高速球机约60台，人脸识别摄像机约120台等”[②]。该狱不仅实现了由“看得见”向“看得清”的转变，而且实现了部分系统之间的智能联动功能。

（3）显示器的选择。监狱视频监控的显示方式有LED展示屏、多媒体终端和移动终端等。其中，最重要的是监控中心显示墙的选择。吉林省长春北郊监狱课题组认为，其特定监舍楼的“显示器需要同时显示每层楼的20个监舍以及16个楼道监控画面，因此使用6×6矩阵显示方式。以一台32寸显示器，显示2×2矩阵4画面监控图像为例，需要使用9个同规格显示器，组成96寸显示墙，显示以上36监控画面”[③]。实践中，数字冰雹研发团队为北京某监狱定制开发可视化系统，采用小间距LED做指挥中心显示大屏，面积约$10 \times 3m^2$，像素6144×1944，该团队设计制作了超高清主题页面，实现了超过传统业务系统6倍的超高分辨率显示，而且比例精确。[④] 在5G技术的引领下，设想在不久的未来，监狱的核心业务功能集成在一个立体成像的显示器中，操作方便、安全可靠，监狱民警可以通过语音、手势等轻松予以掌控。

2. 设备的维护和运行程序升级需求

监狱监控设备的定期维护与保养，既是为了保障其正常使用，也可以有效延长其使用寿命。视频监控系统日常维护保养工作包括：每季度一次除尘，调整清晰度，确保机器正常运行。每月检测其各项技术参数及监控系统传输线路质量，处理故障隐患。对容易老化的监控设备部件每月进行一次全面检查，发现老化现象应及时更换、维修。每月定期对监控系统和设备进行优化，如带宽、IP地址等限制，对网络设备进行杀毒处理。每月第一个工作日，将上月抢修、维修、维护、保养记录表以电子文档的形式报送监控中心负责人。2021年8月29日，北京市监狱管理局的“监狱电网及安防系统维护费用（全局周界系统运维）其他

① 参见吉林省长春北郊监狱课题组：《法治环境下监狱核心区视频监控系统价值路径的优化与规范》，载《刑罚执行》2017年第3期。

② 魏润华：《大数据背景下监狱信息化建设面临问题及对策研究》，河南大学2019年硕士学位论文，第17－18页。

③ 吉林省长春北郊监狱课题组：《法治环境下监狱核心区视频监控系统价值路径的优化与规范》，载《刑罚执行》2017年第3期。

④ 参见《［案例介绍］北京市某监狱可视化指挥决策平台》，载哔哩哔哩2021年1月11日，https：//www.bilibili.com/read/cv9227502/。

信息技术服务采购项目”（项目编号：PXM2021_047102_000055-JH001-XM001）中标，该整体项目运维服务周期分为两阶段，第一阶段为北京市监狱管理局周界安防系统售后服务，服务周期为12个月；第二阶段为在售后服务结束阶段（约1个月）就本年度售后服务工作进行资料整理及数据统计。总中标成交金额为217.64万元（人民币），中标成交供应商是海泽天（北京）科技有限责任公司。[①] 从上面的案例可以看出，日常的维护费用以年计算，数目不小。此外，监控目标的实现需要软件支持，“如图像处理、监控回放、局部变焦与定位、智能报警等”[②]，若要保持使用的顺畅，就需要对软件设置权限来充分满足不同岗位的监控需求，且能定期升级和更新以保持其先进性。

（三）监控体系的合理架构

1. 纵向“三三”层级的体系架构

目前，监狱监控体系在纵向上呈现出“三三”架构，第一个“三”由司法部监狱管理局指挥中心、省监狱管理局指挥中心和监狱指挥中心组成；第二个“三”由监狱指挥中心、监区分控中心和各分控点组成。使每一位监狱民警都时刻在“镜头”下执法，[③] 以便提高其注意力和警惕性。以监狱指挥中心为重叠区的“三三”层级架构的五个层次可以划分为三个类别：专门监控、过渡监控和领导监控。其中，监狱指挥中心和各分控点的监控属于第一类，是由专业人员进行的有明确工作任务和要求的全时监控。两级局机关的监控主要是在领导抽查或开会时偶尔使用。目前，争议较大的是监区分控中心的监控。客观地讲，监区分控中心的监控是夜间和节假日罪犯管理的有效补充形式。实践中，争议的焦点是分控中心监控捆绑警力的问题。笔者认为，这个问题的核心是检查和考核模式死板，不是分控中心捆绑警力，而是检查和考核模式捆绑警力。建议保留监区分控中心，改变检查和考核模式。

2. 地空一体、动静结合的立体监控网络

为了应对变化的形势，尤其是无人机对世界各国监狱的侵扰问题，我国监狱应建立“地空一体、动静结合”的立体监控网络。立体监控网络是由空中无人

---

① 参见《监狱电网及安防系统维护费用（全局周界系统运维）成交公告》，载北京市政府采购网2021年8月20日，https：//www.tianyancha.com/bid/e61aba43fb8b47d3aa65aa9806b93ffa。

② 吉林省长春北郊监狱课题组：《法治环境下监狱核心区视频监控系统价值路径的优化与规范》，载《刑罚执行》2017年第3期。

③ “镜头下执法”是指公安机关执法人员在执行警务活动时面临的当事人和围观群众对执法人员和执法过程公开或半公开录音录像的现象。“镜头下执法”具有社会性、新闻热点性、社会文化表达性等特性，并可分类为当事人拍摄记录、围观群众拍摄记录和具有主观故意的选择性拍摄剪辑等类型。参见邱雅娴：《“镜头下执法”现象的生成逻辑和警务应对策略》，载《中国人民公安大学学报（社会科学版）》2019年第2期。

机、“半空”监控镜头和地面巡逻机器人共同组成的“动—静—动”一体组合（见图6－3－5）。监狱应组建自己的无人机队或几个相邻监狱合作组建无人机队，用监狱的无人机系统在空中进行视频信号传递、不明物体侦测、非法入侵无人机的拦截和打击、应急处突中的喊话、哄监闹狱处置中抛投催泪弹等；用好“半空”的各种定点监控器，监控罪犯的长时间停留行为、攀高行为、越界行为、殴斗行为、其他违规行为并及时报警；用好地面巡逻机器人及时发现罪犯的数量不足、衣着异常、行为异常、体温异常等情况并及时报警。高中低三类监控之间互通互联、协同作战，形成立体监控网络。

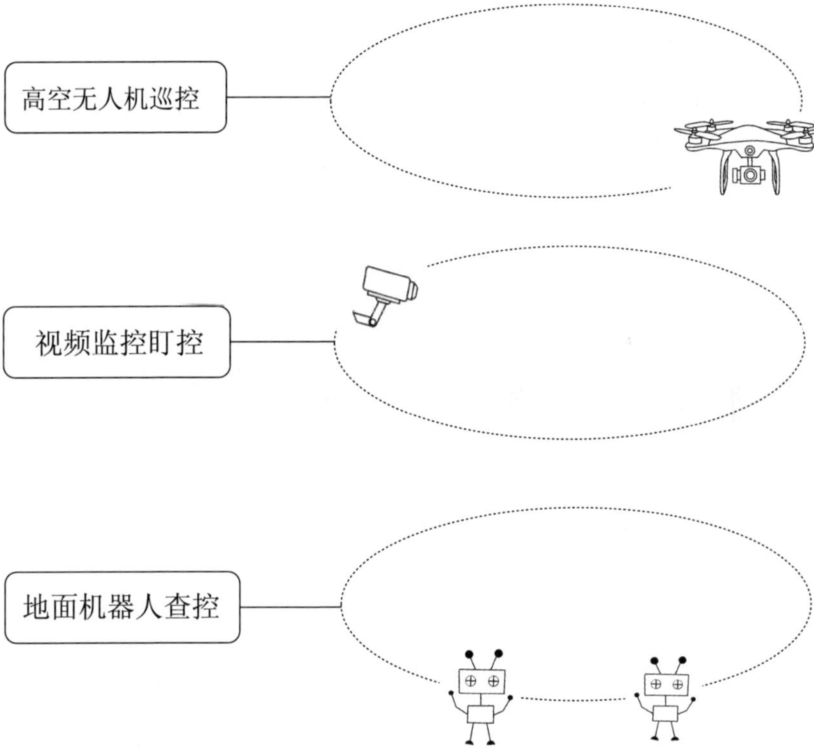

图6－3－5 地空一体动静结合的监狱立体监控网络

3. 警情处置的“四部曲”模型

通过监狱监控系统进行警情处置，建议选用田虎的感知—识别—处置—评估“四部曲”模型。[①] 具体表述为：首先，通过监控的智能分析或监控加人脑分析

① 参见田虎：《AI＋安防在智慧监狱中的深度应用》，载《中国安防》2021年第Z1期。

感知到警情或存在的问题。智能分析时，可以利用领先的音视频 S + 265 处理技术。其次，识别并判断目标对象、警情的种类、可能的发展趋势、影响范围和处置难度等。智能识别时，可以通过边缘计算（EC）技术，通过前端 AI 智能深度学习识别，并将音视频数据识别结果结构化。再次，依据处置规范、处置预案、决策指挥指令等，对警情进行相应的处理。智能处置是通过声光报警、语音提醒、超高音甚至是激光威吓制止罪犯的违规行为。最后是评估，对警情的寻找发现、分析识别、处置应对的全过程进行回溯分析评估，总结得失，形成新的规范或完善已有处置预案。

（四）监控系统的智能化应用

大多数视频监控的智能分析是以旁路部署的方式助力原有视频监控系统，快速实现对视频图像的智能分析和联动报警。该系统通过全天候、不间断地对视频进行检测、过滤、抓取、分析，将识别出的异常情况以语音、光线等预设的方式通知监狱管理员，并按照指令协助监狱民警进一步核实情况、采取措施处置突发事件和异常情况。该系统的核心技术是 AI 算法，通过 AI 算法与监狱业务场景融合，实现“基于人形识别的边界防范、脱岗检测、区域检测、安全门检测报警，基于人脸识别的出入口管理、巡更管理和区域访问控制，基于行为分析算法的激烈运动、攀高等行为检测报警，满足监管场所所需的不同异常行为分析和报警。同时，系统通过图像质量诊断及网络质量诊断保障视频稳定可用，支持图片报警、语音报警等多种呈现方式”①（见表 6 - 3 - 1）。

1. 监控系统智能化应有理念

监控系统的智能化可以分为三个层级：宏观的大平台“合成作战”、中观的大集成“业务联动”和微观的大数据“智能预警”。

（1）围绕“合成作战”构建“大平台”。首先，结合武警“智慧磐石”工程，开发“两警联合作战平台”，实现应急处突的高效联动，深化完善“三共八联”机制。② 其次，在公安“金盾工程”的基础上，开发合成作战平台，在犯罪线索查证、余漏罪深挖、狱内犯罪查证、追逃等方面建立共建共享机制，在犯罪防治方面更好地联动。

（2）围绕“业务联动”实现“大集成”。为了有效解决各业务系统各自为政、重复录入等问题，监狱需要将狱政、狱侦、刑罚执行、日常管理等工作与视

---

① 邓美容：《智能视频监控推动智慧监狱建设迈向“智慧化应用”》，载《中国安防》2021 年第 Z1 期。

② 高翔：《浙江省 A 监狱智慧监狱平台建设研究》，广西师范大学 2020 年硕士学位论文，第 24 页。

频监控等安防系统集成在一起，实现互通共享，减少重复劳动，优化工作内容，提升监管改造质效。同时，着力构建以“移动警务终端”为核心的智能执法系统，实现危险预警和警力调配的辅助决策功能。

（3）围绕“智能预警”用好“大数据”。以预测、预警、预防为目标，强化智能防控建设。构建以危险犯、违禁品、异常事件为核心的“三预”系统，减轻监狱民警寻找、排查、识别的工作量，防范人力不足出现的漏查问题。同时，期待智能监控系统确保执勤民警处置过程证据自动存储、自动上传入库早日实现。

表 6－3－1　监狱视频监控智能分析架构①

<table>
<tr><td rowspan="3">展示层</td><td colspan="2">省监狱管理局</td><td colspan="2">监狱指挥中心</td><td colspan="2">分控中心</td><td colspan="2">监舍/哨楼处警</td><td rowspan="3">应用能力</td></tr>
<tr><td>告警推送</td><td>接处警</td><td>视频播放</td><td>布防</td><td>告警推送</td><td>紧急告警</td><td>值班巡更</td><td>消息提醒</td></tr>
<tr><td>告警上报</td><td>告警联动</td><td>录像回放</td><td>撤防</td><td>巡更告警</td><td>AI 告警</td><td>统计分析</td><td>系统管理</td></tr>
<tr><td rowspan="2">技术层</td><td colspan="6">人员出现　人员越线　人员攀高　人员滞留　人脸点名
人员离床　单人独处　激烈运动　特定服饰　不明物体</td><td colspan="2" rowspan="2">运维诊断
视频质量诊断
设备监控</td><td rowspan="2">运维能力</td></tr>
<tr><td colspan="6">人工智能（AI）视频分析算法
人形识别　骨架检测　人脸识别　物体识别　行为分析</td></tr>
<tr><td rowspan="2">基础层</td><td colspan="2">视频编解码技术</td><td colspan="2">流媒体分发</td><td>视频图像预处理</td><td>监狱数据中心接口</td><td colspan="2">日常管理系统和业务系统接口</td><td rowspan="2">联网能力</td></tr>
<tr><td colspan="5">视频数据（标准协议 GB/T28181、RTSP、私有协议 SDK）</td><td colspan="3">监狱业务数据（HTTP、Restful、Websocket）</td></tr>
</table>

2. 监控系统智能化的三项新技术

（1）AI 智能超星光警戒系统（SST）。为确保在极低照度环境下可以得到清晰的全彩画面，SST 适合在监狱周界夜间、恶劣天气下监控。配合“区域入侵、

① 笔者在制图时，根据自己的认识和理解做了修改。详情参见邓美容：《智能视频监控推动智慧监狱建设迈向“智慧化应用”》，载《中国安防》2021 年第 Z1 期。

越界、徘徊、滞留等行为的AI智能算法后”，实现第一时间感知、跟踪、锁定和识别违规类型，第一时间通过语音警告、强光和激光驱离，第一时间向平台告警等一系列功能。针对实践中，烟雾、猫鼠、塑料袋和绿植等造成误报问题，利用深度学习技术增加人形辅助检测功能，人形越过虚拟警戒线报警率达到100%，误识率下降90%以上。① SST大大提升了监狱周界预警的准确率和可信度。

（2）AI智能全景4K人脸识别摄像机。4K人脸识别摄像机实现了单个摄像机超远距离人脸识别，从原先的5m以内提升到16m以上，可以替代多组人脸摄像机。适合在监狱周界、大门、通道、劳动场所等重点部位部署。通过智能设计，可以在视频画面上实现罪犯头顶着个人信息气泡的效果，可以实现对监视范围内警囚比超低预警等功能。

（3）AI智能管教机器人。在结构方面，对定点监控摄像机和动点特写摄像机进行一体化设计；在处置方面，将原来感知和处置在前端、识别在后端，优化为前端感知、识别和处置，效率大幅提升；在智能方面，赋予更多AI智能识别算法和智能警戒等功能。② AI智能管教机器人可以完成自动巡视、点名，重点罪犯跟踪和智能行为分析等功能。

第四节　执法记录仪的应用与前景分析

实践证明，监狱民警佩戴执法记录仪执法比不佩戴时更加谨慎，文明程度有所提高，被投诉率和袭警率都明显下降。

一、执法记录仪的发展与应用

执法记录仪属于移动监控产品，是监狱已有监控系统的有力补充。目前，监狱可用的移动监控产品有执法记录仪、车载执法监控系统、4G布控球和移动警务终端等，无论是定点监控还是移动监控都在朝着智能化方向不断演进。

（一）执法记录仪的概念

执法记录仪是单警执法视音频记录仪的简称，是指民警执法时随身携带的集实时视音频摄录、照相及录音等功能于一体的取证技术装备。③

① 参见田虎：《AI+安防在智慧监狱中的深度应用》，载《中国安防》2021年第Z1期。

② 参见田虎：《AI+安防在智慧监狱中的深度应用》，载《中国安防》2021年第Z1期。

③ 参见司治国：《移动执法技术的应用与发展趋势》，载《中国安防》2021年第3期。

（二）执法记录仪的发展历程

执法记录仪最重要的是记录功能。其镜头经历了单镜头到前后双录，再到360°环视的发展演变。镜头的像素和分辨率也不断地提升，像素从10万到100万，再到300万、500万；分辨率也经历了从标清、高清到超高清的变化，数值实现了由720P、1080P到2K、4K的跨越式发展。[①] 执法记录仪的发展过程可以区分为四代，正在向第五代迈进。

第一代：简单的音视频记录设备。摄像机采用肩扛式，录像和存储功能分开，需要另外携带对讲机。2000年，欧洲警方便开始推行执法记录仪。美国在2005年开展执法记录仪配备计划，[②] 但各州政策不同，配备差异较大。2007年，英国计划为所有42个警察局配备执法记录仪，将改进后的执法记录仪配备到每一位警察。[③] 自2008年年初，第一代专业视音频记录执法装备“执法记录仪”开始陆续进入我国公安系统。2009年，我国“金盾工程二期”正式启动，各地公安执法记录仪配备数量和配备率得以快速提升。2010年，警翼推出执法记录仪、工作站、软件整体解决方案。

第二代：有了行业标准的执法记录仪。2011年8月，公安部推行了《单警执法视音频记录仪》（GA/T 947－2011），首次统一了技术标准，明确了产品属性，并规定必须经公安部特种警用装备质量监督检测中心检测合格后方可在公安系统销售。2012年，根据执法单位的反馈推出了第二代执法记录仪，性能得到改善。2013年，公安部颁布《交警系统执法记录仪设备性能和后台管理系统设计参考要点》《交警系统执法记录仪使用管理规定》，大幅提升了执法记录仪的配备率。

第三代：4G执法记录仪。2013年执法记录仪从普清走向高清。2015年4月，《国务院办公厅关于加强安全生产监管执法的通知》明确规定，“建立现场执法全过程记录制度，2017年底前，所有执法人员配备使用便携式移动执法终端”。2015年5月27日，公安部召开全国单警执法视音频记录系统建设现场推进会，提出“一线执法民警人手一台”的要求。2016年，中共中央办公厅、国务院办公厅印发《关于深化公安执法规范化建设的意见》，要求“全面推行现场执法活动视音频记录制度”。2016年7月26日，公安部举办了全国公安机关规

---

① 参见《执法记录仪发展史丨AEE 4K重塑影像新标准》，载腾讯网，https：//xw. qq. com/cmsid/20210728A00IHV00.

② See Police and crime standards directorate?（Home Office），2007，Guidance or the police use of body－worn video devices，76－77.

③ 参见王琦：《行政执法全过程记录制度研究》，天津师范大学2021年硕士学位论文，第12－13页。

范执法视频演示培训会，将警察习惯在镜头下执法纳入警察执法规范中。① 在一系列密集政策的推动下，警用执法记录仪的配备进入了一个新高潮，一线民警从工作实用的角度对其各项性能提出了明确的要求，在解决清晰度后，执法记录仪的智能化问题急需解决。

第四代：4G 智能执法记录仪。随着移动通信、音影处理、无线宽带、图像识别、低照度可视、材料力学等技术的发展，执法记录仪的智能化时代来临。2018 年执法记录仪的市场用量达 66.56 万台，配套的采集工作站约为 3.74 万台，市场规模达 17.78 亿元。② 2019 年的 4G 高清智能执法记录仪“可以实现全球定位、红外、夜视、鱼眼镜头、4G 无线图传，后台管理平台与执法执勤现场进行视频传输及语音对讲，通过大屏幕可以实时监控前端场景，对前线执法人员进行通信指挥等功能”③。2019—2024 年，执法记录仪行业年复合增速约在 9.5%，到 2024 年市场规模约为 29.8 亿元（如图 6－4－1 所示）。④

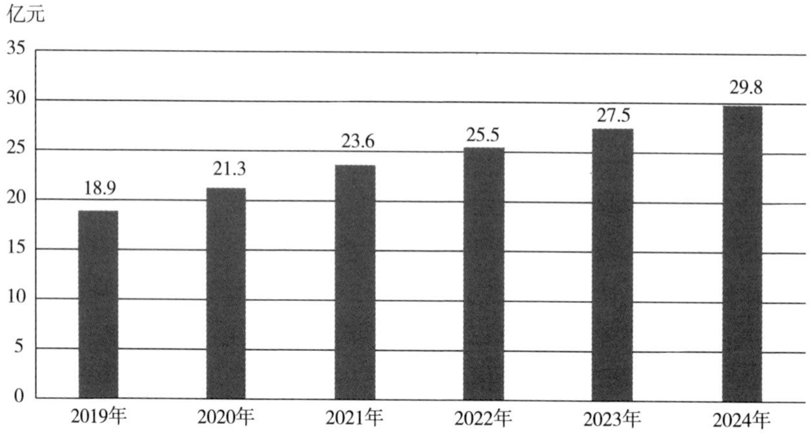

图 6－4－1　2019—2024 年中国执法记录仪行业市场规模预测⑤

第五代：5G 执法记录仪。基于 5G 传输速度快、低时延的技术优势，其智

---

① 参见褚昆鹏：《警务实践中执法记录仪使用情况分析——基于对山西省的调查》，载《江西警察学院学报》2018 年第 1 期。

② 参见《中国执法记录仪发展历程及执法记录仪市场规模预测》，载百度文库 2022 年 3 月 30 日，https://wenku.baidu.com/view/a2bddf94f221dd36a32d7375a417866fb84ac095.html。

③ 刘长煌：《警用执法记录仪（上）》，载《现代世界警察》2021 年第 5 期。

④ 参见《中国执法记录仪发展历程及执法记录仪市场规模预测》，载百度文库 2022 年 3 月 30 日，https://wenku.baidu.com/view/a2bddf94f221dd36a32d7375a417866fb84ac095.html。

⑤ 参见《中国执法记录仪发展历程及执法记录仪市场规模预测》，载百度文库 2022 年 3 月 30 日，https://wenku.baidu.com/view/a2bddf94f221dd36a32d7375a417866fb84ac095.html。

能应用比4G更高效，可以实现在线比对和离线比对等功能。通过5G网络切片使数据更安全、传输更高效。配合H.266视频编码技术可“实现4K高清实时视频，指挥中心可以在第一时间、第一视角来掌握现场案事件的动态”①。执法记录仪必将成为监狱民警在一线执勤、执法不可或缺的得力助手。

二、监狱执法记录仪采购和配备现状

（一）采购和配备概况描述

监狱应使用执法记录仪等设备对处理程序、现场沟通情况及时进行证据保全。② 2010年8月10日，《法制日报》报道了北京市清河分局管辖的清园、金钟、前进、柳林、潮白5所监狱引入移动式视频执法记录仪，与监控视频结合首次实现“视频执法”全覆盖。清河分局同期出台了《视（音）频监控下执法暂行规定》，要求处理罪犯打架、闹事、不服管教等违规违纪问题，对罪犯进行个别谈话、讯（询）问、调查取证，服刑人员接见、团聚等活动必须在“镜头”下进行，否则将视为违规。③ 2015年2月，许昌监狱为基层民警配发执法记录仪。④ 同年7月，厦门监狱投入使用一批AEE单警执法记录仪。⑤ 2017年2月，河南省第二监狱建成执法记录仪信息采集站，配备了25部信息采集仪，468部执法记录仪。⑥ 同年4月，洛阳监狱为基层监区和执法岗位警察配发执法记录仪。⑦ 2018年，安徽省监狱管理局为全省的监狱配备了800台执法记录仪。2019年，湖北省监狱管理局在为全省监狱系统配备5018台执法记录仪。2021年，辽宁省监狱管理局配备4G执法记录仪及实时指挥调度系统。据调研，贵州省监狱管理局、山东省监狱管理局都要求监狱一线民警佩戴执法记录仪执法。笔者从公开途径获取了部分监狱管理局或监狱采购执法记录仪的情况，并绘制了表格（详情见表6－4－1）。

---

① 司治国：《移动执法技术的应用与发展趋势》，载《中国安防》2021年第3期。

② 参见严庆芳：《罪犯死亡处理中的信息障碍及监狱如何规范探讨》，载《犯罪研究》2017年第2期。

③ 参见李松、黄洁、徐伟伦：《处理服刑人员违纪须在监控下进行》，载《法制日报》2010年8月11日，第2版。

④ 参见王富晓：《监狱警察配备执法记录仪》，载《河南法制报》2015年2月11日，第4版。

⑤ 参见黄进添、张翔：《厦门监狱启用执法记录仪助力“依法治监”》，载网易网2015年7月27日，https：//www.163.com/news/article/AVHJRA0900014AEE.html。

⑥ 参见郑立：《细化职责防风险规范管理保安全》，载《河南日报》2017年2月28日，第10版。

⑦ 参见李晓卫：《省洛阳监狱启用执法记录仪》，载《河南法制报》2017年4月19日，第8版。

表 6－4－1　部分监狱单位采购执法记录仪情况

单位名称	项目名称	数量	金额（万元）	时间
贵州省毕节监狱	警用执法记录仪采购项目	42	18.02	2022 年 7 月 20 日
贵州省安顺监狱	执法记录仪及配件采购项目	/	7.055	2022 年 7 月 8 日
武威监狱	对讲机、执法记录仪购置项目	各 270 部	79.25	2022 年 7 月 22 日
河南省新郑监狱	执法记录仪采购项目	/	9.59	2022 年 5 月 23 日
江苏省镇江监狱	执法记录仪采购项目	70	5.95	2021 年 9 月 24 日
白银监狱	执法记录仪采购项目	200	26.78	2022 年 6 月 10 日
福建省仓山监狱	执法记录仪采购项目	54	10.00	2020 年 12 月 8 日
安徽省潜川监狱	执法记录仪采购项目	/	23.00	2021 年 9 月 10 日
浙江省十里坪监狱	2021 年警用装备采购项目	155	38.71（总标价）	2021 年 12 月 27 日
广东省深圳监狱	执法记录仪、电池及工作站采购项目	114	30.50	2015 年 11 月 17 日
广东省广州监狱	执法记录仪信息采集工作站及系统管理平台项目	/	29.00	2017 年 9 月 29 日
广东省阳春监狱	执法记录仪采购项目	60	13.80	2021 年 11 月 16 日
广东清远监狱	执法记录仪采购项目	/	20.77	2022 年 4 月 7 日
安徽省监狱管理局	执法记录仪	800	160.00	2018 年 7 月 12 日
湖北省全省监狱系统	执法记录仪采购项目	5018	579.75	2019 年 6 月 14 日
辽宁省监狱管理局机关	4G 执法记录仪及实时指挥调度系统招标公告	/	509.00	2021 年 7 月 28 日

《单警执法视音频记录系统 第 2 部分：执法记录仪》（GA/T 947.2－2015）规定，整个系统包含执法记录仪、执法数据采集设备和管理平台。① 从表 6－4－1

① 参见张江涛：《执法记录仪在全面推行执法全程音像记录工作中的瓶颈及解决方案》，载《法制与社会》2019 年第 17 期。

可以看出，各监狱单位配备执法记录仪的时间区段主要集中在2019年至2022年这四年间；从数量上看，各监狱单位从42台到270台不等（省局除外），且差距较大；从类型上看，多数单位都是只购买执法记录仪，并没有配套的执法数据采集设备和管理平台。横向比较来看，单价2000元左右的居多，代表性的如安徽省监狱管理局，均价2000元整；但也有单价不足1000元的，如镇江监狱执法记录仪的单价为850元；单价有超过4000元的，如毕节监狱的执法记录仪预算单价为4290元。从每台850元到4290元，价差在5倍以上，执法记录仪的性能差距理应较大。

（二）监狱设定参数的变化分析

笔者将福建省仓山监狱、浙江省十里坪监狱和贵州省毕节监狱的招标文件中关于执法记录仪的参数进行对比（见表6－4－2），可以看出2020年、2021年和2022年采购的三个不同省份监狱单位对于执法记录仪的参数设置变化较大。有些项目在起伏变化中，如外形尺寸和质量。有些项目在增加、删除，比如，2021年十里坪监狱增加的语音播报功能和一键切换分辨率功能；2022年毕节监狱删除的开机时间、显示屏最大亮度、照片分辨率、连续工作无故障时间、佩戴方式。从纵向变化情况来看，目前监狱对于执法记录仪的夜视效果、防抖功能、水平视场角、5G模块、定位功能、压缩方式、入LTE专网授权等功能非常重视。

表6－4－2 仓山监狱、十里坪监狱和毕节监狱选购执法记录仪参数对照

单位 参数	仓山监狱（2020年）	十里坪监狱（2021年）	毕节监狱（2022年）
外形尺寸	≤90mm×60mm×35mm	≤80mm×55mm×35mm	≤100mm×65mm×28mm
质量	≤180g	≤170g	≤190g
开机时间	≤10s	≤3.2s	/
显示屏最大亮度	≥410cd/m？	≥700cd/m^2	/
照片分辨率	≥1000线	≥1100线	/
夜视效果	/	3m内能看清人物面部特征，3m处红外补光应覆盖画面70%以上	3m内能看清人物面部特征，5m内看清人物轮廓；3m处红外补光应覆盖画面70%以上

续表

参数＼单位	仓山监狱（2020 年）	十里坪监狱（2021 年）	毕节监狱（2022 年）
语音播报功能	/	在开机、摄录、录音、重点文件标记时进行语音播报，并具有摄录时长播报及整点报时功能	/
一键切换分辨率功能	/	实现 1080P、720P、480P 三种分辨率之间的切换	/
连续工作无故障时间	≥10,000 小时	≥43,800 小时（5 年）	/
佩戴方式	支持肩挂和胸前佩戴两种模式	3 种以及上佩戴方式的背夹	/
防抖功能	/	/	支持防抖功能
水平视场角	/	/	≥120°
5G 模块	/	/	内置 5G 模块

（三）小结

执法记录仪在监狱的普及率越来越高，以 M 省监狱管理局为例，给省属监狱和局机关配备“执法记录仪近 2 万部、采集工作站 500 余台和综合管理平台 30 余套”①，用于对重要执勤、执法活动录音录像，定期汇总、存储执法记录仪记录的影音资料，并定期将重点内容上传至省监狱管理局平台。截至 2019 年 6 月，M 省内“所有省属监狱已存储汇总执勤执法影音资料 1600TB，上传省局约 500TB”②。执法记录仪不是单机单战，它应该是一个包括执法记录仪、采集工作站和综合管理平台的完整系统。随着 5G 技术的不断普及、6G 技术的出现，监狱执法记录仪的智能化程度会不断攀升，相信通过专网将录制的音像资料、重要文件无限上传到指定位置，存储到监狱执法证据保全系统中的愿景很快就能实现。

由上列数据也可以看出，监狱系统对执法记录仪的重要性有清醒的认识，早

① 魏润华：《大数据背景下监狱信息化建设面临问题及对策研究》，河南大学 2019 年硕士学位论文，第 19 页。

② 魏润华：《大数据背景下监狱信息化建设面临问题及对策研究》，河南大学 2019 年硕士学位论文，第 19 页。

在 2015 年深圳监狱就开始了一线民警佩戴执法记录仪进行证据采集的尝试和探索，2019 年达到一个配置小高峰，2020—2022 年监狱执法记录仪的配备达到了高峰。有些单位已经开始了执法记录仪系统配置，不仅购买执法记录仪，同时配置执法数据采集设备和管理平台，监区和重要岗位执勤执法民警人手一台执法记录仪的要求很快就能达到。

三、监狱执法记录仪的规范使用

有了执法记录仪，谁来保管？谁来维护？什么情况下使用？怎么使用？产生的数据怎么办？等等，一系列问题随之产生。监狱的特殊性质，决定一线民警工作时间较长，而且工作环境就在罪犯之中，导致监狱民警使用执法记录仪不仅有与公安民警一样的问题，还有较为突出的个性问题。为了规范监狱执法记录仪的使用，各地监狱都在进行尝试和探索。例如，2015 年 2 月，河南省许昌监狱为基层民警配发执法记录仪，解决“取证难、存证难”问题，该监狱专门制定《许昌监狱执法记录仪使用管理规定（试行）》，严格规定执法记录仪的使用程序、操作标准、保管维护、定期检查和证据保存调阅制度。[①] 监狱在执法记录仪规范使用方面的举措主要有以下几点：

（一）明确和细化职责——使用民警负责制

1. 应当佩戴的情形和位置

（1）监狱民警在执勤、执法办案过程时，应当佩戴。

（2）应当佩戴在警察上衣左侧肩袢等有利于取得最佳声像效果的位置。

监狱警察要正确佩戴执法记录仪，确保录制的效果，防止因走动或跑动导致执法记录仪掉落受损。

2. 使用人负责日常维护保管

配发给个人的执法记录仪由使用人负责维护保管，确保设备随时能够正常使用。执法记录仪的使用按照“谁使用、谁负责”的原则，使用人每天应仔细检查执法记录仪是否正常，电量是否充足，内存是否有足够空间，时间显示是否准确，确保执法记录仪能正常使用。

执法记录仪的采集终端存放处应保持干燥，“湿度过大会导致设备柜内设备老化、绝缘强度降低、二次端子击穿、材料霉变及钢结构件锈蚀等安全隐患”[②]。日常保管时，注意观测环境湿度，湿度过大时，要将执法记录仪存放在干燥箱中或者放置在有干燥剂的密闭容器中。

---

① 参见王富晓：《监狱警察配备执法记录仪》，载《河南法制报》2015 年 2 月 11 日，第 4 版。

② 黄润达：《警用执法记录仪的管理与维护》，载《派出所工作》2020 年第 1 期。

3. 警察要按规定操作使用

（1）全程开启。对于这个要求实践中有两种理解：第一种，监狱警察在执勤、执法过程中，必须全程开启执法记录仪。例如，河南省第二监狱明确要求："监区带班长及值勤警察自上岗开始至下岗结束要全程开启执法记录仪。"① 第二种，监狱警察在遇到特定人、特殊情形时必须全程开启。例如，《某某监狱执法记录仪管理使用规定》② 第8条明确要求，对单个罪犯特别是重点罪犯开展执法活动，遇突发事件或罪犯可能缠诉民警或监狱的情形，民警必须开启执法记录仪。

（2）事先告知。应当事先告知罪犯使用执法记录仪记录，告知的规范用语是："请注意，本次执法我将开启执法记录仪，全程录音录像。"

（3）可以手持。对需要重点摄录的内容可以使用手持方式进行。

（4）及时报备。因设备故障、恶劣天气等特殊情况无法使用或者停止使用执法记录仪的，监狱警察应当立即向管理部门报告、备案。

（5）启用红外。在夜间以及光照不足等情况下使用时，应当开启红外模式。

（二）重视记录数据的处理——证据保全

1. 安全导出

为确保监狱执法记录仪录制的音像资料的安全性，防止被他人篡改、删除，各监狱单位经过长期探索，选择了统一导出的路径。例如，河南省第二监狱采取"配备绑定、集中存放、统一采集、定期维护"的管理模式，执法记录仪系统的维护管理和信息采集、存储由监狱统一安排完成，有效防止信息泄密。③ 又如，贵州省各监狱是由狱内侦查科负责执法记录仪视频导出和删除工作的，确保存储的安全性。

2. 按期保存

执法记录仪记录的原始声像资料保存期限不少于3个月。重大违规违纪、事故中作为证据使用的声像资料保存期限应当与案卷保存期限相同。

3. 介质备份

有下列情形，应当采取刻录光盘、使用移动储存介质等方式，长期保存执法记录仪记录的声像资料：（1）监狱警察对罪犯违规进行处置的；（2）监狱警察参与处置突发事件的；（3）罪犯离监就医、死亡处置的；（4）罪犯申诉、检举、

---

① 郑立：《细化职责防风险规范管理保安全》，载《河南日报》2017年2月28日，第10版。

② 笔者2022年调研收集。

③ 参见郑立：《细化职责防风险规范管理保安全》，载《河南日报》2017年2月28日，第10版。

控告的；（5）处置狱内案件的；（6）其他需要长期保存的重要情况。

四、监狱执法记录仪使用前景展望

4G 智能高清的执法记录仪受到越来越多的青睐，5G 执法记录仪时代即将来临。由于全国各地监狱配发执法记录仪的时间跨度大，品牌不一，性能悬殊较大，在具体使用过程中，呈现出内存不足、画面不清、传输速度慢等问题。监狱在新购置执法记录仪时，对其防抖、压缩能力、传输速度、预制模块、重点文件标记等性能应给予特别标注。

（一）不断优化执法记录仪的性能

科技发展日新月异，重要视频标记、人脸识别、自动关联、4G 传输、车牌识别、大规模组网等技术都在逐步应用于警用执法记录仪及其系统完善中。同时，不断探索星光夜视技术、区块链 + 技术、自动语音技术等在警用执法记录仪及配套信息采集系统中的应用前景。

1. 防抖云台

2022 年 3 月，中信安发布的 5G 真正防抖执法记录仪（DSJ – ZXAG5A1）采用物理防抖摄像头，利用防抖云台原理设计，安装一个测量位置变化的陀螺仪（又称加速度测量仪）在云台中，根据测量结果给它施加一个相反的加速度，确保云台稳定。① 该产品利用仿生学原理，更精细地解决了执法记录仪画面抖动的问题。以后会有更多的厂家运用更好的防抖技术研发出产品来确保执法记录仪拍摄画面的质感。

2. 语音控制

一般的执法记录仪具有开关机、摄像、录音、拍照、重要视频标记等功能键。但在雨雪天、停电等特殊情况下，不易操作；紧急情况下，执法者双手被占用不能操作；执法者戴保暖手套时，容易误操作。如果有语音控制功能作为有效补充，通过语音命令操控执法记录仪；通过敏感词识别自动开机摄录、自动进行敏感词时间戳标记，② 将便于后期查找。警翼 G7 就实现了语音指令操控的基本功能。

---

① 参见《真正防抖的 5G 执法记录仪上市》，载网易网 2022 年 3 月 22 日，https：//www.163. com/dy/article/H32UD5940531T8X5. html。

② 参见张江涛：《智能语音技术在执法记录仪中的应用研究》，载《中国公共安全（学术版）》2019 年第 2 期。

（二）科技助力提升便利性和安全性

1. 数据上传与充电控制系统

王天阳团队研发了“执法记录仪数据上传与充电控制系统”①，该系统由一个主板和若干个子板构成，一个子板可以通过 USB 连接多个执法记录仪。若干个子板通过 RS485 串行总线连接到主板，主板通过 RS232 总线连接到安卓屏。该系统程序亦分为主板程序和子板程序。子板程序检测到执法记录仪插入后，定时充电时间；主板程序收集子板提供的插入信息、进行优先排队，选择排在前面的执法记录仪与数据采集站接通，数据传输完自动断开，开始下一个执法记录仪的数据上传。

2. 区块链执法记录仪软件系统

江苏警官学院的陈沐秋、戚志如团队设计了“区块链执法记录仪软件系统”②，该系统的总体架构如图 6－4－2 所示，主控模块选用树莓派 4B，带有双目摄像头模块、GPS 和 5G 一体模块等。视频拍摄的时空信息和视频文件可以实时同步传输至区块链平台。

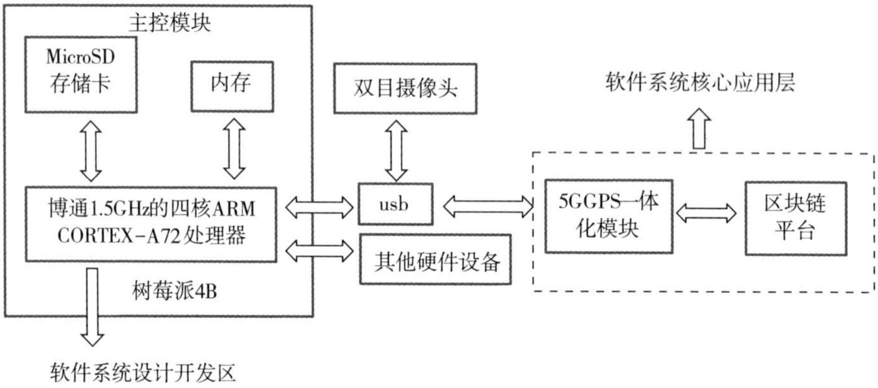

图 6－4－2　区块链执法记录仪软件系统总体框架③

对于执法现场拍摄的数据，根据需要选择实时传输和事后传输两种方式。为了提升实时传输的速度，通过视频分段打包的方式将视频传送至云端；为了确保数据的安全性，采用同态加密的方式，计算出特定视频的 Hash 值（如图 6－4－3 所示）。监狱警察执勤、执法视频不仅要在监狱平台上进行存储，还需要在上级

① 王天阳等：《执法记录仪数据上传与充电控制系统的设计与实现》，载《工业控制计算机》2022 年第 2 期。

② 陈沐秋等：《区块链执法记录仪软件系统设计》，载《中国安防》2022 年第 6 期。

③ 参见陈沐秋等：《区块链执法记录仪软件系统设计》，载《中国安防》2022 年第 6 期。

监狱机关平台、云端进行存储。采用联盟链智能合约，有效降低运作成本，还可智能完成存储方式的选择，符合监狱工作中执法记录仪的管理模式。

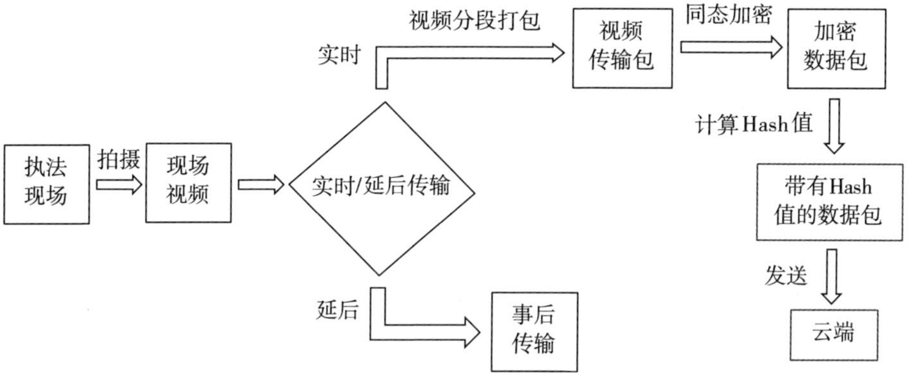

图 6-4-3 区块链执法记录仪应用软件功能架构①

① 参见陈沐秋等：《区块链执法记录仪软件系统设计》，载《中国安防》2022年第6期。